Territorialidade negra e segregação racial na cidade de São Paulo

A luta por cidadania no século XX

Territorialidade negra e segregação racial na cidade de São Paulo

A luta por cidadania no século XX

Reinaldo José de Oliveira

alameda

Grafia atualizada segundo o Acordo Ortográfico da Língua Portuguesa de 1990, que entrou em vigor no Brasil em 2009.

Edição: Joana Monteleone/Haroldo Ceravolo Sereza
Editora assistente: Danielly de Jesus Teles
Assistente acadêmica: Tamara Santos
Projeto gráfico e diagramação: Gabriel Patez Silva
Capa: Jean Ricardo Freitas
Revisão: Ana Lígia Martins
Imagem de capa: *<pixabay.com.br> Reprodução de tecido africano*

Esta obra foi publicada com apoio da CAPES.

CIP-BRASIL. CATALOGAÇÃO-NA-FONTE
SINDICATO NACIONAL DOS EDITORES DE LIVROS, RJ

O51T

Oliveira, Reinaldo José de
Territorialidade negra e segregação racial na cidade de São Paulo : a luta por cidadania no século XX
Reinaldo José de Oliveira. - 1. ed.
São Paulo : Alameda, 2019.
378 p. : il. ; 23 cm.

Inclui bibliografia e índice
ISBN: 978-85-7939-301-3

1. Sociologia - Brasil. 2. Antropologia - Brasil. 3. Racismo. 4. Negros -Condições sociais. 5. Relações raciais. I. Título..

17-42206 CDD: 301.81
CDU: 316(81)

ALAMEDA CASA EDITORIAL
Rua 13 de Maio, 353 – Bela Vista
CEP 01327-000 – São Paulo, SP
Tel. (11) 3012-2403
www.alamedaeditorial.com.br

Dedico esta obra à Regina Marques de Souza Oliveira e Aimé José Marques de Souza Oliveira.

Manter o território e a territorialidade não é uma tarefa fácil, considero que é um trabalho do cotidiano, árduo e de extrema complexidade. A manutenção da territorialidade, depende de inúmeros fatores, como a questão dos poderes político, socioeconômico, cultural, subjetivo e simbólico, portanto, na história e nos dias de hoje, os atores sociais precisarão articular todas as forças para fazer da cidade territórios de cidadania para todos, de igualdade e de direito às diferenças.

A família, instituição social e política, é uma força imprescindível para compor a territorialidade. Regina Marques, lhe agradeço por tudo, por protagonizar as territorialidades que vivemos. Você é companheira, esposa, mãe, filha, tia, psicóloga/psicanalista, professora universitária, intelectual, pesquisadora e é um ser humano de lutas e profundos sentimentos em torno da condição da família enquanto base de nossas territorialidades.

À meu filho, Aimé José, trago as experiências da diáspora de nossos antepassados e de nossos contemporâneos. Espero que as reflexões aqui reunidas, brevemente, possam proporcionar transformações para você e as crianças deste século XXI.

Regina Marques e Aimé José, obrigado, beijos e abraços deste que lhes AMA muito.

Sumário

Prefácio

Ao longo dos anos de docência na PUCSP, procurei sempre manter vivos em minha memória, os rostos de meus alunos, suas expectativas e interesses, preocupações e inquietações teóricas e sociais. O magistério torna-se um labor delicado e tem essas compensações, sem dúvida. Por vezes difícil, mas compensador. Assim é que vejo descortinarem-se vultos, pessoas, muitos passaram sem deixar marcas significativas, outras permanecem como parte de nossa família. É nossa alegria torcer, esperar que todos tenham sucesso na vida, e não apenas acadêmica, e que consigam realizar suas esperanças. Quando possível, buscamos acompanhar suas trajetórias, e com certa ponta de orgulho, mesmo que íntimo, alimentamos a ideia de que contribuímos de alguma forma com os êxitos profissionais e progressos pessoais. Somos seres humanos vaidosos, sim, mas nesses casos, seremos perdoados. E auxiliamos, de alguma forma, no compartilhar, no torcer.

Foi assim com Reinaldo José de Oliveira. De início, um nome na lista de chamada do terceiro período do curso de graduação em Ciências Sociais da Pontifícia Universidade Católica de São Paulo, aluno de Teoria Sociológica; aos poucos, ganhou fisionomia, destacou-se pelo interesse por questões urbanas, pelo debate sobre a desigualdade social e étnica, sobre as potencialidades de estudo e pesquisa científica disponíveis na instituição. Cursou as abordagens clássicas da Sociologia, Sociologia Urbana e foi se estabelecendo produtivo diálogo acadêmico entre nós. A literatura sociológica a esse respeito foi devidamente lida, assimilada, criticada, superaram-se desafios, definiram-se objeto e objetivos de investigações de interesse. Participei de seu trabalho de conclusão de curso, orientado pela Professora Matilde Maria de Almeida Melo, onde a questão do negro no espaço urbano ganhava relevo e, em especial, o lugar na cidade,o debate sobre direito ao território.

Logo a seguir, seu mestrado, que também compartilhei, agora como orientadora. Novos desafios, mais progressos. Na direção da análise da inserção problemática do negro na cidade de São Paulo, nosso pesquisador mostrou-se incansável. Ganhava maturidade intelectual, incorporava novas habilidades, conquistava cada vez maior autonomia de pensamento. Continuava, porém, firme em seus objetivos de atuar na compreensão do lugar do negro na cidade e, sempre, de trabalhar pela superação dessa inclusão perversa.

E assim chegou ao doutorado, período de grande crescimento, do qual participei também como orientadora. Conseguiu bolsa de apoio à sua vida universitária, no caso da Fundação Carlos Chagas pelo programa da Fundação Ford. Realizou o estágio de doutorado sanduiche em Portugal e em Paris, conheceu a Europa, avançou rápido na pesquisa que persevera na busca de elucidar a segregação social e racial na cidade. e caminhou com passos largos para sua conclusão, defendendo a tese que faz a base conceitual e de fundo a este livro.

Ainda não terminando seu itinerário acadêmico, fez sua pesquisa de pós doutorado, agora com a supervisão da professora Terezinha Bernardo, publicou livro e, continua a pesquisar o tema, impulsionado por uma motivação saudável e comprometida na transformações da situação, no combate à desigualdade, à opressão, ao preconceito e a segregação. E eis-me aqui, feliz, procurando encontrar indícios de que nosso diálogo acadêmico tenha contribuído, produtivo. Sobretudo gosto de salientar a importância dessa pesquisa e dessa análise para a Sociologia.

Desde os estudos de Florestan Fernandes, Octávio Ianni, Costa Pinto, Guerreiro Ramos, Oracy Nogueira e outros, a situação do negro vem sendo analisada, cabendo, entretanto, sua atualização, novos enfoques que deem conta das inúmeras facetas da questão. O negro na sociedade brasileira, apesar dos debates ocorridos, de diversos ângulos e metodologias, continua a despertar controvérsias e, o mais grave, infelizmente, é que a situação está longe de ser equacionada, resolvida e superada no sentido da equidade e cidadania plena. Bem conhecido entre nós o mito da democracia racial, muitas vezes de preconceito e discriminação naturalizados, em que raras pessoas se declaram racistas, mas atribuem tal traço aos "outros". O fato é que a discriminação existe no país e se reveste de caráter complexo e é difícil analisa-la da forma multifacetada e completa.

Nos aspectos que se relacionam ao direito à cidade, principalmente, essa afirmação se revela verdadeira. São pouco extensas, ainda, análises sobre a imbricação dos aspectos econômicos e espaciais em relação aos raciais quer em estudos acadêmicos, quer nas políticas sociais e urbanas que transformassem a situação, para que posições subalternas obtivessem condições melhores de acessibilidade e moradia adequadas,

O que acontece é uma intersecção entre efeitos perversos das regras do mercado imobiliário e variáveis de natureza simbólica/cultural; em outros termos, do ponto de vista do capital financeiro e imobiliário o acesso ao ambiente construído se pauta por renda e estabilidade de emprego que são decisivos na atribuição de lugares urbanos de melhor qualidade. No que se refere ao peso da cor e etnia, operam na desigualdade com fatores ideológicos na avaliação da degradação e desvalorização de áreas pela presença e vizinhança de determinados grupos raciais.

O trabalho de Reinaldo José de Oliveira que ora se apresenta ao leitor tem o grande mérito de desbravar esses componentes da questão urbana e racial no Brasil com pesquisa séria e competente e, contribuir para sua superação. O problema da segregação habitacional na sociedade brasileira, e em suas cidades, tem sido costumeiramente tratado como centrado no binômio centro/periferia, teses mais comuns nos anos de 1970 e oitenta. Nessa polarização, o centro era visto como lugar da riqueza, de moradia das classes dominantes, sede do poder político, lugar bem equipado; seu contraponto estaria na periferia pobre, cinturão de abordagem aos i/migrantes recém chegados, sem acesso a serviços urbanos necessários, moradores da precariedade. Mesmo admitindo-se que essa dicotomia permaneça, em linhas gerais, é preciso ter análises mais finas para perceber com acuidade, o papel e o peso dos fatores raciais nessa configuração. Em nosso caso, como orientadora, pudemos acompanhar esse esforço em trabalhos desenvolvidos em teses acadêmicas de doutorado e mestrado, com o objetivo de estudar a presença do negro e sua inserção no espaço urbano, com destaque para os estudos de Silva(2004) e Oliveira(2002 e 2008) em que foi constatada por dados censitários a frequência do negro nas periferias de São Paulo, permitindo uma certa cartografia social e racial

No século XXI, as transformações econômicas, sociais, políticas e culturais em curso vêm afetando as cidades; mesmo em uma década, podem sentir-se alterações da ordem social, como entre os anos 2000 e 2010, com ligeira diminuição da desigualdade social, do avanço da escolarização entre outras. É urgente detectar, contudo, como se configuram as diferenças sociais entre negros e brancos nas diversas situações urbanas. A abordagem da segregação, pois, deve tratar da presença negra, quer na periferia, hoje reconhecidamente heterogênea, em comparação com a situação dos brancos ali residentes, assim como enfocar nos estratos de renda mais alta e média, em bairros de melhor condição urbana, a inserção de brancos e sua relação com negros. Trata-se, pois, de somar o ingrediente raça/cor aos estudos de segregação urbana.

Fruto de sua tese de doutorado como cientista social e acrescentando os estudos pós doutorais, Reinaldo traça um panorama da presença do negro em São Paulo. Como maior cidade brasileira, em comparação com outros municípios do país, apresenta o mais expressivo número de negros entre seus habitantes, mais de quatro milhões deles em seus quase 12 milhões de moradores paulistanos. Essa proporção já seria suficiente para demonstrar a urgência de análises consistentes sobre o tema. Acrescente-se o exame da distribuição dos negros no espaço urbano, obedecendo as direções da segregação sócio econômica, aliada aos efeitos quase estigmatizantes da cor. A análise foi cuidadosa, pois segundo suas conclusões, dos 96 distritos da capital, em 2010 (Censo demográfico, IBGE), 34 deles apresentavam 37% ou mais de presença negra chegando a 60.78% em alguns casos. E o mais impactante é que se situam nas regiões periféricas e seus extremos, com exceção do distrito da Sé, região central e que abriga porções congestionadas e/ou degradadas da cidade.

Essas tendências já se prenunciavam desde os derradeiros censos demográficos do século XX. Os bairros examinados na tese de doutorado do Autor, o Jardim Ângela,, Cidade Tiradentes e Brasilândia, atestam tais assertivas, confirmando o crescimento da população negra e pobre em territórios com desigualdade urbana e racial, nas direções respectivamente do sul, do leste e norte da capital paulista. Em contrapartida, bairros da região sudoeste de São Paulo, por exemplo, mostram que há prevalência de brancos e de altas rendas.

O texto de Reinaldo aborda também o contraste de cor tomando como comparação índices de rendimentos, educação e moradia entre negros e brancos no esforço de "compreender os novos e antigos cenários da segregação racial e das desigualdades na capital paulistana" (capítulos dois e quatro) Assim é que, citando aqui poucos mas conclusivos exemplos, pelo censo de 2010 (IBGE), a renda média da população negra corresponde a 42% dos rendimentos da população branca. No que tange a habitação precária, avançam os percentuais de moradores negros nas favelas, cortiços e loteamentos irregulares, representando cerca de 61% enquanto brancos significam perto de 39% nesses locais. Para os diferenciais de educação, outro aspecto fundamental para a cidadania, alguns indicadores são suficientes: no ensino fundamental, 55,0% são brancos e 45,0% são negros; e o contraste aumenta na escala ascendente escolar, pois são 57,72% brancos no ensino médio e 40,51% para os negros nesse nível.. Na graduação de nível superior, 74% são brancos e 22% são negros., mesmo tendo havido alguma redução desses diferenciais em cotejo com os dados de 2000, por efeito de políticas públicas como a de cotas, PROUNI, valorização da escola pública, ENEM, e outras.

A desigualdade social e de oportunidades se espelha no acesso desigual ao espaço urbano. A observação dos dados revela que as elites brancas e de altas rendas tendem a se auto segregarem, não só em condomínios fechados, enclaves fortificados, como nos bairros de melhor localização diferencialmente munidos de serviços urbanos, equipamentos e transporte. Nas periferias e porções degradadas misturam-se brancos e negros de baixa renda, habitando a precariedade, mas a presença negra acaba prevalecendo nesse universo da pobreza.

Importante destacar o conceito de território desenvolvido neste livro. Mais que seu sentido jurídico, área de jurisdição de um Estado, ou como espaço vital, argumento até utilizado pelo nazismo, o território ganha significado como lugar de identificação, como direito ao lugar, uma ponte para a sociabilidade entre seus pares, como bem definia Milton Santos em O espaço do cidadão (Nobel, 1987) como direito à cidadania, " o homem vale pelo lugar em que está: o seu valor como produtor, consumidor, cidadão, depende de sua localização no território...."(pag.81)

Como resposta ao quadro de segregação econômica e racial do negro, apenas a superação das barreiras impostas à verdadeira democracia pode ajudar, barreiras estas ou fronteiras representadas pelas exigências do mercado, (de trabalho, de renda e imobiliário), e por aquelas invisíveis e simbólicas da discriminação e pela cultura racista.

Em novembro de 2018, mês dedicado a homenagens a Zumbi dos Palmares e à consciência negra, valorizamos o momento em que este livro chega para se inserir nos esforços de uma luta grande e valiosa, a de combater o preconceito e a discriminação do negro e de retirar o véu que disfarça a perversa estabilidade da desigualdade social e de raça no Brasil.

Maura Pardini Bicudo Véras
Professora titular de Sociologia, Coordenadora do Núcleo de Estudos e Pesquisas Urbanos da PUCSP e Pesquisadora com Bolsa Produtividade do CNPq

Referências Bibliográficas

OLIVEIRA, Reinaldo José de: A presença do negro na cidade: memória e território da Casa Verde em São Paulo. *Dissertação de Mestrado em Ciências Sociais*, Pontifícia Universidade Católica de São Paulo, 2002

OLIVEIRA, Reinaldo José de: Territorialidades Negras, Segregação Urbana e Racial na cidade de São Paulo, *Tese de Doutorado em Ciências Sociais*, Pontifícia Universidade Católica de São Paulo, 2008.

ROLNIK, Raquel: Territórios negros nas cidades brasileiras (Etnicidade e cidade em São Paulo e no Rio de Janeiro). *Estudos Afro-Asiáticos*,n.19, pp.29/41,1989.

SANTOS, Milton: *O espaço do cidadão*, São Paulo, Nobel Editora, 1987.

SILVA, Maria Nilza da: Nem para todos é a cidade: segregação urbana e racial em São Paulo, *Tese de Doutorado em Ciências Sociais*, Pontifícia Universidade Católica de São Paulo,2004.

Introdução

Neste livro observo a territorialidade negra e a segregação urbana e racial no decorrer do século XX na cidade de São Paulo. A partir da origem e posteriores deslocamentos de negros e negras na urbe paulistana, gradativos movimentos em torno da territorialidade e da segregação vão definindo lugares, ora identitários, espaços de construção/desconstrução e reconstrução de bases sociais, culturais e políticas e, ora, as forças da separação, marginalização e estigmatização da população negra e pobre para as regiões mais distantes da cidade. É neste percurso que a obra procura responder, de um lado, aos ininterruptos deslocamentos de territorialidades, desterritorialidades e reterritorialidades, de outro lado, a segregação racial.

Território negro e segregação racial são forças contraditórias inscritas no chão das cidades brasileiras, que se enfrentam cotidianamente em inúmeras frentes, sobretudo no mercado de trabalho, no lugar da habitação e do ambiente construído e, particularmente, o direito de viver e pertencer à cidade.

Esta publicação busca analisar o papel da territorialidade de negros e negras na cidade de São Paulo – focalizando espaços, lugares, referências, identidades e as lutas em torno das bases que fundaram a cidade de São Paulo e o capitalismo local e nacional – Sem deixar de verificar os motivos da distribuição da população negra em direção às periferias, desde o final do século XIX, o decorrer do século XX até o momento atual.

Em nossa sociedade, o tema da segregação racial é pouco observado no universo acadêmico e nos meios de informação e formação de opinião. Não há divulgação nos meios de comunicação (impresso, digital, TV e rádio) referente aos mecanismos sociais e políticos que separam e privam grupos sociais e raciais, em especial, a população negra.

A segregação é, portanto, uma forma de "exclusão" social, racial, religiosa, cultural, econômica e política que contextualiza uma dimensão espacial. Os Estados Unidos e a África do Sul, em contextos diferentes da segregação racial, tiveram uma época marcada severamente pela divisão entre brancos e negros, em locais como transporte coletivo, escolas, igrejas, mercado de trabalho, espaços de lazer e cultura e, sobretudo no ambiente construído. Nestes cenários, a população é deixada à margem da cidadania e enclausurada nos territórios de exclusão. O Estado é a força que age por meio de efeitos legais, oficiais e institucionais, separando e demarcando os lugares da população pobre e negra, reservando-lhes os últimos lugares na cidade e na hierarquia socioeconômica.

No Brasil, a segregação tem outros mecânismos: banheiros, escolas, bairros e transportes coletivos não sofreram as mesmas sanções. Porém, desde os primeiros anos do século XX, a segregação urbana e racial foi sendo elaborada de forma informal, invisível e ilegal (ROLNIK, 1989; OLIVEIRA, 2002).

Kowarick (2004) ressalta um aspecto diferente, um fenômeno que não se limita ao aspectro socioeconômico. Para o autor, o espaço urbano de nossas cidades precisa ser melhor compreendido tendo como objeto de observação também a raça/cor.

> Sem dúvida nenhuma, as razões socioeconômicas parecem constituir o elemento básico das formas diferentes de apropriações do espaço. Ou seja, o triângulo ocupação/renda/trabalho, elementos que andam muito juntos, é a forma básica que leva à proporção do espaço. Eu tenho dúvidas e aí eu volto à pergunta: é claro que há mais população afro-descendente em certas regiões do que em outras porque é a mais pobre, menos qualificada profissionalmente, com menos instrução escolar e sobre a qual despencam os mais fortes preconceitos: penso que não dá para entender a questão da desigualdade de acesso, sem entender a questão do preconceito e discriminação relacionados à questão social. Não sei como este processo se espelha no espaço. Gostaria de ter dados da questão racial nas nossas cidades, sobre os espaços em que há concentração racial (Kowarick, 2004, p. 96).

A segregação brasileira, principalmente na cidade de São Paulo, requer leituras e reflexões além das questões sobre classe social; é preciso que os estudos sobre a cidade e o urbano investiguem, tendo como foco a clivagem entre classe social, cor/raça, gênero, geração e outras demandas da realidade social que são essenciais para a construção da cidadania. Informalmente, a legislação social e política separou a população negra e pobre dos pedaços mais ricos da cidade, reservando-lhes os lugares da pobreza, em geral, as periferias, favelas e morros. Passo a passo, os lugares da cidade foram se definindo, como os territórios da riqueza e os territórios da pobreza. Os grupos de alto e médio poder aquisitivos, gradualmente, foram delimitando o quadrante sudoeste para a elaboração de espaços de moradia, trabalho, cultura e bens sociais (ROLNIK, 1989).

Villaça (2003, p. 342)) descreve a fase inicial da segregação e da constituição do pedaço mais rico da cidade de São Paulo, que ao longo do século XX foi se tornando exclusivo às classes sociais de melhor poder aquisitivo e brancas:

> Desde o final do século XIX, quando teve início o explosivo crescimento da cidade, as classes mais ricas de São Paulo começaram a se segregar e, em seu crescimento, a caminhar sempre no quadrante sudoeste. Para o leigo, visualizar os quadrantes da cidade, basta imaginar as linha Norte/Sul (Tucuruvi – Jabaquara) e Leste/Oeste (Corinthians/Itaquera – Barra Funda) do metrô. Partindo de Campos Elíseos e Higienópolis, os primeiros bairros aristocráticos de São Paulo, passaram a ocupar a Avenida Paulista. Depois (juntamente com os bairros de classe média), o Jardim América, Jardins Europa e Paulista, Vila Mariana, Itaim, Moema, Sumaré e Pacaembu, Alto de Pinheiros e Lapa, City Butantã, Cidade Jardim, Morumbi, Jardim Guedala, Brooklins, Granja Julieta, Chácara Flora etc. Depois pularam para Granja Viana, Alphavile, Aldeia da Serra etc. A ordem cronológica é aproximada, mas uma coisa é certa: a classe média e acima da média cresceram sempre na mesma direção e jamais abandonaram o quadrante sudoeste. (...) Paralelamente, os mais pobres se espalhavam pelo restante da cidade e na sua periferia.

A autosegregação refletiu diretamente em toda a produção da cidade. Os pobres e negros foram expulsos das áreas mais valorizadas e, posteriormente, foram compor as extensas periferias; pobres e precárias em ambiente construído.

Em nossa atualidade parte desse cenário encontra-se nos distritos que este trabalho propôs estudar: Brasilândia (região norte), Cidade Tiradentes (região leste) e Jardim Ângela (região sul). A escolha dos distritos foi definida conforme os resultados de trabalhos e estudos que desenvolvi no decorrer da gradução, mestrado e a conclusão do doutorado. Utilizei as informações quantitativas e qualitativas sobre a população negra em solo paulistano, verificando os deslocamentos, o percurso e a direção dos territórios de desigualdades (OLIVEIRA, 1998; 2002).

Em determinados espaços do quadrante sudoeste, como os shopping centers, Parque do Ibirapuera, Masp, Museu da Língua Portuguesa e de outros gêneros e entretenimentos, a população negra está proporcionalmente presente abaixo da média da cidade, que correspondia a 30% em 2000 (IBGE, 2000), atualmente corresponde a 37% (IBGE, 2010). No quadrante sudoeste, a população negra é subrepresentada nos espaços públicos e privados.

A mobilidade socioespacial da população negra diminui conforme a renda do orçamento individual e familiar que são consumidos, geralmente, com as necessidades básicas, como alimentação, vestuário e as despesas com a habitação (aluguel, água, luz e telefone). Renda, habitação, educação, trabalho e níveis de sociabilidade em torno de organizações sociais e culturais são as categorias que compõem o cenário das territorialidades e da segregação racial na cidade de São Paulo, a partir destas referências que este trabalho está estruturado: o percurso epistemológico do negro na cidade de São Paulo.

Milton Santos (1993) assinala que o território é uma das principais referências para a elaboração do processo civilizatório; das manifestações do trabalho social, cultural e político e, de forma mais abrangente, a cidadania. Esta obra tem esse objetivo: a busca de cidadania para todos que vivem a cidade.

O livro está organizado em quatro capítulos que reúnem os materiais conceituais e empíricos (qualitativos e quantitativos). No primeiro capítulo, faço os apontamentos da literatura: conceituações a respeito da cidade e o ambiente construído, bem como seus componentes sociais, como o trabalho, habitação e suas principais particularidades que dão forma e funcionamento às engrenagens da capital paulistana; analisei, do ponto de vista sociológico e antropológico a questão da raça, etnia e racismo, tendo em vista elaborar e verificar como se reproduzem na prática social dos ambientes negros na cidade de São Paulo; através da contribuição de autores alinhados a escolas sociológicas como a teoria marxista, elaborei referências que explicam a segregação, como as causas e as consequências da separação e a exclusão social; para compreender a realidade brasileira, observei as faces da segregação no Brasil, tendo como referência o final do século XIX e as primeiras décadas do século XX; desenvolvo os conceitos teóricos de Maurice Halbawachs, Michel Pollak, Ecléa Bosi, Teresinha Bernardo e outros autores, para compreender a memória coletiva e a história oral das territorialidades e da segregação; os movimentos sociais negros também compõem o primeiro capítulo, como atores sociais presentes na cidade e nos pedaços da urbe paulistana, e, por último, faço os comentários sobre o contexto histórico, político e social da cidade de São Paulo e dos distritos da Brasilândia, Cidade Tiradentes e Jardim Ângela, compondo as características socioeconômicas e urbanas.

No segundo capítulo, apresento as fases e períodos das territorialidades negras e da segregação urbana e racial na cidade de São Paulo. A primeira fase corresponde ao final do século XIX e início do XX, ou seja, a presença negra na sociedade de classes no período pós abolição. Posteriormente, na segunda fase, de 1930 até 1970, abordo a territorialidade negra da Casa Verde, como uma das primeiras periferias em direção à Zona Norte da cidade, pós Rio Tietê. Em seguida, o estudo empírico e conceitual dos distritos da Brasilândia, Cidade Tiradentes e Jardim Ângela, retrata a fase de 1970 a 2000. Analiso a questão da habitação, mercado de trabalho e renda, conforme o material empírico e os dados secundários, censo IBGE, 2000.

Observo, no terceiro capítulo, as resistências e os enfrentamentos de homens e mulheres negras, diante dos cenários da habitação e da família, a violência urbana, sobretudo a taxa de homicídios nos extremos das periferias e o protagonismo negro na cidade e nos distritos estudados.

Na sequência, a elaboração do quarto capítulo, em que abordo os movimentos sociais negros, apontando as contribuições do território e as possibilidades de enfrentamento para a eliminação da segregação e do racismo.

Analiso, o quadro socioeconômico e racial da cidade de São Paulo, de acordo com os dados do censo do IBGE de 2010. Faço comparações analíticas dos dois últimos censos, para melhor delineamento da segregação urbana e racial. Será que a segregação urbana e racial avançou, se manteve no mesmo patamar ou decresceu na urbe paulistana?

Nas considerações finais, apresento a contribuição deste livro para pensar do ponto de vista político o quadro das desigualdades e da segregação racial na cidade de São Paulo.

Metodologia

Esta obra está estruturada em quatro concepções teórico-metodológicas. A primeira diz respeito ao repertório conceitual reunido para explicar diversas análises como a cidade, o urbano, o território e a segregação. Procurei compor, do ponto de vista epistemológico, o cenário conceitual que corresponda aos estudos sobre a cidade e aos estudos sociológicos e antropológicos sobre o negro.

Na sequência, a segunda, refere-se ao trabalho de campo desenvolvido nos distritos da Brasilândia, Cidade Tiradentes e Jardim Ângela. O trabalho de campo teve a duração de um ano e seis meses, proporcionalmente distribuídos nos três bairros selecionados. Foram realizadas 60 entrevistas, com homens e mulheres negras dos três distritos que compõem a territorialidade deste trabalho. Dentre os entrevistados, defini o seguinte recorte: os moradores que se deslocaram de seu local de origem para uma nova territorialidade e os moradores que cresceram (mais jovens) e acompanharam o desenvolvimento dos distritos. Para preservar a identidade dos entrevistados, suprimi os nomes, trago apenas o gênero do interlocutor, a idade e o distrito, no contexto da memória individual e coletiva da população negra na capital paulistana.

A terceira, referente às fontes demográficas e estatísticas oficiais (censos demográficos do Instituto Brasileiro Geográfico e Estastístico de 1980, 1991, 2000 e 2010 e informações quantitativas da Fundação Sistema Estadual de Análise de Dados), possibilitaram a compreensão da cidade e dos bairros pesquisados.

A quarta etapa, interpretativa, proporcionou abordar a questão do território enquanto recurso teórico-metodológico. O território é essencial para compreender a cidade e suas particularidades; a história dos moradores do local e sua relação com o todo da cidade. Através do território é possível um melhor delineamento dos espaços, espacialidades e locais dos grupos negros na cidade e suas múltiplas vivências e situações em torno da habitação, do trabalho e da renda.

Capítulo 1
Observações teóricas sobre a Cidade, o Urbano e o Território

Habitação e Trabalho no Ambiente Construído: A Cidade

Na estrutura das cidades brasileiras, a questão da habitação é um dos principais fenômenos que abalam o quadro dos direitos, sobretudo o ambiente construído e toda a extensão da habitação, compreendida aqui como o local de moradia e o entorno, lugar de produção e reprodução de identidades, histórias e de referências de sociabilidade.

Lefebvre afirma que no tempo de Marx e Engels (1991) a questão da moradia era central. Em pleno século XXI, o tema da moradia continua sendo urgente e essencial na elaboração de políticas públicas para combater a pobreza e a exclusão.

No entanto, a história da cidade e d o urbano no século XX, corresponde às transformações do capitalismo nacional e internacional, ao neoliberalismo e à globalização, trazendo à tona o acirramento dos territórios de não cidadãos, com os problemas da moradia, violência, desemprego, mobilidade urbana e os serviços básicos que continuam sendo precários nas sociedades brasileira e em desenvolvimento. No momento atual, as questões sociais, econômicas e políticas presentes na estrutura da cidade, sobretudo a moradia, estão em um panorama crítico. Do século XIX aos nossos dias, a questão da moradia e do ambiente construído se agravou nas cidades brasileiras e nas sociedades em desenvolvimento.

Lefebvre (1999) expõe diversas críticas sobre a forma de produção social do espaço no capitalismo, que torna o espaço natural em espaço artificial, centrado na obtenção do lucro e na produção da mercadoria com fins de elevar os ganhos da mais valia. O capitalismo dilapidou a natureza, gradativamente, esta foi sendo violentada pelos mecanismos da força, do poder e da destruição imposta pelo capital. O que era natural ontem, hoje é pura artificialidade. O que há de espaço natural nas cidades do mundo? Nada e tudo. Apenas o processo de urbanização.

> O que é o urbanismo? Uma superestrutura da sociedade neocapitalista, noutras palavras, do capitalismo de organização, o que significa capitalismo organizado. Noutros termos ainda: da sociedade burocrática de consumo dirigido. O urbanismo organiza um setor que parece livre e disponível, aberto à ação racional: o espaço habitado. Ele dirige o consumo do espaço e do habitat. Enquanto superestrutura, ele se distingue, e é preciso distingui-lo fortemente, da prática, das relações sociais, da própria sociedade. Não existem aqueles que confundem o urbanismo com o urbano, a saber, a prática urbana e o fenômeno urbano? Toda confusão explicaria a tese pseudomarxista, vigorosa e regularmente crítica na aparência, segundo a qual o fenômeno urbano não passa de uma superestrutura. Essas ideologias confundem a prática com a ideologia, as relações sociais com o institucional. É apenas por ter esse duplo aspecto, ideológico com o institucional, que o urbanismo revela à análise crítica as ilusões nele contidas e que permitem suas aplicações. O urbanismo aparece, assim, como o veículo de uma racionalidade limitada e tendenciosa a qual o espaço, ilusoriamente neutro e não-político, constituem o objeto (LEFEBVRE, 1999: 150).

Lefebvre (1999) descreve as fases da cidade política, da cidade comercial, da cidade industrial e a fase crítica, que é o presente e o que poderá vir a ser amanhã. Na primeira fase, o centro das relações humanas sobressai no espaço da natureza. Com a inflexão do mundo agrário para o mundo urbano, a natureza é superada pela artificialidade produzida pelo homem, dando forma, através da força de trabalho, da tecnologia, do conhecimento científico e das ferramentas dos meios de produção. Todo esse movimento resulta em espaços artificializados que se tornam únicos e exclusivos ao mundo urbano. O mundo urbano entra em cena na história da humanidade com a fase inicial da cidade industrial.

Hoje, só é possível o urbano e o urbanismo com o espaço industrial, por meio do suporte das tecnologias da informação, possibilitam pensar a zona crítica, descrita por Lefebvre (1999). A zona crítica é ao mesmo tempo implosão-explosão da realidade urbana e da cidade. O que somos e para onde caminhamos? Sabemos que a realidade é 100% artificial, fonte e força motriz capaz de gerar tudo o que está em nosso mundo, no espaço social e político, no trabalho social e na vida que caminha em direção à destruição de um novo horizonte.

Segundo Castells (1983: 42), dentre a diversidade de interpretações do que é o urbano, apresento dois significados: concentração demográfica distribuída no espaço, a partir de certos limites de dimensão e de densidade; difusão do sistema de valores, atitudes e comportamentos denominado cultura urbana.

O urbano difere do rural, porque é o local onde se concentram as forças sociais que lutam pelo ambiente construído.[1] A desterritorialização do mundo rural propiciou, com o advento do capitalismo, tornar o urbano, em força potencial para concentrar, distribuir e controlar as forças produtivas e difundir sistemas de valores no comportamento cultural de uma nova realidade. A cidade contemporânea é onde se desenvolve e se instala todos os instrumentos do mundo urbano. Esta transformação do espaço, do natural para o artificial, fez com que a cidade se tornasse a sede da produção da mercadoria intermediada pela industrialização.

A consequência da urbanização, que em princípio transformou o espaço da cidade, teve como direção os interesses individuais. Os interesses coletivos, segundo Castells (1983), não fazem parte deste processo da urbanização, apenas é encontrado no momento que o Estado e as classes sociais entram em conflito pelo espaço urbano. Adiante, retrato duas proposições que contribuíram para a consolidação do mundo urbano: a decomposição prévia das estruturas sociais agrárias e a emigração da população para centros já existentes, fornecendo a força de trabalho essencial à industrialização; a passagem de uma economia doméstica para uma economia de manufatura, e depois para uma economia de fábrica o que quer dizer, ao mesmo tempo concentração de mão de obra, criação de um mercado e constituição de um meio industrial.

Nas sociedades capitalistas, a urbanização, a cidade e a industrialização, incorporaram os valores do capital para transformar o espaço e impor o seu domínio, ora pelo poder econômico e político dos empreendedores do capital que interferem no espaço urbano e definem os investimentos privados, e, ora pelo Estado, definindo a direção e o lugar dos investimentos públicos.

No caso da urbanização latino-americana, esta não nasceu com esse corpo e com estas características. Nossa urbanização, latino-americana e brasileira é recente, data do final dos anos 1930-1940 e sua implantação foi rápida. Maricato (1996) afirma que a urbanização, a cidade e as diferenças, são decorrentes da herança e do processo histórico de 500 anos. O urbano no Brasil já nasceu errado, primeiro pela forma que a terra foi privatizada,

---

1 Ambiente construído = é um conjunto de elementos materiais e subjetivos, essenciais para o consumo de interesse coletivo público e privado no cenário das cidades, por exemplo, são escolas, universidades, hospitais, parques, teatros, cinemas e espaços culturais, transporte público de qualidade, como metrô, ônibus, trem, enfim, são os espaços, lugares e territórios dotados de funções, serviços e utilidades.

de um lado, deixando milhões de despossuídos de terra, habitação e o ambiente construídos e, de outro lado, reservou vastos territórios para os setores de melhor poder aquisitivo.

A visão de Castells sobre a urbanização latino-americana não se aproxima do que foi feito nos principais países cuja industrialização se desenvolveu. A seguir, algumas palavras do autor sobre a nossa urbanização:

> A urbanização latino-americana caracteriza-se então pelos traços seguintes: população urbana sem medida comum com o nível produtivo do sistema; ausência de relação direta entre emprego industrial e crescimento urbano; grande desequilíbrio na rede urbana em benefício de um aglomerado preponderante; aceleração crescente do processo de urbanização; falta de empregos e de serviços para as novas massas urbanas e, consequentemente, reforço da segregação ecológica das classes sociais e polarização do sistema de estratificação no que diz respeito ao consumo (CASTELLS, 1983: 99).

Castells está certo em afirmar que a urbanização latino-americana produz a segregação, a separação dos grupos sociais (residencial, ocupacional e educacional) (TORRES, 2004), conforme o grau de homogeneidade (PASTERNACK, 2004). Há um leque de significados referente ao espaço urbano que não estão presentes nesta elaboração descrita pelo autor acima.

Maricato (1996) afirma que o período entre 1930 e 1970 é caracterizado por intenso processo de industrialização e urbanização, com forte intervenção estatal na vida econômica e política. A urbanização dos grandes centros provocou a construção clandestina das periferias sem proteção ambiental e localizada nas áreas mais pobres. A urbanização, caótica no país, separou ricos e pobres, brancos e negros, iguais e diferentes.

Castells (1983) define o espaço como resultado da ação humana, acrescenta em sua definição três sistemas de configuração que são interdependentes e se relacionam no processo de produção, consumo, troca e circulação; político, econômico e ideológico, que também se articulam e se inter-relacionam, está diretamente conectado com o movimento da Produção, do Consumo, da Troca e da Gestão.

Entendo por sistema econômico a ação das forças produtivas e os meios de produção que se concretizam no momento da produção social do espaço e suas funções. Estas forças, geralmente, convivem de forma antagônica em torno do ambiente construído e no decorrer do processo de produção social. Quanto ao sistema econômico, ele se organiza em torno de conexões entre a força de trabalho, os meios de produção e a vida social, que se combinam segundo suas relações principais: a relação de propriedade (apropriação do produto) e a relação de apropriação real (processo técnico do trabalho). O sistema ideológico, segundo Castells (1983: 193), organiza o espaço inscrevendo uma rede de signos, cujos significantes são constituídos das formas espaciais e os significados, de conteúdos ideológicos.

Para Castells há os seguintes elementos que constituem as formas espaciais: a) por cada um dos elementos das três instâncias (econômica, político-jurídica, ideológica) – estes elementos são sempre combinados com outros elementos de sua própria instância; b) pela combinação das três instâncias; c) pela persistência de formas espaciais ecológicas, suscitadas pelas estruturas sociais anteriores – estas formas articulam-se às novas, produzem então situações concretas sempre específicas; d) pela ação diferencial dos indivíduos e dos grupos sociais sobre seu quadro – esta ação está determinada pela filiação social e espacial destes grupos, mas pode produzir efeitos novos, devido à especificidade do sistema de interações (1983: 195).

Em Lojkine (1997), a teoria do espaço é resultado do movimento produção, consumo, distribuição e troca. O principal argumento do autor, referente ao espaço, é a questão do consumo coletivo.

> O que a nosso ver, vai caracterizar duplamente a cidade capitalista é, de um lado, a crescente concentração dos meios de consumo coletivos que vão criar pouco a pouco um modo de vida, novas necessidades sociais – chegou-se a falar de uma civilização urbana, de outro, o modo de aglomeração específica dos conjuntos, dos meios de produção (do capital e da força de trabalho) que se vai tornar, por si mesmo, condição sempre mais determinante do desenvolvimento econômico (LOJKINE, 1997: 146).

O consumo coletivo, de acordo com este autor, o nível e a qualidade do espaço social se torna cada vez mais precário e seu dinamismo apresenta-se com forte tendência de limitação e deficiência. É através do consumo coletivo que as classes sociais repõem suas energias para produzir e reproduzir o espaço social. Para retomar suas atividades no ambiente urbano, o trabalhador precisa do consumo coletivo como a habitação, a alimentação para repor a força de trabalho, a escola para os filhos, o transporte e os momentos de festa e de criação. Sem estes elementos que compõem o consumo coletivo, o nível e a qualidade da reprodução do espaço social se torna cada vez mais precário e seu dinamismo se torna cada vez mais limitado e deficitário.

Segundo Lojkine (1997), o consumo do trabalhador é duplo: o resultado do primeiro é a vida do capital, o resultado do segundo é a vida do próprio operário. O consumo coletivo, assim como toda a produção social do espaço é feito de forma dialética, não existe produção que seja feita apenas de forma individual ou pertencente a um único segmento socioeconômico no mundo capitalista. O consumo diferencial reflete em todos os espaços da vida coletiva, a partir da realidade das diferenças de classe social, força de trabalho e dos meios de produção, enfim, são ilimitadas condições do consumo coletivo nos espaços das cidades. Nos grandes centros do país, como São Paulo, Rio de Janeiro, Salvador, Belo Horizonte, Porto Alegre, Recife, Curitiba, os valores no/do espaço interferem em toda atividade da produção, do consumo, da distribuição e da troca. O consumo coletivo só pode ser acessível para os grupos de menor renda quando estes são produzidos e distribuídos conforme o seu poder de compra.

A respeito do ambiente construído, Harvey (1982) assinala que pode ser dividido em elementos de capital fixo a serem utilizados na produção (sistema bancário, empresas, rede de transportes etc.) e em elementos de fundo de consumo, a serem utilizados no consumo ou reposição da força de trabalho (casas, espaços de entretenimento e lazer, hospitais e unidades de saúde, teatro, cinema e espaços culturais, entre outros). O ambiente construído é essencial para a vida da cidade e de seus habitantes, diante da produção e reprodução do espaço social. As classes sociais necessitam do ambiente construído para viver a cidade contemporânea. Nas principais metrópoles do Brasil, são os estratos de melhor renda que mais se beneficiam da forma que o ambiente construído é distribuído no corpo da cidade. Os pobres e negros, em geral, diante das condições materiais e não materiais do ambiente conquistam expressões quantitativas e qualitativas sempre inferiores aos grupos de poder político e socioeconômico.

David Harvey (1980) descreve que o solo e suas benfeitorias são imprescindíveis para a reprodução social do espaço, do ambiente construído e o processo dialético do jogo do valor de uso e do valor de troca. Para Harvey, o solo e as benfeitorias reúnem seis instrumentos da produção. São eles: a localização fixa, o espaço e o lugar, a mercadoria, o espaço permanente (acumulação de riqueza), o solo (tempo) e a propriedade privada da terra, seus usos e funções.

A questão da terra e suas benfeitorias, postas à venda no mercado capitalista produz e reproduz crises e conflitos, de amplas escalas no território nacional. A luta pelo espaço se dá em torno do ambiente construído e das riquezas que são produzidas, porém, conforme a história do capitalismo, a produção e os valores de uso são distribuídos de forma desigual.

Véras (2000) ressalta que se pode ver a cidade como ambiente construído, através das relações sociais que se concretizam no todo e nos "pedaços". A produção do ambiente construído depende de inúmeros fatores, dentre eles, o processo relacional entre o Estado, o capital privado e os diversos segmentos sociais que integram a sociedade. O poder do Estado frente à produção do espaço social é preponderante para dotar a cidade e os pedaços de valores de uso e de valores de troca, essenciais para a necessidade coletiva e o funcionamento da própria totalidade do espaço. A ação do Estado frente ao espaço urbano e à cidade revela realidades contraditórias, expressa pela contínua luta das classes sociais em torno do espaço em transformação.

Na sociedade contemporânea, regida pelo meio técnico-científico-informacional, o ambiente construído se diferencia conforme os fixos e fluxos[2] que são produzidos, segundo regiões e lugares. São Paulo é uma metrópole de territórios de tecnologia, informação, ciência e espaços de produção do capital local e global (SANTOS, 1998).

Henri Lefebvre também é da opinião de que a política no espaço ou o espaço político é resultado do conflito da produção do espaço social de forma desigual ou exploratória. A produção do ambiente construído ocorre através das estruturas econômica, política e ideológicas que se articulam com a unidade espacial (GOTTDIENER, 1993).

Harvey (1982) afirma que a obrigação em oferecer condições para que os produtores do espaço satisfaçam suas necessidades humanas e materiais é do Estado. No Brasil, o Estado intervêm no espaço urbano para dotar condições para as classes sociais, mas na realidade social a (re)produção do espaço mantem privilégios dos segmentos sociais de melhor poder aquisitivo e brancos. O Estado participa da construção do ambiente construído, ele tem a função e poder para intervir e intermediar na produção social do espaço. Além do Estado, os empreendedores dos meios de produção são também responsáveis com a distribuição e produção dos fixos e fluxos. A luta entre o capital e o trabalho não deixará de acontecer, porque o capital sempre procurou disciplinar a força de trabalho. Esse conflito torna-se mais acirrado quando o capital amplia as distâncias (geográficas) entre o espaço de produzir e o espaço de reposição da força de trabalho. Como consequência, a luta entre o capital e a força de trabalho continuará sendo um dos principais espetáculos do cenário urbano.

Nesse contínuo processo de luta social, Harvey (1980) considera que o rico pode dominar o espaço enquanto que o pobre está aprisionado nele. Hoje, a ideia do autor está inscrita no território brasileiro, porém, este cenário não pode ser considerado absoluto, as forças que lutam em torno da cidade e do urbano, buscam a produção do espaço voltado para o uso e as necessidades humanas, logo a concepção de espaço urbano está sujeita às transformações em curso da sociedade. É uma luta e um exercício dialético que está se inscrevendo no cotidiano social, que revelam inúmeras batalhas para derrubar o valor de troca que sustenta a mercadoria e mantem o capital.

A efetivação do valor de uso iniciará uma nova sociedade, sem separações, muros, grades e prisões que dividem os diferentes grupos socioeconômicos no corpo da

2 Os fixos são elementos materiais e não materiais essenciais para a vida na sociedade contemporânea: desde a casa e os serviços oferecidos no bairro, como mercado de alimentos, eletroeletrônicos, feiras, hospitais, creches, escolas, bancos, salas de teatro, cinemas e os espaços que empregam os trabalhadores. E outro sentido, os fluxos também são bens materiais e não materiais essenciais para o funcionamento da cidade e da sociedade atual: é a mão de obra que perfaz o movimento trabalho-residência, o transporte coletivo (ônibus, trens, metrô, táxi, carros particulares etc.), os meios de comunicação de massa (jornais impresso, TV, intenet, rádio) de nossa contemporaneidade que circulam rapidamente nas redes sociais de forma online.

cidade. Novas práticas de produção e reprodução do espaço social, voltados a vida humana e não a exploração serão inscritos a partir da elevação do valor de uso, solidificando as bases do direito à Cidade (LEFEBVRE, 1991). Os aprisionados no espaço podem vencer o jogo e transformar as paisagens, as espacialidades e o ambiente construído; a conquista da cidadania libertará o espaço e tudo o que está ao seu redor.

Mark Gottdiener (1993), lendo Castells e Lefebvre, diz que o Estado está aliado não só contra a classe trabalhadora ou mesmo contra frações do capital, ele é o inimigo da própria vida cotidiana, pois produz o espaço abstrato que nega o espaço social que suporta a vida cotidiana.

Milton Santos (1994: 120) desenvolve a noção de espaço e poder frente ao desenvolvimento das forças produtivas e dos meios de produção, que mudam conforme o ritmo do capital. A mudança brusca e violenta promove a divisão social, assim como a divisão geográfica do trabalho, que separa o homem dos meios de produção. As forças que separaram o homem do trabalho social concentram para si o conhecimento formal e prático, separando-o cada vez mais de sua arte produtora. Nesta dimensão de espaço e poder, o território tende a sofrer também as transformações do trabalho social. O território compreende o sistema de objetos e o sistema de ações; constitui o arcabouço econômico, político, institucional e sociocultural de um país. A rede urbana é um conjunto de aglomerações produzindo bens e serviços, junto a um universo de forças que subsidiam a existência do ambiente construído (SANTOS, 2003: 68).

Milton Santos desenvolveu questões importantes em relação ao espaço, homem e natureza, em especial, a questão do território. Nos anos de 1980 até o final do século XX, o autor apresentou conceituações, interpretações e leituras referentes à ideia de territóio. Na opinião do autor, o desenvolvimento do homem e as sucessivas etapas de transformações para a constituição do meio técnico-científico-informacional. História e tempo são inseparáveis, são como os seres da natureza (sol, água, terra e fogo) que não podem viver separados. No decorrer da vida social, a natureza, gradualmente, foi recebendo novas feições, porque o homem, responsável pela produção do espaço artificial, metamorfoseou o seu entorno, por intermédio do trabalho do mundo capitalista, transformou tudo em mercadoria. A natureza que vivemos hoje não é pura, ela é fabricada no laboratório da vida social.

O homem, por intermédio do trabalho, produtor das coisas e das realizações, conjuga ao processo de produção a questão da técnica. A industrialização traz consigo o aprofundamento da divisão do trabalho que separa o homem do local de produção e do viver, que transforma a terra, o habitat, o fruto da vida em papel moeda. Em outrora o papael moeda, nos dias de hoje, em dinheiro virtual, em valor para ser trocado e mercantilizado de forma online. A técnica foi integrada ao movimento de produção e reprodução do espaço social, fazendo da cidade, do urbano e do espaço, local de conflitos e disputas. Posterior à questão técnica, a ciência foi inserida nesse movimento para produzir velozmente e alcançar vastos territórios do mundo, unificando e aproximando as distâncias geográficas. A estrutura é finalizada com o meio informacional, que se impõe no âmbito local e global em tempo instantâneo, produzindo movimentos identitários, sentimentos e subjetividades e a ação poderosa do mercado, transformando a sociedade em um grande mercado voltado ao consumo.

Hoje, nas primeiras décadas do século XXI, vivemos a Era Informacional. Cotidianamente, o mercado eletroeletrônico coloca à venda produtos cada vez mais modernos e sofisticados: rádio e TV digitais, máquinas digitais, aparelhos de comunicação e fonte de dados que mais se parecem com um minicomputador que pode ser guardado facilmente no bolso. O aparelho celular, de última geração, reúne as funções de comunicação, máquina de fotografar, gravador, filmadora, agenda eletrônica, o universo da internet e das redes sociais, ele é indispensável para o trabalho, o contato e a comunição social, funcional e política.

Em nossa contemporaneidade, a comunicação móvel garante aos atores sociais o contato telefônico e à rede mundial de computadores, e é por intermédio deste encontro online que se criam sentidos, percepções, identidades, ocupações e representações sociais em inúmeras frentes, por exemplo, no quadro dos grandes centros, das cidades médias e pequenas. O meio técnico-científico-informacional está presente no cotidiano de todas as classes sociais, na produção social do espaço, no centro e na periferia, nos mais diferentes espaços sociais de nossa contemporaneidade.

A configuração do território e do espaço se dará, conforme Santos (1996: 17), com o conteúdo técnico e científico no local e no global. O local e o global são formas do espaço territorial que ganharam conotações econômicas, geográficas, políticas e sociais, utilizadas para a ampliação e implantação do capital no mundo, superando barreiras governamentais, fronteiras políticas e aproximando o mundo para a formatação de uma cultura dita global.

Santos (2001) revela que a globalização, a forma que ela foi sendo implantada e desenvolvida no mundo, tende a desterritorializar e tornar homens e mulheres, cultura e espaço, seres dependentes da estrutura econômica. A escravidão em escala global, submetida às leis e normas do capital e da cultura de consumo, fragmenta e transforma o natural em artificial. Nas considerações de Santos, a sociedade contemporânea precisa superar a globalização, conforme ela se apresenta, como fábula e como perversidade.

Santos (2001) afirma que a sociedade contemporânea produz e produzirá alternativas para mudar a realidade e que a transformação só pode acontecer pela ação prática na vida social; o homem intervem no espaço social para superar e derrotar os valores de troca e a economia global. A política no espaço é essencial para que os cidadãos do mundo defendam o território de vida, em suas diferentes dimensões.

O debate sobre o espaço chama atenção para a questão da cidade. Se a cidade é a totalidade espacial produzida pelo homem e seu trabalho social, a produção acontece no espaço e em determinadas configurações espaciais. O bairro ou pedaço, segundo Véras (1991) é a dimensão espacial que revela o processo dialético do particular e da totalidade. O bairro é uma forma, uma micro-célula da organização política, social e econômica da cidade. A cidade é a reunião dos bairros e suas partes que a compõem, organiza e distribui suas funções, identidades, ambiente construído, força de trabalho e os empreendedores socioeconômicos. Através da leitura do bairro ou do pedaço, identifico onde estão localizados os espaços para as festas, para a diversão das crianças, jovens e adolescentes, para ocupar os parques, praças e ruas, tendo em vista produzir e romper com as formas mecânicas e virtuais do meio técnico-científico-informacional. A ação humana no pedaço e nos bairros é fundamental para a escrita de uma história da totalidade e das partes. A ação territorial, a luta política, o conflito entre as classes sociais também se realizam na dimensão local.

Segundo Sposati (2001), descortina-se através da história do pedaço as múltiplas faces da cidade. Por meio da historia dos pedaços desvendo as identidades culturais, a concentração econômica, a localização da pobreza, a concentração de jovens e idosos, o tempo médio de escolaridade de homens e mulheres, enfim, o pedaço é uma dimensão complexa que dá forma e revela a totalidade. A luta por moradia, a violência urbana, os homicídios que acometem os jovens das periferias, os movimentos sociais urbanos, todos estes fenômenos sociais realizam-se no pedaço e no todo. A política no espaço, gradativamente, segue esta relação entre centro e periferia, o lugar do conflito político não é fixo, é um movimento dos fluxos nos territórios da cidade.

Gaston Bachelard (2003) revela que as intimidades produzidas no espaço social, principalmente o lugar de reposição da força de trabalho são essenciais para o ser humano que produz e reproduz o espaço social. Bachelard questiona que os lugares são preenchidos de histórias que se encontram, entrelaçam-se intimamente e organizam a micro-célula na vida societária. Nesses territórios subjetivos, o papel do interior e do exterior é importante na relação homem e natureza/sociedade. O interior pode ser um pequeno fóssil de nossa história enclavada no local de viver (material e humano) e que em nosso cotidiano, nos transmite referências identitárias, relacional e histórica (AUGÉ, 1994 ; MAGNANI, 1998).

Os objetos, a materialização das pedras, do ferro e do concreto em forma de habitação, nas palavras de Bachelard (2003), se tornam poéticos e de grande valor de uso, quando expõe, revela e aflora as dimensões espaciais da identidade humana, de "pedaços" e formas de civilização humana e do substantivo próprio da vida; a produção para viver, cultivar a arte, a poesia e a cultura e não o contrário, como a produção para sobreviver.

Frente ao cenário, local e global, Henri Lefebvre (1991: 107) e Milton Santos (1999), priorizam ações e pensamentos para enfrentar o jogo. Para estes autores, este cenário só pode ser transformado mediante a efetivação do processo de humanização da vida social e da práxis.

A Produção do Trabalho

O trabalho, do ponto de vista histórico é fonte produtora e reprodutora das necessidades humanas, sociais, políticas e culturais. O trabalho exerce, conforme as transformações empreendidas pelo homem, mudanças internas e externas nas configurações sociais e territoriais. As transformações e as metamorfoses interferem no próprio ser social, produtor de espaço e de necessidades humanas. O homem, através do trabalho e do empreendimento material e intelectual é o principal ator e força motriz da historia da civilização humana.

A questão das desigualdades raciais no mercado de trabalho no Brasil e, principalmente em São Paulo, está conectada diretamente aos diversos processos históricos, políticos e ideológicos do cenário nacional e internacional. O trabalhador negro, durante a transição para o trabalho livre, deparou-se com o quadro social de estar na cidade, exercendo as diversas atividades do trabalho social, porém, sem o direito de participar de fato da cidadania e da cidade (FERNANDES, 1965). A condição de estar à margem da urbe paulistana o relegou a situação da segregação; social, racial e ocupacional.

O quadro social e político sobre o trabalho e a questão racial será classificado em quatro momentos: a pré-abolição, a sociedade do trabalho livre, a sociedade urbana industrial e a atualidade, a sociedade informacional e da prestação de serviços.

Para a instalação do capitalismo brasileiro, assim como em outros territórios, a produção, a distribuição, o consumo e a troca são imprescindíveis para constituir o jogo da produção e dos meios de produção. O funcionamento do capitalismo só tem sentido em uma sociedade que necessite a autorreprodução das mercadorias, dos valores de uso e dos valores de troca. Os meios de produção necessitam da mão de obra livre para a exploração no mercado de trabalho, para a dilapidação no exército industrial de reserva, enfim, para ser um instrumento dependente e direto da produção social do espaço.

Antes da substituição do trabalho escravo pelo trabalho livre, estavam se organizando as estruturas políticas e econômicas para a constituição do poder na cidade de São Paulo e do país. Uma destas estruturas, segundo Moura (1994) e Kowarick (1994), por intermédio da política e da lei, tornou legal a Lei de Terras (1850). Essa lei inviabilizou que negros e pobres, no caminhar para a abolição, adquirissem meios de produção e se tornassem independentes no mercado de trabalho, da propriedade privada da terra e da habitação na história do capitalismo no país.

A Lei de Terras impediu a organização de trabalhadores negros e pobres no que tange à produção social do espaço, à democratização da terra e a socialização dos meios de produção. Escrita em 1850, antes da sociedade do trabalho livre, teve suas intenções e proposições. Hoje, o quadro histórico e sociológico contribui para afirmar que o processo não foi algo natural. A Lei de Terras teve o objetivo de impedir que negros e pobres se tornassem empreendedores socioeconômicos, da terra e de suas realizações no corpo da cidade, exercitando funções de poder socioeconômico e político.

> Não foi ocasional que a Lei de Terras tenha coincidido com o término do tráfico negreiro, época em que os fazendeiros utilizaram pela primeira vez de forma mais abrangente,

> mão-de-obra estrangeira pelo sistema de parceria. Ela indica de maneira cristalina o intento de obstaculizar o acesso à propriedade da terra, forçando o trabalhador livre a permanecer na fazenda (...) (KOWARICK, 1994: 75).

Mapa n° 1 – População brasileira em 1872, conforme classificação étnico/racial.

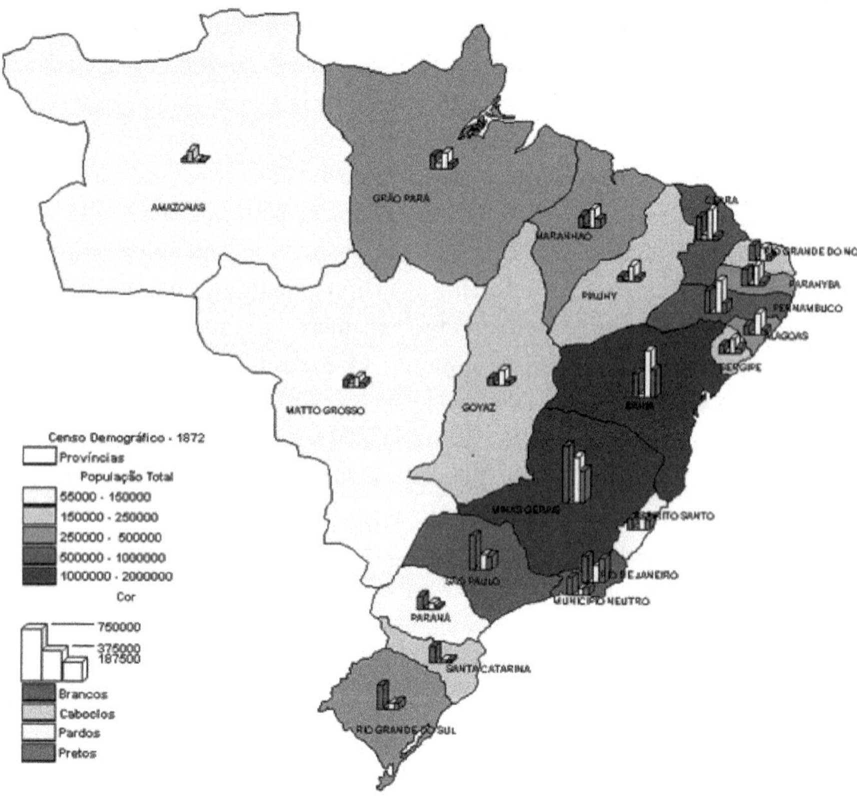

Fonte: Cebrap - Recenseamentos Gerais do Brasil no século XIX, 1872 a 1890.

De acordo com as informações do Mapa n° 1 – População brasileira em 1872, conforme classificação étnico/racial sobressaem os estados do nordeste e do sudeste; os estados de Minas Gerais, Bahia, Rio de Janeiro, São Paulo, Ceará e Pernambuco. Estes territórios, conforme a cartografia acima, concentravam a população nacional do final do trabalho escravo e nos últimos anos do século XIX.

Em algumas cidades, como São Paulo, considero que a dinâmica do capital deslocou-se em direção aos novos territórios, formas de escoamento e circulação da produção, haja vista a região do Vale do Paraíba, Vale do Ribeira, a região de Campinas e o porto de Santos. A história oficial, como lei e norma, demarcou 1888 o marco fundador da sociedade do trabalho livre e o fim do trabalho escravo.

Décadas antes da abolição, estava prestes a se concretizar o desmantelamento da estrutura escravista que vigorou durante três séculos no Brasil. O trabalho africano e de seus descendentes é o primeiro registro histórico referente à produção e reprodução do território. A terra brasileira é o lugar onde está inscrita a herança africana e afro-brasileira de mais de quatro séculos da civilização humana.

Conforme cartografia abaixo, antes da abolição já estava se processando o fim do trabalho escravo em todo território nacional. As revoltas, rebeliões e conquistas dos territórios quilombolas, passo a passo, derrubariam as estruturas da sociedade escravista.

Mapa n° 2 – População no Brasil em 1872 - Livres e Escravos

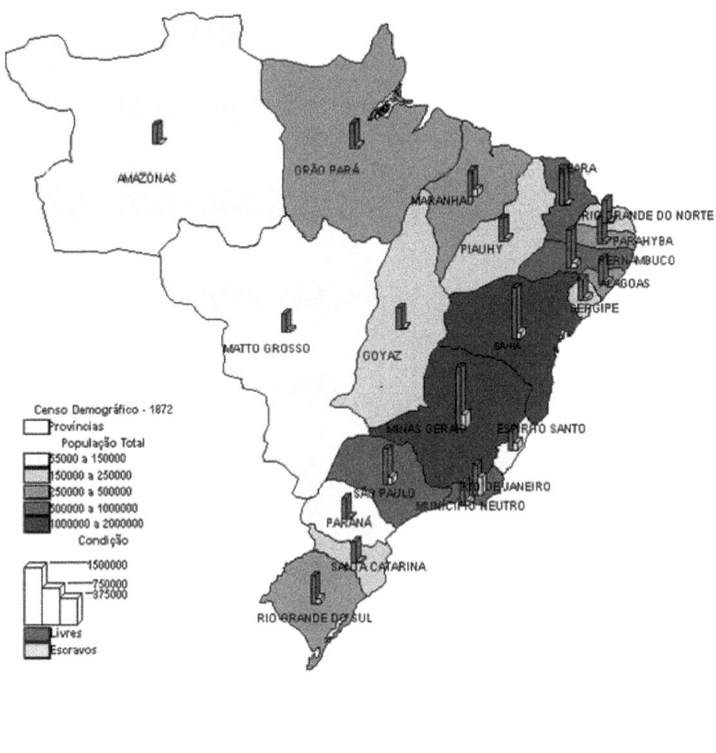

Fonte: Cebrap - Recenseamentos Gerais do Brasil no século XIX, 1872 a 1890.

> A evolução do estoque de escravos após 1850 é, nesse sentido, reveladora. No conjunto do país, o número decresce rapidamente: em 1864 era 1.717.000; dez anos após, 1.540.000; em 1884 de 1.240.000; e no ano anterior à Abolição, de 720.000. Tendo os mesmos anos como referência, o Nordeste apresenta uma tendência de queda ainda mais acentuada, pois lá saem os fluxos que abastecem o café: de 774.000 no início do período considerado, reduz-se para 436.000, 300.000 e 172.000 (KOWARICK, 1994).

A abolição regulamentada em 1888, conforme os dados acima, não é um instrumento político que valoriza a história de africanos e seus descendentes. Os documentos e a memória oral que foi preservada (instituições de matriz africana e a simbologia material e subjetiva afro-brasileira) corroboram e atestam que o principal ator, em constante busca pela liberdade, são as organizações negras dos quilombos, das confrarias e das irmandades religiosas.

A participação no mercado de trabalho, conforme Moura (1988), não se realizou em condições semelhantes entre os trabalhadores. O legado da escravidão e as condições socioeconômicas do período tornaram-o o primeiro desempregado e sua inserção foi definida com os piores lugares no mercado de trabalho. O quadro desfavorável aos negros no país foi mais latente na cidade de São Paulo, onde estava em transformação a sociedade urbana industrial.

O principal produto econômico do final do século XIX e início do século XX foi o café, que assumiu o carro chefe da economia agro-exportadora; o país produzia para os países de economia avançada e moderna, como os Estados Unidos, a Inglaterra, a Alemanha e a França (POCHMANN, 2001).

De acordo com o censo de 1872, a cidade de São Paulo possuía 31.400 habitantes, número inferior a muitas cidades brasileiras. Nessa época, a urbe paulistana detinha nove vezes menos população que o Rio de Janeiro, o centro mais habitado na época. No mesmo período, registrava menos habitantes que cidades como Recife, Salvador, Belém, Niterói, Porto Alegre, Fortaleza, Cuiabá e São Luiz.

Tabela n° 1 – População da cidade de São Paulo em 1872

Cor	Livre	Escravo	Total
Branca	18.834	-	18.834
Parda	5.761	950	6.711
Negra	2.090	2.878	4.968
Cabocla	872	-	872
Total	27.557	3.828	31.385

Fonte: FERNANDES, Florestan. A Integração do Negro na Sociedade de Classes, 1964.

Na pré-abolição, a população branca, em decorrência da imigração estrangeira, já se constituía em maioria populacional. À medida que se processava a desintegração do trabalho escravo, processava-se a transferência de ocupações rendosas, de status e de melhor prestígio socioeconômico para a população branca, alcançando maior expressão para os imigrantes e seus descendentes.

As desigualdades raciais, conforme apontamentos de Hasembalg (2005)são compreendidas pelo recorte geográfico e político do território nacional. Na região nordeste e no estado de Minas Gerais, os trabalhadores negros foram incorporados ao contexto do mundo do trabalho em condições superiores às regiões mais desenvolvidas.

As africanidades, durante a travessia do Atlântico em direção aos novos territó rios, como o Brasil, inscreveram símbolos e valores no contexto popular e nacional. Parte deste contexto é visto no processo civilizatório da constituição do povo brasileiro. O africano e seus descendentes, durante os últimos anos do trabalho escravo, não só foram os principais atores da mão de obra nacional no setor econômico agro-exportador, como também a força de trabalho para a construção das cidades, igrejas, pontes e viadutos, das estruturas e dos equipamentos, como a estrada de ferro Santos-Jundiaí, São Paulo Raiway e Sorocabana (KOWARICK, 1987).

O trabalho escravo vigorou por quatro séculos e a principal força motriz - o trabalhador negro – após a abolição, não foi incorporada às principais instituições da sociedade do trabalho livre. Fernandes (1965), Ianni (1988) e Hasenbalg (1979) assinalam que o Estado brasileiro, a Igreja e os fazendeiros eximiram-se da responsabilidade, diante das condições do negro na sociedade de classes. Depois da abolição, a condição de cidadão limitou-se apenas na teoria (FERNANDES, 1965). A população negra deparou-se com diversos obstáculos, dentre eles, a ausência de instrumentos legais para a escolaridade, a competição e a mobilidade social no cenário de São Paulo.

Tabela n° 2 – População do Estado e do município de São Paulo – 1890

População	Estado de SP	Município de SP
Brancos	873.423 (63%)	53.204 (81,9%)
Pretos	179.526 (12,9%)	4.446 (6,8%)
Caboclos	114.199 (8,1%)	888 (1,3%)
Mestiços	217.605 (15,7%)	6.396 (9,8%)
Total	1.384.753 (100%)	64.945 (100%)

Fonte: FERNANDES, Florestan. A Integração do Negro na Sociedade de Classes. 1965, p. 7.

Nas últimas décadas do século XIX, o fluxo de imigrantes (italiano, espanhóis, portugueses, alemães e outros) tornou-se intenso. O volume de mão de obra estrangeira, em princípio, foi trazido para ser inserida no trabalho decorrente da produção do café. As primeiras levas de imigrantes foram distribuídas para os principais polos econômicos do Estado de São Paulo. Somente nas últimas levas, a mão de obra estrangeira migrou para a cidade de São Paulo, que ainda estava em processo de despontar a urbanização e a industrialização.

Para melhor delineamento das questões apresentadas por Fernandes (1965), apresento abaixo cinco elementos apontados pelo autor: a desagregação do regime escravocrata tratou a situação como se ela não existisse ou de forma silenciosa, deixada de lado; modernização do contexto urbano industrial, principalmente nas relações sociais; inserção do trabalhador imigrante nos principais postos no mercado de trabalho urbano; delimitação das atividades e do lugar do negro na sociedade paulistana.

As desigualdades situam-se no espaço da produção e reprodução da força de trabalho e na herança do trabalho escravo; eis a questão do racismo e das desigualdades na cidade (FERNANDES, 1965). O projeto de tornar São Paulo moderna, nas primeiras décadas do século XX, tem como objetivo a ideologia moral e cultural das representações sociais opondo o antigo e o novo; a valorização das transformações urbanas e sociais e a negação do passado, do antigo e das lembranças do mundo rural.

Conforme quadro adiante, a presença dos imigrantes na capital paulistana crescera de forma rápida, em razão da economia cafeeira, do trabalho industrial e da política interna, que favoreceu a vinda dos estrangeiros.

Tabela n° 3 – Proporção de população nacional e estrangeira no final do século XIX

Anos	Nacional	Estrangeiro
1872	93,6%	6,4%
1886	74,2%	25,8%
1890	77,9%	22,1%
1893	44,4%	55,6%

Fonte: FERNANDES, Florestan. A Integração do Negro na Sociedade de Classes.

O aumento demográfico do imigrante deve-se ao apoio governamental do Estado brasileiro, através da subvenção (financeira) das despesas, dos custos e dos transportes para deslocar a população imigrante de seus lugares de origem para o estado de São Paulo e a capital paulistana (FERNANDES, 1965). O mundo urbano industrial concentrou e distribuiu os trabalhadores, nacionais e estrangeiros, conforme as divisões geográfica, social e cultural. Parte desta classificação encontra-se na composição do trabalhador urbano industrial.

Diante do quadro social, Fernandes e Bastide (1971) certificam que 71,2% dos trabalhadores da cidade eram estrangeiros e que dentre eles, 82% dos trabalhadores estrangeiros estavam representados na expansão urbana e industrial. A preferência pelo imigrante foi uma escolha feita pelos empregadores, o resultado repercutiu no contexto dos trabalhadores negros que iniciaram o século XX como os mais prejudicados na sociedade paulistana.

O prejuízo para o negro foi ocupar os quadros mais degradantes da força de trabalho e se ver destituído da competição com os imigrantes. O ônus de sua condição socioeconômica, principalmente no mundo do trabalho, trouxe para si, à família e seu grupo de pertencimento, as posições mais baixas no mercado de trabalho, a segregação nos lugares distantes, escuros e insalubres da cidade de São Paulo (ROLNIK, 1997; BERNARDO, 1998). No quadro individual e coletivo é a mulher negra a principal responsável pela manutenção da família e pela sobrevivência, social e econômica. Diante do estado de desemprego, amargura e sofrimento dos homens negros na sociedade paulistana, a mulher negra, segundo Fernandes (1965), Bastide (1971) e Bernardo (1998), tomou a frente das realizações sociais, mais precisamente a estrutura e a base do grupo social e familiar.

Na São Paulo do começo do século XX, segundo Santos (1998), "nem tudo era italiano", nem tudo era espaço estrangeiro. Este autor comenta que os bairros centrais, ruas, avenidas, praças, habitações coletivas e os espaços públicos, todos faziam parte do repertório dos trabalhadores nacionais, para o exercício do trabalho, do encontro e das festas.

As atividades que homens e mulheres negros exerceram e ocuparam, no começo do século XX, limita-se às seguintes funções: para os homens, os serviços de extrema força física, de maior expressão corporal, sem qualificação, as atividades informais, as tarefas de entregador, carregador, pintor, auxiliar de pedreiro, serviços de limpeza urbana e da cidade; e das mulheres, os serviços de doméstica, cozinheira, pajem, costureira e as atividades na indústria.

> A cidade, que confinava o negro e o mulato às ocupações ingratas, penosas e sem futuro, abria perspectivas sombrias tanto para as gerações ascendentes, quanto para as gerações descendentes da população de cor. Enquanto se perpetuavam as condições anômicas de existência, nem a família podia preencher construtivamente suas funções sociais normais, no amparo do menor, do velho e do doente crônico ou inválido, nem as inconsistências do meio negro (FERNANDES, 1965).

A afirmação de Fernandes (1965), a respeito da condição da população negra nas primeiras décadas do século XX é um alerta para a seguinte questão: as desigualdades, o racismo e parte da estrutura socioeconômica herdada da escravidão, seria superada, através de sua participação no contexto urbano industrial da cidade. A herança do arcaico e as desigualdades seriam transformadas em novas perspectivas, como o cenário da cidade e das ocupações. As desigualdades entre brancos e negros seriam eliminadas, conforme o grau de participação na sociedade urbana industrial.

Após 1930, a sociedade urbana industrial transforma a mão de obra branca, negra, cabocla, mestiça e imigrante em mercadoria. O capitalismo brasileiro, em princípio, metamorfoseia a classe trabalhadora em valor de troca no mercado capitalista. Até o final da década de 1930 a mudança não se concretizou, o negro teve que conviver na cidade e estar circunscrito à situação de marginal, de exclusão e segregação ocupacional, racial e socioeconômica.

O governo de Getúlio Vargas, de prática populista, é visto na história brasileira como o pai dos pobres e a mãe dos ricos. Essa associação refere-se às formas com que o governo arregimentava os diversos setores sociais a seu favor; entre os pobres, destaca-se a questão dos sindicatos, o setor da habitação e os direitos sociais, como a previdência social e a carteira de trabalho. A memória política de homens e mulheres negras da cidade de São Paulo que viveram a política nacional com Getúlio Vargas como presidente do país, revelam cenários importantes, desde as contradições socioeconômiocas assim como perspectivas de inserção no mercado de trabalho.

> Nós negros, devemos de um modo geral, muito ao Presidente Vargas, porque até então nós não tínhamos tido nenhuma possibilidade, nenhuma oportunidade. Então o Getúlio, que possam pensar dele o que quiserem os demais, mas na minha consideração e convicção, ele foi um grande protetor, um benfeitor da raça negra aqui em São Paulo. Pois ele atendeu a todas as reivindicações e justamente porque essa reivindicação foi feita pela Frente Negra Brasilieira (...) (Depoimento de Marcelo Orlando Ribeiro) (BARBOSA, 1998: 89).

O Governo Vargas, dentre algumas medidas, por intermédio de legislação trabalhista garantiu a participação de 40% de trabalhadores nacionais no serviço urbano industrial. Nessa época, a Imprensa Negra, através de seus informativos combatia por meio de denúncias o privilégio branco no mercado de trabalho; as melhores posições e rendimentos eram majoritárias para os brancos nacionais e imigrantes. Os homens e mulheres negras conquistaram novas oportunidades, mas estas oportunidades ficaram restritas às posições e funções de baixo status socioeconômico. As vagas de maior prestígio – melhores salários – continuaram nas mãos da população branca. Dentre as novas posições, o funcionalismo público significou para homens e mulheres negras, mesmo nos lugares de menor remuneração, a certeza do salário e da mobilidade para o grupo familiar, principalmente auferir melhorias para os filhos, como o acesso à educação.

> É verdade que teoricamente não há hoje oposição a esse ingresso de nossos patrícios de origem africana, mas praticamente há. E a prova disso está em que não se veem guardas civis pretos. A predominância da preocupação de se fazer dessa corporação uma vistosa exibição de soldados elegantes levou a sua administração a aceitar até em proporção surpreendente, estrangeiros que nem sabem falar corretamente o português, o que lhes dificulta enormemente o contato com o público, na sua missão de polícia que mais deve agir pela persuassão que pela força. O diretor da guarda civil levará em conta, sem dúvida, essas razões, para que realmente se eliminem os preconceitos que ainda existam na brilhante corporação com relação aos brasileiros que fizeram pela grandeza deste torrão bendito. (Jornal da Imprensa Negra, O Progresso, 1931).

Desde as primeiras décadas do século XX, organizados em associações sociais, culturais e recreativas, negros e negras começaram a implementar estratégias de combate ao racismo e às desigualdades. Neste caso particular da guarda civil de São Paulo, a Imprensa Negra requereu a participação de negros e se fez crítica com a predominância de brancos, sobretudo imigrantes, "qualificados" com o pouco de conhecimento da cartografia da cidade e das mínimas palavras do português brasileiro. Nos idos de 1930, a Imprensa Negra exercia um movimento de valorização das manifestações negras e a denúncia do preconceito e da discriminação.

Após 1940, Fernandes (1977) afirma que a industrialização proporcionou vantagens no mercado de trabalho e na sociedade para os trabalhadores negros, como o acesso a algumas funções de prestígio socioeconômico. A cidade de São Paulo, no início do século passado, gradativamente se transforma a partir das referências do urbano e da indústria na sociedade paulistana. Os atores do espaço e dos territórios, negros e brancos, dividiam os mesmos espaços da urbe, no entanto, segundo considerações de Bernardo (1998), há quatro formas de ver a cidade dessa época. A primeira, a cidade do progresso, pertence aos olhares das mulheres italianas e descendentes. A segunda, a cidade do trabalho, vista e percebida pelo homem italiano e seus descendentes. A terceira, conforme a forma de perceber e viver das mulheres negras, a cidade escura e, por último, a percepção dos homens negros, a cidade desconhecida.

É emblemática a percepção das situações sociais e econômicas entre homens e mulheres, negros e brancos, de estar, viver e se perceber na cidade de São Paulo nas primeiras décadas do século passado. O sentimento de diferença foi transmitido oralmente e através do trabalho da memória coletiva, a constituição de diferentes cidades foi sendo elaborada. Para os homens e mulheres italianos e descendentes, o mundo urbano e industrial que estava despontando, resultava em progresso, sucesso e condições materiais de existência. Segundo Bernardo (1998), para os homens e mulheres negras, o progresso e o sucesso não foi inscrito no percurso geográfico, social e econômico em São Paulo. A escuridão e o desconhecimento reportam-se a situações de desemprego, marginalidade e a difícil condição de vida nos bairros e habitações em que viveram, apesar da segregação e preconceitos também presentes contra eles.

A seguir, o quadro sobre a população da cidade e do estado de São Paulo, em 1940, revela evidências do grande salto que a capital paulistana alcançou com a urbanização e a industrialização.

Tabela n° 4 - População da Cidade e do Estado de São Paulo em 1940

Grupos de Cor	Capital	Estado
Brancos	1.203.111	6.104.968
Pretos	63.546	525.423
Pardos	45.136	291.665
Amarelos	14.074	215.389
Não declarada	394	52.048
Total	1.326.761	7.179.495

Fonte: Roger Bastide e Florestan Fernandes, Brancos e Negros em São Paulo, 1971, p.67.

De acordo com os resultados do censo de 1940, os trabalhadores negros exerceram suas atividades em empresas que abrangem todas as esferas da vida econômica, como os serviços que absorvem a mão de obra, predominantemente as atividades domésticas e as tarefas que exigem força física e braçal (FERNANDES, 1971).

O período que vai do final dos anos de 1930 e o início de 1940, segundo Véras (2003) e Martins (2004), é o momento de menor entrada de imigrantes no país e o início da migração das regiões do norte e nordeste para o sudeste. A cidade de São Paulo é o principal centro receptor da migração interna em toda a região desenvolvida (MARTINS, 2004). São Paulo arregimentou a mão-de-obra, nacional e estrangeira para compor a massa de trabalhadores para a sociedade urbana-industrial.

Pochmann (2001) argumenta que a industrialização e a economia do país, que teve elevadas transformações internas e externas, por não realizar as reformas importantes no cenário brasileiro, tornaram o cenário das desigualdades sociais e raciais, mais profundas nas regiões desenvolvidas e subdesenvolvidas.

> Tudo isso esteve associado à incapacidade de o país realizar pelo menos três reformas clássicas do capitalismo contemporâneo. Industrializou-se sem realizar a reforma agrária, gerando um mercado flexível e com enorme excedente de mão de obra para as necessidades do capital, ao mesmo tempo em que não alterou o padrão distributivo da renda. A não realização das reformas tributárias, capaz de estabelecer uma base fiscal progressista e direta sobre a renda dos ricos, e social, que permitisse generalizar um padrão adequado de serviços de saúde, educação, habitação, lazer, de garantia de renda(...) (POCHMANN, 2001; 83).

Em 1950, de acordo com as informações do IBGE, a população brasileira representava 51.944.397 habitantes. Desse total, 18.782.891 habitantes foram classificados fazendo parte do contexto urbano, enquanto que no espaço rural, foram classificados 33.161.506 habitantes. Em valores relativos, o urbano, ainda de pouca expressão, alcançava no território nacional, 36,15%, o rural, de grande expressão econômica e populacional desde o início do século XX, o valor corresponde ao dobro do espaço urbano, 63,85%.

Andrews (1998), Fernandes e Bastide (1971) e Ianni (1987), apontam que após o auge da imigração estrangeira em São Paulo, inicia-se o movimento migratório interno e externo para o espaço urbano industrial que estava prestes a se consolidar nas décadas seguintes.

Conforme as informações da tabela n° 5 - Distribuição da população brasileira por cor/raça, interpreto o seguinte cenário social e econômico: a posição da população negra é majoritária no segmento da classe trabalhadora, mediante a força de trabalho disponível para o mercado. Conforme a classificação de cada representante na ocupação, os negros ocupam 52% das vagas, os brancos 48,7% e os amarelos 23,25%.

Em 1950, os empregadores brancos são maioria no mercado de trabalho nacional. Conforme o quadro abaixo, os brancos e amarelos, detêm os postos de empregadores no país e nas principais cidades. Em São Paulo, o quadro socioeconômico da mão de obra negra é mais explícito; a condição de proletariado.

Tabela n° 5 - Distribuição da população brasileira por cor/raça e posição na ocupação, censo de 1950.

Cor	Empregados	Empregador	Conta própria	Membro Família	S/Declaração
Brancos	48,75	5,11	28,30	17,63	0,18
Mulatos	44,90	1,84	34,22	18,80	-
Pretos	60,91	0,95	24,51	13,40	0,16
Amarelos	23,35	10,29	31,79	34,30	0,25

Fonte: IBGE, 1950

Tabela n° 6 – Distribuição Percentual da Posição na Ocupação de Pessoas Economicamente Ativas - Estado de São Paulo - 1950

Cor	Empregados	Empregador	Conta própria	Membro Família
Brancos	65,2	5,2	16,3	13,4
Mulatos	75,5	1,3	11,4	11,8
Negros	79,4	0,9	9,1	10,6
Amarelos	23,3	10,1	31,7	34,8
Total	65,7	4,8	15,9	13,6

Fonte: IBGE, 1950.

Tabela n° 7 – Distribuição percentual dos homens e mulheres de 10 anos e mais, segundo a posição na Ocupação e a Cor - Município de São Paulo - 1940.

Ocupação	Brancos	Pretos	Pardos	Amarelos	Totais
Empregador	3,6	0,3	0,6	7	3,4
Empregado	77,6	85,6	84,2	47,8	76,9
Autônomo	17,6	11,6	12,3	32,5	17,4
Membro Família	1,1	0,5	0,4	11,7	1,2
Posição Ignorada	1,0	2,0	2,5	0,9	1,1
Totais	100	100	100	100	100

Fonte: FERNANDES Florestan. A Integração do Negro na Sociedade de Classes, 1965.

As informações das tabelas de n° 5, 6 e 7 representam parte do cenário local e nacional, referente aos anos de 1940 e 1950. É predominante a classificação dos brancos na ocupação de empregador. Em todos os ramos de atuação, as diferenças funcionais, econômicas e sociais são superiores e os trabalhadores brancos levam vantagem na renda, na ocupação e na condição de empregador (HENRIQUES, 2001).

Os negros, conforme os dois censos citados acima, estão sobrerrepresentados na posição de empregados. Segundo Fernandes (1989), Pinto (1998) e Andrews (1998), não há dúvida de que a única mobilidade realizada foi a passagem de escravo a proletário percorrida pela grande massa de homens e mulheres negras das cidades brasileiras, como São Paulo, Rio de Janeiro, Belo Horizonte e Salvador .

Florestan Fernandes declara que após 1930 o trabalhador negro na sociedade urbana industrial participaria em condições mais vantajosas que os períodos anteriores. Na condição de proletariado da sociedade urbana industrial, sua inserção lhe garantiria condições materiais para prover a família, os filhos e as necessidades do cotidiano. A condição do proletariado negro é uma dupla condição; de classe e de raça. Esta situação é inseparável, porque é impossível pensar a questão racial desvinculada da classe social (FERNANDES, 1989).

Após a abolição não houve ausência de braços para o trabalho, na agricultura e depois para a industrialização (KOWARICK, 1994). Posterior ao trabalho escravo, a mão de obra nacional não foi incorporada no desenvolvimento da capital paulistana. Até o final dos anos 1950 e início de 1960, a incorporação do negro no proletariado industrial também significou incorporá-lo ao tradicional trabalho braçal, físico, precário e de menor remuneração (FERNANDES, 1989).

A cidade do café e as heranças do passado, conjuntamente, são alguns elementos que sustentaram, parcialmente, a grandeza, o poderio político e econômico do capitalismo brasileiro na urbe paulistana. As transformações, nos idos de 1970, são notadas no cenário urbano e metropolitano através das territorialidades de empregos, da riqueza e do capital que se expande, de forma horizontal e vertical.

O crescimento e o protagonismo nacional que São Paulo exerce pode ser explicado com a participação negra? Esta questão, em particular, procura entender em que medida a população negra e pobre é incorporada no desenvolvimento de São Paulo. Os apontamentos de Fernandes (1977) vão nessa direção, verifica se o desenvolvimento político e econômico incluía o ex-agente do trabalho escravo na sociedade paulistana.

> Nos últimos 25 anos a industrialização maciça e a convulsão metropolitana se alimentaram de braços nacionais: as migrações internas desenbocaram na cidade e delas saíram os contingentes de trabalhadores menos qualificados ou desqualificados. Os setores pobres e dependentes da cidade participam por ai do crescimento econômico (...) Com o emprego, o negro pode conquistar mais facilmente à base materiais para a participação institucional, de que estava

> quase completamente excluído e pode manter novos projetos de vida (FERNANDES, 1977: 84)

As décadas de 1960 e 1970 registram a forte presença do capital nacional e internacional na produção da economia. A distribuição da riqueza não se distribuiu conforme os territórios da pobreza. Predominou a concentração econômica nos territórios da riqueza. O trabalhador negro, frente a esta conjuntura de metamorfoses é contratado para os postos de proletariado industrial. Os filhos e netos da população negra dos idos de 1920, 1930 e 1940 são empregados nos setores da indústria e do comércio e, atualmente, nas atividades de prestação de serviços. O que Fernandes (1965) afirma é que a época atual, da modernidade e do desenvolvimento, possibilitaria melhores condições para sobreviver e participar do mercado, de forma limitada e regulada, apenas das necessidades básicas.

No final dos anos de 1980, Florestan (1989) examina a produção inicial e o cenário político daquele momento, tendo em vista, apontar que as desigualdades só podem ser combatidas através da relação classe social e raça. Enfim, a luta racial tem de caminhar junto com a luta de classes. Separá-las, numa sociedade multirracial é incorreto.

Concordo com o argumento, é um grande erro propor a separação entre classe social e raça. Quando um trabalhador negro consegue superar as barreiras sociais e econômicas, ocupando uma posição de prestígio social e econômico, precisará lidar no cotidiano do local de trabalho com a posição de classe e de raça. As barreiras, dificuldades e o preconceito estão no caminho dos percursos da mobilidade socioeconômica de homens e mulheres negras, geralmente, eles precisam provar diversas vezes as suas condições e lugares

Porcaro (1981) aborda as diferenças ocupacionais entre brancos e negros no mercado de trabalho brasileiro, a partir da leitura dos dados da PNAD (Pesquisa Nacional de Amostra de Domicílios) referente ao ano de 1976. Conforme a autora, a estrutura ocupacional da força de trabalho apresenta grande concentração nas ocupações manuais, que absorvem mais de 80% do total das pessoas ocupadas em 1976. Nas ocupações manuais, os trabalhadores pretos são 44,5%, os pardos 42,8% e os brancos, 30%. No outro quadro, as ocupações não-manuais, os pretos são 4,7%, os pardos 9,9% e os brancos 23,1%. Há maior participação da população negra nas ocupações manuais e diminuta presença nas atividades não manuais. Para os brancos, ocorre o inverso, nas atividades não manuais eles estão mais representados e em menor número no trabalho manual (PORCARO, 1981). De acordo com os dados da PNAD, IBGE 1976, as desigualdades no mercado de trabalho estão distribuídas de diversas formas; nas ocupações, nos rendimentos, na contratação, o nível de instrução, as classes sociais e a raça.

As desigualdades raciais entre brancos e negros no mercado de trabalho, tem sua origem na herança do trabalho escravo. No momento presente, o racismo e o preconceito geram fatores cumulativos pressionando a força de trabalho negra para as mais baixas posições na divisão social do trabalho (GUIMARÃES, 1999).

Porcaro (1981), brevemente, apresenta o seguinte quadro:

> A. em todas as categorias estudadas os negros possuem rendimento médio significativamente inferior ao dos brancos.
> B. é a categoria "ocupação de nível superior, empresários e administradores" que apresenta o maior diferencial quanto ao rendimento médio com os pretos e pardos auferindo somente 36,9% e 49,6%, respectivamente, do rendimento médio dos brancos.
> C. a categoria que apresenta menor diferencial é a de empregados em ocupações dos transportes, que como visto anteriormente é a das menos heterogêneas internamente.
> D. para o total das categorias sócio ocupacionais podemos verificar que a relação encontrada entre os diferenciais para os anos médios de estudo entre brancos e negros é sempre menor que a relação encontrada para os rendimentos médios. Isto vai indicar que, algumas vezes para o mesmo (ou maior) nível de instrução, a força de trabalho negra está sendo mal remunerada, às vezes, a mesma relação proporcional com o nível de instrução para brancos e negros.
> E. esses indicadores mostram que os brancos ricos são muito mais ricos que os negros ricos. "Além disso, como discutido anteriormente, é muito elevado o número de brancos nas camadas mais ricas da população" (PORCARO, 1981).

Nos anos de 1980 e décadas seguintes, o fordismo e o toyotismo imprimiram drásticas transformações no mundo do trabalho brasileiro, principalmente para a classe-que-vive-do trabalho. O proletariado da Região Metropolitana de São Paulo sofre com as grandes metamorfoses e com o aumento do desemprego em massa. O fordismo, passo a passo, implantou nos setores da indústria, do comércio e financeiro, um conjunto de tecnologias; a automação, a robótica e a microeletrônica invadiram o mundo da produção, principalmente o fabril.

Entendo por fordismo a forma pela qual a indústria e o processo de trabalho consolidaram-se ao longo do século passado, cujos elementos básicos eram dados pela produção em massa, por intermédio da linha de montagem e de produtos homogêneos; através do controle do tempo e do movimento pelo cronômetro taylorista e da produção em série fordista. As mudanças da força de trabalho tendem a fragmentar as funções, a separação entre elaboração e execução no processo de trabalho, pela existência de unidades fabris concentradas e verticalizadas pela constituição/consolidação do operário-massa, do trabalhador coletivo (ANTUNES, 2006).

Antunes afirma que o toyotismo é uma resposta à crise do fordismo dos anos 1970. As metamorfoses, segundo o autor, refletem diretamente no operariado fabril, ao invés de trabalho desqualificado, o operário torna-se polivalente. Implanta-se a linha de trabalho em equipe, que proporciona o profissional que faz tudo e que participa de todas as etapas da montagem de um automóvel. O Toyotismo, seus traços básicos podem ser assim resumidos: ao contrário do fordismo, a produção sob o toyotismo é voltada e conduzida diretamente pela demanda. A produção muda, segue o ritmo do consumo, que é quem determina o que será produzido, e não como era feito em série (ANTUNES, 2006).

Nos idos de 1980 e final de 1990, instala-se a crise nacional e internacional. Nos países do terceiro mundo e em toda a América Latina, foi impossível conter a crise do trabalho, que levou para o desemprego milhares de homens e mulheres, chefes de família, jovens e trabalhadores com idade acima de 40 anos.

No Brasil, as grandes empresas que participavam da industrialização no estado de São Paulo foram se desterritorializando e se reterritorializando para regiões não industrializadas; sem tradição na ação sindical, impondo o aumento do trabalho feminino, a flexibilização das condições sociais, a terceirização da extensa rede de produção, exigência de trabalho qualificado e exploração da mão de obra sem qualificação.

O fosso da precarização, do desemprego e da pobreza se tornou mais expressivo e alarmante, a partir da década de 1970, com a mudança do sistema ideológico e político, cujos contornos mais evidentes foram o advento do neoliberalismo, a privatização do Estado e a desregulamentação dos direitos do trabalho (ANTUNES, 2006). Na década de 1990, o modelo neoliberal, gradativamente, interferiu diretamente no Estado, por meio das privatizações, colocando à venda empresas públicas de renomado destaque na economia nacional (ANTUNES, 2005). O patrimônio nacional, nas principais cidades do país, foi privatizado e transferido para o capital globalizado, como os setores de telecomunicações, bancos, energia e minerais, transportes e rodovias.

A ocorrência de mudanças políticas no corpo do Estado, também ocorreu nas áreas que tratam da questão social. Setores de interesse social, como a saúde, habitação, transporte, bem estar social, temas voltadaos à criança e adolescente, mulheres e a terceira idade, são algumas das áreas de atuação em que as políticas públicas foram paulatinamente minimizadas. O neoliberalismo e a globalização trouxeram muitas dificuldades, principalmente para os trabalhadores que sobrevivem do salário e que não têm o mercado a sua disposição para consumir as necessidades essenciais. No mercado de trabalho brasileiro e da região metropolitana de São Paulo, o desemprego aumentou para homens e mulheres e o recorte comporta, além de classe social e gênero, a questão racial.

As desigualdades, nos dias de hoje, são decorrentes dos fatores ligados à classe social, raça e gênero. Homens e mulheres, negros e brancos, no mercado de trabalho do país e da cidade de São Paulo, recebem, mesmo estando em situações semelhantes, rendimentos diferentes, ora por sua origem social e racial e ora por sua posição social na sociedade (SANTOS, 1993).

O proletariado, dos dias de hoje, não é o tradicional que vendeu sua força de trabalho nos anos de 1960 e 1970. Hoje, a classe trabalhadora é múltipla em seus aspectos sociais e culturais, porque a metamorfose do mundo do trabalho modificou a sua forma de ser, material e subjetiva.

> "Portanto, uma noção ampliada, abrangente e contemporânea da classe trabalhadora, hoje, a classe-que-vive-do-trabalho, deve incorporar também aqueles e aqueles que vendem sua força de trabalho em troca de salário, como o enorme leque de trabalhadores precarizados, fabris e de serviços (...) pelo trabalho precarizado (...) o proletariado rural, desempregados que se constituem nesse monumental exército industrial de reserva" (ANTUNES, 2005).

Castro, Bairros, Barreto (1998: 188) e Guimarães (1993), em estudo sobre desigualdades no mercado de trabalho, referente as cidade de Salvador e São Paulo, afirmam que a tônica política e social dos anos 1980 é o quadro sócioracial; os negros persistem nas posições ocupacionais de subordinados e estão mais sujeitos às condições desiguais de acesso e ocupação.

Chaia (1988: 89) em estudo sobre a mão de obra negra no mercado de trabalho da RMSP – Região Metropolitana de São Paulo nos anos de 1980, contextualiza que a situação dos negros continua estruturada pela discriminação e a marginalização. Há três situações básicas ligadas as atividades de trabalho que permitem avaliar esta situação limite da população negra: o desemprego, a ocupação e a renda do trabalho. É necessário urdir os significados das desigualdades raciais no mercado de trabalho nacional, porque somente a categoria analítica sobre classe, não aprofunda e não tematiza a complexidade que o assunto requer.

Nas três primeiras décadas do século passado, Fernandes (1965) concluiu que a desigualdade é fruto da herança da escravidão e, posteriormente, com a industrialização, a transformação e a inserção da população negra promoveria a eliminação das desigualdades. Em outra conjuntura histórica, Fernandes (1977; 1989) examina o quadro social e político da população negra nos anos de 1960, 1970 e 1980, conclui que a única mobilidade alcançada, diz respeito ao percurso de proletariado e lumpem proletariado. Portanto, décadas após as primeiras considerações sociológicas, Fernandes retrata que a herança social, a pobreza e a marginalidade seriam as principais características das desigualdades.

Fernandes (1964), Moura (1988: 46), Chaia (1988:89) e Hasenbalg (2005: 221), conforme descrição abaixo, contribuem para o delineamento do quadro sobre as desigualdades raciais no Brasil:

> - A segregação espacial e racial em áreas desenvolvidas e subdesenvolvidas com forte impacto na população negra e branca;
> - Até 1930, a maioria da população negra, principalmente na região mais desenvolvida, como a cidade de São Paulo, foi obrigada a realizar o trabalho precário e marginal;
> - A concentração da população negra no grupo de menor poder aquisitivo e majoritariamente no lumpem proletariado;
> - A discriminação e o racismo, que de forma ideológica e política, bloqueou, impediu e inviabilizou a mobilidade;
> - A pouca experiência teórica e prática da população negra no ensino formal em relação aos brancos da mesma origem social;
> - A política da boa aparência para eliminar os negros na disputa por um posto de trabalho;
> - A tradição em contratar mão de obra negra para os trabalhos domésticos e a dificuldade do negro em ascender são fatos em plena ocorrência nos dias de hoje;
> - O negro acessa o mercado de trabalho com a menor qualificação educacional;
> - Os efeitos da discriminação racial na admissão e promoção de pessoas dentro da estrutura ocupacional.

Chaia (1988: 89) ao analisar os dados da Pesquisa de Emprego e Desemprego da Fundação SEADE e DIEESE, referente aos anos de 1980, assinala o quadro de desigualdades econômicas e sociais da mão de obra negra na RMSP. De acordo com o autor, os dados da pesquisa denunciam que os negros recebem rendimentos de trabalho bem inferiores àqueles recebidos pelos brancos.

> "A distribuição dos ocupados negros e brancos segundo setor de atividade econômica, mostra que, assim como os brancos, os negros estão localizados, principalmente, nos setores de serviços (35,1%) e da indústria de transformação (33,6%). Neste último setor, a proporção de brancos e negros quase se iguala; porém, a diferença torna-se significativa no setor de serviços, onde a presença branca (41,31%) é a maior do que a negra (35,1), neste setor a "boa aparência pode ser uma exigência". A participação dos negros é bem maior do que a dos brancos na construção civil (6,0% contra 3,5%) e nos serviços domésticos (12,4% contra 5,3%)" (CHAIA, 1988: 92).

A distribuição dos negros no mercado de trabalho revela que os setores de atividades qualificado e não qualificado, ora tendem a assimilar a mão de obra negra e ora contratar o trabalhador branco. Moura (1988: 45) assinala que o mercado de trabalho na cidade de São Paulo e na RMSP na década de 1980, através de mecanismos repressivos e reguladores, estabeleceram que em certos ramos, os brancos predominassem, e em outros, os negros e os seus descendentes fossem maioria, sem igualdade material e simbólica.

Porcaro e Araújo (1988: 50) investigam o cenário do mercado de trabalho para verificar e medir as desigualdades raciais entre brancos e negros. O estudo procura investigar em que medida, a partir da dinâmica e da potencialidade econômica, urbana e industrial da cidade de São Paulo, a mão de obra negra inseriu-se em condições competitivas e de retorno material. Observou-se que a hipótese não se concretizou nem na teoria nem na prática, conforme o contexto nacional e local.

As transformações do mundo do trabalho pós-1980, global e local, refletem nos países da Europa, da América, da África e da Ásia, a expansão gradativa do desemprego estrutural, o trabalho informal, o trabalho precário e a exploração da classe-que-vive-do-trabalho que se encontra desterritorializada dos valores e símbolos de lugar no mundo, o ser subjetivo e material. Atualmente, no contexto brasileiro, qual é o perfil do desemprego? A taxa de desemprego concentra-se, conforme os valores do mercado, na população branca ou negra, masculina ou feminina, qualificado ou não-qualificado?

Nos dizeres de Pochman (2001: 134), o perfil atual do desempregado encontra-se:

> "(...) com mais de oito anos de escolaridade; com idade mais avançada (mais de 49 anos); do sexo feminino; que são chefes de família; brancas e que buscam o reemprego. Nos dias de hoje, a situação tornou-se relativamente menos acentuada para aqueles: com menor grau de escolaridade; com a menor faixa etária; do sexo masculino; não-chefes de família; não-brancos e que buscam o primeiro emprego" (POCHMANN, 2001: 134).

Concordo com as palavras do autor, o "novo" desemprego estrutural, inclina-se para o grupo de trabalhadores mais qualificados, do sexo feminino e de maior escolaridade. Durante as últimas três décadas do século XX, a taxa de desemprego progrediu em toda a RMSP.

A história do trabalho no século XX, de acordo com a leitura marxista, é o sucessivo quadro socioeconômico da produção das mercadorias, que se apresenta entre os valores de uso e os valores de troca, o segundo sobrepondo-se ao primeiro.

Hoje, o trabalho, por intermédio dos investimentos e transformações do meio--técnico-científico informacional, reflete em diversas escalas da cidade e dos territórios (SANTOS, 1999).

Conforme os dados dos gráficos abaixo, a força de trabalho negra está sobrerrepresentada na realidade social, referente ao desemprego na RMSP. Em todos os períodos a taxa de desemprego dos negros é superior à taxa de desemprego dos não negros. Veja a seguir, o gráfico de N° 1, que expõe, historicamente, a taxa de desemprego na RMSP, a partir das clivagens total, dos negros e não negros.

Gráfico 1. Taxa de Desemprego classificado pelo valor Total de desempregados, por Negros e Não-Negros da Região Metropolitana de São Paulo, 1995-2012.

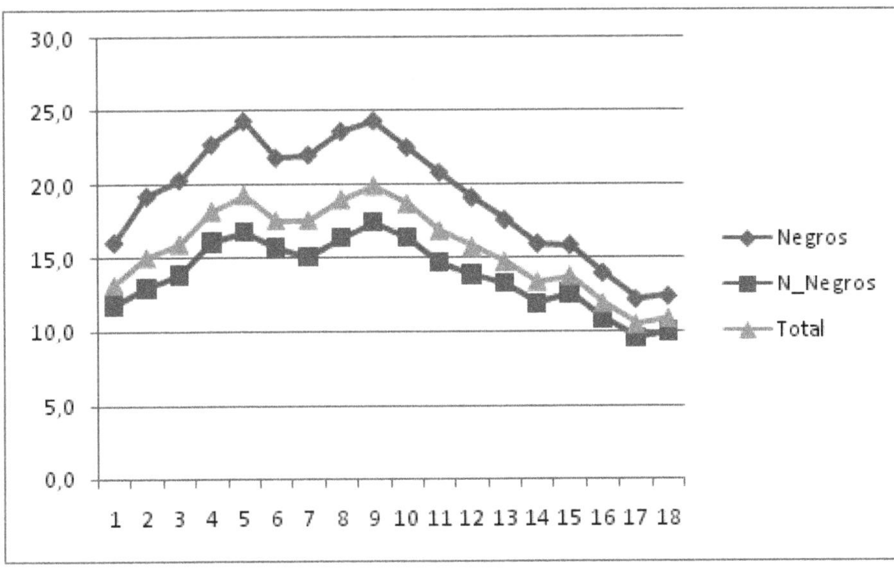

Fonte: Fundação SEADE e DIEESE, 2014.

Tabela número 8. Taxa de Desemprego Total, por Negros e Não-Negros da Região Metropolitana de São Paulo, 1995-2012.

Ano	Negros	Não Negros	Total
1995	16.1	11.8	13.2
1996	19.2	13.0	15.1
1997	20.3	13.9	16.0
1998	22.7	16.1	18.2
1999	24.3	16.8	19.3
2000	21.8	15.7	17.6
2001	22.0	15.1	17.6
2002	23.6	16.4	19.0
2003	24.3	17.4	19.9
2004	22.5	16.4	18.7
2005	20.8	14.7	16.9
2006	19.1	13.9	15.8
2007	17.6	13.3	14.8
2008	16.0	11.9	13.4
2009	15.9	12.6	13.8
2010	14.0	10.9	11.9
2011	12.2	9.6	10.5
2012	12.4	10.0	10.9

Fonte: SEADE e DIEESE.

Conforme a tabela 8 e o gráfico 1 acima, as informações sobre desemprego total e dos desempregados negros e não-negros, no período de 1995 a 2012, reflete as transformações dos cenários global, nacional, metropolitano e local. A taxa de desemprego total, em 1995, apresentou 13,2%, deste período até 2003, a tendência foi se agravando. A partir de 2004 até 2012, gradualmente, a taxa alcançou 10,9% de desemprego. O cenário dos não negros, em 1995, apresentou 11,8%, paulatinamente, deste período até 2003, a taxa de desemprego alcançou 17,4%. A taxa de desemprego dos não negros, conforme o período de 1995 até 2012 apresentou-se inferior a taxa de desemprego total. Entre os desempregados negros entre 1995 e 2012, a taxa foi superior as taxas total e dos não-negros. O exército industrial de reserva negra da sociedade urbana industrial e da era informacional (prestação de serviços), inicia o período observado com 16,1%, superior às taxas de desemprego total e dos não negros. De 1995 até o ano de 2003, a taxa de desemprego dos negros teve o mesmo reflexo, ou seja, iniciou com 16,1% até alcançar 24,3%. Para as três situações, a taxa de desemprego foi crescente de 1995 até o ano de 2003.

De 2004 até o ano de 2012, gradualmente, as taxas total, de negros e não-negros, decresceram. Conforme Antunes (2005) e Santos (2001), a globalização neoliberal se apresenta como fábula e perversidade, e, no que diz respeito ao cenário do mundo do trabalho, é um ambiente de profundas transformações que mais reforçam, de um lado, o enfraquecimento da força de trabalho e, de outro lado, a força e a política da mais valia global.

Diante do cenário de desemprego da Região Metropolitana de São Paulo e, em especial, da capital paulistana, observo que a mão de obra negra está sobrerrepresentada no quadro do desemprego. O desemprego é estrutural, histórico e contemporâneo para a força de trabalho, em especial, homens e mulheres negras. No início do século XX, a massa negra na capital paulistana foi substituída pela imigração estrangeira, posteriormente, a partir do final da década de 1930 e início de 1940, gradualmente, ela foi sendo incorporada no desenvolvimento da sociedade urbana industrial, porém, nas funções e posições mais aviltantes, de maior empreendimento de força física e dos menores rendimentos, sobretudo para as mulheres negras. No decorrer do século XX, ora em momentos de crise e ora em momentos de desenvolvimento, o cenário não apresentou transformações estruturais. Nos dias de hoje, a força de trabalho negra enfrenta o cenário do mercado de trabalho e da sociedade da prestação de serviços à reboque, ou seja, na era industrial faltou qualificação, oportunidades e formação, neste momento, ainda carece de capital cultural e socioeconômico, em especial, de conhecimentos científico e informacional.

As razões do maior desemprego da força de trabalho dos negros na RMSP, correspondem aos elementos das políticas econômicas do país e do contexto internacional. No cenário local e global, parte destes elementos foram se aprofundando no corpo dos desempregados brasileiros a partir da desconfiguração do papel do Estado, da privatização das estatais, do neoliberalismo e da globalização perversa (ANTUNES, 2005: 103).

Conforme o Mapa da População Negra no Mercado de Trabalho (INSPIR), o trabalhador negro é o último a ser empregado e o primeiro a ser demitido. A herança social, o racismo e a discriminação e, atualmente, o cumulativo das desigualdades, são as principais razões da maior incidência do desemprego na população negra. O desemprego da população negra é uma questão social e racial. O movimento negro precisará agir, conforme o INSPIR, através de ações no movimento sindical, de mulheres, meio ambiente e cultura, enfim, a questão racial e a questão do trabalhador em sua forma disciplinar é universal e particular (ANTUNES, 2004). A superação só pode ocorrer a partir da ação dos seus principais atores sociais.

Bento (1988: 54) também defende a mesma opinião, o racismo e as desigualdades no trabalho não devem ser combatidos apenas pelos negros, mas, sobretudo, através dos instrumentos de luta dos trabalhadores.

Nelson do Valle Silva (1980) defende um conceito importante a ser debatido nos dias de hoje, trata-se do capital humano. O capital humano é a qualificação, o talento e o conhecimento que constituem a condição de um indivíduo para o exercício no mundo do trabalho e as diversas funções na sociedade contemporânea. O capital humano é visto como resultado do investimento instrumentalizado pelo indivíduo e sua família, que no exercício do mundo teórico e prático, poderá proporcionar sucesso na vida social, cultural e profissional.

Ianni (2004: 211) e Fernandes (1989) acusam que a Revolução Burguesa no Brasil beneficiou os grupos e segmentos sociais que representam o topo da hierarquia social e econômica. O ato "revolucionário" iniciou a construção de privilégios que se tornaram de "direito" para os mesmos segmentos que foram beneficiados na revolução burguesa.

O retrato de homens e mulheres negras na sociedade e principalmente no mercado de trabalho, traz um tema importante para reflexão, trata-se do investimento em capital humano e social. É na escola, e não no mercado de trabalho que o futuro de crianças, adolescentes e jovens negros será selado (SOARES, 2000: 23).

A juventude negra definirá o seu presente e o seu futuro nos bancos escolares? Esta é uma resposta difícil e complexa, porque a estrutura, os equipamentos, os bens materiais e subjetivos que os jovens negros e pobres necessitam para enriquecer o capital cultural requer investimento e potencial humano, técnico, científico e informacional. Atualmente, o ensino público (fundamental e médio) não oferece condições de mobilidae escolar aos estudantes negros e pobres no que tange o acesso ao ensino superior, público e de qualidade. Estes espaços, em geral, são ocupados pelos estudantes brancos de estratos socioeconômico médio e alto, das escolas públicas e privadas, sobretudo de instituições privadas.

Ricardo Henriques, em "*Desigualdade Racial no Brasil: Evolução das condições de vida na década de 1990*" (2001: 5), expõe a intensa desigualdade racial brasileira, geralmente, conectada às formas de discriminação, que impede o desenvolvimento das potencialidades e o progresso social da população negra. A partir da desigualdade espacial, observo que há outros fenômenos compondo o universo da marginalidade. No sudeste desenvolvido estão 64% dos brancos e 34% dos negros, no norte e nordeste, 30% de brancos e 70% de negros e na região centro-oeste, 46% de brancos e 53% de negros. A distribuição espacial e o fator raça/etnia, parcialmente, formam o cenário das desigualdades no Brasil. O eixo central do texto de Henriques é a composição racial da pobreza e da indigência. Será que pobreza e indigência estão distribuídas, conforme a diversidade social e racial no país?

Para Henriques (2001: 10), a pobreza e a indigência estão distribuídas da seguinte forma: a população pobre é representada por 64% de negros e 36% de brancos, a população indigente, os negros são 69% e os brancos 31%. Os resultados de Henriques corroboram com a afirmação: a pobreza e a indigência, nas últimas décadas do século passado é negra. Em síntese, o resultado do século passado é que a mão de obra negra está concentrada no proletariado e lumpem proletariado, com pequenas variações para a estrutura socioeconômica.

Conforme o quadro abaixo, apresento um delineamento das desigualdades na cidade de São Paulo, das décadas de 1991 e 2000. Em 1991, a classificação ocupacional na cidade de São Paulo apresenta-se conforme o retrato da cor/raça que compõem a força de trabalho. O retrato das informações subsidia a leitura mais atenta sobre as desigualdades entre brancos e negros no mercado de trabalho paulistano.

Tabela N° 9 - Classificação das categorias ocupacionais por cor/raça - Censo IBGE, 1991.

População	Brancos	Negros	Amarelos	Indígenas	Ignorados
Doméstico c/carteira	147.901 3,40%	145.862 7,50%	715 0,50%	318 8,9%	3.501 10,20%
Doméstico s/carteira	38.949 0,90%	39.713 2%	287 0,20%	31 0,90% 2012	313 0,90%
Empregado c/carteira	2.720.348 63,20%	1.288.214 65,90%	66.492 49%	2.012 56,40%	21.063 61,50%
Empregado Setor Público	364.955 8,50%	118.141 6%	11.654 8,60%	178 5,0%	2.258 6,60%
Empregado Estatal	97.226 2,30%	31.470 1,60%	5.073 3,70	111 3,10%	895 2,60%
Por Conta	661.004 15,40%	284.170 14,50%	28.210 20,80%	694 19,50%	4.601 13,40%

Empregador	226.985 5,30%	28.528 1,50%	19.657 14,50%	129 3,60%	1.026 3,0%
Sem remuneração	11.389 0,30%	2.135 0,10%	1.803 1,30%	11 0,30%	115 0,3%
TOTAL	4.302.044 100%	1.954.056 100%	135.327 100%	3.565 100%	34.236 100%

Fonte: IBGE, 1991.

A primeira categoria, doméstico com carteira assinada, os brancos e negros, respectivamente, são 3,40% e 7,50%. Posteriormente, a categoria doméstico sem carteira assinada, 0,90% da participação de brancos e, 2%, referente aos negros. Os empregados do setor público, os brancos estão mais presentes. Acredito que a presença negra esteja mais concentrada nas atividades de menor tempo de escolaridade e a dos brancos, distribuídas nas ocupações que exigem maior tempo de escolaridade.

No que diz respeito à categoria empregador, há uma grande diferença entre brancos e negros na condição de empreendedor. Os negros representam apenas 1,50%, enquanto que os brancos, 5,30%, e os empregadores amarelos superam, de forma relativa, eles são 14,50%. A população amarela é pequena diante do quadro demográfico do pais e da cidade de São Paulo, no entanto, ela é sobrerrepresentada na estrutura ocupacional dos empregadores, quanto aos negros, são subrrepresentados nesta condição socioeconômica.

Em 2000, conforme dados abaixo, o quadro ocupacional sofreu os reflexos da economia nacional e internacional que causou grande impacto na estrutura funcional. No quadro correspondente aos trabalhadores domésticos, os brancos que em 1991 representavam 3,40%, passam a ser 1,90%. Para os negros, que eram 7,50%, atingem o percentual de 5,0%, ocorrendo um decréscimo relativo de 2%.

Tabela N°10 - Classificação das categorias ocupacionais por cor/raça - 2000

População	Doméstico c/carteira	Doméstico s/carteira	Emp. c/ carteira	Emp. s/ carteira	Empregador	P/Contanta
Brancos	57.157 1,90%	85.230 2,90%	1.402.448 47,60%	599.321 20,30%	148.901 5,10%	622.676 21,10%
Negros	64.192 5,0%	88.650 6,90%	604.786 46,90%	284.697 22,10%	11.997 0,90%	226.230 17,60%

Amarelos	159 0,20%	354 0,30%	40913 39,30%	17354 16,70%	12.516 12%	30174 29%
Indígenas	551 6,50%	466 5,50%	3291 38,80%	1995 23,50%	123 1,40%	2.014 23,70%
Ignorados	1.148	1.493	13.483	5.363	685	5.247
Total	123.207 2,80	176.193 4%	2.064.921 47,20%	908.730 20,80%	174.222 4%	886.341 20,30%

Fonte: IBGE, 2000

Na categoria seguinte, os trabalhadores domésticos sem carteira eram 0,90% e em 2.000, 2,90%. O trabalhador doméstico negro sem carteira, em 1991, alcançou o percentual de 2%, no censo de 2000, 6,90%. Para os trabalhadores domésticos, nas últimas duas décadas, brancos e negros, acompanharam a redução em suas atividades formais e o aumento das atividades sem registro em carteira. Mesmo com a redução geral, o doméstico negro prossegue ocupando a atividade "tradicional" no mercado de trabalho em São Paulo. Da pós-abolição até a etapa atual, esta atividade se mantém tradicional na história da mulher negra no Brasil. Desde 1888 o exercício de empregada doméstica tem passado de mãe para filha e assim sucessivamente durante várias gerações e, sobretudo, em razão do racismo e das políticas de branqueamento que garantiu as atividades modernas para a população branca e as tradicionais, de trabalho braçal, rústico e de baixa remuneração para os homens e mulheres negras (DOMINGUES, 2004).

Entre os empregados com carteira assinada, eles são 47,60% para os brancos e 46,90% para os negros. Os profissionais do mesmo segmento, mas com as menores garantias sociais e trabalhistas, os percentuais correspondem a 20,30%, representando os empregados brancos sem carteira de trabalho e 22,10%, os empregados negros sem carteira de trabalho assinada. Comparando os dados de 1991 e 2000, a redução é visível para todos os segmentos étnico/raciais do grupo de trabalhadores com e sem carteira de trabalho assinada. O empregador branco comparece com 5,10%, o negro com 0,90% e o amarelo, com 12%. A diminuição, conforme as tabelas acima é resultado do quadro econômico de profunda crise no cenário brasileiro na década de 1990. O quadro dos empregadores sofre alteração, conforme os valores absolutos e relativos. A posição dos grupos étnico-raciais se mantém, com os amarelos em primeiro, os brancos em segundo e por último, os negros. Os negros, que eram em 1991, 28.528 empregadores, declinaram para 11.997 empregadores em 2000. Mais da metade dos empregadores negros, não suportando os reflexos da economia nacional e internacional, deixaram a posição de empreendedores socioeconômicos. Seria importante conhecer os reais reflexos que afetaram os empreendedores no país, sobretudo dos empregadores negros? As dificuldades dos empregadores brancos e negros diante do agravamento da crise foram semelhantes?

Tabela N° 11 - Classificação das categorias ocupacionais por cor/raça – 1991.

Faixa de Renda	Brancos	Negros	Amarelos	Indígenas	Ignorados
Sem Renda	2143655	1084404	60109	6121	34631
	36,60%	41,80%	31,20%	36,80%	50,10%
Menos de 1 sm.	1618836	1000539	34592	6690	19736
	27,60%	38,60%	17,90%	40,30%	28,80%
De 1 a 3 sm.	1294635	1294635	44690	2995	10043
	22,10%	22,10%	23,20%	18%	14,60%
De 3 a 5 sm.	247609	347609	21778	440	2124
	5,90%	5,90%	11,30%	2,60%	3,10%
De 5 a 10 sm.	304502	21863	23010	343	1727
	5,20%	0,80%	11,90%	2,10%	2,50%
De 10 a 20 sm.	112449	4512	7132	19	484
	1,90%	0,20%	3,70%	0,10%	0,70%
Acima de 20 .	35053	885	1599	8	93
	0,60%	0,00%	0,80%	0,00%	0,10%
Total	5856739	2592149	192910	16616	68568
	100%	100%	100%	100%	100%

Fonte: IBGE, 2000.

Conforme os dados da Tabela N° 11, a faixa dos rendimentos sem renda até a terceira faixa - de 1 a 3 salários mínimos - apresenta-se na seguinte ordem para o grupo branco: 36,60%, 27,60% e 22,10%. Para os negros, a mesma classificação se distribui: 41,80%, 38,60% e 16,60%. Prevalece o comparecimento do grupo negro, em maior proporção, nas faixas sem rendimento e menos de um salário mínimo e, na terceira, o branco está acima do grupo negro, referente aos rendimentos de 1 a 3 salários mínimos.

No grupo intermediário, de 3 a 5 salários mínimos, os brancos são 5,90% e os negros, 2%. Em sequência, nas faixas de 5 a 10, de 10 a 20 e acima de 20 salários mínimos, os brancos estão distribuídos: 5,20%, 1,90% e 0,60%. O rendimento dos negros na mesma faixa de renda são os seguintes percentuais: 0,80%, 0,20% e 0%. Na faixa acima do grupo intermediário, os negros estão subrepresentados.

A pobreza e a indigência estão proporcionalmente concentradas nas desigualdades raciais no Brasil. Na cidade de São Paulo, conforme os dados acima analisados entre brancos e negros, os negros estão concentrados nas duas primeiras faixas de renda. Em cada território do país, estado, região metropolitana e município, a pobreza racial tem se deslocado para as periferias, onde se concentra as menores faixas de renda. Em São Paulo, a força de trabalho negra ocupa as posições de menor remuneração e as ocupações de menor prestígio social.

No Brasil e na principal cidade da economia nacional, o rico branco é mais rico do que o rico negro (em números absolutos e quantitativos). O proletariado e o subproletariado negro veêm "enegrecendo" o cenário dos trabalhadores de menor renda e das posições ocupacionais, informalmente, a segregação ocupacional tem afetado os homens e mulheres negras (GUIMARÃESb; 2004:18).

A eliminação das desigualdades sociais e raciais entre brancos e negros é importante para mudar drásticamente o quadro geral, como o quadro ocupacional das cidades brasileiras. A educação é um dos espaços políticos que proporcionará mudanças estruturais em nossa sociedade. Será preciso investir nas principais áreas que sustentaram a hierarquia socioeconômica, principalmente o investimento em capital social, cultural, econômico e político para inscrever territórios de cidadania para todos, com políticas de igualdade, de reconhecimento da diferença e de reconhecimento das identidades.

Logo abaixo, descrevo a classificação de brancos e negros, conforme as faixas de tempo de escolaridade na cidade de São Paulo. Em 1991, o tempo de escolaridade é classificado de acordo com a seguinte ordem: para os brancos e negros, a faixa sem instrução, 13,40% e 16,30%; posteriormente, de 1 a 4 anos de estudos, 35,50% e 43,60%; o grupo intermediário, 26,80% e 27,60%; na sequência, 16,60% e 7,70%; em penúltimo, 7,40% e 1,20%; a última, 0% e 0,10%. Assim como a faixa de renda, as diferenças entre brancos e negros está concentrada para os negros nas primeiras faixas e para os brancos, nas faixas intermediárias até as mais elevadas. O tempo de escolaridade dos negros não está distribuído em todas as faixas de anos de estudo, é uma composição de contrastes; a concentração nas menores faixas de escolaridade e os menores percentuais nas faixas intermdiárias.

Em 2000, a classificação da faixa de escolaridade entre brancos e negros, reforça o cenário de 1991: o grupo sem instrução, 16,30% e 19,60%; de 1 a 4 anos de estudos, 22,60% e 29,60%; o grupo intermediário, 25,50% e 32,70%; posteriormente, 24,90% e 15,90%; o grupo de 12 a 15 anos, 10,40% e 1,70% e, por último, 0,30% e 0,40% .

No cômputo geral, o tempo de escolaridade do branco é superior ao tempo de escolaridade do negro. Nos censos de 1991 e 2000, o negro avançou, apresentando-se e conquistando mais espaço na estrutura socioeconômica, como a escolaridade. As diferenças entre os dois censos, conforme as faixas de renda, a primeira não houve redução do percentual de pessoas brancas e negras sem instrução, configura-se um péssimo cenário de analfabetismo, negro e pobre.

Na segunda faixa, o percentual entre brancos e negros é próximo e o decréscimo ocorre de um censo para outro. O setor intermediário é a faixa de escolaridade que mais cresce para a população negra, de 27,60% até atingir 32,70%. Na faixa posterior também ocorre o crescimento do tempo de escolaridade do grupo negro e a mesma permanência do branco. Nas duas últimas faixas, o tempo de escolaridade dos negros é inexpressivo. Em geral, há uma ligeira melhora do tempo de escolaridade durante a transição do censo de 1991 para o de 2000.

A escolaridade é um quesito fundamental para conseguir um lugar de destaque no mercado de trabalho. Para o negro que se encontra na posição acima da faixa de renda, de 9 a 11 anos de escolaridade, a competição com uma pessoa branca com o mesmo tempo de estudo torna-se mais difícil. Mesmo estando no mesmo patamar, o trabalhador negro terá mais dificuldades de ser selecionado e se posicionar no mercado de trabalho.

Na teoria, a democratização das ocupações por intermédio do tempo de escolaridade, parece que pode mudar e transformar o cenário das desigualdades. No cotidiano social, parece difícil, mesmo que uma pessoa negra se apresente com capital humano - talento, conhecimento e formação – para competir a um cargo de status socioeconômico com um branco nas mesmas condições, a dificuldade será maior para o candidato negro.

Tabela N° 12 - Distribuição da Faixa de Anos de Estudos por cor/raça da cidade de São Paulo, 1991.

	Brancos	Negros	Amarelos	Indígenas	Ignorados
Sem instrução	1.269.170 13,40%	791.605 19,50%	24.860 9,10%	1797 24,50%	74159
De 1 a 4 anos	3.352.892 35,50%	1.769.104 43,60%	67.919 19,40%	2.844 38,70%	31.975

De 5 a 8 anos	2.529.801 26,80%	1.122.205 27,60%	53.309 27,80%	1.889 25,70%	20.097
De 9 a 11 anos	1.570.275 16,60%	310.713 7,70%	76.379 27,80%	632 8,60%	11.127
De 12 a 15 anos	698.439 7,40%	49.630 1,20%	51.616 18,80%	136 1,90%	5.409
Acima de 16 anos	4.235 0%	2.755 0,10%	47 0%	0	50

Fonte dos Dados: IBGE, 1991.

Tabela N° 13 - Distribuição da Faixa de Anos de Estudos e cor/raça da cidade de São Paulo, 2000.

	Brancos	Negros	Amarelos	Indígenas	Ignorados
Sem Instrução	1.140.898 16,30%	615.162 29,60%	18.504 8,90%	3.241 17,30%	21.280
De 1 a 4 anos	1.581.535 22,60%	926.711 29,60%	33.204 15,90%	5.397 28,90%	20.262
De 5 a 8 anos	1.7780.041 25,50%	1.023.458 32,70%	33.448 16,0%	6.194 33,10%	25.159
De 9 a 11 anos	1.738.231 24,90%	498.536 15,90%	67.415 32,30%	3.087 16,50%	14.628
De 12 a 15 anos	723.786 10,40%	54.405 1,70%	55.322 26,50%	567 3,0%	4.158
Acima de 16 anos	19.728 0,30%	12.021 0,40%	544 0,40%	129 0,70%	340

Fonte: IBGE, 2000.

Tabela N° 14 - Distribuição da faixa de renda da Cidade de São Paulo por cor/raça, 1991.

	Brancos	Negros	Amarelos	Indígenas	Ignorados	Total
Sem renda	3.310.493 67,70%	1.400.952 28,60%	96.546 2,0%	2.487 0,10%	83.502 1,70%	4.893.980 100,00%
Menos de 1 SM.	794.789 62,00%	461.804 36%	17.902 1,40%	974 0,10%	6.331 0,50%	1.281.800 100,00%
De 1 a 3 SM.	1.935.332 62,80%	1.095.484 35,60%	32.403 1,10%	1.823 0,10%	15.331 0,50%	3.080.373
De 3 a 5 SM.	976.181 71,30%	355.838 26,0%	29.845 2,20%	761 0,10%	6.531 0,50%	1.369.156 100,00%
De 5 a 10 SM.	729.900 79,30%	150.873 16,40%	35.633 3,90%	311 0,0%	4.009 0,40%	920.726 100,00%
De 10 a 20 SM.	355.151 85,50%	33.041 8%	24.938 6,0%	135 0,0%	1.954 0,50%	415.219 100,00%
Acima de 20 SM.	172.336 89,00%	8.351 4,30%	11.760 6,10%	44 0,0%	1.101 0,60%	193.592 100,00%
Total	8.274.182 68,10%	3.506.343 28,80%	249.027 2,0%	6.535 0,10%	118.759 1,0%	12.154.846 100,00%

Fonte: IBGE, 1991

Tabela N 15 - Distribuição da Faixa de Renda da cidade de São Paulo por cor/raça, 2000.

	Brancos	Negros	Amarelos	Indígenas	Ignorados	Total
Sem renda	2.143.655 64,40%	1.084.404 32,60%	60.109 1,80%	6.121 0,10%	34.361 1,0%	3.328.650 10,00%
Menos de 1 SM.	1.618.836 60,40%	1.000.539 37,30%	34.592 1,30%	6.690 0,20%	19.736 0,70%	2.680.393 100,00%

De 1 a 3 SM.	1.294.635 72,70%	429.157 24,10%	44.690 2,50%	2.995 0,20%	10.043 0,60%	1.781.520 100,00%
De 3 a 5 SM.	347.609 82,20%	50.789 12,0%	21.778 5,20%	440 0,10%	2.124 0,50%	422.740 100,00%
De 5 a 10 SM.	304.502 86,60%	21.863 6,20%	23.010 6,50%	343 0,10%	1.727 0,50%	351.445 10,00%
De 10 a 20 SM.	112.449 90,30%	4.512 3,60%	7.132 5,70%	19 0,0%	484 0,40%	124.596 100,00%
Acima de 20 SM.	35.053 93,10%	885 2,40%	1.599 4,20%	8 0,0%	93 0,20%	37.638 100,00%
Total	5.856.739 67,10%	2.592.149 29,70%	192.910 2,20%	16.616 0,20%	68.568 0,80%	8.726.982 100,00%

Fonte: IBGE, 2000

O trabalhador contemporâneo, homens e mulheres, brancos e negros, precisam, além da habitação, de todo um arsenal social e cultural - ambiente construído - para contemplar a sua condição de cidadão. Observo que a massa negra é a mão de obra mais barata no mercado de trabalho (HENRIQUES, 2001). Em síntese, o resultado do século passado é que a mão de obra negra está concentrada no proletariado e lupem proletariado, com pequenas variações na estrutura socioeconômica.

Habitação

A habitação, na história da civilização humana, está sedimentada em todo o processo de humanização do ser social. Inicialmente, a habitação é vista enquanto lugar de proteção, referente aos processos de transformações do tempo e do espaço, natural e artificial. Nela, o homem e a sociedade, no decurso histórico e social, constituiram-se como a sede das relações sociais, da sociabilidade, da religião, do nascimento, da vida e da morte. O espaço da habitação é o lugar onde predomina a herança individual e coletiva. Onde os registros sociais estão depositados e ali se identifica, como pertencente ao grupo social e identitário.

A literatura de base antropológica, histórica, social e geográfica é um subsídio para compreender e delinear a contribuição do espaço da habitação; é o lugar em que somos primeiramente inseridos na sociedade, é o local onde homens e mulheres, a família e a sociedade escrevem suas vidas. As referências da edificação da habitação é outra característica fundamental, porque toda a construção, por mais simples que seja, diante do investimento material e não material, é um dos maiores símbolos, é o sonho de começar a vida, das trocas, das festas, do acolhimento e da realização da família. Na memória coletiva dos interlocutores deste trabalho, sobressaem os registros da casa de família, dos avós, dos tios e das pessoas queridas que fizeram parte dos quadros sociais que somente o grupo de pertencimento participou.

Em outrora, antes das metamorfoses do capital na vida social, a habitação era, fundamentalmente, o centro da produção dos valores de uso e das necessidades humanas. Posteriormente, com as transformações exteriores ao espaço da habitação, da sociedade complexa e de extrema divisão do trabalho, metamorfoseia o lugar de viver e passo a passo, a sociabilidade e a intimidade dos valores simbólicos, são afetados pelos sentidos dos valores de troca e da produção da mercadoria.

Em termos conceituais, a habitação deve ser entendida segundo seu amplo significado, não apenas como abrigo, mas como inserção na cidade (VÉRAS, 2003: 325). A habitação é a ocupação do espaço urbano com seus complementos, como a infra-estrutura, os serviços, o transporte, os equipamentos sociais e a paisagem. Para a força de trabalho que necessita de um lugar para viver e repor suas energias, a habitação deve envolver inúmeras necessidades; de habitar, localização, descanso, serviços e outros atributos sociais e culturais, enfim, da utilidade enquanto valor, onde predomina a legislação social e não a lei do mercado.

Com a implementação e o cenário do capitalismo, a terra e a habitação, que em outrora o uso era voltado para a coletividade, passam a ser trocadas como moeda no mercado imobiliário da terra e da habitação na sociedade capitalista. A habitação é uma utilidade fixa que está ligada ao solo e ao ser incorporada pelo capitalismo, seu uso passa a valer pelo valor de troca, enquanto mercadoria (SINGER, 1979: 21 e VILLAÇA, 1986: 16). A habitação e a terra são transformadas em propriedade privada pelos meios de produção, geralmente, pelos mesmos proprietários dos principais espaços e estruturas urbanas que são construídas nas cidades; os atores produtores e reprodutores e as forças do capital especulativo que compram e vendem os melhores espaços nos territórios das cidades.

A habitação, que atualmente aparece como problema social, surge com o homem livre, produzido pelo capitalismo e com as configurações históricas engendradas pelo modo de produção da superação do valor de uso pelo valor de troca (VILLAÇA, 1986: 11).

No século XX, a habitação é apontada como um direito dos cidadãos, a ponto de, em 1945, ser incluída na Declaração Universal dos Direitos Humanos. Na prática, principalmente nos países subdesenvolvidos, os direitos universais e locais, não são exercidos no cotidiano social da força de trabalho que mais necessita para se proteger e cuidar da família.

Na sociedade contemporânea de quem é a responsabilidade em oferecer moradia digna para a população? O papel em oferecer condições dignas de moradia - o morar e o entorno -, na sociedade capitalista, passa a ser do Estado. O Estado, enquanto protagonista da produção e reprodução do espaço social, frente ao cenário das cidades brasileiras, não concretizou a construção de moradias para os principais atores sociais que dependem do local de viver para a reposição da força de trabalho e das necessidades pontuais do cotidiano . O Estado, por força do neoliberalismo, não se coloca à frente das questões sociais, assim como, não apresenta condições em implementar políticas públicas, urbana e habitacional, para transformar o retrato brasileiro; nos grandes centros, vem ocorrendo a expansão dos territórios de habitações subnormais[3] que avançam em direção às periferias das cidades.

O quadro da habitação no mundo capitalista enfraquece os trabalhadores que vendem a sua força de trabalho para os donos dos meios de produção. Os proprietários dos meios de produção podem participar do mercado capitalista, através da compra e venda da terra e da habitação enquanto mercadorias; os empreendedores dos meios de produção podem exercer os cargos no mundo do trabalho (a indústria, o comércio, os serviços etc.) e do viver (a moradia).

O problema da habitação no Brasil é um fenômeno nacional, que se apresenta nas cidades de pequeno, médio e grande porte. Em diferentes momentos da história brasileira, o tema sobre a habitação foi e ainda permanece sendo tratado como caso de polícia.

Nas últimas décadas do século XIX, na ex-capital federal – Rio de Janeiro – o poder público põe em prática a operação limpeza que buscava a modernização da cidade com a derrubada dos cortiços e habitações populares para a abertura de grandes avenidas, vias e praças, semelhante ao cenário francês, baseado no urbanismo haussmaniano. A ação municipal implementou a derrubada das habitações com o amparo da força física, através do poder policial.

Nas três primeiras décadas do século XX na urbe paulistana, a questão da habitção também é crítica. Predominou no quadro da habitação das classes populares, o cortiço como alternativa de proteção e reposição da força de trabalho. A Imprensa Negra, frente ao quadro da habitação na urbe paulistana, chama atenção para a realidade local;

> "Assim como no Rio de Janeiro teve e ainda tem suas favelas, São Paulo conserva no meio do rápido desenvolvimento da

3 Favelas, cortiços, palafitas, alagados e habitações autoconstruídas nas cidades brasileiras constituem o significado de habitação subnormal.

> sua nova expansão urbana, núcleos bárbaros, ou antes, quase selvagens de uma vida que contrasta como frizante anacronismo com o progresso da capital paulistana.
> "São os cortiços. Trata-se de habitações ainda mais rudimentares e menos compatíveis com qualquer forma de vida civilizada do que os casebres análogos que sobrevivem no Rio de Janeiro. (...) Agora para a abertura da Avenida São João, a Prefeitura demoliu o Trezentos, o mais célebre cortiço da capital (...)" (Jornal da Imprensa Negra, O Progresso, 1929)

Rio de Janeiro e São Paulo, diante do desenvolvimento, do progresso e da modernidade, gradualmente, foram derrubando e colocando no chão as habitações dos pobres e negros. A limpeza urbana, a modernização via branqueamento foi pratica comum nos principais centros do país nas três primeiras décadas do século XX. Os informativos da Imprensa Negra, na época já denunciavam à qual cidade pertenciam os cortiços e as favelas. A oposição progresso e pobreza apresenta os diferentes grupos sociais em campos opostos no corpo das cidades: ricos e pobres, nacional e estrangeiro, brancos e negros.

Em geral, em diferentes regiões do país o problema da habitação voltado aos segmentos de baixa renda foi resolvido como caso de polícia. O problema da habitação fica inscrito apenas no papel, porque no cotidiano social a questão é desenvolvida pelo uso da força e da violência praticada pelo Estado. No decorrer do século XX, o operariado e o lupem-proletariado investiram de inúmeras formas para garantir o acesso à habitação, dentre elas; a moradia nos cortiços e porões, as ocupações nos limites das periferias, nos morros, palafitas e alagados e a ocupação de prédios públicos e privados de áreas centrais. Neste ínterim, as forças da propriedade privada da terra e da habitação concluíram que a questão da habitação, em geral, deveria ter o amparo legal da justiça e da lei para se defender da ilegalidade e dos "fora da lei".

Recentemente, nos primeiros dias do ano de 2012, na cidade de São José dos Campos, interior do estado de São Paulo, a ocupação de um loteamento que já durava 10 anos teve a sua história desterritorializada da cidade. O proprietário, ex-deputado federal acusado de corrupção, empresário e especulador em diferentes frentes econômicas, Naji Nahas, consegue na justiça do estado de São Paulo reaver a posse do terreno. Os moradores do loteamento Pinheirinho, organizam estratégias de resistir à ação do Estado; se opor ao despejo e a derrubada de suas casas, dos sonhos e as realização no chão do território. Homens, mulheres, jovens e adolescentes que depositaram suas histórias naquele pedaço, conseguiram chamar a atenção de setores importantes da sociedade civil e da imprensa brasileira (rádio, tv, jornal impresso e internet) para tentar imperdir a desocupação. Durante dias, com o apoio dos movimentos sociais de diferentes expressões, políticos e ONG´s, a organização do Pinheirinho, momentaneamente, impediu a desocupação.

Em cenários como este, de conflito social em defesa da terra e da habitação, o diálogo é importante para preservar a habitação como um direito social. Sem o diálogo, a violência, o conflito e a intolerância, o resultado reflete em estado de barbárie e injustiça. O dialogo é uma característica humana civilizatória e é por intermédio da linguagem e das ideias que o derramamento de sangue, as brigas, mortes e enfrentamentos físicos são impedidos. O Estado brasileiro (de âmbito federal, estadual e municipal) é quem deve promover e tornar uma pratica comum em nossa sociedade, como um princípio cultural que está inscrito nos valores morais, culturais e políticos. No entanto, históricamente, o Estado é o algoz que quebra os princípios universais de cidadania e do direito à habitação digna.

Durante dias, os moradores do lugar resistiram ao poder oficial, queimando pneus, fechando as principais vias de acesso e tentando a intervenção até os últimos limites, como por exemplo, obter o apoio do governo federal para impedir a desocupação. Por pouco, o barril de pólvora não foi explodido, o que traria graves consequências no território, tornando-o um espaço de guerra declarada.

Brevemente, a história do Loteamento Pinheirinho envolve uma série de questões de ordem jurídica e política, que se desdobram na (re)produção das ideias fora do lugar e, em especial, da história da cidade dividida conforme a origem socioeconômica e o lugar de cada indivíduo na sociedade. A história do Loteamento Pinheirinho é resultado da ação dos atores que trabalham na produção e reprodução do espaço social, pondo em prática todo o tipo de regra para a obtenção de lucros, vantagens e sempre estar amparado pela força do Estado. A ideologia que sustenta e ampara a produção do espaço capitalista é uma elaboração de base legal, do ponto de vista jurídico e político, progressivamente, novas ideias são inseridas para efeito de torná-la uma regra, válida para a compra e venda do próprio espaço como mercadoria. É uma produção social do espaço voltado aos interesses de um grupo socioeconômico e não aos interesses da cidade e da justiça social.

Em plena ditadura militar (1978), a área do loteamento Pinheirinho é comprada por Benedito Bento Filho. De 1978 até o final de 1983, ações de compra e venda da área são realizadas entre Bento e a Empresa Selecta. Em 1983, a Prefeitura Municipal de São José dos Campos muda a região de zona residencial para parque industrisal, obstruindo parcialmente o empreendimento da Selecta, proprietária do loteamento. No início da década de 1990, a empresa de Naji Nahas, Selecta, entra com pedido de falência. Durante 14 anos – 1990 a 2004 – a área do loteamento ficou paralisada, porém, foi se valorizando perante o mercado capitalista da terra e da habitação. Em 2004, os populares de forma organizada, ocupam o terreno e iniciam o Loteamento

Pinheirinho. A cidade ilegal entra em cena não por causa do crescimento desordenado dos loteamentos periféricos, mas em razão do planejamento urbano orientado para uma parcela da cidade, da ausência de prioridades e políticas públicas de interesse geral da cidade e dos segmentos sociais que se encontram na base da hierarquia social. Do dia para a noite, o loteamento foi crescendo, tomando forma, as casas sendo edificadas nos finais de semana e as histórias seguindo a sua escrita, pelas mãos de homens e mulheres que deram as suas vidas por um pedaço de chão. Entre o ano de ocupação e 2012, 9 mil famílias habitavam o Loteamento Pinheirinho; formado por um contingente de negros e pobres, trabalhadores da construção civil, lupem-proletários da industria, sobrerepresentada por trabalhores do mercado informal e da mão de obra feminina, neste território o poder político se tornou mais emblemático, interpretado por diferentes interesses, de um lado, os "invasores" do loteamento se dispuseram a lutar pelo chão do território e, de outro lado, o proprietário legal, a empresa Selecta, do mega empresário e ex-deputado federal, Naji Nahas. Em 2012, o desfecho da história favoreceu um interesse, o lado que continua recebendo todos os privilégios, no final cumpriu-se os trâmites da justiça (Supremo Tribunal Estadual) e a reintegração de posse foi concluída (Folha de São Paulo, 29/01/2012). Centenas de casas, ainda com os pertences dos moradores (móveis, vestuário, eletrodomésticos), das mulheres e crianças foram derrubadas por ordem da Justiça e por determinação do Estado, para fazer valer a lei da propriedade privada da terra e da habitação no país, conforme reza a Constituição Brasileira e a legislação urbanística. Atualmente, centenas e centenas de Pinheirinhos estão espalhados no território nacional, alguns estão em vias de serem despejados, outros já foram e outra parcela está em fase de desenvolvimento, expansão e consolidação da cidade fora da lei.

O direito à habitação está inscrito na Constituição Brasileira de 1988, no entanto, este direito não se materializa no cotidiano social, ele só vale no papel. A habitação é um problema social que é de interesse da sociedade como um todo. As políticas públicas, de âmbito federal, estadual e municipal, comprovadas nas últimas décadas do século XX, pouco interferiram no quadro da pobreza e da segregação.

O quadro é impressionante, na região sudeste do país, encontra-se a regra e não a exceção como referência para a questão da habitação, são as territorialidades de desigualdade socioespacial. Nas cidades de Rio de Janeiro e São Paulo, a ilegalidade é a regra e a legalidade é um artifício utilizado pelos setores de melhor renda, status e influência política, para a autosegregação.

No século passado, o problema da habitação surgiu com a transição da sociedade do trabalho escravo para a sociedade do trabalho livre. Após 1888, a população brasileira e estrangeira - negros e brancos - deparou-se com um dos primeiros problemas da sociedade, o lugar para morar e repor a força de trabalho.

No Rio de Janeiro, conforme Lícia Valladares (2005), no final do século XIX e início do XX, a questão da habitação emergiu como um dos principais problemas para o poder municipal. Na metrópole carioca, a população negra e pobre, após a intervenção municipal para remodelamento da área central, teve que seguir em direção aos morros para edificar/verticalizar a favela (ROLNIK, 1989:29). O nascimento da favela no Rio de Janeiro é resultado direto do problema da habitação. O quadro social repercutiu na cidade através do deslocamento geográfico da população de baixa renda em direção aos morros para constituir a arquitetura das favelas.

A favela é o espaço da marginalidade urbana, mas também da residência do trabalhador honesto, "chaga da cidade", mas igualmente 'berço do samba'; solução urbanística desprezada e, ao mesmo tempo, elogiada, as imagens, paisagens e identidades da favela se incorporaram ao imaginário coletivo da cidade (ALMEIDA, 1994). Desde o final do século XIX, a favela foi sedimentando-se na ex-capital federal, Rio de Janeiro. Sua criação e produção data mais de um século de histórias, ela é a memória viva da história da habitação no país; por questões políticas e ideológicas, a favela não contempla os planos urbanísticos, o planejamento e a cidade moderna.

Segundo Almeida (1994), a favela é anterior à reforma urbana. Sua origem está ligada a três fatores de tensão que afetaram a crise habitacional: a Revolta da Armada, ocorrida em 1893-1894, e a campanha militar de Canudos, que se prolongou de 1896 e 1897, por último, a Guerra do Paraguai, os homens negros que foram usados como bucha de canhão, os poucos sobreviventes quando retornaram tiveram que subir os morros para a edificação das favelas.

No cenário da urbe paulistana o histórico da habitação difere da ex-capital federal, mas em geral, em todas as cidades do país a questão da habitação é urgente, é um problema social não resolvido nos últimos 128 anos de república. Em São Paulo, não há o surgimento da favela logo nos primeiros anos do século XX, mas predomina o tipo de habitação precária e insalubre: o cortiço e os porões.

A influência haussmanniana no Brasil teve reflexos de grande impacto nas cidades de São Paulo e no Rio de Janeiro. Na capital paulistana, o reflexo veio à tona com a desapropriação da área central para remodelação urbana e a construção/valorização da modernidade. No Rio de Janeiro, conforme comentários acima, os espaços centrais foram desapropriados para a construção de praças, boulevards e os espaços de representação e valorização da arquitetura moderna (ROLNIK, 1989). A estratégia para desterritorializar o antigo e sobrepor o moderno se fez com a legislação municipal. Segundo Rolnik, a legislação modificou o espaço físico e social, segue abaixo:

> "Na cidade que se quer civilizada, europeizada, o quilombo é uma presença africana que não pode ser tolerada. Isso se manifesta desde a formulação de um código de posturas

> municipal em 1886, visando proibir essas práticas presentes nos territórios negros das cidades: as quituteiras devem sair porque 'atrapalham o trânsito'; os mercados devem ser transferidos porque 'afrontam a cultura e conspurcam a cidade'; os pais-de-santo não podem mais trabalhar porque são 'embusteiros que fingem inspiração por algum ente sobrenatural'.»
> (...) a população negra que ocupava o chamado Centro Velho de São Paulo acabou por ser desalojada pelos chamados 'trabalhos de melhoramentos da capital', grandes operações de renovação urbana que se iniciam durante a administração de Antônio Prado (1899-1911): alargamento de ruas, transferência e demolição de mercados, construção de praças e boulevards.
> (...) A operação limpeza foi implacável: para a construção da Praça da Sé e remodelação do Largo Municipal, os cortiços, hotéis e pensões das imediações foram demolidos. Está ligado a esse processo de limpeza do centro a expansão e consolidação do Bexiga como território negro em São Paulo." (1989:33).

Nas cidades do Rio de Janeiro e São Paulo, as "reformas urbanísticas" e os "planos de embelezamento", desterritorializaram antigos quilombos e territórios negros nos espaços da cidade. Em São Paulo, os bairros da Sé, Sul da Sé, Lavapés e Liberdade, paulatinamente, através de ações do legislativo e dos poderes econômicos e políticos, foram desterritorializando os núcleos negros. O Bexiga, em razão do quilombo semirrural e do plano urbanístico do governo municipal, reterritorializou a população que foi excluída do centro.

Através da contribuição de Henriques (2001), os apontamentos são importantes para a reflexão do tema da habitação social. Será que a pobreza racial também tem forte incidência no aspecto do espaço da habitação? São fortes os indícios quando associamos a questão da pobreza racial com a questão da habitação.

Como resolver a questão da habitação no Brasil? No passado, está pergunta já fora elaborada e, atualmente, sabendo do cenário da segregação racial, da exclusão e da condição de não-cidadãos (SANTOS, 1993: 73) da população negra, urge a necessidade de políticas, universalistas, territoriais, locais, focalizadas e de ações afirmativas para homens e mulheres, negros e pobres.

A elaboração de políticas públicas no campo da habitação pode ser um espaço importante para a eliminação das barreiras socioeconômicas. A reflexão de ações afirmativas no campo da habitação e do espaço urbano voltada para a população negra e pobre, exigirá do Movimento Negro, das Organizações Não-Governamentais, dos Sindicatos, dos Movimentos de Moradia Popular - sociedade civil organizada - e dos poderes públicos, sobretudo do poder público, um debate mais sério, tendo em vista a elaboração de políticas sociais que contemple a população "fora da lei", "excluída" e segregada.

Segundo Bonduki (1998: 98), durante a Primeira República (1889-1930), as questões sociais, políticas e econômicas, contribuíram para o agravamento da habitação no Brasil e nas principais cidades. Para tomar conhecimento do assunto, três questões serão abordadas: o controle sanitário e a política higienista que tiveram o objetivo de afastar a pobreza dos territórios da riqueza e a imposição de barreiras para evitar a aproximação e o contágio social; o Estado, nos primeiros anos da sociedade do trabalho livre, teve como objetivo a produção de habitação para os trabalhadores e a produção privada da habitação, para ambos os setores, ricos e pobres, brancos e negros, caracterizada pelo aspecto social dos casarões, dos cortiços e dos porões. Até o final dos anos de 1930, 70% da população morava em habitações alugadas (BONDUKI, 1998: 100).

Rolnik (1997) em estudo sobre a legislação e a cidade de São Paulo, referente às primeiras décadas do século XX, retrata o cenário contraditório, entre pobreza e riqueza. Segundo a autora, a lei definia os territórios da riqueza e os territórios da pobreza. Em princípio, os territórios "fora da lei", enquadravam os bairros negros e, posteriormente, os espaços populares dos imigrantes. Quanto ao território da riqueza, a autora identificou os primeiros loteamentos que foram incorporados ao espaço da cidade do final do século XIX, de proprietários de origem anglo-saxã; Campos Elíseos, o primeiro marco, foi um empreendimento de dois alemães, em Higienópolis, o segundo marco, os ianques entram em cena (ROLNIK, 1997:111). Em 1912, o Jardim América, foi o primeiro loteamento aberto voltado para o seguimento socioeconômico de alta renda na cidade de São Paulo.

No centro urbano em efervescência, inaugurava-se em 1929, o prédio mais alto de toda a América Latina, o Edifício Martinelli, de 25 andares e 72,5 metros de altura. Nas primeiras décadas do século XX, o poder e a lei, definiam os lugares sociais e políticos, por intermédio da legislação urbana, ora com a aprovação de novos loteamentos e ora com a definição dos lugares, como o zoneamento urbano. O zoneamento urbano em São Paulo e nas cidades brasileiras data do início do século passado. Na história da habitação brasileira, há duas leituras: a primeira, do ponto de vista teórico para defender os interesses da cidade e a segunda, do ponto de vista pratico, o zoneamento, amparado na lei visava proteger os bairros residenciais de alta renda. (ROLNIK, 1997: 174).

O que se escreveu a respeito de São Paulo no século passado associada à questão da legislação, reflete-se em questões pontuais, do passado e do presente, que é a divisão entre centro e periferia. Em todo o século XX, assistiu-se à produção social desenfreada da cidade clandestina e da cidade legal; a luta pelo espaço entre trabalhadores e os donos dos meios de produção (ROLNIK, 1997: 184).

Na década de 1940 em São Paulo e nas principais cidades brasileiras, assiste-se, ao mesmo tempo, faces de crise e de progresso (BONDUKI, 1998: 249). Enquanto a crise da habitação se instala na urbe paulistana, observa-se a renovação da cidade por novas avenidas e o embelezamento, em um contexto de opulência, especulação e industrialização.

Posterior à Primeira República, Villaça (1986: 48) observa que é o período inaugural da casa própria no contexto brasileiro. Segundo Maricato (1996), Bonduki (1998), Rolnik (1997) e Kowarick (1988), a partir de 1940, nas cidades brasileiras é o início da ideologia da casa própria. A forma de construção adotada entre os setores de menor renda, concentrou-se na autoconstrução: que é a construção da moradia nos finais de semana, com a ajuda de familiares e amigos e a produção social do espaço nas periferias paulistana.

A favela paulistana, reitero que não é semelhante à história da favela carioca. Um ponto há em comum, ela entra em cena pelo mesmo motivo, a crise da habitação social. Em São Paulo a favela é inserida no território da cidade no momento que a crise social toma conta da força de trabalho.

No período do governo Vargas, a habitação ocupa posição de destaque no cenário nacional e político. Ela se destaca por diversas questões, a primeira, a ideologia da casa própria que alterou o modo de ser da classe trabalhadora, a segunda, o crescimento da cidade em direção às periferias e, em terceiro, a separação entre os grupos socioeconômicos. A ideologia da casa própria busca a ordem e a disciplina, ou seja, introjetar na força de trabalho sentidos do mundo burguês; as percepções da propriedade e do bem material.

Nos dizeres de Bonduki (1988: 89), duas possibilidades de barateamento se destacam: a primeira alternativa técnica, para produzir os custos da construção, do terreno e da urbanização, a segunda alternativa de localização urbana viabilizara a ocupação da chamada zona rural, com o rebaixamento das condições urbanas.

Dentre os interesses políticos e sociais, a burguesia quis eliminar os cortiços do centro e segregar o trabalhador nos morros, nas periferias e alagados. Através da ordem e da disciplina no mundo moderno, a burguesia paulistana determinou a forma de crescimento horizontal, os lugares sociais e os atores responsáveis pela produção da periferia paulistana (BONDUKI, 1988: 180).

Em 1946, o Estado assume o compromisso com a habitação social, a partir da criação da Fundação da Casa Popular (FCP). De 1946 até o ano de 1964 (18 anos), a FCP não produziu mais de 16.100 unidades habitacionais. Dentre os investimentos, a FCP é acusada de priorizar os estratos socioeconômicos de melhor renda, deixando à margem a população de origem popular que habitava nas habitações precárias, insalubres e destituídas do ambiente construído (BONDUKI, 1988: 105). A FCP fracassou, porque as prioridades, no que tange aos investimentos nos estratos de menor poder aquisitivo não se realizaram com intensidade. O objetivo da FCP não se realizou; oferecer habitação social para a classe trabalhadora, fez-se o oposto, os investimentos urbanos e sociais voltados para os grupos de melhor prestígio socioeconômico. Outra característica, após o reconhecimento do fracasso estatal no setor da habitação, as prioridades foram invertidas, entra em cena a abertura do capital privado para a produção da habitação e do ambiente construído.

Durante os anos de 1940, 1950 e 1960, o crescimento da periferia foi ditado, primeiramente, pelo investimento da força de trabalho com a autoconstrução (MARICATO, 1986 ; KOWARICK, 1993), em seguida, pela especulação imobiliária com a valorização progressiva (BONDUKIi, 1988), em terceiro, com a participação dos atores sociais responsáveis pela circulação, ou seja, o transporte (MARICATO, 1986: 12) como via de realização do percurso casa - trabalho.

No final dos anos de 1960 e 1970, o crescimento demográfico nos grandes centros, de acordo com Bonduki (1998), foi de 5,5%. O crescimento demográfico na cidade, sobretudo em maior proporção nas periferias paulistana, ocorreu em razão dos ritmos e ciclos da cidade e do capitalismo nacional: a sociedade urbana industrial e o crescimento do exército industrial de reserva. Na sociedade urbana industrial, a questão da habitação é imprescindível. Porque o trabalhador precisa de um lugar para repor suas energias após o exercício do mundo do trabalho. O trabalhador e a sua família precisam de um micro universo para a produção subjetiva, da arte, do conhecimento e para a realização das relações sociais e da sociabilidade. Gradualmente, a cidade clandestina ou ilegal, ocupa a cidade através da autoconstrução e da produção das periferias paulistana.

Com a extinção da FCP, em 1964, no mesmo ano, é criado o Banco Nacional de Habitação (BNH). O BNH foi mais uma experiência frustrante para as políticas públicas da Habitação no Brasil. No Brasil, após 1964, o Banco Nacional de Habitação e o Sistema Financeiro de Habitação são os carros chefe da política habitacional (VÉRAS, 2003:328). Nos dias de hoje, o debate está além do campo político e científico, os atores sociais entram em cena para reivindicar e conquistar os espaços de direitos.

São Paulo exibe lugares da riqueza, da ostentação, dos lindos parques e jardins, dos lugares dos negócios, do centro econômico, da verticalização de alta renda, da Avenida Paulista e o centro em expansão, enfim, a capital paulistana consolida-se como a referência da produção brasileira no setor industrial, científico e tecnológico. De outro lado, percebe-se o retrato do espraiamento da pobreza, da cidade fora da lei. Nas periferias paulistana, avista-se um mar de habitações autoconstruídas, de espaços destituídos de equipamentos públicos, sociais e urbanos. Nas periferias brasileiras predomina a força de trabalho e a pobreza.

No final dos anos 1970 e 1980, São Paulo e a região metropolitana sentem os reflexos da crise do capital nacional e internacional. Os problemas urbanos e ambientais ocupam o território da cidade de São Paulo, em razão da forma desenfreada da ocupação em zonas rurais e ambientais. A força de trabalho, de baixa renda e negra, ocupa os territórios de menor valor (localização, ambiente construído, funcionalidade e condição física).

Rolnik, Kowarick e Somekh (1992) apontam que os anos de 1980 é uma fase específica, onde se dissemina a pobreza e não a riqueza. As áreas que foram ocupadas pela população de baixa renda, considerada como parte da cidade ilegal, todas estão localizadas nas regiões de menor valorização imobiliária, impressionante que não ocorreu a ocupação dos territórios da riqueza. Consequentemente, a cidade ilegal cresceu em direção aos territórios ambientais - natural e artificial - localizados em toda a cidade de São Paulo.

A década de 1980 marca o fim de uma era, a produção da habitação por conta do trabalhador. A casa própria, construída no final de semana em loteamentos da periferia chega ao seu fim. São Paulo cresceu até o seu limite, de forma horizontal até os últimos limites do território. A periferia se tornou cada vez mais longe, e o longe-perto tem significados diferentes quando a cidade tem ampla malha de transportes interligados.

Maricato (2002) traz interpretação importante sobre a habitação e a realidade urbana referente ao século XX. Segundo a autora, o urbanismo brasileiro não tem comprometimento com a realidade social, mas com uma ordem que diz respeito a uma parcela da cidade. Nosso urbanismo, principalmente o da capital paulistana, as ideias estão fora do lugar; porque elas se aplicam a uma parcela da sociedade, reafirmando e reproduzindo desigualdades e privilégios. Para as extensas periferias, não há ordem, sobretudo os espaços reservados à população negra e pobre, não existem ideias para a busca de igualdade social e racial.

O planejamento urbano, modernista funcionalista é um importante instrumento de dominação ideológica, suas ideias se concentram em ocultar da cidade real, seguindo orientações favoráveis ao mercado restrito e especulativo. Ele estrutura-se em um aparato regulatório de base jurídica e política; em leis de zoneamento, código de obras, código visual, leis de parcelamento do solo, plano diretor, etc (MARICATO, 2002).

As ideias fora do lugar ou o lugar fora das ideias estão em toda parte das cidades no Brasil: nas periferias faltam equipamentos sociais e culturais para a população, sobretudo para jovens e adolescentes; o acesso à saúde de qualidade não é real, prevalece o consumidor que vive e se desloca para uma parte da cidade legal para ser atentido na rede particular; o universo do ambiente construído não foi e continua sendo desestruturado para milhões de habitantes que vivem na cidade fora da lei. Em São Paulo, dentre os maiores problemas, a mobilidade é uma questão que preocupa à todos, em especial, a massa de trabalhadores que gastam, em média, de três a quatro horas diárias em transporte coletivo se deslocando da casa para o trabalho e vice-versa. A questão do transporte público de qualidade também é um assunto a ser debatido. Para as longínquas periferias da capital paulistana e região metropolitana, as ideias estão fora do lugar, a prioridade em mobilidade não foi e continua não sendo central a expansão da rede metroviária e ferroviária para facilitar o deslocamento da população que mais depende de transporte.

São Paulo é a cidade brasileira que tem um dos maiores problemas com a questão do transporte, e a força de trabalho que precisa do transporte coletivo para chegar aos espaços de produção e reprodução, é quem mais sente as dificuldades com a precariedade da mobilidade. O efeito de estar próximo ou longe, quando não se tem transporte de qualidade é um grande problema para todos que vivem e trabalham.

Recentemente, o Governo Federal, por intermédio do Ministério das Cidades, afirma que a questão da habitação é um problema social de extrema envergadura no contexto de políticas públicas, particulares e universalistas.

> "Segundo declarações da atual Secretária Executiva do Ministério das Cidades, Ermínia Maricato, há um déficit habitacional na cidade de São Paulo de mais de 380 mil domicílios, enquanto cerca de 420 mil imóveis estão vagos na capital (IBGE), denunciando a necessidade de reforma urbana (FSP, Direito de Morar, 14 de agosto, 2003, p. 2). A mesma fonte aponta que o déficit de moradias para o restante do país é de 6,6 milhões de habitações e 85% desse montante é formada por famílias que ganham menos de 5 salários mínimos e continuam sem atendimento" (VÉRAS, 2003: 330).

A tabela N° 16 - Classificação de Indivíduos por tipo de Habitação e cor/raça, compreende dois tipos de setor, o comum e o subnormal, o primeiro é a categoria de habitação construída conforme as regras e a formalidade, a segunda, é o setor habitacional fora da lei urbanística e das regras municipais. O setor subnormal compreende o cenário da cidade ilegal (ROLNIK,1997) que não se enquadra nas regras da legislação urbanística. Os indivíduos que estão na categoria subnormal habitam as periferias, as favelas e os cortiços da cidade.

A classificação da tabela abaixo permite a leitura da realidade habitacional: os brancos são 93,80% no setor comum e os negros, 84,80%; na área subnormal, 6,10%, para os brancos e, 15,10% para os negros. De um lado, a população branca é sobrerepresentada na habitação normal, de outro lado, no quadro subnormal, predomina a população negra. Classe social e raça perfazem o universo da população presente nas habitações subnormais.

Tabela N° 16 - Classificação de Indivíduos por Tipo de Habitação e cor/ raça – SP, 2000.

Cor/Raça	Setor Comum	Setor Subnormal
Brancos	6.556.210 - 93,80%	427.877 - 6,10%
Negros	2.658.321 - 84,80%	472.198 - 15,10%
Amarelos	207.267 - 99,30%	1.387 – 0,70%
Indígenas	15.800 - 84,50%	2.645 - 14,10%
Ignorados	69.809 - 81,20%	8.871 - 10,30%
Total	9.507.407 - 91,10%	912.978 - 8,70%

Fonte: IBGE, 2000

Em relação ao tipo de domicílio, conforme informações abaixo, predominam as casas isoladas no território da cidade. Em seguida, a verticalização, uma tendência crescente desde os anos de 1980, tem alcançado novos territórios na urbe paulistana. Em 2000, o percentual de verticalização na cidade foi de 21,30%. A categoria "cômodo", de menor prestígio sócio-econômico, representava 1,30%. É relevante a classificação dos domicílios por cor/raça, porque permite saber e refletir o tipo predominante entre brancos e negros. As casas e os apartamentos, entre os brancos, estão mais representados. A população branca está propensa para a realização de suas atividades na habitação horizontal, porém, o crescimento da verticalização tem atraído os estratos socioeconômicos de alta e média rendas para este tipo de habitação na cidade de São Paulo.

Entre os negros, este grupo está ocupando os bairros da periferia paulistana, onde a horizontalidade é de praxe; consolidando com a casa própria autoconstruída. Quanto à verticalização, os negros estão menos representados nestas áreas; nos distritos e localizações pertencentes ao quadrante sudoeste ou nas proximidades do centro velho e expandido. A presença nos domicílios verticais também comporta a verticalização de baixa renda, que são os prédios da Cohab e do CDHU, sob a coordenação dos Governos do Estado e do município.

Tabela N° 17 - Classificação de Tipo de Domicílio por cor/raça – SP, 2000.

Cor/Raça	Casa	Apartamento	Cômodo	Total
Brancos	5.162.609 74,40%	1.710.051 24,70%	63.735	6.936.845 100%

Negros	2.635.235 85%	395.363 12,80%	68.780 2,20%	3.099.378 100%
Amarelos	130.517 62,80%	77.181 37,10%	241 0,10%	207.939 100%
Indígenas	15.142 82,70%	2.758 15,10%	402 2,20%	18.302 100%
Ignorados	63.135 81,40%	13,467 17,40%	981 1,30%	77.583 100%
Total	8.006.638 77,40%	2.199.270 21.30%	134.139 1,30%	10.340.047 100%

Fonte: IBGE, 2000

Nas últimas três décadas do século passado, a questão da habitação nas cidades brasileiras se tornou mais evidente. Em São Paulo, ao verificar os dados dos censos IBGE, 1980, 1991 e 2000, observei que a habitação fora da lei - favelas e cortiços- cresceu em todo o território da cidade. O crescimento se concentra na periferia e cada vez mais a favela alcança proporções - relativas e absolutas – assustadoras, porque ela é resultado da crise da habitação e dos problemas socioeconômicos no país.

Tabela N° 18 - Quadro da Favelização na São Paulo, 1980-2000.

Condição	1980	1991	1996	2000
Favelas	188	629	574	612
Domicílios	71.258	146.891	176. 905	-
População	333.354	711.032	747.322	909.628
% da pop. Municipal	3,95%	7,46%	7,60%	8,72%

Fonte: IBGE/Censos demográficos de 1980, 1991 e 2000. Contagem da população de 1996.

A partir de 1980, ocorreu acentuada diminuição do ritmo de crescimento das favelas. Esta diminuição deve-se ao esgotamento das terras passiveis de invasão nos locais próximos a serviços e indústrias, a favelização teria que se tornar cada vez mais periférica (TASCHENER, 1986). Com o ritmo crescente da periferização e a falta de terrenos nas áreas centrais, a favelização seguiu o percurso da cidade "fora da lei". No final dos anos de 1970 e 1980, o crescimento de favelas, em maior proporção, ocorreu nas regionais da zona sul, sobretudo nos locais de proteção de mananciais e em regiões distantes, onde as tais vantagens locacionais, quanto a proximidade do emprego já não existem mais (TASCHNER,1986).

Segundo Bógus e Pasternak (2004), o percentual da população paulistana morando em favelas é crescente. Nas décadas de 1991 e 2000, a população favelada cresceu a uma taxa de 5,12% anuais, enquanto que a população municipal, para o mesmo período, a taxa cresceu 1,07% ao ano. A população favelada avançou, sobretudo na periferia, na cidade ilegal e clandestina. O crescimento da favela sobressai nos territórios "fora da lei". Por que não se encontra maior proporção de favelas nas áreas mais valorizadas da cidade? Porque as áreas mais valorizadas estão protegidas pela legislação, pela política e pelo poder econômico que estão sujeitas ao mercado da propriedade privada da terra.

Em capítulo específico sobre a habitação nos distritos da Brasilândia, Cidade Tiradentes e Jardim Ângela, observarei as particularidades da habitação na cidade e nestes distritos, relacionando às questões de cor/raça, renda e escolaridade.

Véras (2002), ao analisar o problema da habitação do século passado, chega a seguinte consideração:

> "O problema habitacional entre nós não tem solução rápida, nem simples, necessitando de um conjunto de medidas que demonstre maior sensibilidade aos anseios da maioria." Enquanto persistirem atuações de caráter paliativo ou oportunista ficará ao desabrigo parcela consideráveis de trabalhadores. Na verdade, toda a atuação do Estado coexistiu com os deslocamentos espaciais da população: migrantes, favelados, encortiçados, inquilinos, ocupantes clandestinos. Em pleno raiar do século XXI, continuamos a observar nômades urbanos (VÉRAS, 2002: 362).

Posteriormente, será apresentada a questão do território, da desterritorialização e da reterritorialização no cenário brasileiro e paulistano, assim como a diáspora. O território é o lugar de produção material, subjetiva e simbólica do homem e das coletividades nas cidades no contexto global e local

Território e Diáspora

O território, uma realização teórica e prática, vêm sendo desenvolvido, além da geografia, por outras ciências. As ciências sociais (antropologia, sociologia e política), história, economia, direito, educação, meio ambiente, ciências exatas e biológicas, enfim, a sociedade contemporânea, articula o local e o global por intermédio da produção das territorialidades.

Para a definição de território, brevemente trago o seguinte comentário; conforme o dicionário Aurélio da Língua Portuguesa, a compreensão de território é a extensão considerável da terra. É a terra, berço, sede e local de trabalho da ação humana. Outra fonte, o dicionário de Ciências Sociais, o território é multidisciplinar, ele é político, social, cultural, administrativo e geografico .

De acordo com o dicionário de Ciências Sociais, o território reúne a questão dos poderes individual e coletivo, das organizações governamentais e não-governamentais, das associações e dos movimentos sociais. O território é produção e reprodução social do espaço e, em especial, gestão e organização das funções, atividades e realizações que necessitamos no cotidiano social das cidades no Brasil.

No cenário do reino animal, os animais demarcam seus territórios por vários motivos; o instinto, a sobrevivência, o local de viver e reproduzir e o espaço natural, o lugar é o componente para a realização do território juntamente com particularidades e diferenças para cada espécie do mundo animal. Em nossa contemporaneidade, em razão da expansão desenfreada do urbano até os últimos limites, os seres do reino animal tem ultrapassado as fronteiras que demarcam cada lugar; no território brasileiro, diversas espécies, como jaguatiricas, tatus, jacarés, macacos e outras espécies, adentram o ambiente da cidade e do urbano, gradualmente, através dos efeitos perversos da desterritorialização, desde a base física do espaço até os sentidos de percepção e defesa do espaço.

No quadro social das sociedades, o homem realiza a produção e reprodução do território de diversas formas, o território ocupa o centro, a cidade, o trabalho e os processos culturais dos homens e mulheres na sociedade contemporânea. Santos (1996) argumenta que durante o processo de produção social do espaço, por intermédio do trabalho, os meios de produção realizam a configuração do território.

A divisão territorial do trabalho, na história do capitalismo brasileiro, não é um elemento novo, de ontem ou de hoje, é um processo histórico de mudanças rápidas e assimilações, é a própria herança que recebemos dos sistemas anteriores que se acoplou à sociedade capitalista. A territorialidade, da produção, do capital e das forças dos meios de produção, participa da produção do espaço e das geografias de poder que são essenciais para a configuração do território.

Santos (1998) argumenta que o território é resultado da produção da tecnoesfera e da piscoesfera. A tecnoesfera, desde o advento do capitalismo, ocupa-se cada vez mais do espaço de produção social das sociedades, artificializando o meio-ambiente, o trabalho, o conhecimento e a produção subjetiva. A psicoesfera é o movimento contrário, através dela ainda sobrevive e se produz o resultado natural, das crenças, realizações, desejos, vontades e hábitos que inspiram comportamentos filosóficos, libertadores e emancipatórios. A psicoesfera e a tecnoesfera, nos dizeres de Santos (1998) é o principal jogo político dos atores sociais que lutam no mundo contemporâneo: de um lado, os donos do capital internacional, de outro lado, as classes sociais, movimentos sociais e organizações de diferentes campos do conhecimento, defendem uma sociedade e uma globalização democrática. O desequilíbrio entre os dois componentes no jogo para a configuração do espaço e do território, favorece a ampliação e o predomínio do meio-técnico-científico-informacional, que é um meio geográfico onde o território inclui obrigatoriamente ciência, tecnologia e informação (SANTOS, 1996: 53).

Nos primeiros anos do século XXI, há inúmeras transformações da produção do espaço social que se distribui em todas as partes do mundo. Existem na cidade de São Paulo territórios que perfazem o mundo global, que se concentram nos pedaços mais ricos, brancos e modernos da urbe paulistana. Observando a cidade, percebo que a globalização está sobrerrepresentada no quadrante sudoeste e nos lugares mais desenvolvidos, do ponto de vista tecnológico, econômico e político. Hoje, a região da Avenida Paulista, a Luis Carlos Berrini, a Faria Lima e adjacências, são os lugares onde a globalização toma forma, comprando e vendendo produtos via on-line, ali estão os bancos nacionais e internacionais, empresas de capital internacional, setores de serviços, a malha de transportes rápidos e de melhor qualidade (metrô) e a mão-de-obra que participa da divisão social e territorial do trabalho na cidade de São Paulo.

O ambiente construído nas cidades brasileiras necessita para a própria divisão social e espacial do trabalho, do uso do território e do sistema de engenharia para a circulação dos fixos e dos fluxos no cotidiano social da cidade (SANTOS, 1998).

Na opinião de Santos (2001), a globalização apresenta-se perante ao mundo, ora como fábula e ora como perversidade. A fábular reúne imagens, ideologias e subjetividades que se inscrevem no cotiadiano social, nas estruturas socioeconômicas e políticas, imprimindo a ideia de que todos podem participar e fazer parte da globalização contemporânea. A perversidade é o retrato das contradições, por exemplo, o meio técnico científico informacional significa o desenvolvimento da natureza diretamente modificado pelas ações do homem, via trabalho social, no entanto, as grandes transformações do homem na sociedade não resultam em avanços para a produção e consolidação de territórios de cidadãos nos contextos local e global. Nos dias de hoje, vivemos em territórios sem cidadania, onde impera a força do capitalismo internacional, o enfraquecimento do Estado e o avanço da violência e a fragmentação das relações sociais. Na etapa atual e para o futuro próximo, o território precisará urdir outra globalização, que não seja fábula e nem perversa. Qual a globalização que queremos para a sociedade contemporânea e o nosso amanha?

O território, da perversidade ou da transformação para a vida, pode ser delineado com a contribuição da teoria foucaultiana. Em Michel Foucault (1979 ; 1987), a questão do poder é essencial para o controle, a vigilância, a punição e a preservação de um sistema dominante em forma societária. Nos territórios, concretos e subjetivos, as características do micro-poder, permeiam a configuração tendo em vista a manutenção da força, da ordem e dos poderes. Conforme Foucault, o território pode compreender:

> "Em primeiro lugar, um policiamento espacial estrito: fechamento claro da cidade e da terra, proibição de sair sob pena de morte, fim de todos os animais errantes: divisão da cidade em quarteirões diversos onde estabelece o poder de um intendente". (FOUCAULT, 1987: 162).

O poder biopsicossocial territorializa a relação entre dominantes e dominados. Atualmente, observo que as formas do poder na sociedade brasileira, constituem-se no sistema de controle social e espacial: são os shoppings centers, elevadores, habitações verticais e horizontais de médio e alto poder aquisitivos, nos espaços públicos, no sistema de ensino e na produção de conhecimento, estamos caminhando em direção à sociedades de banimento, de enclaves e de privações que resultam em processos de violência, intolerância, estagnação, individualidade e níveis cada vez mais distantes da sociabilidade e das trocas sociais e culturais. Historicamente, o policiamente é a forma de compor o poder biopsicossocial e cultural nas cidades, em especial, diante das relaçoes de separação entre as áreas ricas e as áreas pobres.

O meio-técnico-científico-informacional produz territórios de subjetividades que estão associados ao jogo do mercado, eles estão localizados e distribuídos nos espaços do mercado e da compra e venda das mercadorias. Felix Guatarri (1996: 16) salienta que a sociedade contemporânea, em geral, trabalha a técnica no mundo do trabalho e em todos os setores da vida social. Os reflexos destas ações é a produção em massa de subjetividades maquínicas, que se aprofundam e atravessam cenários sociais e territoriais.

> "Os territórios estariam ligados a uma ordem de subjetivação individual e coletiva e o espaço estando ligado mais às relações funcionais de toda espécie. O espaço funciona como uma referência, extrínseca em relação os objetos que ele contém. Ao passo que o território funciona em uma relação intrínseca com a subjetividade que o delimita" (GUATARRI, 1992; 16).

A subjetivação, extrínseca e intrínseca, está ligada ao território e ao espaço, e as duas formas podem, conforme o cotidiano social, territorializar, desterritorializar e reterrritorializar sentidos, manifestações e formas de agir e pensar.

Em São Paulo há inúmeros cenários da produção de subjetividade, para o momento, duas interpretações; a primeira, diz respeito aos sentidos socioespaciais que se produzem nas periferias e, a segunda, trata-se da produção de subjetividades no território da cidade que representa o meio técnico-científico informacional, localizado no quadrante sudoeste, a área mais rica da cidade.

Os movimentos sociais, de mulheres, de juventude, dos sem-teto e sem-terra, dos negros e as mais diversas formas de organização - defesa dos direitos e da cidadania –, em momentos de acentuada crise socioeconômica, de revoltas e organização, produzem territórios de subjetividades que não estão ligados a uma configuração espacial concreta e fixa, mas sim por territorialidades em movimento. Geralmente, a produção de subjetividades territoriais espalham-se pelos sentimentos daqueles que produzem e sentem, espacialidades e lugares dotados de lugar antropológico (AUGÉ, 1994), e de referências do pedaço, que é histórico, relacional e identitário (MAGNANI, 1998).

A teoria de Santos (1998; 1993) é fundamental para compreender a dinâmica contemporânea, que torna a relação homem, ambiente e sociedade, meros objetos da artificialização, da especulação e do processo de desumanização social (SANTOS, 1993). Predominam nos grandes centros do Brasil e do mundo, territórios de consumidores, de indivíduos que participam do jogo do mercado por intermédio da compra e venda de mercadorias. Ser cidadão, nos dias de hoje, passa diretamente pela capacidade dos direitos, do usufruto da cidade, dos espaços e territórios que a urbe oferece, da formação cultural para a vida e, principalmente, do poder de decisão, referente ao passado, ao presente e ao futuro da sociedade. Milton Santos (1993: 73) assinala que a sociedade vivencia a produção de territórios sem-cidadãos, que são definidos conforme a herança social e a localização espacial que cada um ocupa em sociedade.

Bertrand Badie (1995) é um observador que analisa o território, desde sua gênese até a etapa atual. No momento presente, o autor chama atenção para a questão política, uma força elementar que é indiscutível no conceito da temática. A questão política é a base da produção do território, é por intermédio da ação política que o território tem suas bases sedimentadas, edificada e construída. Para o autor, território significa construção, elaboração do plano espacial tendo como referência ações de poder, controle e criação.

O poder do território se mistura à história da cidade, do Estado Nação e das forças socieconômicas e políticas que influenciam determinada definição da geografia social. Na cidade antiga, a ideia de território é a própria simbiose da cidadania; ela depende frequentemente de uma apropriação parcial do solo e não certamente apenas da residência. Território suscita estatutos políticos diferenciados não porque ordene espaço mas porque estabelece direitos sociais. A transição da cidade antiga para as cidades medievais, o território é constantemente transformado, ora com as guerras que definem e redefinem novos

Estados-Nações e, ora com a reterritorialização que se reelabora com os constructos sociais e culturais, por exemplo, a língua latina que foi espalhada pelo imperío romano em extensões importantes do terrritório europeu. Posteriormente, com a cidade moderna e contemporânea, o território se expande para todas as direções do mundo. A força do território em nossa contemporaneidade é a capacidade dela influenciar e propor ações que perfazem o poder local, nacional e global.

Para Badie, a nossa contemporaneidade vive uma crise que tem como base a força do território. O território vive a crise política, não da criação em si, mas de sua estrutura política que passa sinais de estagnação, desestruturação e a fragmentação das forças sociais, políticas e culturais. A territorialidade da sociedade global desestabiliza as forças que compõem a sua base. Diante da perda de força política, o território é o espaço que recebe as feições internas, externas e vice-versa. Na visão do autor, a ideia de território deve ser observada com as tensões, crises e ocorrências de nossa contempoaneidade que colocam em descrédito a força e a energia do território. Nesta perspectiva, para Badie a sociedades dos dias de hoje estão perdendo forças políticas e territoriais. Badie faz o seguinte questionamento: Será que o território chegou mesmo ao seu fim? Do ponto de vista político, as facetas que definen a força do território são as fronteiras, os lugares mais apropriados, que por intermédio dos protagonistas sociais, vão demarcando cada dinâmica espacial na sociedade global.

Reitero que a subjetividade e a cultura são instrumentos sociais e políticos, no contexto das territorialidades, importantes e essenciais para a ação prática e teórica. O laboratório de subjetividades e de cidadania mediado pelo território produz forças e potencial político indiscutível, todo o acervo de forças materiais e subjetivas são instrumentos de defesa e ataque diante da constante luta contra as forças do capitalismo, das desigualdades e, em específico, do racismo no contexto brasileiro e diáspórico.

Dirce Koga (2003) que cita Guy Di Méo, afirma que a questão do território refere-se aos espaços de vida e aos espaços vividos; as espacialidades cristalizam-se no processo histórico, da construção do espaço e dos relacionamentos. A geografia francesa e brasileira contribuem com o debate em torno do território e da identidade. Oliven (2006: 304) faz a seguinte pergunta: Os territórios constroem as identidades ou as identidades constroem os territórios? Presume-se que eles devem ser analisados como uma relação. Os territórios são importantes para a construção de identidades sociais e as identidades sociais são importantes para a construção de territórios.

Nos mais diferentes contextos geográficos, sociais e políticos no mundo, os territórios tem assumido dimensões identitárias e as identidades dimensões geográficas. Nas cidades do mundo: brasileiras, norte-americanas, francesas, sul-americanas, africanas e europeias, nos territórios dos grandes centros, assiste-se a presença de nativos e estrangeiros relacionando-se, como por exemplo, em Paris, os múltiplos territórios; de magrebinos, de africanos, de indianos, de juventudes, turístico e do capital mundializado.

Véras (1999: 233), em estudo sobre a territorialidade estrangeira em São Paulo, analisa a contribuição dos imigrantes para a construção da cidade. No passado e no presente, a presença dos imigrantes está associada ao fluxo de capital, nacional e internacional. No decorrer do século XX os estrangeiros contribuíram para a consolidação da cidade de São Paulo enquanto "Metrópole do Trabalho". A autora descreve as territorialidades, no princípio de estrangeiros, posteriormente, de migrantes, que devem ser associadas aos sentidos de multiculturalidade, de alteridade e de cidadania. A autora afirma que a nossa cultura barroca, de fachada, não tem dado conta da igualdade de direito à maioria e no reconhecimento da alteridade para os excluídos do campo, da floresta e da cidade (VÉRAS, 1999:236) .

Belbahri (2006: 101) participa com outra visão a respeito do território, que se compõe com três diferentes campos identitários: o território como espaço de exclusão, o território como instituição e o território como região de significados. Na Paris contemporânea, as três características são encenadas nas "banlieues", nos "quartiers difficiles" (periferias e bairros populares) e nos bairros ricos. A riqueza e a opulência, concreta e subjetiva, estão instaladas nos bairros ricos, nos centros financeiros e nos espaços turísticos, do local e do global. As "banlieues" e os bairros pobres são os espaços subjetivos e materiais, onde predominam os imigrantes, geralmente, discriminados no mercado formal e pela origem social e cultural. O território é uma região de significados: história e memória que se cristalizam e agem no constructo da identidade social (BELBAHRI, 2006: 102).

Castel (1998: 550) que cita Michel Autés, colabora, conforme a perspectiva política, distinguindo território e política. Segundo o autor: a distinção de políticas territoriais de políticas territorializadas. "Em certo sentido, sobretudo depois da descentralização, qualquer política é territorializada, porque deve ser aplicada localmente a um território. Uma política territorial, ao contrário, mobiliza, essencialmente, recursos locais para tratar um problema" (CASTEL, 1998:550).

Guy Di Méo (2007) ao analisar identidade e território, salienta a importância das noções de espaço de vida, de espaço vivido e de territorialidade para a formação identitária do indivíduo e do grupo social na perspectiva histórica do ser humano. A segregação ocupacional, socioeconômica e raciall estrutura de forma frágil a formação identitária no espaço dos grupos de menor poder aquisitivo, dos negros e das populações que são marginalizadas e estigmatizadas. Já o território, quando é sedimentado e potencializado pelos valores sociais, culturais e políticos propicia a constituição da identidade social nas territorialidades

Internamente, nos espaços de territorialidade, subjetiva, material e cultural, a comunidade é o corpo social mais emblemático de produção das identidades. Max

Weber (1973: 140) constrói o conceito sobre comunidade, segundo as concepções de ação e relação social. Para o autor: comunidade é uma relação social quando a atitude nas ações tradicionais inspira-se no sentimento subjetivo (afetivo ou tradicional) dos participantes da constituição de um todo. Diferente de Weber, Louis Wirth contribui com outra leitura a respeito do termo comunidade:

> "Comunidade passou a referir-se à vida grupal quando encarada do ponto de vista de simbiose, sociedade quando encarada do ponto de vista de consenso. Uma base territorial, distribuição de homens, instituições e atividades, no espaço, uma vida em conjunto fundada no parentesco e interpendência econômica, e uma vida econômica baseada em mútua correspondência de interesses tendem a caracterizar uma comunidade". (WIRTH, 1973: 83).

Ferdinand Tonnies difere de Weber e Wirth, mas prevalece o sentido comunitário referente ao sentido subjetivo. Tudo o que é confiante, íntimo, que vive exclusivamente próximo é compreendido como a vida em comunidade (TONNIES, 1973: 97).

Além da questão da territorialidade, temas correlatos são analisados, como por exemplo, a questão da diáspora. A diáspora é resultado da dispersão, do espalhar as sementes de migrantes e imigrantes no extenso território da terra. A diáspora é o resultado de um movimento que produz a desterritorialização, em consequência, o encontro das sementes, da cultura e das diferenças, liga os atores a reterritorialização.

Stuart Hall (2003), em estudo sobre a diáspora, afirma que no processo de espalhamento, as identidades se tornam múltiplas. Os olhares, referentes aos territórios da diáspora africana, como na América, na Europa e em todo mundo, representam territoriadades múltiplas de legados, patrimônios sociais e históricos do contexto africano que foram dispersos no mundo. As subjetividades afro-americanas e afro-brasileiras são diferentes e iguais, na medida em que cada uma participa e protagoniza para a formação dos Estados-Nação e de identidades nacionais. A globalização não é um fenômeno novo e atual, durante o processo de dispersão de seres humanos, matérias, culturas e conhecimentos, novos territórios no mundo foram formando novas identidades e territórios. Hall também concorda que a globalização produz efeitos de fragmentação na sociedade e na cultura.

> "Portanto, é importante ver essa perspectiva diaspórica da cultura como uma subversão dos modelos culturais tradicionais orientados para a nação. Como outros processos globalizastes, a globalização cultural é desterritorializante em seus efeitos. Suas compressões espaços-temporais, impulsionadas

> pelas novas tecnologias, afrouxam os laços entre a cultura e o lugar" (HALL, 2003: 36).

A memória, elemento vital dos territórios da diáspora quando foi espalhada no mundo, como a diáspora africana, parte do seu componente mítico religioso e humano, se perdeu em razão do contexto da desterritorialização, da violência e das praticas de marginalização social dos grupos escravisados. A memória do patrimônio cultural e subjetivo afro-brasileiro foi transmitida e contada, por intermédio da música, da gastronomia, das crenças, da oralidade e das instituições que preservaram parcialmente suas raízes, ora integrando suas faces e ora imbricando com outros valores.

Muniz Sodré participou, em 2007, do Programa da TV Cultura *"Diálogos do Contemporâneo: Ignorância da Diversidade"*, neste programa suas palavras vão de encontro da questão do território e da diáspora africana no Brasil. O autor contextualiza o protagonismo dos africanos e dos afro-brasileiros no processo de formação do Estado Nação e da identidade nacional. A civilização brasileira experimentou e se formou, conforme a constituição de territórios múltiplos da cultura afrobrasileira. O negro, em mais de três séculos de trabalho e de produção social, intermediou o processo civilizatório, assim como o patrimônio histórico; são elemento materiais e não-materiais que foram sedimentados na estrutura socioeconômica e cultural do país.

Sodré reitera esta face da diáspora africana e afro-brasileira em dois momentos, o primeiro em "*O Terreiro e a Cidade*" (1988), em que descreve a produção do arquétipo mítico religioso, produtor e reprodutor de axé (força ativa) nos espaços das cidades, caracterizando territórios negros a partir de suas inscrições simbólicas, culturais e antropológicas. O segundo, em "*Diversidade e Diferença*" (2006), o autor reitera o papel civilizatório negro africano.

> "Neste último caso, é fundamental a memória da contribuição africana em termos de estética, música, culinária e religiosidade para formas de vida atuantes entre as classes subalternas no país. Não foi uma contribuição aleatória e anárquica, mas um verdadeiro processo civilizatório, que comporta mesmo a categoria elite a propósito das movimentações sociais dos africanos e seus descendentes. (...)" (SODRÉ, 2006: 8).

Paul Gilroy (2001) contexstualiza que o "Atlântico Negro" é um processo diaspórico dos africanos no mundo, principalmente no novo mundo, onde foram espalhados e depois reunidos. A reterritorialização dos povos africanos no novo mundo, como, por exemplo, nos Estados Unidos, no Brasil e no Continente Americano como um todo, se apresenta enquanto um vasto movimento multiterritorial, de culturas, sentimentos, comunicações, musicalidades, expressões corporais, a gastronomia e as múltiplas manifestações da memória e do conhecimento. A passagem do Atlântico Negro inaugura o movimento de patrimônios culturais e civilizações para a sedimentação de novos territórios.

> "(...) a história do Atlântico Negro, constantemente ziguezague anda pelos movimentos de povos negros, não só como mercadorias, mas engajados em várias lutas de emancipação, autonomia e cidadania, propicia um meio para reexaminar os problemas de nacionalidade, posicionamento, identidade e memória histórica" (GILROY, 2001: 59).

A concepção sobre a ideia de território é múltipla e plural. Ele estrutura-se com uma base física, espacial e política, no entanto, o território precisa ser analisado sob um prisma subjetivo, simbólico, de um espaço no qual o homem estabelece vínculos afetivos, constrói sua história de vida juntamento com seus familiares e pessoas queridas, luta e tece suas particularidades conforme suas necessidades materiais, subjetivas e o sonho de ser etivamente cidadão. Todo o cenário subjetivo está em jogo, em contradição com as formas territoriais ditadas pelo poder do capital e pela racionalidade do Estado (Carril, 2006).

Portanto, o território é uma construção social dotado de elementos subjetivos que se processam no cotidiano da vida e das cidades, em conexão com as contradições, lutas e enfrentamentos exercidos na práxis social. O conceito sobre desterritorialização é todo o movimento contrário, são as forças e movimentos que desconstróem e rompem com as ideias subjetivas, culturais, sociais, políticas e espaciais do território. Dialéticamente, a reterritorialização está sujeita à produção e reprodução do espaço social, ela é o movimento de toda base e patrimônio construído, desconstruído e reconstruído (CARRIL, 2006 ; OLIVEIRA, 2008)

Até o momento, o debate sobre o território destacou inúmeras características sociais, políticas, econômicas, culturais e simbólicas. O movimento que produz o território, também pode, conforme as forças e as ações, desterritorializar e reterritorializar. Assim foi no processo histórico da diáspora africana. Na primeira década do século XXI, a globalização é considerada um movimento desterritorializante, não é novo, já aconteceu no passado e continua ocorrendo, promovendo a hibridização do mundo, das culturas e das identidades.

No corpo das cidades, o território está sempre em movimento, ele não é um fenômeno fixo. Rolnik (1997), Bernardo (1998) e Oliveira (2002) localizaram na história de São Paulo os movimentos dos territórios negros nos espaços sociais, em geral, constantemente nos embates entre os atores que participam da produção social do espaço. O movimento dos negros na cidade de São Paulo, referente ao final do século XIX e o início do século XX é o retrato da fixação, do deslocamento, da migração e de constantes relações entre território e identidade, território e memória, territória e política, território e cultura.

Raça, Etnia e Racismo

Atualmente, a questão racial é central nos diversos países do mundo, como o Brasil, Estados Unidos, África do Sul, França, Alemanha e Inglaterra, estes territórios reúnem a diversidade cultural e as experiências políticas em torno da igualdade e da desigualdade.

A história do Brasil, a respeito da raça e do racismo, ocupa todo o percurso do século passado. Os últimos 128 anos retratam marcas semânticas das desigualdades entre brancos e negros, principalmente com a falácia do mito da democracia racial, constituído por Gilberto Freyre (2001) no início do século XX. A ideologia da democracia racial substitui a segregação legal; a separação entre brancos e negros, os espaços sociais como a habitação, mercado de trabalho e a sociabilidade nos lugares públicos e privados. O mito da democracia racial, gradativamente, incorporou-se às classes sociais e nas relações entre brancos e negros.

Nas primeiras décadas do século XX e, em particular, no período das duas grandes guerras, o país é visto como o paraíso da democracia racial. No exterior e interior, setores da sociedade brasileira divulgaram a experiência racial, a respeito da convivência entre brancos e negros com a ausência de conflitos, revoltas e manifestações de racismo.

O balanço social e político do passado e do presente e, principalmente, as lutas políticas travadas pelas organizações negras denunciam a farsa do mito da democracia racial (FERNANDES, 1977). A falácia do mito da democracia racial começou a perder força a partir dos primeiros resultados das pesquisas que envolveram os pesquisadores nacionais, estrangeiros e militantes do movimento social negro, organizados no projeto UNESCO. Gradualmente, por intermédio dos trabalhos desenvolvidos no país, constataram que o racismo e as desigualdades separam negros e brancos, no que tange à produção e consumo dos bens materiais, sociais e culturais.

Florestan Fernandes (1965) reuniu dados da realidade do negro paulistano denunciando a farsa que se construiu em torno da democracia racial. Na cidade de São Paulo a diversidade cultural só funciona no papel, porque na prática, os negros ficaram circunscritos até o final dos anos de 1930, nos lugares e ocupações de menor mobilidade socioespacial. A respeito do mito da democracia racial, Fernandes destaca:

> "Em síntese, não se esboçou nenhuma modalidade de resistência aberta, consciente e organizada, que colocasse negros, brancos e mulatos em posições antagônicas e de luta (...)

> Durante quase meio século, permaneceu soberana e intocável uma ideologia racial que colidia com as bases econômicas, ecológicas, psicológicas, sociais, culturais, jurídicas, de estrutura secularizada (...) Engendrou-se, assim, um dos grandes mitos de nossos tempos: o mito da democracia racial brasileira. Admitia-se de passagem, que esse mito não nasceu de um momento para outro. Ele germinou longamente, aparecendo em todas as avaliações que pintavam o jugo escravo como contendo muito pouco fel e sendo suave, doce e cristãomente humano (FERNANDES, 1965: 228).""

Fernandes (1965) afirma que o mito atribuiu à população negra todas as categorias em que se encontrava: a incapacidade ou a irresponsabilidade dos dramas da desigualdade política, econômica e social; isentou o branco de qualquer obrigação e outras atitudes perante o processo de exclusão do negro na sociedade de classes urbana industrial e elucidou a consciência falsa da realidade racial. No que diz respeito às estruturas sociais e políticas, os setores que se beneficiaram continuaram mantendo seus privilégios.

> "Na medida em que contribuía para resguardar as velhas elites da obrigação de introduzir inovações efetivamente radicais e liberalizadoras nas relações dos brancos com os negros, ele auxiliou-as a manter intacto o arcabouço em que se assentava a dominação tradicionalista e patrimonialista, base social da hegemonia da camada senhoria, da autonomia, da raça branca e da heteronomia da raça negra (...)" (FERNANDES, 1965: 237).

O estudo de Fernandes (1965) "A Integração do Negro na Sociedade de Classes", apontou que as transformações sociais e raciais, seriam alteradas a partir do período urbano-industrial com a incorporação do negro nas atividades do mundo moderno e competitivo. Os trabalhos de Costa Pinto (1998) e Octavio Ianni (1988) também vão de encontro às ideias de Fernandes, a respeito de classe social e raça. Para os autores, a condição de classe social e raça são elementos que se imbricam e se interrelacionam no contexto do Brasil moderno. Ser pobre e negro, nos dizeres destes autores, são as referências de classe social, hierarquia social, status e, em geral, o confronto social e racial na sociedade urbana-industrial.

Os estudos de Fernandes (1965), Ianni (1988) e Cosa Pinto (1998), não são específicos e particulares sobre a questão da raça, enquanto categoria sociológica e antropológica para explicar os antagonismos. As referências dos autores retratam os cenários em constante transformação, tendo em vista a sociedade urbana-industrial e o ajustamento, inserção e posicionamento do negro na sociedade. O Projeto UNESCO, que tinha como objetivo visualizar o Brasil como democracia para o mundo, teve efeito contrário, propiciou derrubar as bases do mito da democracia racial.

Neste trabalho, a concepção sociológica sobre raça merece ser analisada mediante as referências teóricas e práticas. Ianni (1988: 161) define que a noção sociológica de raça nos coloca diante de relações políticas, na medida em que as diferenças e atributos, traços, marcas ou outros elementos fenotípicos e físicos, são organizados e definidos pelas relações sociais de apropriação econômica e de dominação política.

Nogueira (1998) assinala que o preconceito racial no Brasil tem duas faces: o de origem e o de marca. Predomina nas relações sociais entre brancos e negros, o preconceito de marca, conforme a gradação da linha de cor. O indivíduo com traços mais acentuados da herança africana tende a sentir, conforme a sua posição social e o status que representa os níveis do preconceito e do racismo com mais intensidade. Em situação contrária, um indivíduo com leves traços de origem afrobrasileira, dependendo do lugar, da posição que ocupa e de sua origem social, pode embranquecer socialmente, por exemplo, com a realização do casamento interracial nos segmentos econômicos de alta e média renda. .

Fora do âmbito acadêmico, Nascimento (1978) emprega ações radicais para contra-atacar o mito da democracia racial. Na posição do autor a questão racial não tem gradações, é a defesa da origem social que reforça a política identitária.

> (...) Um brasileiro é designado negro, moreno, mulato, crioulo, pardo, mestiço, cabra, ou qualquer outro eufemismo; e o que todo mundo compreende imediatamente, sem possibilidade de dúvidas, é que se trata de um homem-de-cor, isto é, aquele assim chamado descendente de escravos africanos. Trata-se, portanto, de um negro, não importa a gradação de cor da sua pele (...) (NASCIMENTO, 1978: 42).

Guimarães (2003) salienta como trabalhar com o conceito de "raça" em sociologia e nos trabalhos que envolvem a temática sobre o negro. Sabe-se que raça, para as ciências sociais e, em particular, a sociologia, a fundamentação merece duas conceituações: a analítica, de base sociológica e a categoria nativa, que pertence aos cenários e interpretações da realidade que produzem o simbólico, o social e o cultural.

Os estudos de base biológica comprovam que raça não existe, há mais culturas do que raça. Na história da humanidade, o que se pode comprovar é a existência da raça humana. A interpretação sociológica leva em conta a realidade social e a categoria analítica:

> (...) as raças são, cientificamente, uma construção social e devem ser estudadas por um ramo próprio da Sociologia ou das

> Ciências Sociais, que trata das identidades sociais. Estamos, assim, no campo da cultura, e da cultura simbólica. Podemos dizer que as raças são efeitos de discursos; fazem parte desses discursos sobre origem. (GUIMARÃES, 2003: 96)

A interpretação sociológica sobre raça, do ponto de vista analítico e nativo, também possibilita a conexão com outras categorias, como cor, etnia, religião, classe, nação, povo, estado (Guimarães, 2003). Os interlocutores deste trabalho, homens e mulheres negras assumem a categoria raça da seguinte forma:

> "Tem pessoas, por exemplo, os filhos mais clarinhos, a pessoa não fala que ele é negro, fala que ele é amarelo. Aqui a minha nora é a mais clarinha, então ela tem cabelo mais suave, só o cabelo nervoso, mas é negro. Então o meu neto mais velho foi à escola, chegou lá, falaram pra ele:
> - Mas você não é negro. - Você não conhece a minha avó, minha avó diz que passou da meia noite é negro (risos).
> Nós somos negros, aí você que tem que falar, aqui ninguém chama de pretinho. Eles não chamam as primas que são mais pretas, não tem isso aqui não, nós somos todos pretos, a minha neta fala que a única branca é a sua mãe, sua mãe é branca e seu pai é negrão, filho de negrão é negrinho. É você que ensina, é você que faz a pessoa assumir a negritude. Só tem preto, só tem negrão" (Mulher Negra, Brasilândia, 65 anos) (OLIVEIRA, 2008).

As informações da interlocutora são importantes para retratar a categoria analítica e a categoria nativa. Para melhor delineamento, algumas informações sobre a depoente reforçam a conceituação sobre o assunto. A interlocutora carrega três categorias sociais, ser pobre, negra e moradora de favela. São categorias sociais e analíticas que subsidiam a construção conceitual sobre classe social e raça. A perspectiva sobre raça para a interlocutora concentra-se em elementos práticos e teóricos; a origem social, o lugar e a questão política reforçam a identidade que se metamorfoseiam na relação indivíduo/coletivo e até a dimensão do ambiente social, como os filhos e netos que estão ao seu redor. A espacialidade é um fenômeno que pode reforçar ou retrair a identificação do sujeito com o lugar, neste caso, no cenário da favela habitada pela interlocutora, a identificação apresenta traços positivos, também percebemos que, em geral, as habitações subnormais, como a favela carregam estigmas e traços negativos, nossa interlocutora durante a entrevista apresentou algumas características que consideramos um fenômeno comum em identidades em construção que sofrem e passam por situações de estigma.

Munanga (2003) declara que a abordagem sobre raça não tem nada de biológico. É um conceito carregado de ideologia, pois como todas as outras considerações, ela guarda uma coisa não proclamada; a relação de poder e de dominação. O conceito de negro muda, mediante a cultura, o território e o Estado Nação, por exemplo, nos Estados Unidos, Brasil, África do Sul e na Inglaterra, são diferentes categorias para identificar o negro, são características mediadas por nacionalidades, classe social, cultura, territórios e fronteiras e a experiência de cidadania.

No contexto internacional, em particular a França, Wieviorka (1998; 2006) e Balibar (1998), analisam raça e racismo em outra perspectiva do mundo contemporâneo. No passado, raça e racismo na territorialidade europeia e francesa, assumem características religiosas, culturais e sociais. Atualmente, o racismo é uma marca da época da descolonização, da inversão de movimentos de populações das antigas colônias e das antigas metrópoles que se encontram no espaço da diversidade social e cultural.

O racismo diferencialista (BALIBAR, 1998) tem como pretexto proteger a cultura europeia e impedir a expansão cultural dos países subdesenvolvidos em território europeu, como, por exemplo, a proliferação das culturas dos africanos, magrebinos, da religião muçulmana e dos indianos, entre outros.

Para Wallerstein (1998), o novo racismo transcende os critérios sobre cor/raça, religião, língua e classe social, portanto, a centralidade a respeito da raça não ocupa o destaque principal. A cultura e não a raça é o principal componente que conduz às ações e reações racistas na França. Esse racismo renovado diz de seus alvos e de suas vítimas que eles são diferentes culturalmente, irredutivelmente diferentes, fundamentalmente incapazes de integrar-se à sociedade e de partilhar os valores do grupo dominante (WIEVIOKA, 2006).

Nas principais cidades francesas, como em Paris, a função do racismo diferencialista não é contribuir à dominação ou à exploração, mas encorajar a marginalização e a segregação do grupo discriminado; desse ponto de vista é mais interessante insistir sobre o tema da diferença do que sobre o da inferioridade. Nesse novo racismo, é a diferença na cultura e não mais a inferioridade na natureza (WIEVIORKA, 2006).

O afroamericano, independente do grau de miscigenação é classificado racialmente como negro. Impera a concepção da transferência e da herança étnica, basta um gota de sangue para que o indivíduo seja classificado como negro. Não é a cor da pele a categoria que define quem é branco ou negro nos Estados Unidos.

Charles Taylor (1993) versa sobre a política do multiculturalismo, de acordo com a diversidade cultural e dos direitos de cada grupo étnico perante o exercício da cidadania. O autor classifica o contexto norteamericano no que diz respeito a identificação racial: afro-americano, nativo-americano, asiático-americano, hispano-americano e outros.

O estudo clássico sobre etnia na área de ciências sociais tem como autoria Frederick Barth (1998), que designou o termo para uma população que: se perpetua biologicamente em grande escala; tem em comum valores culturais e uma unidade cultural manifesta; constituem um espaço de comunicação e interação; cujos membros se identificam e são identificados por outras identificações. A quarta categoria é o traço mais relevante, à medida que se auto classifica e é classificado pelo outro como elemento étnico.

Os componentes material e cultural são importantes diante da definição de grupo étnico, no entanto, o ponto central é a questão da fronteira étnica. A fronteira, o território, o espaço e as espacialidades são imprescindíveis para a definição do grupo étnico, enfim, a etnicidade se define por intermédio de elementos do contexto inter-cultural e espacial.

O estudo sobre identidade tem proporcionado inúmeros enfoques a respeito do processo de construção social. Ciampa (2005) denomina a identidade como processo, como uma constante metamorfose do sujeito em face do social, que dialeticamente ao se compor em faces, corpos e representações, não cessa de construir e se reconstruir diante do contexto singular subjetivo e social objetivo. Frente às situações e quadros de exploração, miséria, racismo e segregação, o ator social pode se metamorfosear, conforme o grau de envolvimento ou intervenção de suas referências materiais e subjetivas para um quadro mais avançado em relação ao estágio anterior. A identidade metamorfose emancipação é um cenário de profunda diversidade material e subjetiva que o ser humano processa no decorrer de sua ação na vida prática, na produção do espaço e na intermediação dos códigos internos da subjetividade.

A diversidade é uma centralidade que se constitui na sociedade contemporânea também nas relações de troca social, cultural e identitária das diferenças étnicas e raciais. Munanga (2005;2006) chama atenção que o estudo sobre identidade requer os conceitos de diversidade; de cidadania, raça, etnia, gênero, sexo, etc, com os quais mantém relações ora dialéticas, ora excludentes, conceitos que estão envolvidos no trabalho social de uma educação democrática. Conforme Munanga (2005;2006), há três características de identidade:

> - a identidade legitimadora, que é elaborada pelas instituições dominantes da sociedade a fim de estender e racionalizar sua dominação sobre os atores sociais;
> - a identidade resistência, que é produzida pelos atores sociais que se encontram em condições desvalorizadas ou estigmatizadas pela lógica dominante;
> - a identidade projeto: quando os atores sociais com base no material cultural a sua disposição, constroem uma nova identidade que redefine sua posição na sociedade.

O conceito de etnia incorpora e evoca a questão social, cultural, histórica e psicológica (MUNANGA, 2003). Na sociedade brasileira, pensar as relações raciais entre brancos e negros, também implica observar a permanente relação entre raça, etnia e identidade social, que se entrecruzam no jogo político, ora das relações de poder, ora do processo de resistência e superação.

Moura (1988) e Gomes (2006) frente a literatura sobre identidade, reforçam a questão da estética que proporciona brilho e beleza aos valores negros; referente ao corpo e a subjetividade. Para os autores, a estética negra conquista espaços de visibilidade no contexto brasileiro ao romper com o ideal de beleza imposto na sociedade para homens e mulheres, sobretudo aos jovens. Nessa perspectiva, referente à identidade construída por intermédio dos valores afro-brasileiros, ela se produz não só através da imagem do outro, mas da auto-valorização do próprio negro que se relaciona consigo, seus parceiros e os diferentes para se auto-dentificar. Assumir o cabelo crespo e o corpo são expressões e suportes simbólicos da identidade negra no Brasil (GOMES 2006: 20). Estes elementos possibilitam a construção social, cultural, política e ideológica de uma expressão criada no seio das territorialidades negras.

O Atlântico Negro e a diáspora produzem e reproduzem parte desta identidade negra em Paris (França), onde se encontram uma série de profissionais, produtos, comércio e atividades correspondentes para a estética e a identidade afro. São os cabelos trançados, cortes, vestuários e os diferentes valores culturais que se encontram e se cruzam, dando primazia à identidade negra da diáspora.

O mito francês - igualdade, fraternidade e solidariedade - assim como o brasileiro, mascaram a ideia de cidadania e igualdade no universo cultural do Estado Nação (POLI, 2007). As culturas, povos e identidades que não são integradas aos valores do mundo francês, geralmente, são barrados do cotidiano social dos princípios republicados. A cidadania proporcionada pelo mito republicado posiciona a diáspora na categoria de cidadãos de segunda e terceira classes. O mito brasileiro, diferente do ideal francês, quanto aos valores da democracia e da cidadania, foi desconstruído pelos atores sociais do movimento social negro. A ideia de uma sociedade multicultural e democrática só se efetivará na prática política quando as diferenças de raça e o racismo forem superados no reconhecimento dos direitos e das diferenças.

Interpretações sobre a Segregação

Buscarei, no decorrer das páginas posteriores, trazer elementos e informações a fim de delinear a temática sobre segregação. Minhas observações, inicialmente, estão voltadas para a formulação de questionamentos e problematizações. O que é Segregação ? O que é Gueto? Engels (1975), em “A situação da classe trabalhadora na Inglaterra” a ideia de espaço urbano e cidade são construídas em meio ao desenvolvimento do capitalismo. No caso das cidades inglesas, o autor descreve a produção e o consumo dos bens materiais, a força de trabalho dos meios de produção e o ambiente de luta de classe diante das necessidades materiais essenciais para a vida no ambiente em desenvolvimento.

> "Todas as grandes cidades possuem um ou vários bairros de má reputação - onde se concentra a classe operária. É certo que a pobreza de morar em vielas escondidas, muito perto dos palácios dos ricos, mas, em geral, designam-lhes um lugar à parte, onde, ao abrigo dos olhares das classes mais felizes, tem de se safar sozinha, melhor ou pior. Estes bairros de má reputação são organizados em toda a Inglaterra mais ou menos da mesma maneira, as piores casas na parte mais feia da cidade; a maior parte das vezes são construções de dois andares ou de um só, de tijolos, alinhadas em longas filas, se possível com caves habitadas e quase sempre irregularmente construída" (ENGELS, 1975: 59).

As cidades vistas por Engels (1975), no contexto britânico, são espaços construídos com pobreza, fome e miséria que se concentram nos bairros da classe operária. A pobreza aliada às condições de reprodução da força de trabalho, como a condição precária das habitações e o ínfimo ambiente construído no local de viver, revelam a dupla exploração da classe que vive do trabalho; a primeira no local de trabalho e, a segunda, no local de repor o trabalho social. A época da Revolução Industrial e em nossa contemporaneidade, o quadro social não é muito diferente, os trabalhadores que vendem a força de trabalho para os diferentes níveis de empreendedores vivem de maneira semelhante em bairros, habitações, locais de trabalho e em torno do ambiente construído, desprovidos de equipamentos necessários à vida humana.

O tempo-espaço (SANTOS,1996), em cada período, se instala com outra engrenagem de produção do espaço. Na época da industrialização, a técnica foi o principal instrumento para modificar e produzir a artificialidade. Após a técnica foi introduzido o científico e, hoje, o informacional. O espaço é dotado do meio-técnico científico informacional, porém, a grande maioria dos trabalhadores que necessitam de trabalho, habitação, cultura, arte e produção para viver, só consomem esses produtos na condição de mercadorias. Nos grandes centros urbanos do mundo e do Brasil, o ambiente construído está desproporcionalmente distribuído, conforme as diferenças sociais, econômicas, políticas e culturais.

Para outra vertente teórica como a Escola de Chicago, Burguess (1967: 362) diz que a segregação limita o desenvolvimento em certas direções, mas deixa-o livre em outras. Os círculos concêntricos, segundo o autor, compõem-se de zonas de interesses econômicos, políticos e culturais e sua dinâmica, de natureza ecológica separa os grupos e os interesses no espaço.

Na opinião de Park (1967), a ecologia humana cria mecanismos de competição, e os mesmos, conforme o poder de força e de interferência na direção da produção do espaço social, tende a segregar as classes sociais e os grupos étnico-raciais. O gueto objeto de estudos da Escola de Chicago, estudado por Louis Wirth (1967), antecede a segregação racial nos Estados Unidos, a abordagem visualiza a separação dos judeus nos contextos urbanos das cidades norte-americanas

Na concepção de Manuel Castells (1983), a segregação recebe a seguinte elaboração:

> "(...) a tendência à organização do espaço em zonas de forte homogeneidade social interna e com intensa disparidade social entre elas, sendo esta disparidade compreendida não só em termos de diferença, como também de hierarquia" (1983: 250).

A explicação de Castells (1983) sobre o urbano e a cidade, que se expõe como referência principal, também é válida para o argumento sociológico sobre a questão da segregação. Os sistemas econômicos, político e ideológico (EPI) são, também, parte estruturante da segregação, que segundo o autor, é o que contextualiza o entrave e a luta entre os atores nas cidades.

Diferente de Casells, Jean Lojkine (1997), distingui três leituras da segregação urbana:

> " uma oposição entre o centro, onde o preço do solo é mais alto, e a periferia. O papel-chave dos efeitos de aglomeração explica, a nossa ver, a importância dessa renda de acordo com a localização; uma separação crescente entre as zonas e moradias reservadas às camadas sociais mais privilegiadas e as zonas de moradia popular; um esfacelamento generalizado das funções urbanas, disseminadas em zonas geograficamente distintas e cada vez mais especializadas: zonas de escritórios, zona industrial, zona de moradia, etc. É o que a política urbana sistematizou e racionalizou sob o nome de zoneamento" (1997: 189).

Esta leitura da segregação está presente no cotidiano social da classe trabalhadora. Se a segregação tende a separar as classes sociais, o acesso à habitação e ao ambiente construído é diferencial para todos os estratos socioeconômicos. Jean Lojkine (1997: 146) afirma ainda que o consumo do trabalhador é duplo; no contexto de espaços diferenciados, a segregação acirra e aprofunda a luta de classes no e pelo espaço social.

Segundo Villaça (2001: 146), Lojkine não esclarece como a segregação é produzida, mas divide a metrópole em centro e periferia; as classes de mais alta renda ficam com a terra mais cara no mercado imobiliário, e a área mais barata, com os grupos de menor renda.

Lefebvre (2000: 59) ao categorizar o espaço enquanto força política, também contribui para explicar a segregação. O espaço, produzido e reproduzido a favor do capital, coloca em planos opostos a força de trabalho e os proprietários dos meios de produção, a luta se dá em torno do local de trabalhar, do habitat e do viver. A segregação produz mecanismos de exclusão e aprofunda o distanciamento, físico, cultural, social e político, entre os diferentes e os iguais. Observo que nas cidades brasileiras, de pequeno, médio e grande porte, a segregação se manifesta em diferentes mecanismos:

> - os estratos de melhor poder aquisitivo podem consumir, habitar, comprar e circular nos melhores espaços da cidade e voluntariamente, definir o seu espaço por conta própria, é a autosegregação;
> - os estratos de menor poder aquisitivo, não tem outra alternativa a não ser percorrer em direção aos lugares mais baratos no mercado imobiliário e ser espoliado duplamente, participando de forma involuntária da segregação;
> - o programado, quando o Estado ou outros setores, organizam, defendem e interferem no espaço público com a tendência e o objetivo de separação ou valorização dos espaços a favor do capital ou de interesses de grupos (LEFEBVRE, 2000: 94).

A segregação, enquanto fenômeno social, espacial e político (LEFEBVRE, 2000), deve ser analisada segundo diferentes concepções: ecológica (favelas, "banlieus", gueto,), formais (deterioração dos signos, do patrimônio histórico e social e das funções que são historicamente produzidas no espaço), e sociológica (níveis de vida e modos de vida, etnias e culturas).

Meu interesse é buscar o delineamento referente ao estudo sobre segregação. Nesse movimento verifico que a segregação corresponde a um processo de concentração espacial de segmentos socioeconômicos em unidades geográficas na cidade.

A cidade, o ambiente urbano e tudo o que o homem produz através do trabalho, significa as transformações do que Santos (1996) denomina de meio-técnico científico e informacional. A segregação deve ser analisada, conforme a variável que se queira trabalhar. A segregação pode ser social, espacial, econômica, política, cultural, religiosa, de status, étnico/racial e nacionalidades, ela não é um fenômeno que entra em cena com um único aspecto, mas geralmente, com mais de uma forma e/ou categoria social.

Quais as consequências da segregação para as partes e o todo da cidade? O que se ganha e o que perde com a segregação? A segregação produz, acirra e aprofunda a luta de classes?

A segregação pode ao mesmo tempo, unir em uma área geográfica, favelados e grupos de prestígio (condomínio fechado ou a verticalização de alto padrão) que estão juntos em determinado território, porém, estão separados, conforme os interesses e os jogos de poder de cada um. Segregação é um processo dialético, entre excluído e incluído, geralmente, quando o espaço público é privatizado ou mercantilizado, perde-se o que é público, a sociabilidade, o encontro e a produção voltada para os valores de uso.

Para Lefebvre (2004: 124), as consequências da segregação no contexto urbano e da cidade, refere-se a uma ordem que tem por objetivo quebrar a totalidade concreta, despedaçar o urbano. A segregação complica e destrói a complexidade.

Richard Sennet (2006) em "Carne e Pedra" descreve as cidades focalizando as experiências corporais no espaço social. O autor afirma que os corpos nus dos cidadãos da Grécia Antiga, historicamente registrada com as experiências políticas da *polis* e da *ágora*, eram manifestações culturais da beleza estética e dos valores pertencentes ao universo grego, que comportavam conhecimento e beleza no mesmo plano do processo racional e civilizatório. O autor contribui para a seguinte reflexão: pensar os corpos e suas relações em cidades segregadas. O corpo, na sociedade moderna está submetido aos espaços geográficos e à cultura, impondo traços, normas e valores voltados ao grande mercado dos shoppings centers, dos condomínios fechados, dos enclaves e dos lugares fechados.

Nas periferias, o corpo dos atores sociais, sobretudo dos jovens, são controlados e submetidos à força, ora do Estado, com a ação da polícia militar e ora dos pontos de drogas, que vicia e torna o corpo um pedaço frágil. No corpo das periferias, estas forças resultam em estados extremos de violência até o seus limites, haja vista o número de homicídios, que incide na população pobre, negra e juvenil (WAISELFISZ, 2007; 2012). O corpo no contexto do capitalismo contentemrporâneo também é emblemático, na condição dos jovens com o fetiche da mercadoria, os ideais de consumo se tornam mais evidentes, conforme a classe social e as ideologias que são desenvolvidas em seu meio.

Peter Marcuse (2004: 26) frente à diversidade de observações sobre a segregação, organiza três categorias de análise: a cultural, o exercídio das funções e o econômico que proporciona a posição na hierarquia de poder. A divisão cultural, segundo o autor, é decorrente da língua, de costume ou estilo arquitetônico, da religião, etnicidade/raça, nacionalidade ou comportamento social. O exercício das funções sociais é resultado da lógica econômica, física e organizacional: áreas residenciais, de serviços, industrial ou qualquer outro ramo de produção. O status hierárquico reflete e reforça as relações de poder, dominação, exploração e disputa pelos melhores espaços na sociedade. Estas três divisões podem se sobrepor, o seu entrelaçamento proporciona aspectos diferentes na segregação; por exemplo, a divisão cultural associada ao status hierárquico, viabiliza encenar tipos de segregação entre branco e negro, judeu e árabe, ou do tipo funcional e cultural, que resulta em situações de enfrentamento entre empregado e proprietário quando estes vivem e compartilham o mesmo local de moradia.

Nos grandes centros onde a segregação é da relação centro-periferia, a mistura, aproximação e diferenciação realizam-se, conforme os interesses. A separação ocorre durante o consumo das necessidades, como o universo escolar, lazer, cultura, ambiente construído, habitação e o seu entorno.

É notório que a segregação não é totalmente homogênea, ou seja, alcançando 100% de separação e centralização de uma unidade socioeconômica no território da cidade. Quando ocorre a convivência de diferentes grupos no mesmo espaço, não existe integração social, porque há fronteiras que definem os limites sociais e geográficos de cada grupo.

Peter Hall (1988: 440) descreve que os delinquentes focalizados no microscópio da Escola de Chicago eram brancos, de origem judia (1988: 440). No gueto de Veneza, são os judeus o grupo definido para separação da vida na cidade e das atividades econômicas e políticas. Sennet (2006) e Wacquant (2001) declaram que o gueto judeu de Veneza foi visto como um grande risco para a sociedade da época; primeiro por causa do fator econômico e político, no que diz respeito ao enriquecimento e ao empréstimo de recursos financeiros que o judeu estabelecia com a clientela, o segundo, a religião de um grupo específico em uma sociedade de valores cristãos, o terceiro, os representantes da sociedade associavam as doenças e as pestes responsabilizando o povo judeu pelos contágios, sofrimentos e mortes. Na Veneza daquela época, além da comunidade judaica, outras culturas e nacionalidades também foram compor o gueto, como os alemães.

A segregação nos Estados Unidos, conforme a literatura (WACQUANT, 2001; SENNET, 2006 ; TELLES, 1993; MARCUSE, 2004; PRETECEILLE, 2004), confirma a separação de corte racial. Após o gueto judeu, a população afroamericana foi distribuída até o final dos anos de 1960, em áreas homogêneas, constituindo extremas diferenças no universo social; em áreas residenciais, mercado de trabalho, escolas, comércio, igrejas, clubes esportivos e culturais, em especial, nos estados do sul.

Wacquant (2001) retrata que o gueto afro-americano seria uma organização social comunitária. O gueto é dialético, pois resulta ao mesmo tempo, a separação e o encontro: a separação do grupo em relação à sociedade e, em segundo, o encontro dos iguais, perante o fechamento e a imposição de barreiras que interferem internamente. A subjetividade, a sociabilidade e os interesses da comunidade, proporcionam que músicos, artistas, comerciantes, esportistas, jovens, estudantes, homens e mulheres negras que vivem no gueto, possam sobressair e destacar importantes referências, valorizando e potencializando o local. Há duas fases do gueto afro-americano, o primeiro período até década de 1960, onde prevaleceu o sentido comunitário e social, o segundo, após a década de 1980, corresponde ao hipergueto, decorrente do processo de perda dos valores comunitários e das ações internas e externas que fragilizam a organização, material e subjetiva.

Wacquant (2001: 39) descreve o hipergueto contemporâneo: o Estado norteamericano destinou para estas áreas a política de tolerância zero e a inversão do Estado Providência para o Estado Penitência. A "tolerância zero", de acordo com o autor, é a política pública para combater a criminalidade, conter os vícios da desordem, do tráfico e da malandragem. As medidas da tolerância zero têm se concentrado sobre a população negra e os migrantes. O Estado Previdência (WACQUANT, 1999: 94) que atende a população de baixa renda, desempregados e mulheres chefes de família, nas últimas décadas, teve o seu orçamento reduzido, de outro lado, vêm ocorrendo um aumento de recursos econômicos da área responsável por administrar a segurança pública. Nos anos 1980 e 1990, gastou-se mais em investimentos públicos para a construção de prisões do que em assistência social nas áreas dos guetos norte-americanos.

Favela no Brasil, pobracione no Chile, villa miseria na Argentina, Cantegril no Uruguai, rancho na Venezuela, Banlieue na França, Chabola na Espanha e Gueto nos Estados Unidos: as sociedades da Europa, da América Latina e dos Estados Unidos, reúnem terminologias específicas para caracterizar grupos sociais em ambientes construídos que são estigmatizados. A estigmatização é vista pelas áreas de privação e abandono e o excesso de crime e violência (RIBEIRO, 2001: 7).

A segregação se apresenta de forma voluntária e involuntária, a primeira pela falta de condição socioeconômica e a conjuntura política que afetam os grupos mais vulneráveis e a segunda, o mercado imobiliário da terra que valoriza as melhores áreas, restando as glebas, morros e encostas para a população de baixa renda. Nestes lugares que a população pobre vive e constrói a sua história, em especial, a população negra é sobrerrepresentada nos extremos das periferias, morros, favelas, alagados e palafitas, em áreas vulneráveis à violência, pontos de tráfico, em extensas áreas onde o papel do Estado, para não dizer que não existe, ele se faz presente com o fornecimento de água, energia elétrica, bolsa família, a escola dos pobres falta estrutura em ambiente construído.

Abordarei, nas próximas páginas, a elaboração empírica do conceito de segregação urbana e racial no país, particularmente, na cidade de São Paulo.

Segregação Urbana e Racial

As sociedades capitalistanas modernas e contemporâneas trazem um marco no contexto da cidade e do urbano, que afeta a todos os que vivem e (re)produzem o espaço social, a questão da segregação.

A literatura sobre o assunto compreende abordagens que focalizam, em geral, a luta entre as classes sociais em torno do espaço e do ambiente construído[4] (LOJKINE, 1997; CASTELLS, 1983; VILLAÇA, 2001; VÉRAS, 2000; RIBEIRO, 1997), com exceção das sociedades norte-americana e sul-africana, onde o recorte de separação foi estruturado pela segregação racial. Nestas sociedades, o Estado legalizou a prática da segregação entre brancos e negros, privilegiando os primeiros em todos os lugares da sociedade; como o acesso aos serviços públicos e privados de consumo coletivo, escolas, universidades, habitação, centros de cultura e lazer, mercado de trabalho, transportes, dentre outras.

Mediante literatura recente, considero que a segregação da população negra, histórica e contemporânea, é uma construção que dialoga com as questões referentes à classe social e raça (VARGAS, 2005; CARRIL, 2006; SILVA, 2006; CAMPOS, 2007; OLIVEIRA, 2008; GARCIA, 2010).

A segregação da pobreza ou a autossegregação, referência base da literatura nacional não é eficaz em explicar o quadro da população negra nas cidades brasileiras. É preciso problematizar que a questão das desigualdades e da marginalização da população negra no decorrer do século XX e no momento atual, não se resume à pobreza. Trago para a discussão a literatura nacional e as obras mais recentes para analisar as intersecções entre espaço urbano e raça.

Nas sociedades norte-americana e sul-africana, a segregação racial beneficiou a população de origem branca e anglo-saxã. Aqui, no Brasil, a segregação mantém vantagens materiais e simbólicas aos segmentos sociais brancos. Aos negros, sobretudo aos sub-proletários, são destinados os últimos lugares das cidades no Brasil, em condições de precariedade ou a ausência de infraestrutura urbana.

Nos estudos sobre a cidade e o urbano, a literatura acadêmica não trabalha raça como categoria analítica central (CORREA, 1995; RIBEIRO, 1997; VILLAÇA, 2001; MARQUES, 2005). Segundo Vargas (2005), esses trabalhos não fazem a análise de maneira explícita, o que eles descrevem são aspectos da segregação espacial por raça.

Diversos autores (MARICATO, 1996; RIBEIRO, 1997; LAGO 2000; VILLAÇA, 2001; MARQUES, 2005) analisam a segregação no Brasil, normalmente, a separação socioeconômica e espacial: a) a versão centro-periferia, que se popularizou em todas as metrópoles do país; b) a proximidade física, a partir da distância socioeconômica que separa as classes sociais e seus respectivos lugares na cidade.

---

4 Ambiente construído é formado por elementos fixos e fluxos, essenciais para o funcionamento da cidade e do meio urbano. Os materiais fixos são constituídos por hospitais, escolas, creches, cinemas, teatros, shopping centers, empresas do ramo industrial, financeiro, comercial e prestação de serviços. Os fluxos são desde a rede de transportes coletiva e individual, a força de trabalho, os meios de comunicação via impressa, áudio e on-line.

Nery Junior (2005) analisa historicamente a cidade de São Paulo, em específico, a questão do zoneamento, desde suas origens, no final do século XIX até o ano de 1973. quando foi estabelecida a primeira lei geral de zoneamento. Por zoneamento, entende-se a adoção pelo poder público municipal de regras e normas que definem parâmetros de uso e de ocupação do solo, partes ou a totalidade do território da cidade (NERY JR., 2005).

A estrutura urbana de São Paulo, Rio de Janeiro, Porto Alegre, Belo Horizonte, Salvador e Recife apresenta um mesmo padrão de estruturação do espaço urbano (VILLAÇA, 2001; NERY JR., 2005). Este padrão diz respeito à segregação da população de alta renda nas cidades brasileiras.

Em São Paulo, a elite paulistana se utilizou do zoneamento para dar forma a autosegregação (VILLAÇA, 2001; NERY JR. 2005). Do final do século XIX até a etapa atual, a elite ocupou os bairros de Campos Elíseos, Santa Cecília, Barra Funda e, posteriormente, foi migrando em direção à região sudoeste da cidade; os distritos de Higienópolis, Av. Paulistana e arredores, Vila Mariana, Paraíso, Jardins, Consolação, Perdizes, Ibirapuera, Itaim Bibi, Av. Luis Carlos Berrini e imediações. A luta entre as classes sociais pelo espaço urbano é histórica em nossa sociedade. Em São Paulo o quadrante sudoeste é o lugar construído pela elite para se autossegregar. O quadrante sudoeste reúne os distritos e bairros mais ricos da cidade, onde há maior presença de moradores brancos e, em contrapartida, a menor participação de moradores negros (IBGE, 2000; OLIVEIRA, 2008; IBGE, 2010).

Esta (di)visão da capital paulistana que se constituiu com a autosegregação é um reflexo que também se encontra nas cidades brasileiras, haja vista o Rio de Janeiro, que desde as últimas décadas do século XIX e todo o período do século XX, a elite foi se deslocando em direção a zona sul; onde está concentrada a riqueza e a intensa verticalização. De um lado, a população branca é maioria nos espaços mais valorizados e ricos, de outro, a ocupação das periferias, subúrbios, morros e favelas é sobrerrepresentada pela população negra e pobre.

Compreendo que espaço e raça estão vinculados aos problemas urbanos e da cidade. Por que não há questionamentos sobre a ausência ou o silêncio sobre espaço urbano e raça?

A segregação racial no Brasil não é oficial, mas é informalmente instituída com a naturarização das desigualdades raciais. Analisando a literatura sobre segregação no país (CORREA, 1995; RIBEIRO, 1997; LAGO, 2000; MARQUES, 2005; VILLAÇA, 2001), há indicações de que a população negra é segregada porque é marginalizada socialmente. A centralidade entre raça e espaço urbano que ocorre há um século é silenciada, invisível ou quando aparece ocupa um plano secundário.

Para melhor compreender a segregação racial no país, primeiramente, busco observar a cidade e as inscrições negras na história. Em São Paulo e Rio de Janeiro, desde as últimas décadas do século XIX até os dias de hoje, o Estado e os agentes do mercado capitalista da terra e da habitação trataram de limpar, incialmente, o centro e manter sob controle a população negra nas periferias, morros e nas áreas de pouco interesse do capital imobiliário (CHALHOUB, 1990; SILVA, 2006; CARRIL, 2006, OLIVEIRA, 2008).

O Estado e os agentes do capital imobiliário da terra e da habitação são os atores responsáveis pela desterritorialização[5] de antigos núcleos negros nas duas principais metrópoles do país. Quilombos rurais, semiurbanos e urbanos, em sucessivas etapas proporcionadas pelo desenvolvimento e o mundo urbano industrial foram perdendo espaço para dar lugar aos planos de urbanização, que tinham como objetivo: tornar as cidades modernas, belas e desenvolvidas. Os benefícios trazidos com o progresso e a modernidade não incluíram a população egressa do trabalho escravo, enfim, ela não foi incorporada à cidade e aos benefícios diretos e indiretos do mundo urbano industrial (FERNANDES, 1965; PINTO, 1998).

Pensando o delineamento da segregação racial, apresento a seguir dez argumentos para expor os resultados do mito da igualdade racial[6] no urbano e na cidade.

O primeiro argumento apoia-se no contexto das três primeiras décadas do século XX, com a inaguração da Universidade de São Paulo, destaca-se o antropólogo Claude Levis-Strauss. Em Tristes Trópicos, o autor apresenta faces da etnografia urbana, da qual observa a estrutura da segregação nas cidades de São Paulo e Rio de Janeiro.

> "Pastos de vacas estendem-se ao pé de imóveis em concreto, um bairro surge como uma mirage, avenidas ladeadas de luxuosas residências são interrompidas de um lado e outro por ribanceiras; ali, um torrente barrenta circula entre as bananeiras, servido ao mesmo tempo de nascente e de esgoto para casebres de taipa sobre estrutura de bambu, onde se encontra a mesma população negra que, no Rio, se instala no alto dos morros (...) Certos locais privilegiados da cidade conseguem acumular todos os aspectos. Assim, à saída de duas ruas

5 A territorialidade-desterritorialização-reterritorialização é o movimento de forças materiais e simbólicas em constante construção, desconstrução e reconstrução, uma sucedendo a outra, conforme as transformações do espaço social e da cidade, influenciada por fatores humanos, por exemplo: a identidde social, religião, cultura, raça/cor, violência, gênero, geração, ideologias políticas, economia nacional e internacional.

6 O mito da igualdade racial proporciona benefícios à população branca e prejuízos materiais e simbólicos à população negra. Após o 13 de maio de 1888, os documentos oficiais que tornaram homens e mulheres iguais perante a lei, resume-se apenas a um esforço jurídico que não se efetiva no cotidiano social. O acumulo de desigualdades é do âmbito social e racial, sobretudo racial, que é invisível, mascarado e omitido da agenda governamental no trato sobre políticas públicas e sociais.

> divergentes que seguem em direçõ do mar, desembocamos na beira do barranco do Rio Anhangabaú, cruzado por uma ponte que é uma das principais artérias da cidade (...)
> (...) Talvez o urbanismo tenha agora resolvido o problema, mas em 1935, no Rio, o lugar ocupado por cada um na hierarquia social media-se pelo altímetro: tanto mais baixo quanto mais alto fosse o domicílio. Os miseráveis vivam empoleirados nos morros, nas favelas onde populações de negros, vestidos de trapos limpinhos, inventavam ao violão essas melodias alertas que, na época do carnaval, desceriam das alturas e invadiriam a cidade junto com eles" (LÉVI-STRAUSS, 1996:p. 85 e 95.)

Desde as primeiras décadas do século XX, o retrato etnográfico da população negra nas cidades de São Paulo e Rio de Janeiro não passou por transformações estruturais; negros e negras continuam nos lugares pobres, distantes das melhores áreas da cidade ou próximos, mas distantes da hierarquia socioeconômica.

A etnografia de São Paulo e Rio de Janeiro, observada por Lévi-Strauss é importante para a reflexão contemporânea. Ela possibilita extrair uma interpretação referente à ausência de debates e reflexões no campo das ciências sociais de que a segregação é racial. Por que os cientistas sociais não interpretaram a leitura etnográfica enquanto um quadro que retrata a segregação racial?

A literatura nacional concentra sua aobrdagem na tradicional leitura sobre o espaço social, que é a versão histórica sobre a separação socioeconômica. Esta leitura incorporou toda a pobreza do contexto urbano e da cidade, diante deste jogo a população negra compôs e continua compondo a segregação da pobreza.

É majoritária a referência da literatura nacional em torno da produção da EFSUM – Escola Francesa de Sociologia Urbana de orientação Marxista. A literatura nacional concentrou-se em estudos sobre a regularização fundiária, a ação do Estado, o saneamento, a questão da habitação e a distribuição diferenciada das residências no espaço.

Durante os anos de 1970 até o final de 1990, prevaleceu a produção brasileira (dissertações e teses) nessa área de ensino e pesquisa desenvolvendo o conceito teórico metodológico da EFSUM (PACHECO e LEME, 1994). A EFSUM foi e continua sendo referência para a produção nacional, através deste recorte a literatura da academia brasileira compôs as primeiras observações sobre a segregação urbana; a luta dos movimentos sociais urbanos em torno do ambiente construído, a espoliação urbana e o crescimento desordenado da cidade e, principalmente das habitações fora da lei (favelas, loteamentos irregulares, autoconstrução, cortiços e palafitas), no entanto, a produção relacionando espaço urbano e raça teve origem no final da década de 1980 (ROLNIK, 1989).

Os estudos sociológicos e antropológicos em relações raciais, sobretudo as principais obras patrocinadas pela Unesco, Revista Anhembi e Convênio Estado da Bahia – Columbia University tiveram a direção intelectual de pesquisadores e tendências teóricas diversas. Em princípio, Charles Wagley, Donald Pierson, Roger Bastide, na primeira geração; Florestan Fernandes, Costa Pinto e Thales de Azevedo, Oracy Nogueira, René ribeiro, Guerreiro Ramos, Pierre Van de Berghe e Marvis Harris, na segunda geração; Fernando Henrique Cardodo e Octávio Ianni, na terceira (GUIMARÃES, 1999). Os estudos promovidos por estes pesquisadores, mediante as linhas de pensamento, chegaram a três diagnósticos.

Parte dos estudos realizados na Bahia, Recife e Norte do país, chegaram a conclusões de que o preconceito racial era fraco, senão inexistente no Brasil. Nos estudos realizados em São Paulo, Rio de Janeiro e Sul do país, a documentação analisada concluiu que o preconceito no país é forte, porém, é negado, sobretudo nos espaços públicos e privados.

Segundo outra versão, haveria uma discordância ideológica e política entre a escola paulista e a escola baiana, acerca do caráter da sociedade brasileira. Os estudos da escola paulista comprovaram o crescimento do racismo no país, enquanto a escola baiana teria defendido o ideal da democracia racial brasileira (GUIMARÃES, 1999).

A terceira versão tem por objetivo destacar as linhas de pensamento, as diferenças entre as faces do moderno e o tradicional, em termos de preconceito e de relações raciais que se estruturaram no contexto brasileiro. Em resumo, os estudos iniciais apresentaram diferenças de escolas, do ponto de vista metodológico e interpretativo, fundamentais para a análise histórica e contemporânea sobre as desigualdades raciais no país.

Conforme comentário acima, a literatura que se apoia na produção da EFSUM (PACHECO e LEME, 1994) define a luta de classes e os desdobramentos da produção e reprodução do espaço social como os objetos centrais para compreender e interpretar a segregação brasileira. Já a produção nacional sobre relações raciais priorizou a inserção da população negra na sociedade de classes, o quadro socioeconômico do desenvolvimento nacional e as associações/organizações do universo cultural afrobrasileiro. Em ambas as leituras, a vinculação entre espaço urbano e relações raciais não foram problematizadas, elas somente aparecem em interpretações, ora generalista, expondo o quadro da pobreza e, ora particularizada, através da realidade e lugares da população negra (ROLNIK, 1989; OLIVEIRA, 2008; 2009).

O segundo argumento trata-se da leitura sociológica da cidade de São Paulo nas três primeiras décadas do século XX. Florestan Fernandes e Roger Bastide (1971) publicaram o primeiro estudo sobre as relações raciais em São Paulo, referente às primeiras décadas pós-abolição. Constataram que a ideia de paraíso racial é um engodo, não existe igualdade na realidade social brasileira.

Nos idos de 1930, bairros como Bexiga, Barra Funda, Liberdade e as áreas centrais da capital paulistana, negros e brancos compartilhavam o mesmo espaço geográfico. Compartilhavam da mesma geografia social, mas prevalecia a sobrerrepresentação negra nos subterrâneos da cidade; nos cortiços e porões (OLIVEIRA, 2002; 2008).

O terceiro argumento, apoiado na obra de Luiz da Costa Pinto (1998), retrata o cenário da segregação da população negra e pobre da cidade do Rio de Janeiro, nos idos de 1940. A leitura da segregação carioca é analisada por intermédio de três observações; a posição social, a situação ecológica e a condição étnica. Cada pedaço da cidade é ocupado conforme a condição do ambiente construído: quanto maior a urbanização, maior a participação de brancos e, no sentido inverso, quanto menor a urbanização, maior a participação de negros, em resumo, quanto mais proletária a área, maior a participação da população negra (PINTO, 1998).

O quarto argumento tem como fundamento as ideias de Abdias do Nascimento[7], um protagonista social que esteve em várias frentes: ex-Secretário de Estado do Rio de Janeiro, Ex-Senador da República, ex-deputado federal, escritor, artista plástico, docente em universidades norte-ameriana e militante social negro.

Abdias do Nascimento (1978; 2006) assinala em dois momentos a segregação na cidade do Rio de Janeiro, tendo como protagonistas o morro, as favelas e o subúrbio. Em 1950, organiza e lidera juntamente com os movimentos sociais negros proposições de intervenção referente ao quadro da população negra na sociedade nacional, com o objetivo de descaracterizar e combater o mito da igualdade racial, como por exemplo; ao descrever e tornar público o estado de pobreza negra na capital carioca.

Em 1950, são 2.369.293 habitantes no Rio de Janeiro e deste total, os brancos são 1.660.834, os negros, 708.459 (NASCIMENTO, 1978). A população negra do Rio de Janeiro representava 30% dos habitantes da cidade. No aspecto demográfico, o negro é 30% da população e no aspecto da habitação a proporção toma outra forma. A população moradora em favelas representa 168.654 moradores, os brancos são 55.436 e os negros, 113.218. A maioria absoluta no contexto das favelas cariocas, referente aos anos de 1950, é negra e pobre.

> "Estes algarismos revelam que para quase cada dois e meio habitantes do Rio de Janeiro, um é negro; porém, para cada habitante branco das favelas, quase dois e meio são negros. Em outras palavras: os negros compõem menos da metade da população total da cidade, mas à proporção que ocupam

7 Abdias do Nascimento nasceu em 1914, é natural de Franca-SP. Desde os idos de 1940, participou nas questões de interesse da população negra, a participação nas questões de interesse da população negra é central em sua biografia: a Frente Negra Brasileira no Rio de Janeiro, o Teatro Experimental do Negro, o Instituto Político e Cultural do Negro – IPCN e as ações de âmbito governamental e do executivo.

> nas favelas alcança mais do dobro da cifra (...) Assim se caracteriza uma indiscutível segregação habitacional" (NASCIMENTO, 1978: 84).

É importante destacar que a imprensa negra e os movimentos sociais negros desde as primeiras décadas do século XX já traziam a problematização das políticas públicas para a superação do racismo e das desigualdades. A Imprensa Negra e o Teatro Experimental do Negro em suas ações, problematizavam e vinculavam as questões mais prementes às relações raciais, haja vista os trabalhos desenvolvidos na área de educação, formação profissional para o acesso e mobilidade no mercado de trabalho.

Em publicação recente, Abdias do Nascimento tece considerações sobre a segregação no Rio de Janeiro, reiterendo a expansão em direção à região metropolitana, como a Baixada Fluminense; que vive os estereótipos da marginalização social, das praticas abusivas da violência e, de forma sistemática, o poder do tráfico de drogas (NASCIMENTO, 2006).

No percurso histórico e político de Abdias do Nascimento, um tema central é a luta por igualdade e a busca incessante da verdadeira democracia brasileira. O exercício de atividades políticas e sociais no âmbito institucional e na sociedade foram e são importantes para o desenvolvimento de políticas de promoção da igualdade social e racial, que na etapa atual se desenvolvem com a aprovação do Estatuto da Igualdade Racial, os 13 anos da lei 10.639/2003[8], a política de saúde da população negra e a ação afirmativa para pobres, mulheres, negros, indígenas e portadores de necessidades especiais.

O quinto argumento tem como referência Gonzáles (1982), que descreve os lugares habitados por brancos e negros nas cidades brasileiras. Conforme a autora, da cidade escravista à cidade contemporânea, brancos e negros ocupam diferentes posições socioeconômicas e territoriais no Brasil.

> "O lugar natural do grupo branco dominante são moradias amplas, espaçosas, situadas nos mais belos recantos da cidade ou do campo e devidamente protegidas por diferentes tipos de policiamento: desde os antigos feitores, capitães do mato, capangas etc, até a política formalmente constituída. Desde a

8 O Estatuto da Igualdade Racial, aprovado em 2010 no Senado Federal e sancionado pelo Presidente da República, Luis Inácio Lula da Silva, não incorporou os principais tema de interesse da população negra, em especial, a política de cotas nas universidades públicas e políticas de saúde para a população negra, com orientações e objetivos mais maplos. A lei 10.639/2003, torna obrigatório o ensino da Cultura Africana e Afro-brasileira nos ensinos fundamental e médio das escolas brasileiras. Ação afirmativa é um conjunto de medidas de ordem pública e privada que busca a eliminação de barreiras sociais, econômicas, culturais e raciais de populações que históricamente e contemporaneamente se encontram marginalizadas, em desvantagens e à margem do desenvolvimento material, subjetivo e simbólico.

> casa grande e o sobrado, aos belos edifícios tem sido sempre o mesmo. Já o lugar natural do negro é o oposto, evidentemente: das senzalas às favelas, cortiços, porões, invasões, alagados e conjuntos habitacionais (...)" (GONZALES, 1978; 15).

Espacialmente e temporalmente, por mais de 128 anos, os lugares e posições sociais da população negra nas cidades brasileiras permanecem os mesmos.

O sexto argumento apoia-se em Hasenbalg (2005), o qual observa que a pós-abolição e a inserção da população negra na sociedade de classes não se concretizou em grandes benefícios, em condições socioeconômicas semelhante ao quadro social da população branca. A ausência de segregação legal no Brasil acentua o quadro das relações raciais e, em especial, a crença no mito da democracia racial. A população negra é majoritária no sub-proletariado e para ela decaem dificuldades de mobilidade para ascender; está vinculada à origem social, ao lugar espacial que lhe é imposto e à ordem de classes, que delimita lugares na sociedade brasileira, como o mercado de trabalho e a educação, espaços que poderão, no presente e no futuro, viabilizar a mobilidade socioeconômica e o direito à cidade.

Como argumenta Hasenbalg (2005) a sociedade brasileira mantém a estrutura de privilégio branco e a subordinação negra, evita a constituição da raça como princípio de identidade coletiva e ação política. O mito da igualdade racial manifesta-se na ausência de conflitos raciais abertos, na segregação da pobreza e na desmobilização política dos negros, fazendo com que os componentes racistas do sistema permaneçam incontestados, sem necessidade de recorrer a um alto grau de coerção.

Desde as últimas décadas do século XX o movimento social negro vem fortalecendo a luta contra o mito da igualdade racial, sobretudo com a produção e conquista de políticas de promoção dos direitos sociais e raciais. No entanto, os conflitos não se materializaram em mudanças estruturais na hierarquia social e na estrutura que mantem a população negra no lugar de lupem-proletariado.

O sétimo argumento tem como pressuposto as ideias de Buarque (1993), que declara que o país vive o apartheid social, onde os direitos básicos de cidadania não são respeitados em relação aos mais pobres, sobretudo aos negros. Os negros são excluídos não apenas pela pobreza, mas também pela cor, sofrendo duplo apartheid, o racial e o econômico que são de difícil superação com a ausência de políticas que combinem as desigualdades sociais e as desigualdades raciais.

Em todo o momento do século XX, principalmente na pós-abolição e durante a chamada "Integração do Negro na Sociedade de Classes", o racismo institucional estabeleceu-se, não de forma declarada, definida e percebida entre os atores sociais, mas ele foi permeando e se enraizando na estrutura socioeconômica, nas instituições sociais e nos âmbitos públicos e privados da sociedade brasileira. Ele, o racismo institucional, também proporciona efeitos negativos na produção e reprodução social do espaço no país. A segregação de base racial aparece e toma forma no cotidiano brasileiro, de forma invisível e não-declarada, mas causa efeitos negativos e devastadores para a população negra que vive e sofre a segregação.

As praticas da segregação racial se configuram no cotidiano das cidades brasileiras, ora para os estratos médio e alto de negros e negras que vivem e protagonizam os conflitos de estar no "lugar de brancos" , e ora, no cotidiano social, principalmente nos momentos de crise, desemprego e violência. Inúmeros casos de racismo instituicional, em geral, não são reconhecidos oficialmente frente à opinião pública e a sociedade civil organizada, como crime e/ou impedimento que impõe barreiras de base socioeconômica e racial em serviços de origem pública ou privada à população negra. No dia a dia, o racismo institucional está presente em diversos lugares das cidades no país: nos serviços públicos e privados de consumo coletivo, como os serviços de saúde e educação; nos meios de comunicação de massa, sobrerrepresentado pela imagem do branco; no âmbito da segurança pública, o homem negro é sempre tido como "suspeito" em razão do racismo, da sua condição social e de seu lugar na sociedade; e na hierarquia de poder econômico e político, a sub-representação reflete nos principais postos de status, conhecimento e mobilidade no mercado de trabalho.

> "O episódio de uma senhora negra que foi barrada na porta do elevador de um edifício de São Paulo choca pelo aspecto algo grotesco da atitude racista: em nosso país a segregação racial é proibida por autores da ordem para que vetasse o acesso de negros no elevador social não conhecem a legislação a respeito. Seja como for, porém, os autores da interdição racista deveriam conhece-la já que, de resto, faz bem a senhora em denunciar o ato arbitrário: sua atitude deixa em aberto que o problema racial não existe em nosso país e que não cabe senão enfretá-lo, sem falso alarmismos, é verdade, mas também coma firmeza desejável." (Folha de São Paulo, 16/08/1979).

Para a maioria da população negra este fato de racismo institucional não chegaria às páginas dos principais jornais da imprensa nacional, no entanto, a senhora negra que foi proibida de usar o elevador social é um exceção da realidade no país. Nos idos de 1979 ela exercia a função de advogada, o seu esforço e a condição lhe proprorcinou conhecimento, logo "saber é poder". Este saber é importante na hierarquia socioeconômica e racial para a quebra e enfrentamento de barreiras raciais, especialmente nos lugares em que ela e seus pares são impedidos de entrar e frequentar (Folha de São Paulo, 16/08/1979).

O oiotavo argumento se apoia nas praticas constantes do racismo institucional, desde o início do século XX até o presente, interpreto que é uma configuração da segregação racial. Mesmo com os avanços e as conquistas impetradas por negros e negras, os efeitos da segregação continuam produzindo os lugares em nossa sociedade, de um lado, o "lugar de negro" e de outro lado, o "lugar de branco", que são os lugares, posições e representações materiais e simbólicas produzidas nas cidades brasileiras que estão em disputa, privilegiando todas as classes sociais brancas.

Iray Carone (2002) contribui para o nono argumento: a respeito da geografia social da raça. Segundo Carone, este conceito refere-se a um espaço no qual as pessos circulam e convivem em razão de sua raça. São locais de moradia, vizinhança, estudo, passeio, trabalho, lazer, viagens de férias, ocupados por pessoas segundo sua condição racial, independente de sua classe social.

A geografia da cidade de São Paulo, conforme as observações estabelecidas e os depoimentos, confirmam a divisão dos espaços que delimitam os universos raciais e sociais de forma muito nítida. Nos espaços sociais mais amplos das periferias e seus extremos da capital paulistana, como as escolas, creches, habitações populares, serviços de saúde, os raros e parcos equipamentos de cultura e lazer, são geografias sociais da raça. De ourto lado, fora das periferias, como o quadrante sudoeste e as regiões dotadas de ambiente construído, com qualidade e quantidade, são lugares da população branca, em sua grande maioria.

O décimo argumento se apoia nos estudos e pesquisas de Edward Telles (1994; 2003), um pesquisador norte americano que faz comparações da segregação racial nos Estados Unidos e Brasil. Segundo o autor, no território norte-ameriano a segregação é extrema, no território brasileiro ela é moderada. Lá, no exterior, a segregação é prescrita pela lei, aqui, ela é informal. Combater a segregação informal se tornou uma prática considerada de maior complexidade, em razão da ausência de jurispludência oficial determinando a separação socioeconômica e racial entre brancos e negros. Mas no caso do Brasil, a segregação informal da população negra está inscrita no cotidiano social, desde a residência, o ambiente construído, a escolaridade e a luta pelos melhores lugares no mercado de trabalho. As questões de classe social e raça, ambas, tornam mais difíceis o quadro da segregação racial no país, em particular, para a população negra a sociedade e o Estado lhes reservam a subrrepresentação socioeconômica e política.

Telles argumenta que no Brasil há três hipóteses para as razões da ocorrência da segregação racial, elas se baseiam nos aspectos econômico, racial e étnico. O quadro socioeconômico dificulta o acesso e permanência da população negra nos lugares e posições de desenvolvimento, ocupados majoritariamente pela população branca. O racismo institucional no cotidiano das cidades, por exemplo, no retrato da habitação e do ambiente construído, temos poucas observações oficiais sobre casos de racismo, no entanto, nas principais cidades do país, há um reduzido número de negros morando em bairros exclusivos da população dos segmentos médio e alto brancos. A condição socioeconômica e racial, sobretudo a racial, é invesível e mascarada e pouco nos revela das dimensões e efeitos legais proporcionados pela segregação racial. A respeito da etnicidade, segundo Telles, a população negra busca os bairros com poessoas de características étnicas similares e próximas de instituições étnicas. Nos argumentos do autor, a segregação racial no Brasil implica desigualdades no acesso ao trabalho, mercado de consumo, os quais tendem a ser localizar dentro ou próximo de bairros brancos de classe média, inibindo com isso a população negra.

Neste trabalho, minha intenção não é comparar a segregação brasileira com a segregação norte-americana, mas buscar entendimentos e compreensões de nossa realidade. No Brasil, interpreto que a segregação racial está inscrita em inúmeras lugares, os efeitos não estão limitados no acesso ao trabalho e ao mercado de consumo, há consequências gravíssimas que repercutem nos espaços da educação, saúde, nos meios de comunicação de massa (tv, rádio, internet, jornais impressos, etc) cultura e lazer, e no âmbito dos espaços público e privado, que atuam em processo materiais e subjetivos, principalmente neste nível, atuando na formação e desenvolvimento de identidades e subjetividades de negros e brancos. Em geral, as identidades e subjetividades trabalhadas nos principais espaços de formação, como escola e meios de comunicação, a maioria não contextualiza a cultura e os principais elementos do negro no Brasil, prevalece o ideal de embranquecimento como referência de poder, conhecimento e status socioeconômico.

Conforme as referências descritas de Lévi-Strauss (1996), Fernandes (1971), Costa Pinto (1998), Nascimento (1978), Gonzáles (1982), Hasenbalg (1998), Buarque (1993), Carone (2002), Telles (1994 e 2003), interpreto que a segregação é racial, embora, conforme apontei inicialmente, o campo das ciências humanas insiste na assertiva social.

As desigualdades entre brancos e negros diante do contexto da cidade e do urbano ultrapassam a tradicional definição socioeconômica. A concepção da autosegregação ou da segregação da pobreza não é suficiente para observar a cartografia negra nas cidades brasileiras (OLIVEIRA, 2002, 2008; SILVA, 2006; GARCIA, 2009). Mesmo nas áreas pobres, negros e negras estão sobrerrepresentados no quadro socioeconômico das desigualdades.

Portanto, a investigação sobre raça e espaço urbano, em específico, a segregação da população negra, deve ser crítica em razão do silêncio do mito da igualdade racial presente em nossa sociedade; no âmbito dos ensinos médio, técnico, superior e pós-graduação público e privado, em diversas instâncias do Estado (município, estado e união), no mercado de trabalho e nas áeras de melhor remuneração, nos espaços da habitação e em seu entorno social.

Memória Coletiva e História Oral

Os autores que contribuem para justificar parte do trabalho, juntamente com as informações coletadas, referem-se a Maurice Halbwachs, Michel Pollak, Ecléa Bosi, Amadou Hampatê Ba, Fábio Leite e Teresinha Bernardo. A memória, componente psico-social e cultural constituída ao longo da vida dos grupos sociais é um viés subjetivo das manifestações vividas no mundo material e não-material.

A memória é o universo das lembranças vividas no decorrer histórico e social de homens e mulheres. A reflexão contribui para compreender que a memória é uma teia social sempre em construção, que ela adquire um significado que ultrapassa as barreiras, as fronteiras e as dimensões do indivíduo, das culturas e das diferenças. Segundo Halbwachs (1990) e Pollak (1992), a memória é a organização das lembranças que se tornaram fósseis ou se enraizaram profundamente, conforme as modalidades em sociedade, como a vida urbana e rural, o antigo e o moderno, a família e a sociedade. As lembranças estão guardadas na memória como se fossem um filtro que no ato de lembrar, àquelas que mais se destacaram ou se tornaram importantes, afloram no momento que os recordadores contam suas lembranças.

O ato de recordar não é um movimento contínuo, como se fosse um filme ou um plano pré-definido, demarcado por início, meio e fim. A recordação depende de muitos fatores; da pessoa que se esforça e expõe as lembranças em forma de memória, tempo, espaço, temática e os percursos da lembrança que afloram e fazem sobressair as informações do passado para o presente. A memória traz do passado para o presente, as informações do depoente que só ele viveu, ela possibilita constituir um quadro social, de homens e mulheres que viveram situações do universo social, o ambiente familiar, o grupo de pertencimento, o movimento social, as festas e celebrações, enfim, as representações sociais dos sujeitos e dos movimentos sociais.

A memória individual é a lembrança que pertencente a um indivíduo, enquanto recordador traz do passado as informações para o presente. Estas lembranças, mesmo pertencendo a um sujeito social, pode também pertencer a outros, porque determinadas lembranças são individuais e também coletivas, àquelas que foram compartilhadas, mesmo que outra pessoa não tenha suas informações concretizadas no mesmo ambiente/lugar do recordador.

> "Quando cheguei em São Paulo, vim do interior, Laranjal Paulista, sou filho de Porto Feliz, mas fui criado lá em Laranjal Paulista, ai de lá vim pra cá, em 1938, a vida estava ficando difícil, então eu vim arriscar pra cá. Graças a Deus, sofri um pouco, naquele tempo não era brincadeira não" (Salvador, 90 anos, morador negro, Casa Verde) (OLIVEIRA, 2002: 99).

A entrevista com o senhor Salvador foi realizada no ano 2000, nas dependências de sua residência. Na época, as palavras e suas lembranças afloravam como se ele estivesse revivendo o momento de migração para São Paulo, exatamente o período que chegou à cidade, juntamente com seus familiares para dar início a uma nova vida, localizada no bairro da Casa Verde. A memória individual é uma particularidade vivida do passado, que no momento presente da entrevista, exala no corpo e no ambiente, deixando um sentido de que a luta foi difícil, no caso específico para os migrantes, homens e mulheres negras deste trabalho.

A memória coletiva não é a somatória, é um amplo leque ou uma rede social das lembranças. A memória coletiva pode ser localizada em grupos de pertencimento ou em diferentes grupos sociais, tais como a memória das mulheres; negras, operárias, camponesas, pobres, mães, lideranças políticas, chefes de família, religiosas, enfim, lembranças individuais e coletivas.

> "Minha mãe alem de cuidar de casa, ela lavava e passava roupa, para os poucos médicos que tinha na cidade porque era, pequenininha, Getulina era muito pequena e ela preparava banquetes, aquela gente rica tudo chamava e minha mãe para fazer o banquete então era tipo banqueteira acho que é o mais certo. Uma mulher linda e maravilhosa minha mãe, ela foi de família de bonitos. Mas nós viemos todos pequenos e vim para aqui pra São Paulo, eu tinha doze anos" (Mulher Negra, 80 anos, Cidade Tiradentes).

As lembranças e histórias da migração para São Paulo são interessantes, as palavras do senhor Salvador se encontram com as da interlocutora acima, eles tem diferenças de idade, local de nascimento e local de fixação na cidade de São Paulo, porém, o sentido de luta individual e coletiva e a migração para São Paulo se cruzam. Será abordado no decorrer do trabalho que a migração dos negros de outros Estados e do interior do Estado de São Paulo também constitui a memória coletiva.

Há diferenças entre memória coletiva e memória individual, a primeira, as lembranças permanecem coletivas quando compartilham informações, sentimentos, lugares e acontecimentos que se imbricam com as lembraças de outras pessoas, mesmo que se trate de acontecimentos nos quais só nos estivemos envolvidos, e com os objetos que só nos vimos e que haja pontos de contato entre elas (HALBAWCHS, 1990: 26) e a segunda, quando o recordador, ao utilizar a palavra e as lembranças, faz aflorar o momento que só ele viveu ou de pertencimento restrito a ele.

O grupo social é um elemento imprescindível para a memória coletiva, porque ele é o ator que reúne, mistura e conjuga o jogo da memória. Segundo Halbawchs (1990), há o enquadramento da memória que o indivíduo e os grupos se veem e que são envolvidos no decorrer da vida social. As lembranças estão classificadas nos quadros sociais da memória. É nas lembranças da infância que o quadro social da família vem à tona, porque é na imagem da família que tudo se inicia, onde ela esteve e jamais saiu.

> "Aí eu estudei no Colégio Maria José, fiz a primeira comunhão na Igreja Achiropita. O Colégio Maria José era um prédio antigo, agora é diferente e construções amplas. Na Igreja Achiropita conheci todos aqueles padres, meu pai era muito religioso. Meu pai não era fã de cinema, ele deixava contra a vontade e tal, se pedia para ir ao cinema, mas se falava para ele: pai posso ir à igreja, não precisava pedir duas vezes. - Vai meu filho, vai, vai (risos). Meu pai era músico, meu pai foi músico do cinema mudo, até eu falei para moça, que o meu pai era músico do cinema mudo e ela não acreditou. No cinema mudo tinha orquestra e essas coisas, acompanha o decorrer do cinema mudo. Depois quando veio o cinema falado, aí foi trabalhar, foi ser músico de circo, e fora disso ele era sapateiro e aí, eu me lembro como se fosse hoje a morte dele" (Homem Negro, 78 anos, morador da Cidade Tiradentes).

Para o interlocutor acima, lembrar a relação pai e filho é relembrar o momento da infância passada no momento presente. As lembranças dos principais momentos vividos e também dos últimos registros, como a morte. Hoje, estes sentimentos afloram através do exercício de pai e avô. As palavras dele, quando o entrevistei, o que mais sobressaiu foi a sua paixão pelas artes do cinema e do teatro. Ele iniciou a vida no mundo do trabalho, durante décadas, exercendo a função de pedreiro. Ele foi um trabalhador braçal que praticou apaixonadamente o exercício da arte, do cinema e do teatro. A memória individual de um proletariado do século XX, na figura do interlocutor é o espetáculo do cinema e do teatro, da época do cinema mudo e dos grandes atores e atrizes do teatro brasileiro.

A família sobressai nas lembranças e na memória coletiva porque é o primeiro registro que a criança constitui no quadro social. A infância do interlocutor foi uma passagem brusca: ainda cedo ele perdeu suas principais referências de vida; primeiro a mãe, que faleceu quando ele tinha três anos de idade e, posteriormente, aos doze anos, com a perda do pai. O bairro que ele morou no passado da vida em família, foi o bairro da Bela Vista, conhecido como Bexiga. Seu pai era músico e sapateiro e o que faz lembrar é o encontro de suas lembranças do circo, do teatro e do cinema que estão associadas ao quadro social da família, porque também foram os momentos vividos ao lado do pai e dos irmãos.

Outro informante relata a memória da infância:

> "Bom, a lembrança mais antiga minha antes mesmo de eu começar a participar foi na Rua São Caetano, exatamente quando eu tinha uns sete anos, que eu me lembro daqueles carnavais da Rua São Caetano. A minha mãe me levava pra ver, ali na São Lázaro onde tinha o cine São Caetano, então eu me lembro daquelas manifestações, blocos e grandes indústrias que havia na Rua São Caetano, que era do Matarazzo. Então todos eles participavam do carnaval, em termos de bloco, então começou por ali, eu gostava de carnaval, aos sete anos já gostava de ver o pessoal cantando pelo carnaval (...) a minha mãe me liberou, porque ela era a chave de tudo mesmo, pouco eu falo no meu pai, a chave de tudo era a minha velha mesmo, e ela me liberou, aos dez, onze anos e eu desfilei pela primeira vez pelo Campos Elíseos, como baliza, depois foi uma passagem pelo Camisa Verde (...) A minha mãe gostava de baile assistir, e desfilar essas coisas não. Ela ia às festas de Pirapora, me levava, nas festas tradicionais que havia na Vila Santa Maria, no dia 13 de maio, que era a festa de tambu, aquelas coisas" (Geraldo Filme) (OLIVEIRA, 2002).

As lembranças de infância estão articuladas, ora com a mãe e, ora com o pai ou com a família ampliada. Segundo Moraes (1978) e Silva (1989), as organizações negras do mundo do samba, presentes nas primeiras décadas do século XX funcionavam a partir da organização das famílias que se lançavam à frente da cultura negra e do carnaval paulistano. As lembranças da infância estão presentes nas localizações espaciais e temporais, como a casa da família, os lugares das brincadeiras, os amigos, a escola e também os locais de festa, da comemoração e das brincadeiras entre adultos e crianças.

Geraldo Filme, na história do samba paulistano é um dos atores sociais que contribuiu para as transformações - de cordão carnavalesco à escola de samba, das brincadeiras nas ruas à oficialização do carnaval no sambódromo -, e parte de sua lembrança de infância resgata a mãe à frente da família. A lembrança mais antiga reporta-se ao carnaval do passado que foi visto com a participação de sua mãe. A memória de Geraldo Filme é individual e coletiva, ela passa a pertencer ao grupo social, quando se percebe que outros também viveram determinados quadros sociais e que também retrata o grupo social de pertencimento.

A memória coletiva e a memória histórica são importantes para contar o cenário dos grupos sociais e do país. A memória coletiva não é a escrita, ela é a chave ou a rede social para a construção dos quadros sociais que não foram e não são ouvidos pela sociedade. Enquanto que a memória histórica representa o papel formal, onde se inscreve a história oficial; das elites, dos grandes empreendedores, do mundo formal, dos empresários e do país. A memória coletiva das lutas, resistências e revoltas compõem a história social e não a história oficial.

Halbwachs (1990) e Pollak (1992) vão além da memória coletiva, segundo os autores, as faces são diversas; ela também reúne os monumentos, o patrimônio arquitetônico, as paisagens históricas, as datas e personagens históricos, as tradições e costumes, certas regras de interação, o folclore e a música, a tradição, enfim, há uma diversidade material e não-material produtora de memória.

Os objetos materiais e não-materiais, conforme Bosi (1994) são reservatórios onde estão alojadas a memória biográfica e a memória histórica (status).

> "Eu casei no interior e ainda tenho a lembrança, a madeira maciça da mesinha. Casei no interior. Quer ver? Comprei uma casinha, uma mesinha e um guarda-roupa, uma malinha e casamos" (Salvador, 90 anos, morador negro, Casa Verde)" (OLIVEIRA, 2002: 99).

A memória biográfica não se refere às datas contínuas ou períodos meramente cronológicos, ela se reporta ao momento vivido da pessoa que lembra, como o senhor Salvador, que se lembra do casamento e de suas lembranças que ficaram alojadas nas primeiras peças que comprou para ele e a esposa, no local onde iniciaram a vida do matrimônio e da família.

> "O Esporte, como eu já disse inicialmente, comecei no Grêmio Esportivo Centenário, era um clube que congregava a maior parte dos jogadores, e os jogadores pertenciam à igreja, os congregados Marianos. E depois dali de repente, eu sai para o Canindé, onde deixei de jogar e já fui começando no atletismo sem saber onde poderia ir. (...) Então como atleta eu tinha o direito de frequentar o São Paulo Futebol Clube, e eu me vi envolta numa modalidade do atletismo chamado salto triplo e com o salto triplo, a partir de 1947 comecei a ganhar o mundo, e foi onde permaneci até 1960, quando eu me despedi. Passei por quatro jogos olímpicos, dos quatro eu tive a sorte de ganhar dois, 1952 e 1956, respectivamente em Helsink , na Finlândia e Melbourne, na Austrália. Mas a minha primeira participação foi em 1948, em Londres, e a minha despedida foi em Roma, em 1960. Nesse espaço de tempo todo, eu consegui vencer três vezes os Jogos Panamericanos, em 1951, em Buenos Aires, em 1955, na cidade do México, e em 1959, em Chicago, nos Estados Unidos da América

> do Norte. Como estudante, como universitário, eu ganhei os jogos mundiais universitário, em Dorthmann, na Alemanha, em 1953 e San Sebastian, na Espanha, em 1955. Eu posso dizer que sou um felizardo, posso dizer que recebi as bênçãos de Deus, porque de 1948 que eu comecei, comecei a viajar, quando fui para Londres, até os dias atuais eu nunca parei de viajar, conheço praticamente o mundo inteiro, graças ao atletismo" (Adhemar Ferreira da Silva, 72 anos, morador negro, Casa Verde). (OLIVEIRA, 2002: 130)

Adhemar Ferreira da Silva, nasceu na Barra Funda, filho de empregada doméstica e de um funcionário da estrada de ferro Sorocabana, ele e seus pais fixaram residência na Casa Verde, bairro em que ele passou a infância, juventude e onde se desenvolveu e ganhou o mundo com o atletismo. A Casa Verde foi o local em que ele constituiu família, filhos e neto. O bairro da zona norte de São Paulo foi o palco onde ele se viu como a personalidade de destaque, para os moradores e vizinhos, ele é uma referência de lutas e conquistas, porque foi dali que saiu um dos grandes esportistas de São Paulo e do Brasil.

A memória que retrata o status, de acordo com as informações do depoente, as conquistas realizadas com o esporte, reverteu-se em credenciais para sair do "lugar de negro" e ultrapassar as barreiras socioeconômicas. O esporte lhe garantiu status, visibilidade, poder e recursos financeiros e a sua memória está localizada nas conquistas de medalhas e prêmios do quadro social vivido por ele.

A memória coletiva está localizada no tempo e no espaço. As temporalidades, para os recordadores, não estão acopladas a um tempo único e absoluto. O tempo é cíclico, dialógico e de idas e voltas, é o movimento contínuo da ida ao passado e o retorno ao presente. O mergulho ao passado apresenta-se em ritmos e variações diferentes quando o recordador é um velho, uma criança ou um adulto. É o velho, tido como ancião, guardador das lembranças que a memória funciona, para os mais jovens continua sendo o tempo presente e para o velho, é o tempo do trabalho e das experiências passadas que se afloram como se estivessem sendo vividas novamente.

> "Teve um momento na minha vida, nossa, eu não queria ser avó, então nós jantávamos e um dia eu falei: pelo amor de Deus não fala em casar, não me fala em ser avó, ainda bem que minha filha não falava em casar." Porque ser avó é sinônimo de velha, eu tinha horror em ser velha. Olha como que é a vida" (Mulher Negra, 80 anos, moradora da Cidade Tiradentes).
> "A primeira coisa que a minha mãe..., foi rejeitar a neta, quando ela soube que eu estava grávida" (Mulher Negra, moradoras da Cidade Tiradentes).

A mudança do corpo, as rugas no rosto, a progressão da dificuldade para caminhar e fazer os esforços físicos, as doenças do tempo do envelhecimento, a invisibilidade social e o tratamento que recebem da sociedade, tornam os velhos seres sem armas para lutar. Se os velhos não tem armas para lutar na sociedade, quem deve lutar por eles?

A sociedade contemporânea, do meio técnico-científico informacional, torna o velho um ser espoliado. O ambiente do passado não existe mais, as lembranças que se apoiam nos quadros sociais, no espaço, no tempo, desapareceram com as rápidas transformações da cidade e com o frequente movimento da migração. Ser velho nos dias de hoje é sinal de viver um outro tempo espaço, diferente do contexto contemporâneo da era informacional. A interlocutora passou pela experiência do tempo do envelhecimento, que para ela, com o casamento da filha, consequentemente, a condição de avó viria no decorrer que ela não pensava em exercer. Nas considerações da depoente, ser velho é passar por transformações do pensar, agir, sentir e se perceber no cotidiano da vida social. Os sentidos racional, subjetivo e comportamental não acompanham, de forma absoluta, os movimentos que estão sujeitos ao enfraquecimento corporal e biológico provocados com o envelhecimento.

E o espaço, como que a memória se apoia no ambiente natural e artificial das cidades brasileiras? A cidade é uma construção social e através da memória, descobre-se no chão da urbe paulistana os alicerces que foram construídos e os protagonistas que trabalharam para torná-lo firme, edificando as pedras, os tijolos e a cobertura para se proteger das intempéries naturais e sociais.

A memória coletiva se apoia nas pedras da cidade, do patrimônio histórico, da casa da família onde as pessos vivem a infância, a juventude, o ambiente escolar, o mundo do trabalho, o casamento e a constituição da família. A memória localizada no espaço é material e subjetiva e seu valor não tem preço definido, é valor que não pode ser colocado à venda, é um valor de uso que não tem preço.

Nos dias de hoje, os espaços do passado, as construções, as casas, a rua, os locais públicos, quase todos foram transformados em objetos descartáveis e colocados a mercê do mercado capitalista, transformando-os em mercadoria.

> "Não, eu não morava em lugar nenhum, lá tinha uma suíte e eu e minha irmã dormíamos lá na Rua Turiassu, noventa e nove. Mas não tem mais na Turiassu o noventa e nove, é aquela coisa do governo, não tem. Eu passo lá sinto uma saudade, primeiro lugar, a igreja de São Geraldo, a primeira igreja que eu entrei em São Paulo." (Mulher Negra, 80 anos, moradora da Cidade Tiradentes)

Há os ritos de passagem na vida de homens e mulheres, como a chegada da puberdade, o primeiro emprego, o namoro, o noivado e o casamento. As descobertas, a novidade e o diferente também podem ser vistos como ritos de passagens, por exemplo, a memória que resgata o espaço social que a recordadora lembra, referente ao primeiro espaço religioso que ela conheceu quando migrou para a cidade de São Paulo. Juntamente com a migração, diversas novidades e descobertas foram sendo apreendidas na São Paulo antiga. O ritual de adentrar a primeira igreja produz o mergulho no espaço do sagrado, dos pedidos e votos de bem estar, saúde e proteção para o trabalho e a vida na cidade.

> "Tinha muito cortiço no Bexiga e na Barra Funda, os tipos de casas que eles faziam na época, faziam aquela casa e deixavam sempre o porão embaixo, mas naquela época SP começou, quem ia morar em cortiço era o negro. Quando eu morei no Bexiga, era uma vila grande, com banheiro coletivo compreende, era uma semana de cada uma da mulherada, mas era um povo unido. Tive grandes amigos, amigos italianos e meu prato, na época, sempre foi cinema, compreende, depois chegou uma época de ir para bailinho com os amigos, sábado e domingo, não vou não. Gostava de cinema, gostava mesmo, eu assisti quando era tudo, tem filme aí que não era nem nascido, filme mudo, depois assisti no cinema. A primeira vez que entrei no cinema foi no cine Marconi, no Bom Retiro, agora não sei se ainda é, depois ficou cine Casa Branca, depois outra vez que passei lá era uma garagem né, eu me lembro como se fosse hoje, quem me levou foi meu irmão, ele gostava muito de cinema, meu irmão e minha irmã. A primeira vez que entrei no cinema fui assistir o filme de Charles Chaplin, chamava-se Rua da Paz, quando ele faz aqueles filmes curtos, eu tenho o filme aí, gravado. O que acontece, aí meu irmão me levou no cinema, fiquei um pouquinho mais doido". (Homem Negro, 78 anos, morador da Cidade Tiradentes)

Muitos cortiços e casarões do Bexiga foram derrubados para a construção das habitações verticais voltadas para atender os segmentos sociais de média e alta rendas. O Bexiga se tornou em espaço cada vez mais valorizado, por estar próximo do centro e dos arredores da Avenida Paulistana. Ainda hoje o mercado imobiliário e a especulação imobiliária veem o território, principalmente as áreas que estão ocupadas pelo segmento social de baixa renda como potencial de consolidação da habitação vertical na cidade. O interlocutor e a população negra e pobre que habitaram o Bexiga nessa época, eles não tiveram outra escolha, a segregação involuntária ou centro-periferia.

A lembrança que nosso recordador expõe é o bairro, a paisagem e as espacialidades dos negros e brancos e as festas promovidas entre os jovens. No espaço da cidade, as lembranças do interlocutor estão quase todas misturadas e conjugadas aos espaços do teatro e do cinema. A localização espacial do primeiro cinema em que ele entrou na cidade de São Paulo não existe mais. A tecnologia e a cultura de consumo, como os aparelhos de vídeo cassete, o aparelho digital, DVD´s e os shopping centers, desterritorializaram as salas de cinemas. Poucos cinemas sobreviveram para contar histórias. Hoje, a maioria das salas de cinema está concentrada nos grandes centros de comércio dos shoppings centers da cidade. Os cinemas, conforme o interlocutor, são desconhecidos pela grande maioria da população que se encontra com menos de quarenta anos de idade. Os cinemas contados por nosso interlocutor não existem mais, não existem mais porque o capital e a cultura de consumo espoliaram a memória dos velhos e transformou a cultura em um grande mercado de compra e venda de produtos.

O recordador quando retorna a sua fase de garoto localiza o espaço do cinema como um quadro social em sua vida, este espaço é percebido por ele como o centro de tudo, o início em que ele tomou contato com a produção cinematográfica. Os filmes daquela localização espacial e temporal o deixaram mais inclinado para a comunicação, para a arte, para a produção do conhecimento, conforme as palavras do recordador, o primeiro filme que ele assistiu no cinema e os subsequentes, deixaram-o mais fora de si, fazendo-o despertar e entreter-se com a produção das artes e da cultura.

A sociedade contemporânea, mediada pelas forças da globalização, torna o velho e toda a geração portadora da memória, em múltiplas categorias deslocadas da sociedade; sem poder de defesa, a inexistência de espaços públicos para a produção do espaço social, o impedimento aos espaços da cidade e do ambiente construído, a inacessibilidade de locomoção por causa das construções e a ausência de adaptações em transportes e vias de acesso, do ponto de vista político, social e cultural.

O velho não é ouvido em nossa sociedade. As sociedades modernas do mundo ocidental, no que tange ao velho, tratam-o sem o merecido respeito. Primeiro porque eles são a herança da nossa história e, em segundo, são os portadores do conhecimento material e não-material, produzido e reproduzido para o tempo presente e futuro. O velho, historicamente, sofre constante espoliação, subjetiva e objetiva, conforme os quadros sociais em que vive e no arcabouço do espaço, urbano e rural. O passado é destruído facilmente para dar lugar às construções de prédios, as grandes avenidas, as indústrias ou setor de serviços, enfim, as lembranças dos velhos e tudo o que reporta à memória coletiva, são desterritorializadas, desenraizadas e espoliadas pelo mundo do capital.

Hoje, o velho não tem armas para lutar. Os atores sociais são os principais protagonistas para lutar a favor do velho e dos setores em estado de marginalização social, como as mulheres, os negros, os povos indígenas, as crianças, etc. Lutar e proteger os velhos em nossa sociedade, refere-se à proteção de nossa própria ancestralidade.

A preservação é do tempo como um todo, do passado, do presente e do futuro. A civilização humana se faz com a herança dos povos e culturas, sendo assim, estaremos salvando os velhos, os adultos e as crianças, a nossa história social.

A memória religiosa reconstitui e ajuda no plano subjetivo e objetivo dos atores do espaço religioso e da sociedade, como as igrejas, as festas religiosas, o casamento, o batizado, o nascimento e a morte (HALBWACHS, 1970).

A memória dos músicos, a instrumentalização e o canto, exercidas de forma regular, consistem em ações mais complexas que ultrapassam o mecanismo de leituras, gravações e o ato objetivo da memorização (HALBWACHS, 1939). A memória musical, constituída por uma orquestra, bateria de escola de samba, banda, fanfarra e etc, também deve conter as pessoas que conduzem a memória musical; os cantores e cantoras, consistem em dar voz, ritmo e harmonia de toda a instrumentalização sonora para compor uma obra musical. A composição, em si, não produz instantaneamente a memória, o ato de memória realiza-se no quadro social das lembranças; no cotidiano dos atores que compõem a música, a poesia e a dança.

Geraldo Filme, compositor e sambista da urbe paulistana, em entrevista concedida a Olga Rodrigues de Moraes Von Sinson (Museu da Imagem e do Som), nos anos 1980, diz que dentre as suas lembranças, está presente na memória a lembrança da primeira letra de samba que compôs. Segue abaixo as palavras do sambista:

> "O meu primeiro samba meu, eu fiz, o meu pai tinha muita mania de falar sobre o Rio, que no Rio, não sei quantas cuícas na frente, aquilo me deixava louco, porque eu sou um tanto fanático, eu não me envergonhava, brigo e sou fanático, não me envergonho de dizer que sou por São Paulo, e o meu pai tinha aquele negócio, que o Rio, que o Rio, tantos surdos, tantas cuícas, meu pai tinha andado meio mundo, tinha conhecido o Rio, então eu lembro que aos 11 anos eu fiz um samba. Antigamente tinha uma gíria assim, fulano é bom pra cachorro, quer dizer é bom demais, naquela época já tinha a Lavapés, parece que é de 35, 36, então eu digo assim:
> Eu vou mostrar,
> Eu vou mostrar,
> Que o povo paulista também saber sambar
> Eu sou paulista, gosto de samba
> São Paulo também tem gente bamba,
> Eu sou paulista e sambo pra cachorro
> Pra ser sambista não precisa ser do morro".

O músico, natural do mundo do samba, seja ele do morro, da favela, do cortiço e da periferia, o aprendizado ocorre no cotidiano, no grupo de pertencimento e na escola de samba, de forma natural, espontânea. A tradição do samba na vida de Geraldo Filme, entrou em sua vida por intermédio de sua família, mais precisamente a mãe. A música, apreendida de forma formal e informal, é vista para o ator que compõe, toca e canta, como uma parcela dos quadros sociais vividos intensamente. A música, popular ou erudita, todas são apreendidas, ensinadas e transmitidas.

Para os setores populares, geralmente, a tradição é produzida sem regras formais que exigem uma postura sistemática de estudo e dedicação. A música popular, apreendida, tocada, cantada e dançada nas quadras das escolas de samba, nos bares, ruas e esquinas da cidade de São Paulo e do Brasil, também pertencem às espacialidades e aos territórios negros de intenso aprendizado cultural.

A lembrança do primeiro samba composto por Geraldo Filme retrata a família e os grupos em que se localizam os espaços da música, do samba e da festa. Considero o espaço um recipiente importante para o enraizamento da memória individual e coletiva. O tempo também é um elemento fundamental para a cristalização das lembranças e da memória. Tempo e espaço, caminham juntos e nunca em separados, porque o homem vive e necessita realizar suas ações, os trabalhos, a criação e a arte que são produzidos pela ação social modificando o espaço através do tempo de trabalho. O tempo pode ser classificado em datas, acontecimentos, histórias sociais e oficiais. O tempo é o conjunto de significados sociais; o nascimento e a morte, o trabalho e a festa, o casamento e a família, a casa e a cidade, as revoltas, guerras e conflitos entre as classes e grupos de interesse.

Em meu acervo sobre a memória coletiva de homens e mulheres negras, o tempo assume múltiplas formas: aniversário, nascimento, casamento, revoluções, transformações urbanas e sociais. Os recordadores que militaram no movimento negro dos anos de 1920, 1930, 1940 e 1950, relatam que a presença negra nas questões políticas de São Paulo e do Brasil foi pontual para a sociedade.

> "Deram pra Legião Negra, ali na Barra Funda, a chácara do Carvalho, depois foi tudo loteado (...) A negrada toda ficou importante aí com a Legião Negra, e foi uma Legião de verdade. Se teve gente que brigou naquela Revolução de 32 foram os negros, e iam de noite, de caminhão, desfilavam na cidade recebendo flores. Hoje eles festejam a Revolução de 32, mas não mencionam a Legião Negra, não mencionam a participação do negro, é engraçado, né?" (Depopimento de José Correia Leite) (BARBOSA, 1998: 76).
> "(...) era a Legião Negra, porque as duas se posicionaram em campos opostos na Revolução de 32, quando o governo de São Paulo queria que a Frente fizesse um batalhão para lutar por São Paulo. A Frente Negra se recusou a fazer. A Legião

> Negra foi uma dissidência da Frente Negra que formou o batalhão para lutar (...)" (Aristides Barbosa) (BARBOSA; 1998: 76).

Observo que a memória individual e coletiva é infinitamente diversa, múltipla e suas faces são semelhantes ao arco íris, é uma rede social de múltiplos segmentos. O mergulho no passado possibilita constituir a teia social da memória de homens e mulheres negras que inscreveram, viveram, trabalharam, tocaram, dançaram e brincaram nas pedras da cidade de São Paulo. A história da população negra no Brasil é vista de forma antagônica, de um lado a história oficial, de outro lado, a memória coletiva referente aos quilombos, aos territórios de resistência física e cultural. A memória coletiva é mais antiga que os documentos escritos pela memória oficial. Esta herança é um patrimônio das sociedades negro africanas e afrobrasileira que fazem uso da palavra e da tradição oral.

A herança afro-brasileira herdou uma parcela da cultura africana que foi espalhada pelo mundo. Na diáspora, as sementes da diversidade cultural africana foram espalhadas e reterritorializadas, por exemplo, a reterritorialização cultural com as manifestações do candomblé, das escolas de samba, das irmandades religiosas, a capoeira, as congadas e o hibridismo social negro que se encontrou e formou novas identidades.

Na África, a palavra e a tradição oral são imprescindíveis na relação homem, sociedade e natureza. Segundo Amadou H.Bâ (1986), a palavra e a tradição oral ocupam o palco central das sociedades africanas.

A tradição oral é a grande escola da vida; ela trata da religião, das ciências naturais como o conhecimento dos minerais, da farmacologia, da medicina, de iniciação profissional, da história, dos jogos, do amor e da morte (AMADOU H. BA, 1986).

A civilização africana tem, em seu berço, territórios físicos e culturais, os quais foram sedimentados por intermédio da cultura não formal, com o uso da palavra em oposição ao uso da escrita. Amadou Hampaté Ba (1986) e Joseph Ki-Zerbo (2000) compartilham do mesmo significado a respeito da palavra nas sociedades negro-africanas; como força vital de organização do território, da educação e da vida social.

No decorrer do século XX , o protagonismo do movimento social negro, intelectuais e pesquisadores negros, promovram políticas públicas de ação afirmativa. A lei 10.639/2003 que torna obrigatório o ensino da História e da Cultura Africana e Afro-Brasileira, nas instituições de ensinos fundamental e médio, públicas e particulares. As imagens, conteúdos e ensinamentos sobre o africano e os negros brasileiros, nas escolas brasileiras são distorcidas e não representam a produção que estas culturas desenvolveram durante o processo civilizatório em nosso país e a imagem externa sobre a África e a diáspora.

A palavra, fluxo da criação da vida e da morte nas sociedades negro-africana, significa força vital irradiadora de todos os elementos necessários à vida, à terra, ao alimento, ao poder e a criação de todos os seres vivos. Conforme Leite (1995), o aparelho auditivo é assemelhado aos órgãos reprodutores femininos: ambos são capazes de fazer gestar algo decisivo pela penetração no interior dos indivíduos, de um elemento vital desencadeador de processo. A palavra negra africana produz e reproduz um vasto território de ensinamentos, controláveis e incontroláveis, que só podem ser aplicados na relação homem, sociedade e natureza. O uso, a transmissão e a produção da palavra nas sociedades negras africanas pertencem aos homens e mulheres de elevado prestígio social, são os ancestrais – griôs – que no cotidiano social ensinam, estruturam as funcionalidades nas instituições e na natureza e, no percurso histórico, social e político, transmitem a ancestralidade da vida e da criação.

Cotidianamente, o exercício da palavra está presente em todos os aspectos, porém, o princípio irradiador eleva-se nos entrelaçamentos sociais entre sociedade e cultura; no componente essencial do território que é a terra, na comunidade, na família e nas relações de poder. O território, em sentido amplo, é a terra e toda produção natural e artificial empreendida. A terra é um bem sagrado, natural e social que pertence a todos que nela vivem. Há diferenças de valores a respeito da terra em sociedades negro-africanas e em sociedades ditas "modernas e capitalistas", para a primeira, a terra é o lugar de vida, liberdade e realização humana, para a outra, é o espaço de produção e reprodução da capital e da mais valia.

As relações sociais e naturais são estabelecidas, principalmente com os membros que compõe a comunidade, que são os principais responsáveis pela gestão cultural, identitária e política da força vital, constituída pelo uso da palavra. A comunidade assenta-se na terra, espaço social de realizações, trabalhos e movimentos contínuos das inscrições através da palavra negro-africana. A família, herdeira natural da ancestralidade estabelece a constituição dos pactos entre outros representantes do local, e estes usufruem o direito da fertilidade da terra, dos ensinamentos e dos costumes do pedaço. Os valores da ancestralidade e dos costumes asseguram ao espaço comunitário dinamismos de preservação e reprodução da força vital (LEITE, 1995). Leite (1995) também considera que as comunidades destas sociedades perfazem outra forma de tratamento e relacionamento para com as pessoas mais velhas - principal agente da ancestralidade -.

> (...) Finalmente, a comunidade assegura às pessoas idosas, sem condições de carregar e manipular a enxada, o direito de não mais trabalhar a terra, não lhes faltando o essencial em seus celeiros até a morte. De fato, nessas sociedades a força de trabalho faz parte da personalidade e não se encontra separada da totalidade vital que configura os indivíduos,

> não podendo, portanto, ser apropriada. Ela é, assim, cedida à comunidade sob a forma de elemento estruturado de papéis sociais, condições em que o trabalho integra-se qualitativamente nas práticas ligadas à produção enquanto fator de vida social total (...) (LEITE, 1995).

Portanto, a palavra negro-africana assegura a ancestralidade que resulta em processos históricos e políticos de vitalidade das sociedades, enfim, a ancestralidade trabalha o processo civilizatório (LEITE, 1992; 1995; H. BÂ, 1986). O Griôt é uma biblioteca ambulante, conhecedor dos assuntos da vida, da genealogia dos seres e dos elementos da natureza humana (terra, água, ar e fogo). "Na África, quando um ancião morre é uma biblioteca que se queima". Este conhecimento, esta dádiva, quando ela não é ensinada e transmitida oralmente, ela desaparece em forma de cinzas, sem deixar vestígios inscritos; simbólico, social e cultural para as próximas gerações.

O contexto brasileiro, com o tráfico escravo recebeu parte desta ancestralidade africana. Exterior à África, o Brasil é o primeiro país com a maior população de origem africana no mundo. Esta ancestralidade africana que se fez na diáspora, em território brasileiro, foi espalhada por todos os cantos – leste, oeste, norte e sul – misturando--se e dando forma ao processo civilizatório que se formou com a presença do negro, do indígena e do branco (de origem portuguesa). A cultura africana e afro-brasileira teve e continua tendo um exercício fundamental para a história e a cultura nacional. Conforme Ortiz (1998), as manifestações populares abrangem as ancestralidades africana e afro-brasileira que foram parcialmente preservadas, a partir do uso da palavra, por intermédio da herança, com a transmissão de ensinamento e a propagação no universo das instituições de matriz afro-brasileira.

Movimentos Sociais Negros

O Movimento Negro contemporâneo é resultado do longo processo histórico, incluindo movimentos quilombolas, associações culturais, irmandades negras religiosas, religiões de matriz africana e atualmente, das organizações sociais, culturais e políticas na luta pela eliminação do racismo e pela construção da cidadania. A herança africana em solo brasileiro legou aos seus descendentes a simbologia em torno da resistência e das revoltas, que se encontram tão caracterizadas do ponto de vista simbólico, social e cultural nos territórios do Brasil (NASCIMENTO, 1978).

A cidadania plena, considerada um valor político imprescindível para o exercício dos direitos e dos deveres no Brasil, não se concretizou no cenário brasileiro. As diferenças entre brancos e negros estão associadas aos valores da cidadania e da democracia, que proporcionam ao branco deter a dominação política, social e cultural.

Os fundamentos da cidadania brasileira foram inscritos a partir da primeira constituição, de 1889, as posteriores e a atual, de 1988. Formalmente, o Estado brasileiro estabelece que todos são iguais perante a lei, que todos têm direito à habitação, à saúde, à educação e aos bens mais valiosos de todo cidadão. Mas na prática, a realidade confirma que o estatuto legal está ausente do universo social e político da população negra. A constituição de 1988, apesar dos avanços, não garantiu a eliminação do racismo e o direito à igualdade, considerados princípios básicos que orientam a vida, o trabalho, a mobilidade social, a escolaridade e o direito ao território.

Amaral (1991) documenta o princípio da territorialidade negra do final do século XIX e início do XX em São Paulo. Precisamente, é a história da Irmandade de Nossa Senhora do Rosário dos Homens Pretos do Largo do Paissandu. A organização é a primeira referência social de africanos e descendentes no espaço da cidade, que implantou as insígnias negras no território de São Paulo. Dentre as inscrições, o espaço simbólico e social é uma conquista frente às transformações da cidade e do mercado capitalista da terra e do ambiente construído. A partir das primeiras décadas do século XX, as organizações sociais e culturais foram se definindo como espaço político, de festas e a promoção de eventos culturais.

A origem do protesto negro está ligada às ações das primeiras atividades dos movimentos sociais negros. Dentre essas ações a Imprensa Negra conquista espaços e visibilidade com a publicação de jornal periódico noticiando informações de âmbito político, social e cultural. O primeiro jornal da Imprensa Negra em São Paulo é o Menelik, referente ao ano de 1915. A história da Imprensa Negra é dividida em três momentos: o protesto racial, a reivindicação jornalística e política e, por último, o fechamento dos partidos políticos e organizações pelo governo de Getulio Vargas (BASTIDE, 1983). Dentre as fases, destaco um breve cenário para expor o papel político da Imprensa Negra paulistana:

> "O Doutor Júlio Prestes, presidente do Estado, mandou cancelar a proibição que havia na guarda cívica, relativamente à admissão de pretos, que até agora não podia fazer parte desta corporação. É uma resolução que deve ser aplaudida. Enquanto esses brasileiros que se diferenciavam dos outros, apenas pela pigmentação, eram dessa maneira, afastados de prestar um serviço ao público, mantendo-se com o seu rendimento, inúmeros estrangeiros vindo com o fito de fazer a América, à nossa custa, sem saber uma só palavra do nosso idioma, sem conhecer sequer as ruas da capital, quanto mais os costumes e as delicadezas, os melindres próprios da gente paulista enxameavam na guarda cívica, atroando os corredores da sede com seu vozerio. Não estava certo, era, além

> de uma grande injustiça, uma péssima escola para o futuro, aonde aos poucos viríamos essa antipatia tão nociva a todos pela única causa de uma pele divertidamente colorida" (CD Imprensa Negra, Jornal O *Progresso*, 1928).

As informações da Imprensa Negra, em nossa atualidade, também são recursos imprtantes para compor a memória coletiva. Os meios de comunicação da Imprensa Negra não eram e não faziam parte da história oficial, como os principais órgãos de notícias e informação. Ele era um meio de divulgação, propagação de ideias e objetivos sobre a realidade e o quadro social e político da massa negra que vivia na capital paulistana. Diferente da história oficial, os periódicos negros tiveram o papel de promover a aproximação da massa negra e destacar a política que homens e mulheres negras inscreveram na cidade de São Paulo.

> "O trabalho que mais marcou a comunidade negra na Barra Funda é aquele de descarrer vagões, que vinham com banana, a carga vinha com banana, cereais, aquelas coisas, mas ali ficou caracterizado como Largo da Banana, porque ali se descarregava grande parte das bananas, a negada se ocupava desses serviços, entendeu, e dos outros serviços: pedreiro, guarda-noturno, como não existia aquela guarda organizada, existia cada um, guarda de boate, o negro se ocupava disso. Inclusive havia um preconceito danado, antigamente a guarda civil de São Paulo era uma guarda elitizada, eles gostavam mais das pessoas brancas, de bom tamanho, altura elevada, esses eram fáceis de entrar na guarda civil, depois que foram admitndo o negro" (Benedito Marques, 85) (OLIVEIRA, 2002; 80).

O interlocutor viveu a época retratada acima, ele protagonizou parte da história da Imprensa Negra, enquanto leitor e protagonista das organizações negras. Ele traz em sua memória o trabalho de negro na capital paulistana, aquele trabalho que só os homens e mulheres realizavam, as funções de menor reconhecimento socioeconômico. Em suas palavras, a Barra Funda, nos idos de 1930, era um dos territórios negros e parte de sua territorialidade, como o mercado de trabalho, a habitação, o universo do samba e os lugares de sociabilidade. O Largo da Banana, lugar de exercício do trabalho e também do lazer, após o findar do expediente o lugar ganhava outra feição com as rodas de samba e a capoeira. Neste movimento de trazer as informações do passado, os interlocutores também evocam os movimentos de dificuldades, das injustiças e, em especial, dos momentos marcantes, por exemplo, o preconceito em relação aos homens e mulheres negras na capital paulistana. Na memória do interlocutor, em meio as informações da Barra Funda e do Largo da Banana, emerge a lembrança da ausência de negros na guarda municipal. Diferente da Imprensa Negra, que registrava e veiculava informações com objetivos determinados, com o interlocutor é diferente, as lembranças e a memória coletiva vão sendo elaboradas, mediante a construção social do espaço em que só eles viveram e foram protagonistas.

As lembranças do interlocutor e as informações dos periódicos negros representam também parte da memória negra paulistana. A lembrança do interlocutor foi lembrada, por intermédio do esforça da memória e da vida social, quanto aos periódicos negros, eles foram escritos, registrados oficialmente, no entanto, diferente da imprensa oficial, a lembrança individual e coletiva compartilham sentimentos comuns, do universo do trabalho, dos lugares de sociabilidade e os espaços do racismo, que homens e mulheres negras sofreram, como, por exemplo, a probição e/ou ausência de negros em determinadas funções do mundo do trabalho.

Fernandes (1965), Ianni (2004), Bastide (1983) e Moura (1994) trazem à tona o protagonismo da Frente Negra Brasileira, organização negra que vigorou dos anos de 1930 até 1937. Os autores qualificam que o protesto negro corporificou e floresceu na década de 1930, irradiando-se pouco além pela década subsequente. No cenário político nacional, apenas o Estado Novo de Getúlio Vargas, com sua política de proteção ao trabalhador brasileiro e de tutela de seus sindicatos, saiu-se consagrado pela massa negra.

Em 12 de dezembro de 1930, através do *decreto nº 19.482* , é fortemente restringida a entrada de imigrantes no Brasil, medida que vigorou até 1933, para evitar o aumento do número de desempregados, na época, chamados de *sem-trabalho*. Este decreto determinava que todas as empresas brasileiras incorporassem, pelo menos, 2/3 de trabalhadores brasileiros em seus quadros, (a "Lei dos 2/3"), para proteger o trabalhador nacional.

Direta e indiretamente, o trabalhador nacional e, em especial, a força de trabalho de homens e mulheres negras foi beneficiada com a restrição de imigrantes na sociedade urbana industrial em desenvolvimento.

Fernandes (1989) retrata o que significou o protesto negro na cidade de São Paulo:

> "(...) O que resulta é uma cabal e indignada desmistificação: na lei, a ordem é uma; nos fatos, é outra; nas consciências, as variações não são registradas. O negro desmascara e, ao mesmo tempo em que ergue a sua denúncia e mostra a sua ira, exige uma segunda abolição. Em suma, clama por participar da evolução social que não o atingiu, levantando o véu de uma descolonização que ficara interrompida desde a Proclamação da Independência e indicando sem subterfúgios os requisitos da democracia racial" (FERNANDES, 1989: 15).

Ianni (2004) compartilha da mesma opinião de Fernandes. Os negros que fundaram a Frente Negra, queriam transformá-la numa força social, isto é, política, visando à elevação moral, intelectual, artística, técnica, profissional, jurídica e econômica. Em 1937, todos os partidos políticos foram extintos. Com a determinação do fechamento político, acabou-se também um projeto político da Frente Negra Brasileira.

De 1945 até 1964, no período que antecede a ditadura militar, ocorre a completa proletarização do negro na cidade de São Paulo. Poucos foram os negros que estiveram à frente na política, indústria, comércio e nos lugares de maior prestígio social, como por exemplo, nas funções de vereador, deputado, governador, empresário e profissional liberal.

Durante a ditadura militar, a organização negra entrou em recesso, em razão da ausência dos direitos à liberdade política. A ditadura militar fechou todas as organizações sociais e políticas, com exceção daquelas que atuavam na clandestinidade. A visibilidade negra, no período da ditadura militar não superou os períodos anteriores, mas o principal papel realizado por homens e mulheres negras na cidade de São Paulo foi intensificado: centrou-se na ocupação da indústria enquanto mão de obra e exército de reserva no mercado de trabalho. Entre os interlocutores, as lembranças retratam o seguinte quadro social:

> "É, eu acho que é o que eu estava comentando com o meu filho, o meu filho Charles. Ontem, inclusive, fazendo esses paralelos, a gente começa a ver esses quadros de abertura política, de discussão dos anos de chumbo e eu mesmo, eu me sinto excluído de todo esse processo. E então quando eu vejo um filme, um debate, um documentário ou alguma coisa relacionada a esse período, 1964-1985, me vem sempre àquela pergunta: 'Onde eu estava? A sensação que se tem é que nós estávamos vivendo em outro planeta. E, de certa forma, estávamos mesmo, o meu filho fez uma observação bem pertinente. O pessoal, os estudantes da classe média, a burguesia, os políticos, os intelectuais da época estavam brigando contra o Estado. Nós, proletários, estávamos cuidando das casas deles. A minha mãe mesmo, eu fiz uma redação ano passado para a faculdade, em que falava mais ou menos nisso. Pegando aquela marcha, a marcha da família por Deus e pela Liberdade, eu fiz uma alegoria, eu peguei a minha mãe como personagem, meio real e meio fictício. As madames foram para a rua protestar contra o governo e a minha mãe ficou limpando a casa deles. Hoje em dia, elas são primeiras-damas do Estado e a minha mãe sequer chegou à secretária de alguma coisa. Esse processo, às vezes, as pessoas

> falam que foram excluídas do processo político, nesses 21 anos de ditadura. Eu fico perguntando: e nós, então? Se eles estão 21 anos atrasados e isso afetou cinco ou seis gerações, e nós? E nós negros, e a nossa geração, como é que estamos?" (Homem Negro, Cidade Tiradentes, 51 anos).

No campo político, esse período produziu cenários a respeito das diferenças e da igualdade: o governo militar propagou a ideologia do mito da democracia racial nos espaços públicos e privados, principalmente nas instituições do Estado como a escola, onde implantaram a imagem da docilidade, suavidade e a ausência de conflitos entre os grupos sociais e raciais no país. Os governos militares se ausentaram do debate sobre raça e se negaram a admitir as desigualdades entre brancos e negros em nossa sociedade (GUIMARÃES, 2001). Nas organizações contrárias à ditadura militar, a ideia de classe e raça não combinava, porque na visão destes setores, a questão de classe social não poderia ser dividida com a raça.

O interlocutor, em conversa com seu filho, relembrou o tempo de juventude para visualizar o que ele e seus pares eram e faziam em pleno período da ditadura militar: seus pais e suas mães eram "pau para toda obra", eles estavam presentes em todas as ocupações do proletariado industrial, mas nas ocupações de menor rendimento socioeconômico; a geração de jovens negros que viveram esta época começaram bem cedo a vida no mercado de trabalho; em geral, a maioria da juventude negra conseguiu auferir a condição de proletariado; diversas gerações no decorrer do século XX permaneceram nas mesmas posições e o processo cumulativo das desigualdades promoveu a sepação socioeconômica de brancos e negros, sobretudo os benefícios ficaram orientados para as classes média e alta brancas.

> "Não, não tinha política, na época. E pra você ver, na escola era aprendendo a Ordem e Progresso, a questão da Ordem e do Progresso, a Cartilha Caminho Suave, hasteava a bandeira toda a quinta-feira, cantava o hino nacional, a professora ia lá e cantava o hino nacional. Um monte de gente morrendo, pessoas desaparecidas, casas invadidas, né, ou sitiadas, sei lá o quê. E parece não está acontecendo nada disso, as crianças continuam na escola cantando o hino nacional, Educação Moral e Cívica, que era a disciplina, os trabalhos eram os símbolos da Pátria que era para desenhar. Eu mesmo tirava dez em tudo, pintar a bandeira do Brasil, o símbolo do Exército, da Marinha e da Aeronáutica, aí faz tudo isso e vai pra casa (risos). Como é que pode, que loucura, aí faz tudo isso e vai pra casa com um cara lá ameaçando a minha madrasta, dizendo que, se pegasse, o que ia fazer, e dizendo

> que eu tinha que estar junto, uma coisa de louco mesmo" (Homem Negro, 43 anos, Cidade Tiradentes).

Segundo Guimarães (2003), a época da ditadura militar marca o início do achatamento da escola pública voltada para os trabalhadores. O espaço da educação, da pedagogia e do aprendizado, segundo as palavras do interlocutor acima, limitou-se a propagar os ideais de ordem, de moral e a ocupação dos "lugares" na sociedade.

Ianni (2004) reitera o contexto: os negros estão presentes em sindicatos e partidos políticos que reúnem uma ampla maioria de brancos. As crianças têm acesso à escola primária, quase que exclusivamente pública. Mas são os brancos que ingressam nas instituições de ensino médio, superior e tecnológica públicas e privadas.

Abdias do Nascimento e Guerreiro Ramos, entre os anos de 1950 e 1968, inauguram o Teatro Experimental do Negro, no Rio de Janeiro. De cunho eminentemente cultural, de início, o projeto tinha como objetivo oportunizar o campo das artes cênicas aos atores e atrizes negras. O projeto acabou sendo ampliado, tendo em vista a formação profissional, em psicodrama coletivo da população negra e de recuperação da imagem e da autoestima dos negros brasileiros (GUIMARÃES, 2005; 2006).

Dentre os interlocutores deste trabalho, nenhum deles participou diretamente das atividades do Teatro Experimental do Negro. No entanto, um dos depoentes viveu constantemente mergulhado, descobrindo e aprendendo o mundo do teatro e do cinema brasileiro.

> "Eu assisti esse filme no Cine Marrocos, dirigido por um francês, como que era o nome dele? Ainda ontem, eu falei para, fala um nome de um filme da velha guarda que eu lhe dou o enredo e quem são os atores. Pensei que ia falar um filme americano, ela ficou assim, assim, ela falou assim pra mim: *Rei fi, fi*. Um grande filme policial francês. Direção de Jules Dafey assisti a esse filme no Cine Marabá, está fechado. Se você falar qual filme que eu assisti na televisão eu não me lembro. Agora, se você me falar dos filmes que assisti em 1939, em 1940, eu me lembro. A televisão mexeu com a massa encefálica da gente. Você também mexe com arte cênica? Trabalhei lá, fiz muitas amizades, tinha um pessoal lá que gostava de teatro. Lembro que naquela época, chegava e escrevia até em papel de pão, escrevia ali peça da época... Eu lembro que o Petrônio, ele era, minha nossa, ele também gostava de teatro, ele falou: 'Me dá o seu negócio aí que eu vou bater na máquina para você'. Passei na hora. É uma diferença escrita à mão e escrita à máquina. O primeiro texto que eu escrevi foi uma história que meu pai contava pra

> gente, era *O homem que vendeu a alma* "(Homem Negro, 75 anos, Cidade Tiradentes).

Conforme nosso interlocutor, o cinema e o teatro de sua época foram importantes para toda uma geração. As atividades da arte e da construção de conhecimento do mundo cênico ofereceram aos grupos sociais do qual ele participou condições para aprimoramento social e cultural. Percorrer os cenários do teatro e do cinema foi determinante para a elaboração do repertório cultural do interlocutor. Os objetivos do Teatro Experimental do Negro foram apreendidos indiretamente por ele, que atuou, produziu, escreveu e compôs dramas sociais. O grupo do qual o interlocutor participou, no passado, constituiu-se majoritariamente de pedreiros, empregadas, motoristas, cozinheiras, costureiras e trabalhadores braçais. A experiência do interlocutor com o repertório teatral e cinematográfico, aproxima-se da política do TEN, a respeito da formação social e política do proletariado negro e pobre.

O ressurgimento do movimento negro, assim como todas as organizações sociais e políticas, entra em cena no final dos anos de 1970, em plena conjuntura da redemocratização brasileira. Posterior ao momento repressivo da ditadura militar, ressurge a sociedade civil entre 1968 e 1978, como o protesto negro que recupera a sua força através da entrada de novos atores negros no espetáculo das cidades. Nos novos cenários, o protagonismo negro apresenta-se com a fundação do Movimento Negro Unificado, em 1978.

Guimarães (2001) chama atenção sobre a história do quilombismo, cunhado por Abdias do Nascimento, nos idos de 1970.

> "Abdias retira não apenas analogias formais e palavras de ordem, mas a ideia fundamental de que a emancipação do negro brasileiro significa a emancipação de todo o povo brasileiro da exploração capitalista" (NASCIMENTO, 2001:133).

A proposição de Abdias do Nascimento não é o universo particular, restrito aos segmentos sociais negros. Seu objetivo é universal, aplicado em todo território brasileiro. A partir de 1978, com o surgimento do MNU em São Paulo e nas principais cidades do país, outras organizações negras foram gradativamente demarcando suas ações e estratégias (cultural, religiosa, emocional, sindical, esportiva etc.).

Moura (1994) caracteriza o movimento negro da cidade de São Paulo até o ano de 1990, classificando-o em dois segmentos: de um lado, os universitários, burocratas, elementos do meio artístico e o segmento diretamente ligado à área política; de outro lado, o universo composto por favelados, desempregados, semi-empregados, delinquentes e mendigos. Para melhor identificação dos dois segmentos, Moura (1994) denominou o primeiro grupo chamando-o de "letrados" e o segundo, "o grupo plebeu".

Os movimentos sociais sempre se organizaram a partir de suas demandas (internas e externas), necessidades e também a autocrítica de seu papel na sociedade. Quanto ao movimento negro paulistano, a crítica é importante para definir estratégias e espaços políticos que não são ocupados. As espacialidades e territórios dos dois grupos quase não se cruzam e o encontro efetivo, ao se concretizar, permitirá interrelações teórica e prática, especialmente da política racial e social.

O movimento negro trouxe para a cena nacional, além das palavras de ordem e da organização sóciorracial, referências para a atuação política, como as políticas de reconhecimento (de diferenças raciais e culturais), de identidade (racialismo e voto étnico), de cidadania (combate à discriminação racial e afirmação dos direitos) e redistributivas (ações afirmativas ou compensatórias) (GUIMARÃES, 2001).

O dia 20 de novembro simboliza que Zumbi está vivo, que as lutas de homens e mulheres negras estão presentas nas cidades brasileiras e suas forças são representativas para o fortalecimento do território negro. A partir do dia 20 de novembro de 1988, sob a direção do movimento negro foi celebrado o Dia Nacional da Consciência Negra no Brasil. Hoje, esta data foi incorporada ao calendário nacional, no que tange às comemorações culturais e políticas.

No passado da Imprensa Negra, o 13 de maio era uma data de grande comemoração; nos lugares, ambientes e nas territorialidades negras, a comemoração e o protesto tomavam diferentes direções na história da capital paulistana. Durante toda a fase da Imprensa negra o 13 de maio sempre teve seu espaço reservado, nunca deixou de se manifestar e se opor à ideia da falsa democracia.

> 13 DE MAIO – DIA DE FÉ DOS NEGROS BRASILEIROS
> A expressão vigorosa desta silhueta representa e caracteriza o símbolo de um ideal – na configuração de defesa de um princípio – que deve ser encarado, conscien-ciosamente, pelo negro brasileiro, nessa mesma atitude de luta.
> Luta de solidariedade na forma de recuperação dos prejuízos históricos. Luta em prol de seu alevantamento, demarcando o início de uma jornada que se destina ao reajustamento de todos, na integridade da pátria comum.
> Luta pelo encontro de si mesmo na órbita de nossa comunhão de ideias e so¬ciais, pelo aproveitamento de nossos valores dispersos e pela estruturação de nossa base econômica.
> Luta, enfim, pelo libertação dos complexos e dos grilhões do atavismo que manifestam as aspirações de nosso altruísmo, nesta altura de um amadurecido 13 de maio. (Jornal Alvorada,São Paulo, 1948), (LEITE e CUTI, 1992).

Os inúmeros 13 de maio das primeiras décadas do século XX, configuravam ideias e objetivos de luta em prol da igualdade e da democracia brasileira. O papel da Imprensa Negra, principalmente na fase de protesto, organizava o 13 de maio para efetivamente valorizar a história social e cultural do negro brasileiro. No passado, nas décadas de 30, 40 e 50, o 13 de maio, geralmente, foi escrito tendo em vista a busca de valores de sair do "lugar de negro", de habitar e usufruir dos verdadeiros sentidos da cidade e da democracia, de almejar as melhores posições no mercado de trabalho.

Parcialmente, a memória coletiva do 13 de maio revela a política empreendida por homens e mulheres negras que se organizaram nos movimentos sociais negros, por intermédio da Imprensa negra e das associações sociais e culturais. No passado, era o 13 de maio, no momento atual, o 20 de novembro, ambos, em momentos decisivos da história social do negro em território nacional e paulistano, trazem a busca pela transformação do quadro socioeconômico, a luta contra o racismo e os verdadeiros significados da democracia.

Há uma lista de reivindicações do movimento social negro que busca a eliminação das desigualdades e a luta pela cidadania. Trata-se de legislações, de âmbito jurídico e social, que se destinam ao implemento de ação afirmativa; na área da educação, saúde, mercado de trabalho, no âmbito da legislação anti-racista, a política de cotas para negros, pobres e indígenas no acesso e permanência ao ensino superior.

Silvério (2002), Guimarães (2003) e Munanga (2005; 2006) consideram que a ação afirmativa é imprescindível para a eliminação de históricas desigualdades intrínsecas à população negra. O racismo e a discriminação reforçam o nível de descidanização dos territórios brasileiros, o que se torna cada vez mais profundo quanto às diferenças em torno da raça e da classe social.

Telles (1996) compara a sociedade norte-americana e a brasileira, tendo como princípio central a questão das ações afirmativas. Na sociedade norte-americana, a aplicação de ações afirmativas teve início no período dos direitos humanos, em 1960. A prioridade das políticas afirmativas visou três áreas: o ensino superior, o mercado de trabalho e os contratos públicos junto a uma minoria de empresários negros.

Bowen e Bok (2004) são ex-reitores de duas excelentes universidades norte-americanas, eles se debruçaram em um maravilhoso estudo histórico e analítico sobre as ações afirmativas implantadas no ensino superior. Segundo os autores, com as ações afirmativas, a oportunidade dos jovens no acesso ao ensino superior proporcionou o aumento, permanência e o desenvolvimento dos negros principalmente em áreas estratégicas, como Medicina e Direito. O levantamento realizado aponta resultados e reflexos diretos quanto à igualdade de competição e à abertura do mercado de trabalho em áreas que eram hegemônicas aos profissionais e estudantes brancos. Por mais de três décadas, a ação afirmativa nos Estados Unidos contribuiu para a ascensão da população negra na sociedade e, em consequência, tocar em um tema central: a eliminação das desigualdades raciais. As desigualdades raciais e a segregação não foram banidas do território norte-americano. Porém, compreendo que houve avanços estruturais entre as diferenças entre brancos e negros. A visibilidade do negro em áreas estratégicas e a profissionalização, como medicina e direito, refletiu em força ao movimento negro norte-americano, como a contínua luta em torno da igualdade, da democracia e da cidadania.

O início das ações afirmativas no Brasil, conforme Telles (1996) tem à frente difíceis entendimentos na sociedade brasileira. Há ideias contraditórias que tramitam entre os atores políticos; em toda a esfera política, como o executivo, o legislativo e o judiciário, representantes da sociedade civil, os movimentos sociais negros e as Organizações Não-Governamentais, todos produzem diferentes intervenções, tendo em vista, resolver o problema histórico e atual das desigualdades sociais e raciais. O racismo é um dos principais problemas não resolvidos pela democracia brasileira. As desigualdades no mercado de trabalho geram diferenças de renda e acesso às melhores funções. A segregação de ordem ocupacional, educacional e racial, impede a mobilidade dos negros. Esse cenário, aos olhos do movimento negro, concentra-se em torno de políticas de ação afirmativa. Silvério (2005) faz o seguinte comentário sobre a ação afirmativa:

> "Em uma definição formal, as ações afirmativas referem-se a esforços orientados e voluntários empreendidos pelo governo federal, estados, pelos poderes locais, empregadores privados e escolas para combater discriminações e promover oportunidades iguais na educação e no mercado de trabalho para todos. A meta da ação afirmativa é eliminar discriminações contra mulheres e minoria étnicas combatendo os efeitos das discriminações passadas com vistas à (re)estabelecer o equilíbrio social".

A principal pergunta, ainda não respondida pelos setores contrários à ação afirmativa, é: como solucionar o quadro socioeconômico de exclusão e racismo da maioria da população brasileira, pobre, negra e indígena, que historicamente se encontram em desigualdades material e simbólica?

> "É isso, o empoderamento da mulher negra, nada contra ser doméstica, eu posso ser doméstica, mas se eu quiser, eu posso ser outra coisa. Eu acho que isso tem um potencial, das pessoas se enxergarem: se ela pode, eu também posso. Logo que eu vim trabalhar aqui, eu dava carona para uma menina de auxiliar enfermagem, e ela é negra, eu gosto muito. Ela olhou pra mim e falou assim: 'Eu estou tão orgulhosa'. Eu falei, 'Por que Rose você está tão orgulhosa?' 'De ver você, de ser mulher, ser da, nem fala o termo porque tem medo, ser de cor e estar nesse

> cargo, ter seu carro e não sei o quê'. Aí você percebe como é importante. A raça precisa de visibilidade, a gente precisa sair das manchetes policiais pra ir para as manchetes do trabalho, de destaque, de classe média, de aparecer, de ver. Eu era contra as cotas, eu acho que as cotas meio que discriminam, porque vão começar a dizer assim: 'Neguinho só entrou na faculdade porque deram à vaga pra ele, neguinho não sei o quê'. Não é só entrar na faculdade, porque se você veio de uma escola pública de fundo de quintal, e de repente você consegue uma vaga na USP, com quem a vida inteira, só estudou no Bandeirantes, é lógico que você vai ter dificuldades. Só que essa dificuldade não vai aparecer porque você teve, vai aparecer pela questão que você é incapaz, eu tinha raiva disso. Vão discriminar porque, na hora que colocar o cara do Bandeirantes e o cara de lá do fundo de quintal, aí a Luzia falou: 'Deixa, tem que ser assim, no começo vai ser na raça. Os primeiros vão sofrer. Como é que você acha que os EUA superaram? Porque você acha que hoje você vê juízes negros, médicos, engenheiros negros, cientistas negros? Você vê, sabe tem uma questão, foi assim, não pense que foi fácil os primeiros negros que foram para as universidades americanas, que eles colheram só flores, eles também tiveram muitas dificuldades. Então os nossos negros, quando forem para a USP, ITA, uma Santa Casa, Escola Paulista, enfim, eles também vão fazer,» mas é assim que é. Eu comecei a pensar: quando você vê um filme americano e vê um juiz negro, você gosta, né? Pergunta qual foi o caminho que ele fez? Foi o caminho das cotas. Hoje dizem que as cotas, nos EUA, não têm mais sentido, o negro cavou outro caminho, espaço. Talvez as cotas façam esse resgate, mas não é muito fácil, não. Agora acho, porque assim, a vida inteira foi dito para o negro que ele não era capaz, foi vendido para ele, foi vendido o que ele via, ligava a televisão o que ele via? Ou no presídio, ou fazendo faxina ou não sei o quê, então. Você vai assimilando isso como não sendo capaz, à medida que vai mudando, vai vendo que não é só isso, eu posso. A questão de você estar aqui ou estar lá não tem a ver com a cor, tem a ver com as possibilidades. Acho que, desse ponto de vista, a gente tem um papel importante de vender isso, de passar em diante" (Mulher Negra, 60 anos, Brasilândia).

Os atores sociais que serão atendidos pela ação afirmativa estão elevando a qualidade de argumentos favoráveis à implantação de políticas para a eliminação das desigualdades raciais. A depoente acima descreveu parte de seu cotidiano sobre a importância da posição profissional, da visibilidade, do poder econômico e o conhecimento perante espacialidades negras e pobres muito abaixo de sua posição socioeconômica. O cenário enfatizado pela interlocutora toca em questões-chave: gênero, raça e classe social.

No início, o debate sobre a política de cotas no país gerou incompreensões, desentendimentos e a falta de coesão política entre os atores sociais negros. Para os setores do movimento social negro, intelectuais, professores e atores políticos, o quadro sobre a política de cotas no país não se apresentou com unidade política. Inúmeros representantes de expressão política, inicialmente, eram contra a política de cotas. Gradualmente, as proposições, os debates e os conflitos políticos entre os segmentos sociais e raciais, foram demarcando lugares e posições.

> "Eu me lembro que, quando a gente começou a debater ação afirmativa no movimento negro, o pessoal dizia: Não! Não vai acontecer nada, isso é reforma! Hoje até o MNU está defendendo. Porque uma das dificuldades que o Movimento Negro tem tido é não ter uma bandeira unitária. O que nós tínhamos de unidade era: contra o 13 de maio, com o dia nacional de protesto, o 20 de novembro e contra o racismo. A massa negra não consegue visualizar a luta antirracista. Ela não consegue ligar: ser contra o racismo em que a beneficia? Com a ação afirmativa, ela passa a entender: é vaga na universidade, é vaga no shopping center, onde o cara não tem emprego. Assim ele entende, porque você está mostrando um caminho concreto. (...) (Ivair Augusto dos Santos) (ALBERTI e PEREIRA, 2007; 393)

A publicação sobre a história do movimento negro no Brasil, referente aos depoimentos de militantes negros e negras, o tema sobre a política de cotas foi, gradualmente, sendo construído. A unidade política foi e continua sendo difícil para os diferentes segmentos políticos do movimento social negro. Nesse documento, os depoentes, ora se veem em meio às dúvidas ou com opiniões inacabadas e, ora tomam à frente, contribuindo com a construção da política de cotas (ALBERTI e PEREIRA, 2007).

Com a promulgação das políticas de ações afirmativas, como o Estatuto da Igualdade Racial é a massa negra que começa a se mobilizar visando a participação em políticas de inclusão social e racial, haja vista as políticas de acesso e permanência ao ensino superior nas universidades públicas do país. Desde os anos de 1960 o movimento negro vem denunciando que o ensino superior é branco e elitista. O que há de novo, nos últimos anos? Nas concepções de Guimarães (2003), os atores sociais que saíram às ruas, no período da ditadura militar, como, por exemplo, estudantes universitários, professores e intelectuais, representantes brancos das classes média e alta, não foram os protagonistas que se mobilizaram exigindo mudanças no sistema de ensino superior, tendo em vista a democratização do ensino no Brasil.

> "Quem empunhou a nova bandeira de luta por acesso às universidades públicas foram os jovens que se definiam como negros e se pretendiam porta-vozes da massa pobre, preta e mestiça" (GUIMARÃES, 2003).

Na periferia paulistana, a mobilização de jovens em cursos preparatórios para os vestibulares tem alcançado diversas dimensões sociais como gênero, raça e classe social.

> "Eu não participo de nenhum, eu cheguei a participar da Educafro. Mas participei muito pouco depois que comecei a faculdade, corre para lá e para cá não sobra tempo, mas eu sempre conversei com a Neide e não sei se você conhece a Paola. A Paola sempre tentou montar alguma coisa aqui na Paróquia, uma reunião alguma coisa assim na questão do negro. Agora na questão da participação, comecei lá na Educafro, mas foi muito pouco, mas eu acho interessante tem que ser por ai mesmo tem que lutar mesmo, tem que brigar, tem que questionar tem que por a boca no trombone e fazer com que as pessoas participem, principalmente nós temos que fazer valer isso. Aqui na região eu desconheço. Não conheço nenhum grupo, até então aqui na região não estou participando de nada no momento" (Mulher Negra, 38 anos, Cidade Tiradentes).

A partir do diagnóstico da sociedade brasileira da década de 1980, Florestan Fernandes (1989) assinala que classe e raça se fortalecem reciprocamente e combinam forças centrífugas à ordem existente, que só podem se recompor em uma unidade mais complexa, uma sociedade nova. Uma sociedade nova só pode ser conjugada com democracia racial e cidadania. Essa é a busca incessante que homens e mulheres negras escreveram na história do século XX.

Produção social do Espaço da cidade de São Paulo e das Periferias

Em 25 de janeiro de 2016, a cidade de São Paulo completou 463 anos. Hoje, observo que a história da cidade compreende marcos que corresponde aos principais momentos da afirmação de seu potencial econômico, desenvolvimento e a (re)produção do espaço social. De acordo com Bruno (1984) e Véras (1991), a história da cidade pode ser resumida em quatro etapas:

> "- o burgo dos estudantes, que teve como marca a formação da primeira instituição de ensino superior do Estado de São Paulo, a Faculdade de Direito;

> - o segundo momento de fundação da cidade, a economia cafeeira, que se destacou na economia nacional no final do século XIX até as primeiras décadas do século XX;
> - o pontapé inicial da indústria, nos anos de 1930 e, posteriormente, a fase de desenvolvimento e consolidação, até assumir o carro-chefe da economia nacional;
> - as últimas décadas do século XX e o momento contemporâneo, que se formou no processo de desindustrialização e a instalação da sociedade de serviços, do mundo digital e tele - eletrônico."

A cidade do século passado, que deixou suas marcas registradas na história, guarda muitas lembranças de um tempo que não volta mais, repleto de lembranças, realizações, conquistas e diversidade humana. O bonde elétrico, o movimento das ferrovias, a produção acelerada do café na economia local, o início e o desenvolvimento da indústria, a diversidade de cores/raças e relações sociais dos nacionais e estrangeiros, a pobreza e a riqueza retratadas nos casarões, cortiços e porões, as festas do Bexiga, Brás e Barra Funda, o Carnaval do tempo dos cordões, o sagrado e o profano das organizações sociais e religiosas, as lembranças das revoluções de 1924 e 1932, o footing dos jovens nas ruas do centro da cidade, o futebol da várzea, a época do rádio, o início da periferização e o momento atual com o meio-técnico científico informacional, enfim, múltiplos territórios foram inscritos na história da cidade de São Paulo.

Hoje, os territórios manifestam outras atitudes e ações: centralização econômica, concentração da riqueza e territorialização da pobreza, violência, criminalidade e tráfico de drogas, confinamento e separação das classes sociais. Portanto, o território foi se incorporando, gradativamente, dos elementos artificiais e do mercado da globalização.

A relação entre centro e periferia é intensa, a primeira se organiza e produz enquanto sede e centro do poder econômico, político e cultural. A segunda, como o berço da força de trabalho e do vasto exército industrial de reserva. Nesse aspecto, a globalização produz territorialidades distintas: uma é produtora e a outra é reprodutora da complexa rede que forma a produção social do espaço (SANTOS, 1994).

O meio técnico científico informacional está, em grande proporção, distribuído no quadrante sudoeste da cidade de São Paulo. Nessa região, estão as principais instituições de ensino e pesquisa, o maior número de bancos do cenário nacional e internacional, a concentração de atividades culturais como cinemas, teatros, bares e shows musicais, a região cujo valor venal da terra e do espaço construído é o mais caro de toda a cidade, o setor de serviços, realização de negócios via on-line, transporte de fácil acesso que liga uma região a outra (metrô), empresas nacionais e estrangeiras que participam da economia local, estadual, nacional e internacional.

A globalização revela faces perversas, porque obriga a todos, principalmente aos mais despossuídos, do ponto de vista financeiro, ao exercício cotidiano de compra e venda das necessidades, onde predominam os papéis de consumidores do que de cidadãos (SANTOS, 2001).

A periferia do século XX tem o seguinte retrato social: sua composição de habitantes é constituída majoritariamente por negros e pobres, aglomerado distante dos centros, clandestinos ou não, carentes de infra-estrutura e ambiente construído, onde passa a residir crescente quantidade de mão-de-obra necessária para fazer girar a máquina econômica (KOWARICK, 1993).

Conforme levantamento do PIB do Estado de São Paulo de 201'0 (SEADE/IBGE, 2010), a respeito da história passada e contemporânea da produção do país, a capital paulistana aqueceu a economia nacional por intermédio da industrialização; com a produção de automóveis, eletrodomésticos e eletrônicos.

Em 2010, a produção da economia estadual alcançou a cifra de R$ 1.247.595,95 (ver tabela abaixo). Parte desta economia está distribuída, porém concentrada em lugares estratégicos da geografia de São Paulo. É a capital paulistana que arregimenta o maior PIB municpal do Estado. São Paulo detem R$ 443.600,10, que significa aproximadamente 35% de toda a produção estadual. São Paulo, Guarulhos, Campinas, Osasco, São Bernardo do Campo, Barueri, São José dos Campos, Jundiaí e Ribeirão Preto, aproximadamente representam 55% de toda a produção econômica do Estado de São Paulo.

Desde as últimas décadas do século passado até a primeira década do presente século, o setor de prestação de serviços tem avançado quanto a sua participação na produção econômica. No estado de São Paulo, este setor respondeu com R$ 1.036.697,95, isto representa mais de 85% do PIB estadual. Aproximadamente 30% da produção de serviços concentra-se na capital paulistana. São Paulo e a região metropolitana são o carro chefe da economia estadual, este potencial deve-se a produção social do espaço que se construiu no decorrer do século XX.

Tabela N° 19 - Setor de Atividade Econômica e PIB Municipal, 2010 (*)

Municípios	Agropecuária	Indústria	Serviços	Impostos	PIB
Total do Est.SP	19.398,38	30.453,34	1.036.697,95	210.897,95	1.247.595,95
1. São Paulo	19,12	74.122,19	364.098,84	79.501,27	443.600,10
2. Guarulhos	5,15	9.830,84	30.663,38	6.476,02	37.139,40
3.Campinas	21,51	7.477,49	27.671,69	9.016,94	36.688,65
4. Osasco	0,85	3.020,10	29.088,61	7,300,47	36.389,08

5. São Bernardo do Campo	5,04	12.997,22	28.582,17	6.996,42	35.578,59
6. Barueiri	---	4.343,42	21.733,40	6.019,03	27.752,43
7. São José dos Campos	40,93	10.652,61	20.882,19	3.294,96	24.117,14
8. S.J. Campos	40,93	10.652,61	20,822,19	3.294,96	24.117,14
9. Jundiaí	43,96	6.560,76	17.185,30	2.939,30	20.124,60
10. Ribeirão Preto	50,09	2.838,07	15.027,29	1.976,73	17.004,02

Fonte: Fundação Seade e IBGE. (*) Em milhões de Reais.

A divisão social, espacial e econômica da produção paulistana, concentra-se em um único eixo, o quadrante sudoeste (VÉRAS, 2000). A composição do PIB é realizada por toda a cidade, porém, a riqueza não é distribuída de forma democrática, mediante o grau de investimentos, participação e das prioridades de cada distrito.

Mapa N° 5 - Distribuição do Produto Interno Bruto
Municípios do Estado de São Paulo, 2010.

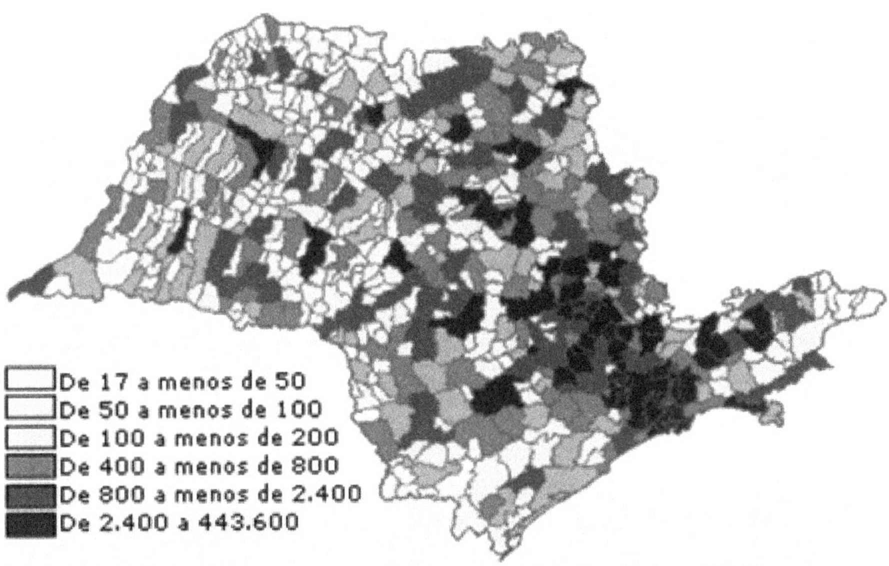

Fonte:Fundação Seade; Instituto Brasileiro de Geografia e Estatística - IBGE.

Mapa N°6 - Distribuição do Produto Interno Bruto
Municípios do Estado de São Paulo, 2005.

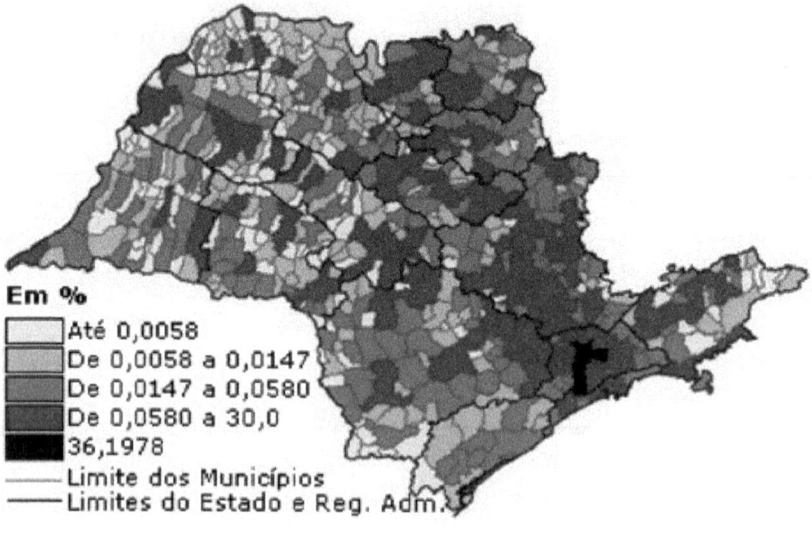

Fonte: Instituto Brasileiro de Geografia e Estatística — IBGE; Fundação Seade.

Ao ler as cartografias acima, analiso que a distribuição do PIB municipal entre os anos de 2005 e 2010, avançou na região metropolitana de São Paulo, sobretudo na capital. Em 2005, o PIB do município de São Paulo era de R$ 263.177, 15, seguido dos municípios que compõem a RMSP, mas em valores absolutos bem abaixo da produção da capital. Após cinco anos, São Paulo elevou a sua produção a R$ 443.600,10, nesse intervalo de tempo a cidade quase duplicou o seu potencial econômico. O mesmo ocorreu na RMSP, acredito que em razão do esparramamento da capital e do potencial de determinadas áreas, servida de infra-estrutura e ambiente construído, essenciais para o desenvolvimento do capitalismo nacional e internacional. Além da expansão da área metropolitana, municípios importantes do interior paulista, como Jundiaí, Campinas, São José dos Campos e Ribeirão Preto, alcançaram o mesmo ritmo da capital do estado

São Paulo tem uma participação muito importante na economia do Estado e do país, mas no plano municipal, a produção econômica não é representativa nos 96 distritos que compõem a cidade. Os distritos das periferias não reúnem em seus territórios indústrias de médio e grande porte, a prestação de serviços resume-se aos serviços públicos que são limitados, portanto, o PIB muninicpal está sobrerrepresentado no quadrante sudoeste. Acredito que diante da concentração econômica, a distribuição de tudo o que é produzido não obedece uma regra básica, ou seja, das prioridades presentes em cada distrito da cidade, como, por exemplo, os territórios onde há sobrerrepresentação da pobreza.

Conforme as tabelas abaixo, apresento os avanços demográficos da cidade de São Paulo nos últimos 70 anos, em docorrência da industrialização e, atualmente, da prestação de serviços. Os distritos da Brasilândia, Cidade Tiradentes e Jardim Ângela também serão interpretados, não com a mesma dinâmica da produção social do espaço da capital paulistana, mas com os reflexos e particularidas dos distritos que compõem, parcialmente, também a história da cidade.

Tabela N° 20- População da Cidade de São Paulo e Distritos Pesquisados 1950-2010

Unid. Territoriais	1950	1960	1970	1980	1991	2000	2010
MSP	2.151.313	3.667.899	5.924.615	8.493.226	9.646.185	10.434.252	11.253.503
BRAS	19.329	49.743	14.855	166.441	201.591	247.328	264.918
CTI	599	1.418	4.296	8.603	96.281	190.657	211.501
JDA	4.325	12.199	48.052	107.580	178.373	245.805	295.434

Fonte: IBGE - Censos Demográficos, 1950, 1960, 1970, 1980, 1991, 2000 e 2010.
Sinopses Preliminares dos Censos de 1950 e 1960.
SEMPLA/DIPLO e Recomposição dos Distritos pra os anos 1950, 1960 e 1970.

Tabela N° 21 - Taxa de Crescimento Populacional da Cidade de São Paulo e Distritos Pesquisados 1950-2000

Unid.Territoriais	1950/1960	1960/1970	1970/1980	1980/1991	1991/2000	2000/2007
MSP	5,48	4,91	3,67	1,16	0,88	
Brasilândia	9,91	8,73	3,78	1,76	2,30	1,12
Cidade Tiradentes	9,0	11,72	7,19	24,55	7,89	4,45
Jardim Ângela	10,93	14,69	8,39	4,70	3,63	1,91

Fonte: IBGE - Censos Demográficos, 1950, 1960, 1970, 1980, 1991, 2000.
Sinopses Preliminares dos Censos de 1950 e 1960.
SEMPLA/DIPLO e Recomposição dos Distritos pra os anos 1950, 1960 e 1970.

Martins (2004) assinala que, a partir de 1930, a migração nacional insere-se na cidade de São Paulo, cuja maior representação advém dos Estados da Bahia, Minas Gerais, Pernambuco e Rio de Janeiro. Posteriormente, em maior proporção, da década de 1950 até o final dos anos de 1980, o trânsito interno configura-se com a migração nordestina. São Paulo teve, em meio século, sua população quintuplicada, de 2.151.313 habitantes, em 1950, para atingir em 2000, 10.434.252 habitantes. O crescimento demográfico deve-se ao desenvolvimento urbano-industrial que se processou durante todo o século XX. Durante os anos de 1960 e 1980 registra-se, na história da cidade, o maior crescimento demográfico, em razão da sociedade urbana e industrial que se sedimentou no século XX (KOWARICK, 1993; KOWARICK *et alli*, 1976).

Em relação aos pedaços (VÉRAS 1991; SPOSATI, 2001), são nesses territórios que o crescimento se esparramou em direção às periferias. Conforme os dados acima, são os distritos das periferias de São Paulo que mais cresceram, tendo como base os últimos censos.

A Cidade Tiradentes, distrito planejado pelos poderes públicos (Municipal e Estadual), localizada na Zona Leste da cidade é um dos distritos negros que mais cresceu do ponto de vista demográfico. A habitação é o principal motivo de todo esse crescimento do distrito, que absorveu a população de baixa renda, dos habitantes que deixaram os núcleos familiares das primeiras periferias em direção aos conjuntos habitacionais (casas e prédios) da Cohab São Paulo.

Em 2007, conforme dados da Fundação SEADE/DIEESE,[9] a média de crescimento demográfico da cidade de São Paulo, referente à 2000/2007, foi de 0,88%. Nos distritos das periferias da cidade, as taxas ultrapassam a média da cidade, conforme a ordem: Anhanguera (13,38%); Cidade Tiradentes (7,89%); Parelheiros (6,79%); Vila Andrade (6,28%); Grajaú (6,22); Iguatemi (6,0%); Jaraguá ((5,11%) e Pedreira (4,47%).

Conforme o Censo Demográfico do IBGE 2000, eram 10.434.252 habitantes na capital paulistana. No último censo, 2010, o IBGE calculou a população da maior cidade do país em 11.253.503 habitantes, no intervalo de dez anos, foram incorporados ao corpo da cidade 819.251 habitantes. Foram os distritos que compõem as periferias que mais cresceram nesta primeira década do século XXI. São Paulo continua crescendo em direção aos limites da cidade, este é um movimento que revela faces de caráter negativo da urbe paulistana, na medida em que o aumento demográfico configura-se com cenários de empobrecimento, segregação e contínua periferização.

O distrito da Brasilândia, localizado na Zona Norte e o Jardim Ângela, distrito da Zona Sul, diferem do quadro habitacional da Cidade Tiradentes. Nos distritos, há proporções acima da média da cidade em relação à população negra, pobre e favelada.

9 Fundação SEADE, 24/01/2008 – 25 de Janeiro – Aniversário de São Paulo – Crescimento e Deslocamentos Pendulares da População e Produto Interno Bruto da Capital Paulista.

Nos três distritos há diversidade de habitações: favelas, conjuntos habitacionais, autoconstrução e mutirões dão o tom da cidade real. A Cidade Tiradentes seguiu uma ordem, um pensamento urbanísco voltado para o planejamento, mas do ponto de vista socioeconômico e urbanístico, ela se enquadra nos distritos da cidade ilegal do que nos distritos que estão dentro da lei (proteção e privilégios).

A cidade é a maior metrópole de toda a América Latina. Em números estatísticos, ela é a primeira em muitas questões no continente latino-americano: em população, operariado, setor de serviços, frota de veículos, usuários de micro-computadores e o acesso à internet, número de celulares, capital do turismo de negócios, aumento do número de pobres, enfim, São Paulo é um grande aglomerado social, espacial e territorial da produção do espaço.

Santos (1994) destaca que a principal economia de São Paulo, na atual etapa, é a atividade que concentra a prestação de serviços. O mundo informacional e tecnológico movimenta a produção da cidade, do Estado e do país, que antes era industrial e hoje é informacional.

> "A base industrial foi o alicerce para que São Paulo hoje se tornasse uma cidade informacional, um centro internacional de serviços. São Paulo é, agora, relativamente menos forte, em produto e em emprego industrial, mas sua força aumentou, no país e no mundo, graças ao fato de que a atividade de serviços se desdobra, criando um expressivo setor terciário de comando, baseado na informação. Somente em atividades técnicas, científicas, artísticas e afins, havia em 1986 quase seiscentos mil empregos, triplicado que foi seu número em quinze anos, ao passo que o emprego total crescia 90%. Mas a pobreza também aumenta: eram 31,8% dos assalariados ganhando menos de três salários mínimos em 1988. São Paulo é a metrópole econômica de um país subdesenvolvido, onde não há melhor lugar para os pobres que as grandes cidades, uma metrópole internacional e uma metrópole involuída" (SANTOS, 1994).

A média de população negra em São Paulo, dos anos de 1980 até o último censo, 2010, é importante para traçar o quadro sóciorracial na cidade. Desde o final da escravidão e o início do trabalho livre, gradualmente, homens e mulheres negras, em decorrência do empobrecimento e da segregação, tiveram que constituir seu espaço social nos limites da cidade. A segregação racial, que não foi oficializada, desterritorializou e reterritorializou núcleos negros nas franjas da urbe paulistana.

Os distritos que compõem este trabalho, Brasilândia, Cidade Tiradentes e Jardim Ângela, parcialmente, assumem as territorialidades negras contemporâneas.

Observo que da região central e do quadrante sudoeste, conforme o deslocamento em direção às periferias a média da população negra tende a aumentar nos extremos da cidade. Abaixo, o quadro sobre população negra da cidade e dos distritos proporciona um breve retrato do cenário sóciorracial da cidade de São Paulo.

Tabela N° 22 - População Negra na cidade e nos distritos pesquisados

Distrito	1980	1991	2000	2010
São Paulo	22,3%	27,49%	30%	37%
Brasilândia	42,4%	38,73%	40%	51,15%
Cidade Tiradentes	*	49,24%	50%	57,00%
Jardim Ângela	*	53,33%	51,4%	60,78%

Fonte: IBGE, 1980, 1991, 2000 e 2010.

Em 1980, Cidade Tiradentes e Jardim Ângela não participavam da divisão político-administrativa da Cidade de São Paulo.

Os percentuais mais altos estão distribuídos nas periferias das Zonas Leste, Oeste, Norte e Sul. Na região do quadrante sudoeste, a presença negra é menor que a média da cidade. Nos distritos ricos ou do quadrante sudoeste, seguem os seguintes dados: Moema (4,7%); Itaim Bibi (6,5%); Perdizes (7,0%); Vila Mariana (7,2%); Lapa (7,9%); Consolação (8,3%); Alto de Pinheiros (10,9%) e Butantã (11,4%), conforme censo, IBGE 2000. No último censo, o percentual de negros e negras nestes distritos se manteve abaixo da média da cidade (ver tabela em anexo)

Em todo o país o crescimento da população negra superou o crescimento de outros grupos de cor/raça, sobretudo o da população branca. Em São Paulo, a população negra que era 30% em 2000, corresponde a 37% , conforme o censo do IBGE de 2010. O crescimento foi mais evidente nas periferias, por exemplo, na Brasilândia, Cidade Tiradentes e Jardim Ângela, mais da metade da população é negra.

Descrevo abaixo, os dados socioeconômicos e culturais dos distritos da Brasilândia, Cidade Tiradentes e Jardim Ângela.

Tabela N° 23 - Quadro Social, Econômico e Cultural da Cidade de São Paulo e distritos pesquisados, 2000.

Dados Distrito/SP	SP	Brasilândia	Cidade Tiradentes	Jardim Ângela
População	10.435.556	247.328	190.657	245.805
Pop. Masculina	4.972.632 47,7%	48,4	48,0	49,0
Pop.Feminina	5.462.914 52,5%	51,5	52	51,0
KM	1.509	31,5	15	62,1
Média de Anos de Estudo do Chefe de Família	7,67	6,55	6,15	5,80
Taxa de Analfabetismo	4,88	5,83	5,78	7,42
Taxa de Evasão Escolar do Ensino Fundamental	1,13	0,76	1,39	1,37
CEIS Diretos e Indiretos (equipamentos)	79.140 (quant. vagas)	20	18	31
CEIS Conveniados (equipamentos)	40.344 (quant. vagas)	13	1	32
Escolas Ens.Infantil (equipamentos)	280.730 (quant. vagas)	19	18	19
Esc.Ens.Fundamental	710.965 (quant. vagas)	19	17	22
Esc.Educ.Jovens e Adultos	12.181	1	0	0
Escolas Ens.Fund. Médio	15.080 (quant. vagas)	0	1	0
CEUs	44.395 (quant. vagas)	1	2	1

Hospitais	15	1	1	1
UBS	385	16	10	27
Número de Favelas	2.018	101	13	272
Pop.Favelada	1.160.5	51.882	5.873	126.559
Percentual da Pop. em Favelas	11,23	13,23	3,08	26,10
Taxa Cresc.Anual da População Favelada	2,97	3,68	11,76	6,35
Terminais Mun. de Ônibus	19	0	1	2
Corredores de Ônibus	1	8	0	1
Estações de Metrô	52	0	0	1

Fonte: Prefeitura Municipal de São Paulo, 2004.

* Do item assinalado até a última categoria, os dados se referem à divisão administrativa por Subprefeitura;

Subprefeitura de M'Boi Mirim = Jardim Ângela e Jardim São Luiz

Subprefeitura de Cidade Tiradentes = Cidade Tiradentes

Subprefeitura da Freguesia/Brasilândia = Distritos de Freguesia do Ó e Brasilândia

Tabela N° 24 - Faixa de Anos de Estudo da cidade de São Paulo e dos distritos pesquisados, 2000.

	SP	Brasilândia	Cidade Tiradentes	Jardim Ângela
Sem instrução	17,2	23,1	21,9	23,9
De 1 a 4 anos	24,6	28,8	26,6	30,4
De 5 a 8 anos	27,5	29,9	35,7	31,6
De 9 a 11 anos	22,2	16,3	14,8	12,9
De 12 a 15 anos	8,0	1,5	0,6	0,7
Acima de 16 anos	0,3	0,3	0,6	0,3
Não determinado	0,1	0	0,2	0,1

Fonte: IBGE, 2000.

Tabela N° 25 - Faixa de Renda da Cidade de São Paulo e dos distritos, 2000.

	SP	Brasilândia	Cidade Tiradentes	Jardim Ângela
Sem renda	38,10	43,60	46,40	46,60
Menos de 1 SM.	30,70	36,50	36,30	37,10
De 1 a 3 SM.	20,40	17,0	15,80	14,50
De 3 a 5 SM.	4,80	2,0	1,20	1,20
De 5 a 10 SM.	4,0	0,80	0,20	0,40
De 10 a 20 SM.	1,4	0,10	0,0	0,0
Acima de 20 SM.	0,40	0	0,0	0,0

Fonte: IBGE, 2000.

Tabela N° 26 - Faixa de Idade da Cidade de São Paulo e dos distritos pesquisados, 2000.

	SP	Brasilândia	Cidade Tiradentes	Jardim Ângela
De 0 a 14 anos	24,90	30,40	33,10	31,60
De 15 a 24 anos	19,30	20,50	20,60	21,40
De 25 a 40 anos	25,40	25,70	25,0	27,0
De 40 a 54 anos	17,70	14,90	16,10	14,30
De 55 a 64 anos	6,40	4,70	3,40	3,60
Acima de 65 anos	6,40	3,80	1,90	2,10

Fonte: IBGE, 2000.

Observo que os dados das tabelas acima apresentam um cenário desigual no que diz respeito ao quadro socioeconômico. Conforme a tabela 24, sobre a classificação de tempo de instrução, a população da periferia participa em maior proporção nas menores faixas, sempre acima da média da cidade. Na faixa intermdiária em diante, por exemplo, acima de 9 anos de estudo, o cenário se inverte, o percentual da população dos distritos diminui, sua posição se encontra muito abaixo da média da cidade.

Na tabela 25, referente a faixa de renda, o retrato é semelhante ao anterior. Nas duas primeiras faixas de renda a população dos distritos supera o percentual médio da cidade. Da terceira faixa de renda em diante, o percentual de negros diminiu.

As informações da tabela 25 complementam parte da reflexão das tabelas anteriores. . Neste quadro, a população jovem é sobrerrepresentada nos distritos, sobretudo nas periferias da cidade. Nas últimas faixas de idade, a população dos distritos é inferior ao percentual médio da cidade. Há dois quadros interessantes sobre a faixa de idade na cidade de São Paulo; de um lado, a população mais jovem está sobrerrepresentada nas periferias e o inverso se repete na leitura sobre a população idosa, ela é minoria nos distritos das periferias, significa que ela está mais acentuada nos distritos de segmentos socioeconômico médio e alto.

Os interlocutores com quem estabeleci diálogos descrevem o local com imagens parciais, a respeito do estigma que se constituiu sobre a periferia.

> "Meu, a Cidade Tiradentes, quando eu falei que iria mudar para a Cidade Tiradentes, falavam horrores. 'Você vai mudar lá para a Cidade Tiradentes? Lá só tem bandidos, você está ficando louco, lá só tem bandidos, não sei o quê, não sei o que lá. Meu, eu estou na Zona Leste desde os 11 anos de idade. Anos atrás era Guaianases, que falavam que Guaianases parecia faroeste. Meu, se for assim, o que eu estou fazendo aqui até hoje? Mas é a aquela coisa, quando eu lembro, dá até vergonha. A primeira vez que eu vim aqui, eu vim aqui de carro com a proprietária. Aí ela ficou de receio, porque a pessoa que estava morando aqui a tratou de forma agressiva. Ela me deixou no carro, a molecada pra fora a conhecia e não me conhecia. A garotada veio se aproximando do carro. Inconsciente e instintivamente, eu coloquei a mão no capô. Aí eles viram eu, e eu fiquei olhando para eles de uma forma ostensiva. Na verdade, é a minha timidez, porque eu quando me deparo com uma pessoa que não conheço, a minha timidez baixa, as pessoas dizem que eu sou metido, uma cara fechada pra caramba, e depois vai vendo que não é nada disso. Mas no primeiro momento é a timidez, depois dá até vergonha. Quando eu lembrei disso, 'Onde é que eu estou com a cabeça, o que foi que eu fiz?'. Depois eu comecei a perceber, e esse retrato cinzento que pintam da nossa periferia, como se fosse um bangue-bangue de faroeste americano, e isso tem em qualquer lugar. Você entendeu, em tudo e qualquer lugar. Uma outra referência, um amigo falou: 'Meu, você está indo para Jonesburgo. Por quê? Porque aquilo ali é o verdadeiro bantustão, tem preto que não acaba mais', e é

> verdade. Eu nunca vi tanto preto como eu vi nessa Cidade Tiradentes" (Homem Negro, 50 anos, Cidade Tiradentes).

O estigma que a periferia carrega é múltiplo; bangue-bangue, marginalidade, pobreza, escola de malandragem, tráfico de drogas e violência. Enfim, são diversos elementos que foram se compondo sobre a cidade fora da lei. O olhar exterior que se lança às periferias, geralmente de inferioridade a um lugar mal quisto, é construído pelos meios de comunicação (TV, rádio, jornal impresso, mídia digital etc.), moradores de bairros vizinhos de melhor poder aquisitivo e, às vezes, pelos próprios moradores que sofrem com o estigma e a reprodução social – isto é, a violência do estigma que mantém as populações pobres dominadas. A reprodução social do estigma tem a função de transformar os moradores pobres em classes perigosas ou de submetê-las à dominação e controle do Estado.

Em minhas entrevistas, a memória coletiva da territorialidade negra está preenchida de momentos inusitados a respeito do estigma social. Dentre as informações dos interlocutores, no Jardim Ângela entrevistei uma advogada de 36 anos. Ela vive no bairro há mais de 30 anos, fez comentários interessantes sobre o lugar em que cresceu e acompanhou o crescimento. A interlocutora se formou no curso de direito de uma faculdade particular, durante os quatro anos do curso, a mesma participava e era apoiada (em organização social e recursos econômicos) por uma entidade social negra que realizava trabalhos com universitários negros. Ela informou que em inúmeras vezes perguntavam o seu local de moradia, frente ao quadro do estigma, a resposta que ela dava era que residia no distrito de Santo Amaro. Ela omitia, não afirmava a sua identidade do extremo da zona sul. Hoje, esse cenário coletivo a respeito da identidade do local mudou, já não se encontra tão enraizado o sentimento de estigma, vergonha e submissão.

Hoje, a pecha de inferioridade que faziam do Jardim Ângela foi transformada pelos atores que vivem o lugar, pois muitos nasceram, cresceram, constituíram família. Ali é o local em que descansam e se veem como parte da paisagem e da própria identidade do lugar.

> "Eu acho que hoje é mais. Aqui na Brasilândia era bastante negro, nós todos trabalhávamos, trabalhava e estudava, era assim. Até uma vez chamaram a Brasilândia de Macacolândia, dava muitos negros, tinha briga, tinha branco, mas era mais negro. Era no rádio que falava Macacolândia, até eles fizeram uma piada:
> São Pedro chegou... Não, Jesus. Falou assim para São Pedro: 'Vai lá na Brasilândia, lá se fala de uma gíria, vai lá e tira a gíria daquele povo que mora lá, não pode, é pecado'. São Pedro veio, veio e ficou. Quando chegou aqui, era para ele

> ligar em três dias para Jesus. Ele ficou três, quatro, cinco dias. Jesus já estava preocupado. Quando chegou a fazer a ligação, aí São Pedro: 'Alô, alô, Je, Je...'. Jesus falou assim: 'O quê, quem está falando'? 'Quem está falando é o Pedroca. Diz à Cidoca que eu estou na espera dela. Jesus falou: 'Vem embora, Pedro'. Ele foi tirar a gíria e acabou pegando a gíria" (Mulher Negra, 75 anos, Brasilândia).

Os interlocutores, além do estigma, também trazem faces do racismo brasileiro em meio às piadas, contos e conversas que viveram em seus "pedaços". O racismo brasileiro, retratado em forma de ironia e piada, inferioriza e diminui a condição que o negro ocupa na sociedade. Normalmente, o tratamento pejorativo enquadra o negro como marginal, bandido, analfabeto, feio, perigoso, prostituta etc. Isso se reproduz conforme os espaços de poder, como o mercado de trabalho, a educação, a mídia, os bairros, entre outros. A reprodução do racismo e do estigma é associada aos grupos de menor prestígio social e aos respectivos lugares em que moram e constroem suas referências sociais e culturais.

> "Na verdade, era assim. Quando eu era pequena, a Brasilândia carregava uma coisa assim muito pesada de preconceito. Morar na Brasilândia era passar atestado de bandido. Tanto que as pessoas, quando iam procurar trabalho, omitiam isso. Na verdade, de fato, ali é subdistrito de Brasilândia. Mesmo que não fosse Brasilândia, a gente nunca ia dizer que era Brasilândia, porque era muito pesado. Eu não sei o que acarretou, porque era assim: você passava da Igreja de Santo Antonio pra frente, já complicava a sua vida, eu não sei se você se apropriou disso, na sua pesquisa. A gente dizia que morava na Freguesia, morava em qualquer lugar, mas assim, falar que morava no subdistrito da Brasilândia a gente não falava, nunca ninguém falou. Quando a gente brincava, porque a Brasilândia era sinônimo de tudo que não prestava, e tinha também a própria imprensa, como hoje, naquela época a imprensa não era tão né, mas assim, tudo o que acontecia na Brasilândia passava um folhetim: Crime na Vila Brasilândia, matou não sei o quê! E as empresas não contratavam gente que morava na Brasilândia, a gente falava que morava em Itaberaba, parque Holywood. Outro dia eu fui resgatar isso no mapa, falei: nossa, gente. Que época que nós paramos de morar no Parque Holywood, porque ninguém mais fala, mas existe, subdistrito de Vila Brasilândia" (Mulher Negra, 60 anos, Brasilândia).

As periferias, do passado e presente, sempre tiveram que conviver com a imagem de lugar sem "lei", sede da pobreza e marginalização. São inúmeras as qualidades de rebaixamento social associadas à periferia e aos distritos deste trabalho. Nas cidades brasileiras, deixar de ser sobrevivente, consumidor e ocupar a condição de cidadão é um quadro ainda muito distante da realidade nacional. Ser cidadão no Brasil não diz respeito ao consumo e ao poder de compra. O exercício da cidadania é a vivência plena do território e de todos os elementos que nele são produzidos, enquanto utilidade necessária à vida.

Nos próximos capítulos apresentarei os cenários do negro na cidade de São Paulo: a pós-abolição, a primeira república, o mundo urbano industrial e o contemporâneo.

Capítulo 2
Um Século do Negro em São Paulo: Quilombos Urbanos, Territorialidades Negras e Segregação

A Pós-Abolição: Territorialidade Negra em São Paulo (1890-1940)

Desde as últimas décadas do século XIX, os espaços da cidade sofreram demarcações; os lugares da riqueza e os lugares da pobreza. A distribuição socioespacial de negros e brancos na cidade de São Paulo é caracterizada por marcos históricos, políticos e econômicos. É nesse contexto que as diferenças se deslocaram na capital paulistana. A ocupação socioespacial em São Paulo segue o modelo capitalista, dessa forma, as áreas centrais e desenvolvidas foram definidas como o lugar de viver dos setores sociais com melhor poder aquisitivo, e as áreas mais distantes do centro, como a única opção para os trabalhadores, e da mesma forma, para os negros.

A população negra iniciou o século XX habitando a área central e seu entorno, para posteriormente, ser desalojada por sucessivas medidas da legislação municipal, haja vista a desapropriação da Irmandade Nossa Senhora do Rosário dos Homens Pretos. O processo de desapropriação imposto pelo poder legislativo, ocasionou a formação de bairros negros, como Bexiga, Barra Funda, Liberdade e Lavapés. A desterritorialização desses núcleos é resultado direto da constituição social de novos bairros que iriam abrigar a população negra.

No final do século XIX e início do XX, as principais cidades brasileiras receberam populações diversas, imigrantes oriundos da Europa e do Oriente. São eles: italianos, espanhóis, portugueses, alemães e japoneses, gerando um panorama multicultural. A partir da economia cafeeira e da industrialização, as migrações internas (especialmente do nordeste) foram intensas em São Paulo.

O Quilombo, espaço construído a partir das revoltas empreendidas contra o sistema escravista, reuniu negros, mulatos, índios e brancos. O Quilombo de Zumbi de Palmares, tombado em 1695,[1] combateu e resistiu às forças portuguesas e da sociedade escravocrata. No estado de São Paulo, a representação quilombola foi significativa, aglutinou focos de resistência em regiões rurais e nos arredores das cidades: Quilombos do Jabaquara, Mogi-Guaçu, Atibaia, Santos, Campinas, do Morro de Araraquara, da Aldeia de Pinheiros, Itapetininga, Piracicaba e da Fazenda Monjolinho (São Carlos), Jundiaí, e do Saracura (Bexiga - atual bairro da Bela Vista) (MOURA, 1994). Na cidade e em seus arredores, a população escravizada frequentava as ruas, becos, bicas, chafarizes e as chácaras que se localizavam nas fronteiras do centro de São Paulo. Os lugares de encontro dos escravos criavam amplas dimensões para práticas sociais e culturais, para a indicação de empregos e as tarefas remuneradas, para a comunicação de festas e atividades culturais.

A partir de 1850 inicia-se em São Paulo, e principais cidades brasileiras, a imigração. Desembarcam no Bairro do Brás, via ferrovia, em direção à Hospedaria do Imigrante: italianos, alemães, espanhóis, portugueses, japoneses, a imigração em geral de diferentes nacionalidades e culturas. Em 1854, a população da cidade girava em torno de 30 mil habitantes, era composta por oito mil escravos, pois quase 1/3 da população era livre (ROLNIK, 1989: 30). Tempos depois, em 1872, dos 12 mil negros, apenas 3.800 eram escravos. Antes mesmo da abolição, estava sendo efetivado o desmantelamento do trabalho escravo, organizado pelas forças abolicionistas, quilombolas e por negros libertos.

Neste período, os fazendeiros de São Paulo eram contra a abolição da escravatura porque ela poderia ocasionar a reforma agrária. Em 1850, a monarquia e as forças políticas, prevendo futuras transformações com a abolição encaminharam, no que tange a formas legais, a lei de terras, que transformava a terra em mercadoria. A partir de 1850 o acesso à terra passou a ser acessível apenas para as pessoas de posse, de status e poder socioeconômico. Prestes à abolição, os ex-cativos não teriam chances de conquistar e/ou lutar por um pedaço de terra para começar a vida em liberdade. Frente aos contextos de possíveis transformações, via legal ou pela força, os fazendeiros se apressaram em apoiar a abolição no parlamento, pois consideravam melhor perder os escravos sem indenização do que perder as terras (QUINTÃO, 2002).

Dentre os abolicionistas, Luiz Gama foi uma das principais forças políticas em prol do movimento da liberdade. Filho de Luiza Mahinm (africana livre), Luiz Gama foi escravisado, dessa condição à liberdade, assimilou a cultura branca de tal forma que

1 Em 1995, comemorou-se o tricentenário da Imortalidade de Zumbi dos Palmares no cenário brasileiro.

que saíra do cativeiro diretamente para o mundo das letras, da política, do jornalismo e do direito Seu envolvimento com a política e a causa abolicionista tem a ver com o legado que herdou de sua mãe e dos movimentos em prol da liberdade que agitaram Salvador com a Revolta dos Malês, em 1835 (AZEVEDO, 2004).

Luis Gama foi ex-escravo, negro, abolicionista, advogado, militante, literato e cidadão engajado na busca por liberdade da população negra. Dentre a literatura sobre o autor e na historiografia, o retrato é a figura de um homem ousado que não media palavras para atacar seus adversários e defender suas ideias: a abolição e a república.

A grande liderança da abolição ascendeu perante a sociedade paulistana por meio de seus esforços e de sua luta. Autodidata, após conseguir a sua alforria tornar-se-ia um dos maiores defensores da liberdade não só nos foros da capital, como em movimentos de outras comarcas da província. A luta de Luiz Gama foi importante para a história da população negra da capital paulistana. Durante suas atividades de advogado, jornalista e homem das letras, conquistou pessoas de diferentes opiniões diante de suas atitudes, ações e reflexões, por exemplo, escravos, libertos, advogados, comerciantes, fazendeiros, gente do povo e da elite. Em 1882, com a sua morte, seu cortejo teve a participação de diferentes atores sociais, as mesmas pessoas que o admiravam e o viam como um homem excepcional, sobretudo em razão de suas posições sobre a abolição.

O cortejo fúnebre de Luis Gama saiu do bairro do Brás, passando pela região central, em direção ao cemitério da Consolação. Nesse interim, inúmeras expressões sociais foram se incorporando ao cortejo; advogados, comerciantes, escravos, forros e libertos, estudantes, intelectuais, políticos, enfim, brancos e negros, representantes dos setores do poder e do povo (AZEVEDO, 2004).

Luis Gama não viveu muito tempo para presenciar a abolição, mas o seu legado, principalmente as causas em prol da liberdade e da população negra ficaram inscritas e registradas nos movimentos sociais negros da pós abolição. De 1900 até o final da década de 1930, as organizações sociais negras estiveram mobilizadas para prestar homenagens e propagar os ideais políticos, jurídicos e literários, por intermédio de eventos, festas, encontros e a divulgação de seus ideais na Imprensa Negra, órgão comunicativo e jornalístico voltado para os interesses da população negra paulistana.

Nos ideos de 1870 até a sua morte, Luis Gama proporcionou transformações sociais na cidade de São Paulo, ora na defesa de escravos, quilombolas e negros fugidos para a coqnuista da liberdade e, ora seus ideais republicanos ganhavam as ruas e mentes das pessoas de diferentes posições sociais.

Dente os atores sociais, as Irmandades de Santa Efigênia, Santo Elesbão e Nossa Senhora do Rosário, direta e indiretamente, se envolveram nos conflitos, em razão do legado de Luis Gama e, em particular, das ações e reflexões em prol da defesa da liberdade.

Em 1881, a cartografia negra na cidade revela lugares de amplos encontros sociais, conjugando trocas, trabalhos e festas: na região do triângulo financeiro, os serviços urbanos de toda ordem, carregadores, limpeza da cidade, construção de prédios e habitações, abertura de ruas, atividades de doméstica e cozinheira, a maioria dos trabalhos que exigem força física; o espaço da Irmandade Nossa Senhora do Rosário dos Homens Pretos (a igreja, o cemitério e as habitações); o Pelourinho e Irmandade dos Remédios; na Rua da Liberdade, era o local de leilão de escravos; no Bexiga, existia o Quilombo do Saracura; na região sudeste, o Quilombo do Jabaquara; e nos arredores da cidade, os negros conviviam nos casebres e chácaras

O crescimento populacional, tendo como base a imigração, propôs transformações na cidade, que na época estava reduzida ao perímetro central. Com as novas transformações, quase todos os donos de chácaras localizadas perto da área central ou arredores, iniciaram a abertura de avenidas, ruas, alamedas e largos em suas terras (BRUNO, 1984: 441-442).

Após a abolição, o cenário paulistano sofreu transformações, através da introdução do trabalhador estrangeiro na economia urbana industrial em substituição ao nacional. O Governo do Estado torna oficial o projeto de embranquecimento do mercado de trabalho tendo como base a imigração. A substituição do trabalhador nacional pelo estrangeiro propõe outras mudanças, além do trabalho, as transformações nos espaços da cidade, criando territórios e bairros exclusivos para os estratos socioeconômicos de alta e baixa renda. Em 1893, a população de São Paulo totalizava 130.775 habitantes; deste universo, 45,5% eram nacionais e 54,6% estrangeiros. A população negra correspondia a 13.559 habitantes, representando mais de 10% (FERNANDES, 1964: 8-9).

Entre 1890 e 1914, o poder público municipal de São Paulo, na gestão do prefeito Raimundo Duprat (1910-1914), ordenou a operação limpeza: "para a construção da Praça da Sé e remodelação do Largo Municipal, os cortiços, hotéis e pensões das imediações foram demolidos" (BRUNO, 1984: 912). Este processo está ligado a dois fatores, o primeiro, foi semelhante ao "bota abaixo" no Rio de Janeiro, pelo Prefeito Pereira Passos, influenciado pelo urbanismo haussmaniano. No Rio de Janeiro, a limpeza foi completa, negros e pobres foram desalojados da área central, dando início à subida aos morros com o assentamento das favelas como habitação popular. O segundo, a limpeza urbana do centro paulistano dimensionou a formação e consolidação do Bexiga (atual Bela Vista) como território negro em São Paulo.

Segundo Bruno (1984: 912), "Antonio Prado, ao deixar a Prefeitura e alçar a sede do Governo do Estado, escrevia que esse plano lhe daria o aspecto de cidade moderna, próspera e civilizada, conferindo-lhe um dos primeiros lugares entre as melhores cidades do continente". Para os setores dominantes, a cidade ideal teria ares modernos, de prosperidade, tudo o que se referia ao novo e ao europeu. O antigo e tradicional deveriam ser esquecidos: a operação limpeza se empenhou em fazer a transformação; as mudanças visavam à eliminação dos setores populares do centro da cidade.

Neste momento, observo que a diversidade cultural em São Paulo revela o movimento de ocupação do espaço pelas diferenças culturais, em torno do trabalho e da habitação. Florestan Fernandes (1965: 10) ao analisar dados quantitativos de São Paulo (1893), descreve a distribuição étnica na cidade, classificada por divisão administrativa e por suas Freguesias.

Tabela nº 27 - Divisão Administrativa da Cidade de São Paulo em 1893 de acordo com as Freguesias, classificada por Cor/Raça

Freguesia	Brancos	Caboclos	Pardos	Pretos
Norte e Sul da Sé	88,3	0,40	6,3	5,0
Santa Ifigênia	86,4	0,30	8,9	4,4
Consolação	89,2	0,30	8,9	4,4
Brás	93,1	0,30	3,3	3,3
Subúrbios	75,1	0,20	15,3	9,4

Fonte: Florestan Fernandes, A Integração do Negro na Sociedade de Classes, 1964.

A partir da leitura dos dados, verifico que em locais de alta concentração de imigrantes, como é o caso do Brás, a presença dos negros diminui e nos locais de maior concentração de negros, a população estrangeira diminui. As Freguesias do Norte e Sul da Sé, Santa Efigênia e o subúrbio (Nossa Senhora do Ó, Penha e São Miguel) são os espaços de concentração da população negra e pobre, nos cortiços, porões, chácaras e casebres ao redor dos principais pontos da cidade.

Se a cidade foi dividida por cor/raça e grupos sociais, o mercado de trabalho obedeceu a esta tendência. O mercado de trabalho sofreu o processo de embranquecimento, concentrando-se majoritariamente na população estrangeira. Do total de trabalhadores na cidade, 71,2% eram estrangeiros. Deste universo, 82,5% dos estrangeiros trabalhavam na expansão urbana e industrial, criando um cenário onde os imigrantes eram os principais atores no mercado de trabalho. Para a mão de obra negra sobraram as ocupações que a imigração não ocupou, mais precisamente as funções menos valorizadas em recursos financeiros e posição social (FERNANDES, 1965:11).

O trabalho em São Paulo teve o predomínio quase total dos imigrantes, e para os nacionais, o diminuto emprego em atividades manuais (onde se exigia redobrado esforço físico). Para os trabalhadores nacionais, principalmente ao negro, a cidade ficou delimitada, restrita à Várzea do Carmo, Liberdade, Largo Nossa Senhora do Rosário e a região conhecida como Sul da Sé (SANTOS, 1998: 83). Os serviços, nesses lugares, estavam fora do sistema fabril ou comercial, restando aos negros e pobres, os trabalhos de carroceiros, ambulantes, limpadores de ruas e praças, empregadas domésticas, criadas, amas-de-leite, entre outros.

A cidade de São Paulo inicia o século XX com a urbanização, criando e compondo territórios exclusivos, por meio da legislação urbanística. A legislação atuou no processo de zoneamento social, regulando a área da cidade e proibindo a construção de cortiços.

> "Ao mesmo tempo em que a lei alinhou os territórios da riqueza, delimitou também aqueles onde deveria se instalar a pobreza. A constituição de um mercado imobiliário dual, no qual os pobres estavam alocados na periferia, começou com a proibição de instalar cortiços na zona central definida pelas posturas de 1886 e reiterada pelo Código Sanitário de 1894, que proibia terminantemente a construção de cortiços e permitia a construção de vilas higiênicas fora da aglomeração urbana" (ROLNIK, 1997:47).

Desde as primeiras legislações dos planos urbanísticos de São Paulo, os espaços reservados aos negros para moradia e trabalho, foram alvos do poder político e imobiliário. O poder político atuava com as forças dos poderes do executivo e do legislativo, com o objetivo de preservar e defender a cidade legal, criando territórios exclusivos.

Os territórios fora da lei, segundo Rolnik (1997: 60), corresponderam, em primeira instância ao lugar dos negros na cidade. Com o passar do tempo, incorporaram-se os bairros de imigrantes até serem completamente identificados como territórios estrangeiros até os anos 30.

Irmandade de Nossa Senhora do Rosário dos Homens Pretos

A Irmandade de Nossa Senhora do Rosário dos Homens Pretos, foi organizada em 1711, localizada na época na Rua do Rosário, próxima do antigo triângulo econômico; em frente, a Rua Quinze de Novembro, à direita, a travessa do Rosário e à esquerda, um beco que a ligava à Rua São Bento, de onde se prolongou até a ponte do Anhangabaú, o beco do Bom Jesus (QUINTÃO, 2002). A Irmandade foi constituída e organizada pelos escravos, libertos e forros. A igreja de Nossa Senhora do Rosário data de 02 de novembro de 1725 e a construção do templo coube aos próprios escravos que lá trabalhavam.

Para Antonia dos Santos Quintão (2002) e Maria da Conceição Santos (2006), as irmandades no Brasil trabalhavam frente às perspectivas religiosa e assistencialista. Em relação aos negros, as irmandades tiveram outro papel na sociedade brasileira e bem mais importante, pois além da compra de alforria, serviam de espaço de acolhida para aqueles que resistiam à escravidão, por intermédio da fuga e da organização dos quilombos. Portanto, dentre as principais irmandades, negros libertos, forros e fugidos, atuavam na organização em prol da liberdade. No dia a dia das cidades, como a capital paulistana, o espaço da irmandade se tornaria uma referência política e espacial para organização política e das atividades culturais, com a promoção de festas, celebrações e o início dos batuques e do samba.

A história das irmandades negras no Brasil remonta ao processo de colonização. As imagens de santos negros foram introduzidos em Portugal por volta do século XI. No Brasil, os negros tinham como patronos Santa Efigênia, São Benedito, Santo Antono de Categerona, São Gonçalo e Santo Onofre (QUINTÃO, 2002). Fora do dia a dia formal, das rezas e celebrações religiosas, as irmandades negras, principalmente Nossa Senhora do Rosário e São Benedito, promoviam eventos de caráter sagrado e profanos, nas imediações de suas igrejas, nos largos do Rosário e São Bento, por exemplo, as atividades eram regadas com celebrações aos santos negros e, posteriormente, o samba e o batuque tomavam conta das festividades.

Nos idos do século XX, o poder público inicia a eliminação gradual dos pertences e da propriedade da Irmandade dos Pretos. Primeiro, acontece a desapropriação da área física, que tinha como utilidade o enterro dos irmãos falecidos. Segundo, a desapropriação das casas de africanos e descendentes, contíguos ao espaço da Irmandade.

A Irmandade escreveu sua história sob as pedras da cidade, e o poder político e econômico desfez toda a edificação sóciocultural, colocando por terra uma parte da história da cidade de São Paulo.

O Prefeito Antonio da Silva Prado eliminou, paulatinamente, os espaços reservados para as atividades religiosas, recreativas, sepultamentos, festas e batuques que os negros praticavam na localidade. Por último, restou a desapropriação integral da Igreja de Nossa Senhora do Rosário, finalizada em janeiro de 1904. Raul Joviano do Amaral (1991: 18), em estudo sobre a Irmandade de Nossa Senhora do Rosário dos Homens Pretos, descreve o processo de desapropriação levado à frente pelo poder público (legislativo e executivo), por meio da Lei N° 698, de 14 de dezembro de 1903.

> O Sr. Antonio da Silva Prado, Prefeito do Município de São Paulo, faz saber que a Câmara, em sessão de 19 do corrente mês, decretou o seguinte:
>
> Art. 1° - Fica aprovado o auto da Prefeitura, em virtude do qual entrou em acordo com a irmandade de Nossa Senhora do Rosário dos Homens Pretos, desta capital, para o fim de

> adquirir para a Câmara o edifício da sua igreja e outras dependências mencionadas no dito acordo, mediante a indenização por parte da mesma Câmara a quantia de duzentos e cinquenta contos de réis (250:000$000) e uma pequena área do terreno no Largo do Paissandu (...)".

Após um ano, o poder municipal decreta mais um ato, eliminando a história dos negros no centro da cidade, com a Lei nº. 794, de 4 de janeiro de 1905 (AMARAL, 1991: 118).

O Dr. Pedro Vicente de Azevedo, vice-prefeito do Município de São Paulo, em exercício, faz saber que a Câmara em sessão de 31 de mês findo, decretou a lei seguinte:

> Art. 1º - Fica denominado Praça Antonio Prado o atual Largo do Rosário
> Art. 2º - Fica denominada Alameda Eduardo Prado a antiga Alameda Antonio Prado. (...)

Desapareceu tudo o que lembrava o negro. As habitações, o cemitério, a igreja e também o nome da Praça, o último vestígio negro que restava no centro da cidade. Não restou nenhuma história simbólica daquele espaço. Com a desapropriação, entra em cena a desconconstrução da história de vida, e com isso a Irmandade segue para um local mais distante do centro, para se instalar em um terreno muito inferior ao anterior. A construção se inicia em meio de tumultos: de um lado, a vizinhança não queria ter ali como vizinho a Irmandade dos Pretos e de outro, os problemas que a irmandade encontrou para edificar sua nova sede, entre eles, os altos preços dos materiais. Nos dias 21 e 22 de abril de 1906 (AMARAL, 1991: 126), a Irmandade dos Pretos celebrou a primeira missa em sua nova Igreja, localizada no Largo do Paissandu. Entre as décadas de 30 e 40, a Irmandade foi novamente pertubada com mais uma proposta de desapropriação.

> "O Prefeito de São Paulo, engenheiro Francisco Prestes Maia, visou à demolição da Igreja Nossa Senhora do Rosário dos Homens Pretos de São Paulo, no Largo do Paissandu, devendo este logradouro público passar por grandes reformas, de moda a adaptar-se não só à transformação urbanística, a que São Paulo está sendo submetida, mas, ainda, à edificação do monumento ao Duque de Caxias" (AMARAL, 1991: 132).

O Prefeito Prestes Maia, responsável pela implantação do Plano de Avenidas na cidade de São Paulo, quis tirar do caminho a Igreja. Novamente com mais uma legislação urbanística, a Igreja é quase demolida. O Plano de Avenidas implantou a abertura de radiais, ligando o centro aos bairros periféricos, impulsionado pelos transportes e, sobretudo, pretendia "melhorar a estética" da área central, dando uma feição de beleza à zona urbana de São Paulo.

A legislação que visou à desapropriação da Igreja do Rosário dos Homens Pretos propôs um terreno na Vitorino Camilo, bairro da Barra Funda. A Barra Funda já era conhecida como um reduto negro em São Paulo (ROLNIK, 1997: 77). A instalação da Irmandade no bairro iria trazer mais energia, força e resistência referente aos aspectos sócio-culturais do negro, no entanto, a desapropriação por vias legais do poder legislativo e municipal, representa parte da estrutura que propõe a segregação urbana e racial.

As forças políticas de São Paulo, como o legislativo, a prefeitura e "os donos do poder", interferiram na produção social do espaço, em especial retirando as barreiras sociais, representada pela população negra e pobre, a fim de promover a cidade moderna para colocar em prática a limpeza e a higienização.

A Irmandade Nossa Senhora do Rosário dos Homens Pretos resistiu à tudo que se processou na capital paulistana. Ela foi resiliente, em diferentes momentos da história da capital paulistana, a irmandade e suas propriedades física e simbólica sofreram intervenções, sempre com o objetivo de fragmentação e desterritorialização (SANTOS, 2006). No entanto, no decorrer da história e das grandes transformações do espaço urbano e socioeconômico da capital paulistana, os negros e negras da irmandade resistiram às principais intervenções. Hoje, eles estão ali, a igreja localizada no Largo do Paissandu. Os irmaõs e irmãs negras não estão nas proximidades de sua sede física, mas se encontram residindo nos bairros negros e nos lugares em que eles também se desenvolveram e constituíram casas e famílias.

Associações e Organizações Sociais e Recreativas

Entre as formas de organização social em São Paulo, os primeiros movimentos de negros nasceram no espaço e das atividades promovidas pela Irmandade do Rosário dos Homens Pretos (SILVA, 1997: 111).

A Imprensa Negra representa está história inicial, ela teve seus primeiros encontros, ideias e organizações no espaço da Irmandade negra. A história da Imprensa Negra em São Paulo é classificada em três períodos (FERRARA, 1986: 45). No primeiro período, de 1915 até 1923, as organizações que promoviam a confecção dos periódicos jornalísticos, se preocupavam em veicular pequenas notas, como falecimentos, casamentos, festas religiosas e quermesses. A partir do segundo momento, de 1924 - 1937, o conteúdo jornalístico assumiu posturas de organização social e racial, visando o combate à discriminação racial. No terceiro, de 1945 até 1963, a sociedade brasileira estava entrando num processo de redemocratização, onde todos os grupos sociais e políticos procuraram reorganizar-se como também os grupos negros. A história da Imprensa Negra em São Paulo fez despontar e nascer outras entidades negras.

A cartografia das organizações culturais e recreativas do negro na cidade de São Paulo concentrava-se, principalmente na região central, nos bairros da Liberdade, Sé, Consolação e Bela Vista, posteriormente para as áreas mais distantes como Campos Elíseos, Santa Ifigênia e Santa Cecília. As organizações negras na cidade se organizavam em torno das seguintes atividades: os blocos e cordões carnavalescos, as entidades promotoras de bailes e festas, as atividades esportivas e a publicação da imprensa negra.

Nesse período, duas entidades se destacaram no cenário paulistano, inscrevendo a origem da Imprensa Negra e intervindo em outros espaços onde o negro vivia: a Frente Negra Brasileira e a Associação Cultural do Negro, ambas prestando grande serviço para as organizações negras do século XX.

A Frente Negra Brasileira, fundada em 1931, por Arlindo Veiga dos Santos, publicou *A Voz da Raça*, que tinha como objetivo à ascensão social do negro por meio dos estudos, trabalho, e o acesso à casa própria (FERRARA, 1986:67). A Associação Cultural do Negro teve como diretor, a pessoa de José Correia Leite, um dos principais articuladores da Imprensa Negra da época. A entidade preocupava-se em organizar a população negra em direção aos quadros da educação, habitação e a promoção de núcleos de base cultural e artística. Em concomitância aos ideias de desenvolvimento, a organização negra buscava prover uma ideologia para o negro paulistano, pensamento esse que acabou afastando e desagregando alguns colaboradores da associação.

Com relação à imprensa negra paulistana, ela passou a ser militante com o Clarim d'Alvorada. Antes os jornais existiam para comunicar assuntos especificamente sociais, como batizado, casamento, falecimento e alguns trabalhos literários. O Clarim d'Alvorada é que partiu para uma militância ideológica onde conseguiu seguidores e militantes (...) (José Correia Leite) (LEITE e CUTI, 1992: 19).

Os diretores das associações culturais e recreativas ocuparam melhores posições no mercado de trabalho, em relação aos atores sociais que moraram e viveram nos territórios negros (Bexiga, Barra Funda, Liberdade, Cambuci). O "grupo de letrados" não ocupou posições de subproletariado, foram integrados às atividades do mundo urbano-industrial, enquanto a outra parte desenvolveu suas atividades na informalidade e no subemprego. Diversos posicionamentos das associações veiculavam nos órgãos de imprensa, informações para serem adotadas pelos negros: os valores urbano-industrial, higienista e moralista da sociedade de São Paulo, entre eles as formas de se portar e as vestimentas.

Os noticiários da Imprensa Negra procuraram transmitir maneiras de socialização, integração e certo controle do mundo urbano-industrial aos grupos negros (FERRARA, 1986: 196) .

A aproximação que esses grupos de letrados chegaram a ter com a população suburbana da cidade, além da distribuição do material de comunicação social, começou a fomentar propostas de melhoria social, especificamente, sair dos porões e cortiços. A Frente Negra Brasileira, através de seu órgão de imprensa refletiu um de seus ideais, o acesso à casa própria, da seguinte forma: "(...) muitos negros começaram a comprar terrenos na periferia: São Judas, São Mateus, Freguesia do Ó, Bairro do Limão, Casa Verde, Cantareira, (...)" A proposta refletia o ideal de deixar os porões da cidade e caminhar rumo à periferia.

> "Outro tipo de participação empreendido para os negros suburbanos, esteve circunscrito à divulgação dos bailes, festas e desfiles dos blocos carnavalescos nos órgãos de imprensa. (...)1º número - Iniciando a noitada artística, o corpo Cênico Frentenegrino, cantará a MARCHA PALMARES, música de Isaltino B. Veiga dos Santos, e letra de Lino Guedes. 2º número - O menino Otelo, o menor artista negro brasileiro, em brilhante improviso, saudará os Cordões Carnavalescos Paulistanos, representando também, o Cordão Flor da Mocidade, donde faz parte " (JORNAL A VOZ DA RAÇA, 1933: 4).

A Associação Cultural do Negro, da qual José Correia Leite participou foi se instalar distante do centro, indo pós-Rio Tietê, no Bairro da Casa Verde, onde desenvolveu atividades sociais e culturais para os moradores (FERRARA, 1986: 68) .

Quanto às práticas de entretenimento e lazer, segundo Silva (1997) e Bernardo (1998), o lazer ocupa um lugar especial: é o espaço do não-racismo, onde as pessoas podem frequentar, sem hierarquias em função da raça ou posição social. É também onde o grupo reúne forças para enfrentar o trabalho e, sobretudo, o racismo da sociedade. O lazer negro é definido da seguinte forma: criado, dirigido e frequentado por negros. As atividades negras são extremamente amplas nesse contexto, reúnem os bailes, cordões e escolas de samba, grêmio recreativo, associações culturais, irmandades religiosas, piqueniques, excursões, concursos de beleza, sessões literárias, esportes em geral e futebol. Na época, dentre os objetivos, eles buscavam a congregação do negro.

Havia também o baile familiar que proporcionava o encontro e garantia os casamentos no interior dos grupos. Para homens e mulheres, era preciso encontrar parceiros que compartilhassem os gostos, comportamentos e o mesmo círculo de amizade. Esses bailes muitas vezes eram uma das extensões dos grupos culturais, entre eles o Clube Negro de Cultura Social, Evoluídos, KWY, Campos Elíseos, Frente Negra Brasileira e outros.

Práticas Religiosas

> "Outro enfoque que contribui para a discussão do tema território negro, é o religioso, o território aparece assim, como um dado necessário à formação da identidade grupal/individual, ao reconhecimento de si por outros (SODRÉ, 1988: 14).
> (...) as comunidades litúrgicas negras são constituídas no Brasil como terreiros de culto, constituem exemplo notável de suporte territorial da cultura do antigo escravo ("...)" (SODRÉ, 1988: 95).

O terreiro de candomblé figura, assim, num lugar afro-brasileiro, dotado de força simbólico-cultural para uma etnia que experimenta a cidadania em condições desiguais. A força é o axé, elemento que constitui a força do território terreiro, e o axé se constitui como um elemento imprescindível que atua como eixo central pela criação/renovação de espaços (festas, ritos, comemorações, danças e cantos). O terreiro de candomblé não é um espaço meramente fixo, é constituído pelo grupo sociocultural, que são os filhos e o povo de santo e, em especial, o acervo material e imaterial que sustenta a territorialidade negra (SODRÉ, 1988:95).

> "A religiosidade de raiz africana tinha muito pouca manifestação. No começo não havia terreiro. Praticava-se o que se conhecia com o nome de feitiçaria, em lugares muito distantes. Tudo era feito com muito sigilo. Alguns supunham que eles estivessem sambando. Na época o samba era dança de terreiro, com batida de bumbo. Não se conheciam essas palavras "candomblé" e "umbanda". Não se falava em orixá, pelo menos eu não ouvi, até por volta de 1943 quando se liberou o funcionamento dos centros de umbanda e candomblé (LEITE E CUTI, 1992: 57)".

As práticas de magia, macumba e feitiçaria empreendidas na cidade nas três primeiras décadas do século XX, encontravam-se dispersas por todos as regiões (BASTIDE, 1986: 206). Os feiticeiros ou curandeiros brancos estrangeiros dominaram a Zona Oeste da Cidade, alto de Santana, Nossa Senhora do Ó e Lapa, diminuem à medida que se passa daí para o centro e do centro para leste. Quanto aos homens negros, existe a concentração, sobretudo no centro, Bela Vista, Liberdade, Cambuci e Vila Mariana, e depois nas regiões periféricas em Santana, Penha, Belenzinho, Casa Verde e Santa Cecília.

Bairros e núcleos negros na cidade

Araújo (1940: 229) comenta que nas primeiras décadas do século XX, São Paulo era um verdadeiro *melting-pont*, estava presente nos espaços da cidade a diversidade, através dos comportamentos, espaços de habitação, trabalhos, gostos, vestimentas e culinária. Os enquistamentos étnicos na cidade foram classificados por sentimentos de pertencimento. Foi o caso do bairro sírio, situado ao norte do distrito da Sé e ao Sul de Santa Efigênia, tendo como micro-células as ruas 25 de Março, Cantareira e Av. do Estado.

O Bairro do Bexiga nasceu em função da existência de um antigo núcleo negro da região do Saracura, um quilombo semi urbano que se constituiu no final do século XIX e, posteriormente, devido à proximidade de áreas valorizadas da cidade que demandavam mão de obra braçal para suprir os serviços na região da Av. Paulista, Consolação, Brigadeiro Luis Antonio e arredores.

As regiões de Cambuci e Liberdade nasceram em função de núcleos negros formados a partir de duas dimensões. A primeira se refere ao trabalho, eram trabalhadores informais dos mais diversos ramos e, a segunda, o laço cultural originou formas de organização na representação dos cordões carnavalescos e escolas de Samba, o Cordão Carnavalesco Paulistano da Glória e a Escola de Samba Lavapés.

O nascimento da Barra Funda foi em razão da ocupação da área por ex-produtores de café que ali se alojaram. Nas primeiras décadas do século XX com o processo de crescimento e expansão urbana, mudam-se para outra região, em direção a área da Avenida Paulista e Higienópolis.

Segundo Oliveira (1998), a origem do nome do bairro apresenta duas versões. A primeira, ligada ao grupo italiano, corresponde a uma região da Itália, denominada de Barafone, onde havia muita confusão e conflitos, fato semelhante ao que ocorria na Barra Funda de cima. A outra versão contada por moradores da parte de baixo do bairro, isto é, dos nacionais, era de que os carroceiros retiravam areia do Rio Tietê, e essa areia formava uma massa funda que era usada para a construção das casas.

A população do bairro, constituída por negros, italianos contava com pequena expressão de portugueses. Inicialmente, a Barra Funda era uma chácara, assim como, em diversas regiões da cidade, os bairros foram formados a partir do loteamento, via especulação imobiliária e investimento em transportes. O bairro de outrora foi ex-moradia do primeiro prefeito da cidade, Antonio Prado (1899-1911), responsável pelas primeiras transformações urbanas na cidade de São Paulo.

Os negros da Barra Funda ali se alojaram em função da existência de locais de trabalho e da condição habitacional; mesmo com os ganhos irrisórios, os rendimentos das famílias se destinavam para pagamento dos aluguéis (cortiços e porões) das moradias e das despesas básicas do cotidiano.

A presença negra na cidade de São Paulo, que contava com a Barra Funda e se estendia também a outros bairros e núcleos, são eles: na região norte, Casa Verde, Limão e Santana; a leste, no Brás e a Baixada da Lavapés; no centro, Bexiga (atual Bela Vista), Liberdade, Sé, Santa Cecília e Campos Elíseos; na região sudoeste, Paraíso, Vila Mariana e Bosque da Saúde. Estes bairros, durante as primeiras décadas do século XX são os territórios, as espacialidades negras e parte da segregação que se iniciava, que contou com os locais de viver e de trabalhar, nos ido de 1930 e 1940.

> "A Praça João Mendes era um ponto de concentração de muitos negros. Constantemente havia festas na Igreja dos Remédios, que era bem na praça. Sempre se viam negros reunidos ali. Aqui em São Paulo nunca faltou um ponto de concentração. O principal, eu ainda lembro quando era menino, ficava ali onde é hoje o Pátio do colégio. O lugar tinha o nome de Largo do Palácio. Esse palácio era onde funcionava o expediente do Governo do Estado ("...)" (José Correia Leite) (CUTI E LEITE, 1992: 44).

Além dos bairros, os redutos negros foram formados por meio da demarcação de ruas, praças e bares, conectados a organizações sociais e culturais. Foi o caso do "footing" que acontecia nas ruas centrais, como as Ruas Direita, XV de Novembro e São Bento. O "footing" dos negros envolvia o encontro de homens e mulheres, para as festas, paqueras e namoros.

Habitações Coletivas

A cidade de São Paulo, desde as primeiras décadas do século XX já contava com a falta de moradias, principalmente para a população de baixa renda. O quadro habitacional desta época compreende dois cenários: o primeiro, da segregação que se iniciou de forma socioeconômica e racial; a segunda, os caracteres e símbolos que representam os "quilombos" urbanos, ampliando a rede social, em torno não só da coletividade, mas de recursos úteis e necessários que eram trocados, emprestados e doados entre eles.

> "Os porões abrigavam muitas famílias (...), morava duas, três (...) às vezes tinha porão que era baixo demais com 1,70 de altura, tinha que andar meio encolhido, por que onde o negro ia viver ? Ele não ganhava... não é que nem hoje em dia, o pobre não ganhava, pobre ganhava para comprar uma bengala" (Zezinho da Casa Verde) (SILVA, 1989:50).

A habitação em São Paulo até a década de 1930 representou alto custo na receita das famílias pobres; isto ocorreu porque o processo de especulação urbana se processava na valorização dos espaços. Nos idos de 1930, a valorização do espaço ocorria por intermédio da especulação dos proprietários imobiliários, que locavam casarões para terceiros, e os subdividiam em quartos para ampliar sua margem de lucro. Nos dias de hoje, além do especulador, pode-se contar com a presença dos setores públicos e privados, o que contribui à produção da habitação e o ambiente construído, como o ônibus, o metrô, os hospitais, as escolas, os centros de produção e consumo, entre outros.

Mercado de Trabalho e Cotidiano

No território negro do bairro da Barra Funda, os meios de produção ali instalados foram importantes para a sobrevivência das famílias e do exercício da mulher negra à frente como chefe de família, que ocorria geralmente, pelas poucas oportunidades de emprego dos homens negros no mercado de trabalho urbano na capital paulistana.

As empresas instaladas, como a linha ferroviária da São Paulo Railway e da Sorocabana, empregavam mão de obra braçal para as funções de carregamento e descarregamento de café e diversos gêneros alimentícios para o abastecimento da capital em direção ao porto de Santos. Outras localidades, como Santa Efigênia, Campos Elíseos e Higienópolis, por serem bairros do segmento social médio e alto, empregavam pessoas do grupo negro para exercer atividades de domésticas, pajens, cozinheiras, pedreiros, babás, porteiros e motorneiros de bondes. Além das ocupações citadas, havia um rol de trabalhadores informais que sobressaíam nos trabalhos da redondeza, que eram os carroceiros, vendedores de frutas e alimentos e prestadores de serviços temporários.

Diante do quadro de trabalho na cidade de São Paulo, homens e mulheres negras tiveram que exercer as mais diversas atividades para a manutenção do grupo social. Esta manutenção ou forma de concentração fez do grupo um local de apoio para as gerações mais novas frente às poucas oportunidades do quadro socioeconômico da urbe paulistana.

> "Além de carregadores, os trabalhadores negros atuaram como abridores de poços, assentadores de dormentes. Somente após a década de 30 a situação destes começou a modificar. A redução da imigração e a consequente expansão e diversificação da indústria nacional, ampliou a demanda por mão-de-obra e a partir de então, o capital começou a arregimentar indistintamente, estrangeiros e trabalhadores nacionais, sejam eles brancos ou negros" (SILVA, 1989: 59).

Na Barra Funda, como fonte de trabalho do segmento negro, sobressaiam os serviços que exigiam empenho físico, conforme relata um informante (OLIVEIRA, 1998:47):

> "O trabalho que mais marcou a comunidade negra da Barra Funda ali é aquele negócio de descarregar vagões (...), que vinham com banana, cereais, aquelas coisas, mas ali ficou caracterizado como Largo da Banana, porque ali se descarregava grande parte de bananas (...) e ali a negada se ocupava desses serviços (...), e de outros serviços diversos: pedreiro, guarda noturno..." (Bendito Marques, 84 anos) (OLIVEIRA, 2002).

O Largo da Banana era o local de descarregamento de materiais, e também outras formas de adquirir renda, principalmente do setor informal.

> "Era ali onde tem o Viaduto Pacaembu, era ali naquele trecho (...), ali os negros levavam o seu cacho de banana, às vezes trabalhavam e recebiam banana (...) como prestação de serviço, então eles levavam e vendiam banana (Benedito Marques, masculino, 84 anos)" (OLIVEIRA, 2002: 80).

Para o gênero feminino, existiam os trabalhos em casas de famílias, de cozinheira, arrumadeira, lavadeira e tudo o que se refere à prestação de serviços voltados para o lar, empresas e bares.

> "A minha mãe trabalhava aqui, trabalhava de doméstica, só que eu não trabalhava na Barra Funda, eu trabalhava no Brás, numa lavanderia, e aí nessa lavanderia fiquei trabalhando dez anos, solteira, né, depois que casei não trabalhei mais, aí já fiquei morando por aqui" (Lucinda, Mulher Negra, 59 anos) (OLIVEIRA, 1998: 48).

A produção do trabalho para determinados segmentos étnicos e sociais em São Paulo, pode ser percebida por diferentes faces. Para o grupo estrangeiro, os problemas foram diversos, porém, as portas do mercado de trabalho não se fecharam, pelo contrário, ocuparam quase todas as atividades da sociedade urbano-industrial. Para o grupo negro foi adverso, foram relegados à posição de subproletariados. Quanto ao espaço social, nasceram e cresceram em bairros desprovidos e carentes de equipamentos sociais e urbanos, desde a fase de adolescentes; chegaram tardiamente em funções regulares, em situação inferior aos trabalhadores estrangeiros. As relações de trabalho e moradia foram fundamentais no cotidiano do negro em São Paulo.

Festa de Bom Jesus de Pirapora

O lazer e as manifestações culturais dos negros em São Paulo, do período pós-abolição até as três primeiras décadas do século XX, concentraram-se no samba, originado do batuque de cosmografia africana. O samba da cidade de São Paulo, desde 1910, sofrera influências do samba de Pirapora. Na cidade era possível observar três modalidades: o samba de roda, o samba de Pirapora e o samba de lenço (MORAES, 1978: 15).

A Festa de Bom Jesus de Pirapora, desde o início do século XX, já havia se tornado tradição no meio negro, envolvendo participantes dos municípios de Sorocaba, Tietê, Campinas, Ribeirão Preto, São Paulo, e outras localidades do Estado de São Paulo.

> "Minha mãe trazia a tradição do samba, porque quando foi em 1918, a minha mãe me levou para Bom Jesus de Pirapora, Festa de Bom Jesus de Pirapora, e eu fui, até aquele ano foi triste lá, o que houve foi um conflito entre a polícia e o povo, mas havia uns negros muito valentes no Bexiga, os valentões eram do Bexiga e do Arouche, então houve tiroteio (Depoimento de Zezinho da Casa Verde) (MIS, von Simson)" (OLIVEIRA, 2002).

Desde 1910, a modalidade do samba campineiro ou samba de Pirapora, podia ser encontrada em três centros: Bexiga, Barra Funda e na Baixada do Glicério.

Em São Paulo, o samba nasce com características espaciais e sociais que diferem das do Rio de Janeiro. Segundo Moraes (1978: 15), o batuque da cidade é resultado dos festejos populares da Festa de Bom Jesus de Pirapora. No Estado de São Paulo, desde a década de 1910, podia-se encontrar três modalidades de dança dos batuqueiros: o samba de roda, o samba de Pirapora e o samba de lenço. A festa era composta de dois aspectos, um sagrado e outro profano. O sagrado era proporcionado pelos preparativos, a procissão e as missas. Após o encerramento, entrava em cena o profano, o samba tomava conta de alguns lugares, principalmente dos barracões (CUNHA, 1947: 16).

A cidade reservava estadia para os diferentes grupos que para lá se dirigiam. Os romeiros, considerados brancos, instalavam-se nos hotéis da cidade. Os piraporeanos, que eram os negros ou mulatos, alojavam-se em barracões oferecidos pela organização da festa. Existia uma fronteira social entre os grupos, delimitada a partir do final da festa sagrada e o início do samba. Os personagens da festa de Pirapora não se misturavam ao grupo dos romeiros, que via os espaços negros como lugar de promiscuidade, feitiçaria e o frenesi dos corpos ardentes pelo ruído dos tambores.

> "Ia de trem, às vezes de jardineira, outros iam ao lombo do burro, o pessoal de Santo Amaro ia à cavalo, vão até hoje, os

> tropeiros, eu sei que eles levam um jeito de chegar lá. Era aquela festa, tinha procissão, a reza, e o barracão, porque já fizeram esse barracão a uns três km de distância, porque era considerada festa pagã, as manifestações dos negros, através de canto e essas coisas todas. Foi construído fora da cidade para as manifestações dos negros, foi construído fora da cidade, que era exatamente porque eles atrapalhavam, faziam barulho dentro da cidade, aquela cantoria toda, bumbo, aqueles tambores, (...) Nos barracões tinha de tudo, tinha as quituteiras que preparavam quitutes, outras traziam comida pronta, tinha o som do batuque, zabumba, samba de lenço, cururu, samba de roda, você entende, era desafio cururueiro de viola, que seria esse partido alto do rio, aquilo era desafio, o que deu origem a esse desafio era cururu de viola, que eles escolhiam um tema, vamos versar sobre a bíblia sagrada, aí o camarada que não sabia nem ler, ficava uma semana falando, (...)" (Depoimento de Geraldo Filme) (MIS, Von Simson) (OLIVEIRA, 2002: 82).

Após a realização da procissão e da missa ao padroeiro da cidade, os primeiros sons do samba iam arregimentando negros e brancos, a presença do grupo branco já era um marco, pouco a pouco começou a se envolver ativamente com as realizações do samba. Os batuqueiros vinham de diversas localidades do Estado de São Paulo e se destacavam três grupos: o da capital, de Campinas e de Itu. Os grupos de samba obedeciam à orientação de um líder, e esse levava o tom das batidas e dos cantos, todos cantados com uma concatenação de versos formados ali, de imediato. A propagação dos versos acontecia com intensidade quando ocorria disputa entre as associações.

A festa profana, com o passar dos tempos, adquiriu padrões de comportamentos e relações sociais desagradáveis para setores da cidade, principalmente para a Igreja. Posteriormente, novas regras foram estabelecidas e aos poucos, a Festa de Bom de Jesus de Pirapora começou a perder suas características. Proibiu-se a estadia dos negros nos barracões, após as intervenções, os frequentadores do samba começaram a armar barracas nas estradas, uma alternativa para dar continuidade às festas em Pirapora.

> "Não só os africanos, todos os brancos também, os quitutes das negra-veia sempre foram atração, quitutes, samba, violeiro, sempre teve pessoa que tocasse. O samba de São Paulo é aquele negócio assim, quando eu falo o Samba de São Paulo, o branco de SP, do orgulho do paulista e aquelas coisas todas, mas quando ele se ligou nas manifestações do negro, ele se ligou mesmo pra participar ativamente, e não como determinados lugares aí que vão com o chicote na mão pra mandar e

> dominar a negrada, eles participavam ativamente, e a mesma coisa em Pirapora, o clero acabou com a festa porque o branco já não ligava mais, ele chegava lá, se benzia, e corria pro barracão dos negros que era a três km de distância, lá tinha tudo, tinha bebida, comidas, quitutes, entendeu, foi onde o clero começou a perseguir as festas porque o branco já não ligava mais, estava fazendo concorrência, foi quando começou a perseguir as festas" (Depoimento de Geraldo Filme) (MIS, von Simson) (OLIVEIRA, 2002: 83).

A decadência da festa manifesta-se por volta de 1930, e teria ocorrido pelos seguintes motivos: a reação da igreja contra a supremacia da parte profana em detrimento da religiosa; a proibição do samba nos barracões em 1937; e a repressão da polícia contra o festejo profano. A desestruturação socioespacial do samba leva ao empobrecimento de toda a festa em comemoração a Bom Jesus de Pirapora (MORAES, 1989:78).

A partir do momento em que os blocos e escolas de samba estruturam-se nos espaços de São Paulo, novos territórios e lugares foram sendo ocupados para a prática social e cultural. A cidade de Pirapora, gradualmente, foi perdendo suas referências para os encontros, celebrações e festividades da população negra.

Cordões Carnavalescos e Escolas de Samba

No transcorrer das três primeiras décadas do século XX, os cordões carnavalescos multiplicaram-se pelos bairros. Além dos bairros e redutos da população negra, eles surgiram em diversas regiões de São Paulo: o Geraldino, na BarraFunda; o Esmeraldino, na Pompeia; o Marujo Paulistano, no Cambuci; As Caprichoss, na Casa Verde; o Mocidade da Lavapés e o Baianas Paulistas, também no Lavapés; o Caveira de Ouro em Pinheiros (TINHORÃO, 2008). Cada vez mais, o universo do samba e do carnaval ocupa e se inscreve no espaço social e cultural da cidade de São Paulo.

Concomitantemente, o samba paulistano, tendo como referência as Festas de Bom Jesus de Pirapora, concentrou-se em núcleos negros no bairros da Barra Funda, Bexiga, Lavapés, Liberdade, em torno das organizações carnavalescas. A primeira organização na cidade de São Paulo, registrada oficialmente, trata-se do Cordão Carnavalesco Barra Funda, fundado no dia 12 de março de 1914, por Dionísio Barbosa. Pouco tempo depois, surgiu também na Barra Funda, o Cordão Carnavalesco Campos Elíseos (MORAES, 1978: 14).

Mário de Andrade (1937), morador da Barra Funda, visitou e pesquisou as festas de Pirapora. O conhecimento da cultura do samba e a vida no bairro da Barra Funda, o fez perceber e visualizar o contexto local; as práticas do samba que ele presenciou em Pirapora. O samba rural paulista se define pela coreografia. As suas peças se confundem muito com as de outras danças próximas de origens africanas, como o jongo, o coco nordestino e outras manifestações regionais que variam com o batuque (ANDRADE, 1937:11).

A habitação é elemento integrante da formação do território dos negros, os quais habitavam os cortiços e porões da Barra Funda e do Bexiga.

> "Foi quando a minha mãe me levou pro Camisa Verde, me levou pro Camisa Verde, eu era considerado mascote, em 1921, ali eu era considerado o mascote e ali fui vivendo. Nessa fotografia que eu mostrei aí eu estava com 14 anos na época, eu estudava clarinete nessa época, essa aqui que estou eu e a minha mãe, estudava clarinete com o meu padrasto, o nome dele era Antenor de Castro" (Depoimento de Zezinho da Casa Verde) (MIS, Von Simson) (OLIVEIRA, 2002).

Os cordões do Campos Elíseos e o Camisa Verde são importantes para a história das escolas paulistanas, pois outras organizações foram criadas por influências diretas de ex-integrantes.

Retomando Moraes (1978: 21), além dos Campos Elíseos e Camisa Verde, apareceu o cordão Flor da Mocidade, todos do bairro da Barra Funda. A Escola de Samba Camisa Verde e Branco pode ser vista como herdeira dos blocos e cordões carnavalescos do bairro da Barra Funda. O cordão Flor da Mocidade era constituído por garotos do bairro, todos menores de idade. Quanto à organização, mantinha orientações familiares animando festas, aniversários, noivados, piqueniques e eventos nos bairros da cidade de São Paulo.

> "Flor da Mocidade. Aí apareceu a Frente Negra, tem também escrito a marcha aí, eu achei nesse livro aí. Aí fundamos, nesse intermédio de tempo, a maior foi essa, o Sr. João Daime trouxe o Grande Otelo, naquele tempo era o único negro que estudava no Colégio Coração de Jesus, eu era baliza e o Grande Otelo contra baliza, e assim nós fomos dois anos no Mocidade. Justamente esse ano tinha aparecido a Frente Negra, e a Frente Negra fez um concurso, a Taça Arthur Friendeirich, a taça tinha um metro, nós fomos lá. Nós cantávamos a marcha, na hora de representar nós cantava música da juventude, fox-stroot. Mas os crioulos lá se apavoraram, mas o João Brás, sendo mais inteligente, colocou o Grande Otelo em cima da mesa pra discursar, agora aquele negrinho, daquele tamanhinho, que até hoje não é grande coisa também, começou a discursar, aquilo foi a coisa mais linda, eles começaram a chorar quando viram o

> Grande Otelo discursar, ele sabia, isso foi em 1928, ele sabia, era estudado, naquela época já tinha talento, começaram a chorar. O resultado, ganhamos o concurso. Ganhamos o concurso Arthur Friedeinrich"(Depoimento de Zezinho da Casa Verde) (MIS, Von Sinsom) (OLIVEIRA, 2002: 85).

Nos cordões carnavalescos, até a década de 1930, predominava a marcha sambada, ritmo marcado por instrumentos pesados, como o bumbo, instrumentos de sopro e corda. O cordão carnavalesco Vai-Vai, foi fundado em 1930 no bairro do Bexiga; sua origem tem como causa a rivalidade existente na época com o time de futebol, com o nome de Cai-Cai. Os grupos da Barra Funda, juntamente com a Vai-Vai do Bexiga, movimentaram o cenário paulistano, e a disputa durante e fora dos carnavais se tornaram mais acirradas (MORAES, 1978: 30).

Os cordões carnavalescos mantinham uma estrutura de organização enraizada no núcleo familiar; a moradia da organização familiar servia de sede do cordão para guardar os instrumentos, reuniões e encontros de confraternização.

Desde o início das apresentações, a rua era o palco das manifestações negras na cidade, para ensaios das baterias, cantos e danças. Então, os negros tomaram os espaços públicos de São Paulo, principalmente nos dias de carnaval, os grupos da Barra Funda saíam e iam encontrar com os outros cordões lá no centro da cidade.

> "A gente saía lá da Barra Funda, chegava à Vitorino Carmilo e subia, ia até o Largo das Perdizes, porque lá tinha um tenente coronel, e dali ia a pé até a cidade, então nós entravamos salão por salão, e isso aí acabava lá pelas quatro horas da madrugada. O salão, o primeiro era do falecido Vituchi, depois a gente ia pra Florêncio de Abreu, que era do falecido Raul, depois dali nós ia pro Paulistano, não é o Paulistano de agora, era lá na Rua do Carmo, depois tem outro salão na Rua do Carmo" (Depoimento de Zezinho da Casa Verde) (MIS, Von Simson) (OLIVEIRA, 2002: 86).

A proliferação dos cordões carnavalescos começou a surgir nos bairros com maior contingente de negros; na Liberdade, o Paulistano da Glória, organizado no final da década de 20, fundado pela mãe de Geraldo Filme e Vituchi Rossi, que no início da fundação se propôs a ser uma entidade das empregadas domésticas, que trabalhavam na região do Cerqueira César. Na Baixada da Lavapés, havia a Escola de Samba Lavapés, fundada por Madrinha Eunice, familiares e vizinhos, no período de 30 ou 35.

> "Os fundadores mesmo da Lavapés são José Madri, meu irmão, Francisco Papa, que era o meu marido, essa moça que

> está aí de porta estandarte, eu não sei se está viva. Maria Rosa foi uma das primeiras baianas. Foi aumentado, em 38 saímos com mais figurantes, porta-estandarte, Escola de samba não tinha baliza, comissão de frente eu que trouxe. Tudo isso que vocês veem das escolas de São Paulo, comissão de frente, mestre sala e porta bandeira, todas foram lançadas pela Lavapés" (Depoimento de Madrinha Eunice) (MIS, Von, Simson) (OLIVEIRA, 2002: 86).

As transformações, lentas de início, foram modificando os cordões e escolas de São Paulo. Primeiramente na Escola de Samba Lavapés, de Madrinha Eunice e familiares, desde a fundação os responsáveis pela instituição introduziram em sua estrutura o modelo carioca. A escola de Samba Lavapés, se apresentava cantando samba, com temas e coreografias diferentes dos cordões, a partir daí foi se diferenciando dos cordões paulistanos.

As manifestações carnavalescas se apropriavam dos espaços públicos para dar continuidade à cultura afro-brasileira. O policiamento na capital paulistana perseguiu violentamente os lugares e encontros dos sambistas, exceto aqueles espaços em que a polícia não entrava, nos bares, ruas e largos.

> "O encontro com a polícia era aquele negócio de sempre, eles chegavam arreando o cacete em cima dos sambistas foi sempre porrete, eles achavam que as manifestações do negro era aquele negócio marginal, e o coro sempre comeu em cima do sambista mesmo (...) De 34 para 40 começou a apertar, a cidade deve ter ficado assim acho que em 44 ainda tentavam, em 44 teve um desfile bom na São João, foi um dos últimos desfiles, depois disso veio o arrocho. A cidade deve ter ficado uns 30 anos assim, sem direito a nada, foi onde cresceram os salões, e a rapaziada que gostava de carnaval de rua não tinha acesso, então ia pra Av. São João, (...) na época já tinha inventado essa tal cândida, esse negócio de lavar roupa, a gente fazia um sacrifício pra comprar um pano pra uma roupa e eles jogavam cândida, a roupa ficava manchada de branco, lá no Paulistano as moças já saíam com batom vermelho, jogava cândida, já cobria aquilo e continuava" (Depoimento de Geraldo Filme) (MIS, Von Simson) (OLIVEIRA, 2002: 87).

A rede de comunicação empreendida entre os cordões e escolas de samba, conectou os grupos coletivos e indivíduos com os locais de encontros, festas, eventos e organizações familiares. Para dar mais força aos eventos carnavalescos, a presença da Imprensa e comerciantes locais foram importantes (foi importante). O Rádio patrocinou eventos carnavalescos na cidade, promovendo encontros e concursos entre as agremiações, como as emissoras Record e América. Os comerciantes da região central colaboravam quanto aos gastos e divulgação, promovendo os encontros nos bairros da Lapa, Água Branca e centro da Cidade.

> "Nessa época, a Barra Funda começou a modificar um pouco o clima, tocava pra se divertir, bailinho, festinha. Mas um dia apareceu lá na Barra Funda, Paraguaçu, Antenor Side e Aimoré. Eles procuravam na Barra Funda um ritmista e um cavaquinho, então apontaram eu e o falecido Boca, daí fui pro Rádio, então com o Paraguaçu eu fazia Rádio Atlântica, o meu apelido era Friendenreich, eu jovaga muita bola". (Depoimento de Zézinho da Casa Verde) (MIS, Von Simson) (OLIVEIRA, 2002: 88)
>
> "A imprensa sempre ajudou, umas associações ou outra, algumas formais e várias associações, imprensa principalmente, eles organizavam um tipo de desfile pra dar garantia pra gente, era Record, era América na Consolação, Cosmos, era Rádio Cruzeiro do Sul, eles seguraram durante muito tempo" (Depoimento de Geraldo Filme) (MIS, Von Simson) (OLIVEIRA, 2002: 88).

Segundo João Batista Borges Pereira (2001: 113), a participação dos negros no rádio possibilitou que esses saíssem do cotidiano simples que levavam, das funções de empregada doméstica, motorista e pedreiros, para pelo menos aspirar à melhoria social, mesmo que tais compensações não resultassem diretamente em ascenção socioeconômica. Nos dias de apresentações, deixavam de ser o simples funcionário, para vir a ser o que almejavam: cantores e cantoras.

As organizações negras em torno do samba até a década de 1940 na cidade de São Paulo, ocuparam os espaços públicos que possibilitaram compor núcleos negros nos bairros da Barra Funda, Bexiga, Lavapés, Liberdade. Esses territórios negros modificaram o cenário urbano de São Paulo, estes deixaram inscritas no chão da urbe paulistana as simboligias das manifestações dos cordões e escolas de samba.

Espaços de Lazer, Praças e Largos.

Além do samba de cordão, o bairro da Barra Funda reunia o samba do Largo da Banana. Os trabalhadores da ferrovia esforçavam-se ao máximo para terminar o trabalho mais cedo, assim conseguiam um tempo livre para o que chamavam de batuques, lá no Largo da Banana.

> "É, realmente a roda de samba não faltava, o cara trabalhava o dia todo, saqueiro, né, porque antigamente tratava saqueiro como braço de ferro, e ali tinha aposta, tinha a capoeira, a roda de samba, eu vou explicar para vocês o que era a roda de samba. A roda de samba era o seguinte: fazia uma roda de 15 a 20 pessoas, entrava na roda, que fazia a roda ali, no meio, cada um cantava um verso pra você, mas cantando o verso ele tinha que entrar na roda, você saía do rodeio ali entrava na roda, cantava o verso e dançava com a turma, mas o batuque ta começando, aí acabava aquela roda de samba, entrava de capoeira, então a capoeira era assim, também na dança, só que uma dança mais quente" (IF, Masculino, 70 anos) (OLIVEIRA, 1998: 61)

A história do samba de São Paulo pode ser contada, principalmente pelas pessoas que viveram o lugar, mas é possível constituir determinados fatos históricos e sociais, por exemplo, com o apoio do acervo cultural e artístico, como a poesia e o universo cultural produzido no cotidiano de forma espontânea, conforme descrição a seguir:

> "BARRA FUNDA, ESTAÇÃO PRIMEIRA (Oliveira, 1998: 62)
> Autores: Mauro Diniz e Adilson Victor - 1987
> Barra Funda
> Era a menina que dormia
> Onde as águas do Rio Tietê brincou
> Um belo dia o imigrante a despertou
> Com muito sacrifício
> Aprendeu o ofício
> Trabalhando com afinco, prosperou
> Inocenciando a malandragem
> No Largo da Banana estava a fina flor
> Na caipira, no boro jogo de ronda
> Ela tirou onda, fez a fé ganhou
> Bairro de encanto e magia
> Do samba, futebol e magia
> Prosseguiu a sua marcha gloriosa
> Nesta boa terra da garoa
> Café, cana de açucar e algodão
> Plantando no roçado dava à toa
> A saudade é tão presente
> Ao lembrar dá vontade de chorar
> O circo, o teatro, o baile à fantasia
> No bonde se podia namorar
> Senhora emancipada é Estação Primeira
> Assiste o progresso do lugar

Lá vem o trem, eu já vou
Amanhã eu te encontro
Na saída do Metrô

Transformações Urbanas e Desterritorialização

O bairro da Barra Funda passou por completa transformação, os cortiços e porões deram lugar à verticalização. Os campos, várzeas e praças deram lugar às avenidas, viadutos e parte do complexo intermodal de transportes da Barra Funda. A Estação Intermodal Barra Funda compreende os transportes de ônibus municipal, intermunicipal, estadual, nacional, além do metrô e dos trens que percorrem a Região da Grande São Paulo, transportando um grande fluxo de trabalhadores.

Oliveira (1998) verificou a constituição do território negro da Barra Funda, trazendo à luz a história de atores sociais que protagonizaram no bairro os espaços da habitação, trabalho, lazer e cultura.

São Paulo a partir do final da década de 1930, cresce de forma desordenada, tendo como base o trinômio loteamento periférico, casa própria e autoconstrução (BONDUKI, 1998:281).

> "Olha todos eles foram para a periferia, sabe por quê? Um grande número deles morava nos porões, e muitas casas foram demolidas (...), e os aluguéis também altíssimos, quem morava num porão, pra alugar uma casa tinha uma diferença grande (...) Então, quando a negada foi embora, quando começou a surgir mudança de padrão, mudança ou demolição do imóvel, ainda ficaram por aqui, muitos deles não tiveram condições de comprar um imóvel" (OLIVEIRA, 1998: 85).

O desenraizamento do núcleo negro da Barra Funda, começou a sofrer os reflexos da crise da cidade de São Paulo, afetando significativamente os espaços de habitação e trabalho. A habitação, a partir de 1930, foi a peça fundamental da cidade para atingir o crescimento horizontal. Os trabalhos da ferrovia, com a crise da cafeicultura e o emergir da sociedade urbano-industrial, foi pouco a pouco desestruturado, para dar lugar aos prédios, avenidas e viadutos.

> "(...) já tava modificado, porque muitos negros já começaram a residência, já estavam aumentando, muitos negros já foram indo para Casa Verde, porque o bairro já foi modificando, já foi terminando aquelas casas, já foram fazendo sobrados, aluguéis caros, então não podiam pagar e foram indo para a Casa Verde, na Casa Verde ficaram morando muito negros,

> compreende (...) Foram mudando, Casa Verde, Freguesia do Ó, Brasilândia, cada um pra um bairro (...)" (Homem Negro, masculino, 84 anos) (OLIVEIRA, 1998: 66).

O Largo da Banana deu lugar ao Viaduto Pacaembu, e aos poucos, foi-se perdendo a identidade do lugar. Na ferrovia, a crise do café atingiu por completo a mão-de-obra e os trabalhadores foram obrigados a se deslocarem para outros ramos do mundo do trabalho. Contudo, tempos depois, com a implementação de novas tecnologias, principalmente do transporte, o metrô é instalado e destrói por completo toda a parte física que alojava os trabalhadores da Barra Funda.

A população negra do Estado de São Paulo, conforme Samuel Lowrie (1938: 51) esteve concentrada nas principais cidades do cinturão agrícola, do final do século XIX até a década de 1930. A capital cresce movida pela marcha urbana industrial, principalmente com a mão de obra da migração de negros e brancos em direção à capital. Instalados na cidade, os recém migrantes tomaram as seguintes atitudes: engrossaram os bairros em que seus semelhantes se encontravam.

De 1930 até 1939, entram, em São Paulo, cerca de 322.464 trabalhadores nacionais, de procedência dos estados da Bahia (151.235) e Minas Gerais (88.789), estados que durante o período da escravidão, arregimentaram o maior contingente negro (LOWRIE,19381: 215). Sendo assim, com o final da imigração e a entrada dos trabalhadores migrantes no município paulistano, a população negra na cidade sofreu um incremento acima dos anos anteriores.

Retomando Lowrie (1938), é possível verificar que os dados apresentados anteriormente confirmam a tese de que a cidade de São Paulo, principalmente no final da década de 30, inicia a transição da população rural para a área urbana. A concentração demográfica para os distritos situados nas fronteiras da área urbana é o principal foco procurado pelos habitantes negros, principalmente os que migraram do cinturão caipira e os oriundos de Minas Gerais e Bahia.

A população negra dos bairros do Bexiga, Barra Funda, Cambuci, Liberdade, Bosque da Saúde, Pinheiros, que ali nasceram, trabalharam e moraram, mudaram-se para as regiões noroeste, leste e sul da cidade.

Bernardo (1998: 13) ao estudar os grupos de negros, italianos e seus descendentes, nas primeiras décadas do século XX, em São Paulo, apreendeu quatro olhares, que são diferentes modos de vida. Para o homem branco e seus descendentes, a vida na cidade de São Paulo promoveu desde o início, farta oportunidade de serviços. Quanto às mulheres brancas, a vida na cidade permitiu-lhes a mobilidade sócioeconômica. Para o grupo italiano, o mundo urbano industrial reuniu dois elementos: trabalho e progresso. A vida nas primeiras décadas do século XX para o grupo negro, foi um movimento totalmente à parte, oposto aos dos italianos e seus descendentes. Para homens e mulheres negras, a cidade representou sentimentos, representações e percepções de desconhecimento, escuridão e falta de oportundiades.

A seguir, será abordada a territorialidade negra na cidade de São Paulo, em particular, a região norte da capital paulistana, o bairro da Casa Verde.

A República Nova e a Sociedade Urbana-Industrial (1940-1970)

Território e segregação são fenômenos sociais, urbanos e políticos inscritos na história da cidade de São Paulo. Em determinados momentos, o primeiro se organiza para a defesa dos direitos e para a preservação de seu patrimônio (ROLNIK, 1998; OLIVEIRA, 2002). O segundo, entra em cena por condições mais complexas da política da cidade e dos atores, os proprietários dos meios de produção, dos poderes ideológicos e políticos.

Nas páginas acima, nas primeiras décadas da pós abolição a população negra viveu na cidade e no mercado de trabalho, marcada pelos primeiros sentimentos das desigualdades sociais e raciais. Os efeitos que decaíram principalmente na população negra e pobre, formam um bolsão de exclusão e pobreza (FERNANDES, 1989).

Os interlocutores negros que viveram e apreenderam a história de seus antepassados, contam como que a cidade, a habitação e as suas funções foram desenvolvidas em São Paulo, segue baixo:

> "1950, fêz 50 anos quando eu vim morar aqui. Antes daqui eu morei na Bela Vista, lá naqueles cortiços, aí foram derrubando, derrubando para construir, foram expulsando todo mundo, aí o meu marido veio procurar esta casa, alugar, aí o amigo falou: aqui não se aluga, se compra. Aí ele comprou isso aqui, era um quarto, um banheiro e uma cozinha. Aí daquela cozinha eu fiz a sala, o quarto do menino, o quarto de dispensa, eu fui fazendo, devagarzinho, você sabe que eu estou fazendo ainda" (Cacilda, 79 anos, moradora negra) (OLIVEIRA, 2002:95).
>
> "Por exemplo, eu sei que a ida daqueles que moravam e trabalhavam na Barra Funda e Bela Vista, também era um grande reduto de pessoas negras, eles foram atraídos por um anúncio da família Peruche, que dava um terreno de 11 de frente e 42 de fundo, eles davam uma casa, era simplesmente um quarto e cozinha, e tinha no quintal um poço, um tanque e uma privada. E depois cabia então às pessoas que ali estavam dentro das possibilidades pagarem as prestações mensais, tratar de murar" (...) (Adhemar Ferreira, 73 anos, morador negro) (OLIVEIRA, 2002: 101).

Os interlocutores que contribuíram para a escrita da Dissertação de Mestrado "*A Presença Negra na Cidade: Memória e Territorialidade Negra na Casa Verde em São Paulo*" (OLIVEIRA, 2002), moraram nos bairros do Bexiga, Barra Funda, Perdizes, Pompeia, Vila Mariana, Campos Elíseos, Lapa, Liberdade, Sumaré, Pinheiros, Vila Mariana, antes de fixarem residência na Casa Verde.

Nas cidades brasileiras e na capital paulistana não ocorreu a separação entre brancos e negros, mas o enquadramento nos territórios de exclusão social e nos espaços da pobreza.

A Casa Verde é um pedaço do retrato "crescimento e pobreza" que estava sendo elaborado em São Paulo. Para a população negra, após a vida nos porões e cortiços, o segundo movimento em direção à perferia, em direção pós-Rio Tietê na Zona Norte.

> "Aqui não tinha ninguém, foi chegando aos poucos, eu mesmo quando cheguei aqui em 1938, na Rua Armando Coelho, morava lá embaixo, ai vim aqui até em cima na Estrada da Casa Verde, rapaz, vim aqui. Isto aqui não é lugar de gente. Deus me livre, chegava às 15h30, 16h00, aquele mosquitinho, vamos embora, morava na Avenida Rudge. Você ta louco, eu aqui nesse lugar não fico de jeito nenhum, vamos embora. Eu não gostava daqui de jeito nenhum. Eu não gostava porque estava acostumado com aquele ambiente, no interior está certo, mas aqui estava formando, tinha mato, pernilongo, (...) no fim onde eu parei, da Rua Santa Eudóxia, estou aqui na Rua C, atual Antonio Cavazan, assim é a evolução" (Salvador Negro, 90 anos, morador negro) (OLIVEIRA, 2002: 102).
>
> "Não, era aqui mesmo, nessa casa mesmo, foi aqui nessa casa mesmo, eu tinha um ano de idade quando mudei para cá, só tinha um quarto que a minha mãe contava, e aí foi que devagar que foi aumentando a casa, então já é, bem dizer, eu tenho 72 anos, 71 anos que eu moro aqui, eu me casei, mas fiquei pouco tempo fora e logo meu pai construiu uma casa pra mim nos fundos, porque o terreno era grande, aí eu logo voltei pra cá, fiquei pouco tempo fora, são 71 anos que eu moro aqui então" (Lucinda Negra, 72 anos, moradora negra) (OLIVEIRA, 2002: 99).

A maioria dos interlocutores, moradores e ex-moradores da Casa Verde, confirmaram que as primeiras décadas de vida na Casa Verde foram muito difíceis pelas condições, sobretudo as condições da época; não tinha quase nada, apenas a habitação, sem nenhuma melhoria em equipamentos públicos e estrutura urbana e social.

A formação de antigos bairros negros, como a Casa Verde, Bairro do Limão, Jabaquara, Vila Matilde e outros, no novo cenário das periferias, teve grande participação de famílias extensas; no contexto religioso, social e cultural.

Dentre os moradores da Casa Verde que entrevistei, alguns migraram de cidades do interior do estado. Dos contatos que realizei e das indicações para as entrevistas, não entrevistei nenhum migrante de outras regiões do país, todos nasceram e cresceram no estado de São Paulo e na capital paulistana.

> "Meu nome é Arnaldo, 86 anos, nasci em Cerquilho. Eu vim aqui pra poder ter uma vida melhor. Trabalho é lógico, lá eu era funcionário da Sorocabana, entrei em 1934 e sai 1940, seis anos. Morei na Glete, ali no Campos Elíseos mesmo, morei próximo da garagem de bondes. Lá na Pompeia, eu morava numa vila, depois eu fiquei quatro anos e meio na Glete e um ano e meio na Pompeia, por aí. Eu vim pra cá, comprei o terreno aqui, construí, aqui estava vendendo, estavam vendendo os terrenos por aqui tudo. Então viemos aqui, comprei aqui, eu e mais o meu irmão, em 1946 comprei aqui, e em 1947 construí e vim pra cá" (Arnaldo, 86 anos, morador negro) (OLIVEIRA, 2002: 98).
>
> "Meu pai, ele disse que veio de Taubaté, nasceu em Taubaté e depois veio pra cá com os pais dele. Eles compraram esse terreno aqui de 450m², então já era do meu avô, ele tinha mais irmãos, contava e quando foi na gripe de 1918, a gripe espanhola, então os irmãos dele faleceram todos e só sobreviveu ele e os pais. E ele já era casado, ficou morando aqui e aqui teve oito filhos, um morreu, tinha problema cardíaco, Moacir de Paula, com 22 anos ele morreu" (Sebastião de Paula, 65 anos, morador negro) (OLIVEIRA, 2002: 92).

O povoamento inicial da Casa Verde nas primeiras décadas do século XX é um assentamento espacial da capital e do estado de São Paulo. A presença de migrantes, principalmente os nordestinos, ocorre posteriormente aos primeiros povoamentos, após a década de 1950, como ocorreu na maioria das periferias de São Paulo.

Fernandes (1965), em sua primeira obra, a respeito do negro em São Paulo, defendeu que a herança do passado escravista seria a principal situação; pobreza urbana, discriminação e a patologia social. As mudanças e transformações viriam a ocorrer com a inserção, a abertura e a participação no mercado de trabalho urbano e industrial, que paulatinamente mudaria as faces da cidade, dos trabalhadores e para a população que buscava se integrar à sociedade de classes.

As funções exercidas por homens e mulheres negras, em sua maioria, não lhes garantia total inserção no mercado de trabalho competitivo com o trabalhador branco, principalmente o imigrante (italiano, português, espanhol, etc.). A regra continuou sendo a mesma, o trabalho braçal.

> "Quando eu vim aqui pro bairro, aí eu comecei a costurar aqui pro bairro, precisava né, eu me lembro como se fosse hoje, eu ganhava um dinheiro no fim da semana, eu comprava um frango e fazia um bolo pra domingo, era tão gostoso, viu! E agora que podia fazer dois, três bolos, não faço nenhum. Aquele tempo eu fazia um bolo, fazia um franguinho, macarronada, que domingo gostoso que era. Mas eu costurava pro povinho daqui" (Mulher Negra, 78 anos, moradora negra) (OLIVEIRA, 2002).

No decorrer da entrevista com dona Cacilda, as lembranças são trazidas à tona, principalmente os momentos de reunião e encontro familiar. Cada lembrança de Cacilda está entrelaçada com os momentos e o quadros da vida social, em especial, o cenário local, a família e o trabalho social. A interlocutora, conforme relato acima, traz a alegria da superação, das lutas e conquistas, que ela e seu grupo de pertencimento empreenderam no chão da Casa Verde.

A vida social para Cacilda e seus semelhantes não foi fácil, mas valeu a pena. Infelizmente, na época da entrevista, inúmeras realizações deixaram de ser feitas. Dona Cacilda, mulher, esposa, mãe, moradora da Casa Verde, diante dos percursos da vida, teve duas perdas significativas, o falecimento do marido e, posteriormente, o falecimento do filho. As lembranças da família reunida, principalmente as lembranças do marido e do filho, na memória de Dona Cacilda revela os momentos, os espaços e a subjetividade, mesmo diante da pobreza e das dificuldades, faces da festa e da alegria de viver.

> "Meu pai trabalhava na Sorocabana, ele foi aposentado pela Sorocabana, ele trabalhava aí nos armazéns, aí da Barra Funda, ele trabalhava, e a minha mãe era doméstica" (Lucinda, 72 anos, moradora negra) (OLIVEIRA, 2002: 65).

Superar a condição de "lugar de negro" na sociedade paulistana, exige dos protagonistas a qualificação profissional e a superação do racismo no dia a dia do mercado de trabalho competitivo e de segregação racial. A época de nossos interlocutores, a única alternativa foi vender a força de trabalho e fazer parte do exército industrial de reserva.

As vicissitudes funcionais do negro em São Paulo, concentraram-se na condição de empregado, proletariado e subproletariado. Os vícios do mercado que relegou aos trabalhadores negros e pobres a subrepresentação nas ocupações mais inferiores e o destaque no exército de reserva.

Ocupar a condição de empregador, em uma micro, pequena ou média empresa, para homens e mulheres negras, significa sair da condição de "lugar de negro"e dos trabalhos subalternos, historicamente presente na memória coletiva da população negra da capital paulistana.

> "Bom, eu tenho grandes exemplos do meu pai, ele nasceu no Rio de Janeiro, mas morou muito tempo na Penha, os pais dele eram de lá da zona Leste. Então lá ele começou a trabalhar com enfeites de Natal, que eu acho que eram poucas as fábricas que tratavam disso, aí ele saiu de lá e veio montar a fábrica dele aqui na zona norte. Então ele também gerou muitos empregos aqui, fabricando bolinhas e enfeites de natal, só não as árvores. (...) eu poderia dizer que teria uns 40 funcionários trabalhando com ele" (Shirlei, Mulher Negra, 36 anos, moradora negra) (Oliveira, 2002).
> "Eu comecei a trabalhar por minha conta, eu trabalhei em minha casa, na Cândido Espinheira. Mas quando eu trabalhava como empregado, eu trabalhei na Praça da Sé, na Rua do Arouche, tinha uma casa na Rua do Arouche que era o Preço Fixo, que era só roupa sob medida, eu trabalhei ali, depois eu vim pra trabalhar por minha conta, montei uma oficina na minha casa, comprei uma máquina Singer. Trabalhei, trabalhei muito tempo por conta, até 1941. Depois deixei a profissão de alfaiate, fui trabalhar com loja de autopeças, aonde meu irmão trabalhava, ele montou uma casa. Eu era uma espécie de gerente da firma. O local do trabalho era na Luz, eu fui trabalhar com ele" (Benedito Marques, 83 anos) (OLIVEIRA, 1998: 111).

O senhor Benedito Marques, nascido em 1914 na cidade de Mogi Mirim. Ele e seu irmão, na década de 1940, foram proprietários de uma empresa de autopeças, localizada na região da Luz. Os dois irmãos, durante a década de 1940 se destacaram na condição de empregadores no setor automotivo. A partir de 1940, com a entrada do setor automotivo de capital estrangeiro no país, inúmeras empresas do mesmo ramo fecharam as portas. É o caso do empreendimento de Benedito Marques e seu irmão, a empresa deles não suportou a concorrência, principalmente de capital estrangeiro.

Durante minha vida acadêmica, a graduação, mestrado e doutorado, efetivei três momentos para compor a pesquisa de campo. Em 1998, para a conclusão do TCC, em 2002, para a obtenção da dissertação de mestrado e com o doutorado em Ciências Sociais, constitui 100 entrevistas. Quatro interlocutores se classificaram como empregadores, no entanto, as empresas de Benedito Marques e o pai de Shirley Soriano, foram as únicas de maior porte e significado número de empregados, as outras duas absorvem apenas a mão de obra dos empregadores.

Com o fim da imigração estrangeira e o início do trabalho urbano industrial, principalmente o setor metalúrgico, o aumento do número de vagas no mercado de trabalho seria natural para o trabalhador nacional e, em consequência, para os homens e mulheres negras (FERNANDES, 1989; ANDREWS, 1998).

O quadro das desigualdades no mercado de trabalho, entre homens e mulheres, brancos e negros, pode ser visto desde os primeiros anos do século XX. Com a sociedade do trabalho livre, é a mulher negra a principal responsável pela manutenção, a preservação e a segurança econômica e social no amparo à família.

Quando determinadas funções do mundo do trabalho mudam, são os homens e mulheres negras que são mais afetados, ou seja, os trabalhadores cuja força de trabalho é o menor valor dentre o proletariado e o subproletariado. As mulheres negras da Casa Verde, independente da presença do marido, elas ocuparam o posto de chefe de família; exercendo principalmente as profissões de doméstica, cozinheira, faxineira e outras funções.

> "Eu nasci no cortiço, a minha irmã também, a minha mãe morava no porão. Aí quando mudamos pra cá, fomos crescendo, quando eu tinha 13 anos abriu uma cartonagem lá no morro do S, aí meu pai falou: Vou por essas neguinhas pra trabalhar. Meu pai trabalhava de pedreiro e ele gostava de tomar um pouco, tudo isso também para acabar com a saúde dele, então a gente ia trabalhar para ajudar a minha mãe, mas a gente sofreu muito na vida, só não chegamos a passar fome porque minhas irmãs, as duas mais velhas que eram casadas, ajudavam um pouquinho a minha mãe" (Luiza, 67 anos, moradora negra) (OLIVEIRA, 2002: 112)
>
> "Quanto a isso nós tivemos uma sustentação, um pilar foi ela mesmo, vivíamos numa proteção, vivíamos dentro de um invólucro. Os homens mesmo assim, sabiam dos limites porque quando chegavam em casa, ela cobrava de maneira até drástica, mas profissão nós tivemos dentro da capacidade de cada um. Estudo, por exemplo, quem conseguiu foram as duas últimas, eu e minha irmã mais nova, a que tinha escola, você entendeu, então minhas irmãs todas trabalhavam, nós também trabalhávamos, ganhávamos pouco, e então havia aquela sustentação pelas outras irmãs para que nós estudássemos, então fomos as duas únicas com nível universitário, que galgamos um posto melhor e elas são todas costureiras, aposentadas hoje. Mamãe também era aposentada, depois foi doméstica

> muitos anos, depois foi trabalhar como passadeira na Modas Cio, trabalhou muitos anos lá, aposentou e fazia alguns serviços domésticos depois de se aposentar" (Romilda, 61 anos, ex-moradora da Casa Verde) (OLIVEIRA, 2002: 127).

O trabalho fixo incorporou-se na vida de homens e mulheres negras, quando eles já estavam com a idade mais avançada, entre 30 e 35 anos, idade superior a faixa etária dos trabalhadores brancos (FERNANDES, 1965).

Os interlocutores da Casa Verde adquiriram melhores condições – trabalho fixo –, a partir do momento que entraram para o serviço público, afastando-se do mundo do desemprego. O serviço público, no Estado e na Prefeitura, mesmo os serviços de menor remuneração, proporciona condições de "conforto" e segurança para quem vive do salário.

Há dois fatores que alteram o quadro funcional dos trabalhadores negros na Casa Verde, o primeiro é a atividade de funcionário público e, o segundo, com a entrada da imigração japonesa no distrito, enquanto empregadora do setor de corte e costura.

Os japoneses e seus descendentes que migraram para a Casa Verde no final dos anos 1960 encontraram a região despontando em desenvolvimento e a valorização do mercado imobiliário. O local, em princípio, área de reposição da força do proletariado negro começaria a sofrer as metamorfoses da cidade e do pedaço, como a entrada do japonês. É uma diversidade que se compõe com diferenças múltiplas; classe, raça, cultura, poder econômico e político.

Através da fonte de dados do IBGE e da Fundação SEADE, demonstro que a população japonesa e descendente (amarela) está sobrerrepresentada na estrutura socioeconômico e polítca; como o tempo médio de escolaridade do chefe de família, a renda média do chefe de família e outros atributos sociais e econômicos, em geral, superiores ao quadro social da população negra da cidade e da Casa Verde.

> "Não acontece, é difícil, eu, por exemplo, como diretora do Fórum, aposentada no Fórum de Santana, diretora do 1° Ofício da família e sucessões, eu dava um duro, porque muitos achavam que vindo trabalhar comigo teriam um espaço mais folgado, e isso nunca. (...) Então eles sempre procuravam um gueto, pra levar vantagens, e não pode ser assim no serviço público, e aonde quer que você se destaque, e a sua cor já é um destaque. Porque aonde você chega o branco olha, será que é, será que não é, e não é um olhar normal" (Romilda, 61 anos) (OLIVEIRA, 2002)

A interlocutora acima foi uma exceção dentre os entrevistados, mas a conquista e a vitória têm a marca da família; a mãe e as irmãs exerceram as funções de empregada doméstica e costureira. A mobilidade socioeconômica das mulheres negras significa um preço muito alto, elas têm que mostrar cotidianamente a sua força e superar as barreiras frontais que se encontram no cotidiano. As conquistas, materiais e não materiais reiteram um preço muito alto, pois tiveram de abrir mão de muitas coisas importantes em suas vidas, como os relacionamentos e a vida familiar, sempre colocando em primeiro plano a carreira profissional (SILVA, 1999:74).

> "Pra você ver, a nossa raça está dispersando, que morrem os velhos, então os filhos, se não tiver uma base sólida. Então se não tem cabeça, vende. O português ou o japonês vem aqui e nós vamos para onde, para aqueles fundões. E aqueles fundões já estão muito violentos, e os negros vão lá para o pé da serra. As casas dos negos aqui são as piores, isto também aborrece. Eu não falei para você que a nossa casa foi uma das mais bonitas da rua, ficavam tudo de olho. Era tudo gente de outro nível. Meu pai gostava de viajar, vinha de táxi aqui na porta, viajava com toda a família e a família sempre reunida, e eles sempre de olho. E no hospital ele falou: Não vão perder isso aí, conserva. (Sebastião de Paula, 65 anos, morador negro)" (OLIVEIRA, 2002: 200).

Conforme as palavras do senhor Sebastião, a entrada do japonês ou do português, os efeitos seriam no campo do mercado de trabalho, como afirmamos acima e também no espaço da habitação, com a compra de imóveis, principalmente dos moradores negros.

A cidade, para homens e mulheres negras das periferias de São Paulo, é interpretada com os seguintes cenários: a segregação invisível e a silenciosa.

A segregação invisível, do cenário brasileiro e paulistano, é o real que não é visto. A conhecida "democracia" propaga que brancos e negros, pobres e ricos, vivem e compartilham espaços democráticos, ou seja, o acesso à igualdade e os mesmos direitos sociais no cotidiano das cidades. A segregação silenciosa, conforme pude constatar, se manifesta, mediante as manifestações dos interlocutores, como o contínuo desaparecimento da população negra no bairro da Casa Verde (FERNANDES, 1989 : Relatório de Desenvolvimento Humano, 2005).

O cenário na Casa Verde e nas periferias paulistanas em que a população negra (1989-1940) percorreu para a constituição da habitação, da família e dos laços sociais é o quadro da segregação. Em toda segregação há o outro lado, nesse caso, é o território. Na Casa Verde, além das questões sociais e materiais, os valores culturais e simbólicos, como as escolas de samba, os terreiros de candomblé e umbanda e a irmandade religiosa, são as insígnias, que nos dias de hoje, espelham a herança negra do lugar.

São Paulo não concentra mais as atividades do setor industrial como acontecera nas décadas de 1960 até o final de 1980. Nos dias de hoje, novas funções foram incorporadas nas veias e no corpo da cidade: o setor de serviços. Com as transformações, a cidade e os "pedaços", pouco a pouco, foram sentindo os reflexos do local e do global.

Na Casa Verde, conforme a tabela abaixo, o crescimento demográfico cresceu nas décadas de 1950, 1960, 1970 e 1980, e nas duas últimas, 1991 e 2000, o quadro populacional decresceu. Este fenômeno aconteceu em toda a cidade, isto é, nas áreas mais próximas do fluxo de capitais nacional e internacional, de circulação, de valorização imobiliária e da concentração de riqueza. A Casa Verde é próxima da Marginal, que é um ponto estratégico de entrada e saída para outras regiões do estado e do país, é o local que circula e distribuí parte da riqueza do país. A área está próxima ao centro velho e novo, do conhecido quadrante sudoeste de São Paulo; local de riqueza, de poder político, econômico, social e cultural.

Tabela N° 28 - População da Cidade de São Paulo e do distrito da Casa Verde nos últimos sessenta anos

	1950	1960	1970	1980	1991	2000
MSP	2.151.313	3.667.899	5.924.615	8.493.226	9.646.185	10.434.252
Casa Verde	43.371	74.349	92.722	103.455	96.393	83.629

Fonte: IBGE - Censos Demográficos, 1950, 1960, 1970, 1970, 1980, 1991 e 2000.
Sinopses Preliminares dos Censos Demográficos de 1950 e 1960
Sempla/Dipro - Retroestimativas e Recomposição para os distritos dos anos 1950, 1960 e 1970

As metamorfoses do capital e do espaço em São Paulo refletiram na Casa Verde e no território negro. O espaço social e cultural dos negros, gradualmente, com as transformações da sociedade pós industrial e da era informacional, provocou impactos de enfraquecimento do território negro.

A desterritorialização da Casa Verde não é integral, os espaços culturais e simbólicos estão presentes como memória viva do lugar e os griôs – homens e mulheres negras – são as referências dessa herança.

> "Venderam as casas, cada um foi mudando, foram mudando, embora para outros bairros, foram vendendo as casas. Olha, muitos foram pra longe, porque não dava, o bairro crescendo,

> aqui mesmo, a Rua Galileia foi crescendo, veio o asfalto, veio água, veio luz e muitos não podiam pagar asfalto, água e luz, então foram saindo para lugares mais longe" (Lucinda, 72 anos) (OLIVEIRA, 2002: 202).

A respeito dos japoneses, um dos nossos interlocutores afirma:

> "Depois que começou a japonesada pra cá, mas a japonesada veio bem depois, de 1968, 1969 para cá. Aí que começou a japonesada pra cá. Até a minha casa eles vieram querer comprar. 'Ei, vende casa assim boa? 'Não senhor, eu comprei! Como é que eu vou vender? Não, não vendo nada!'. '200 mil'. Foi embora, voltou outro oferecendo 220 mil. "Não quero isso!" (Pedro Lima, 80 anos) (OLIVEIRA, 2002: 202).

A questão central desta situação é que o local é valorizado por sua área física, geralmente, quando os compradores apareciam, ofereciam um valor pela área construída e não por aquilo que ela vale.

A região do Parque Peruche, onde nossos interlocutores cresceram e muitos deles ainda estão presentes para contar suas histórias, a área do terreno (área física das habitações) é de 450 metros. Nos dias de hoje, não se encontra loteamento de baixa renda com toda esta área disponível. Esta metragem de área física só há disponível no mercado imobiliário para os setores de média e alta rendas, como os condomínios fechados (verticais e horizontais) e em regiões consolidadas, cujos valores são inacessíveis para os trabalhadores negros e pobres.

Os japoneses, portugueses, espanhóis e os setores de melhor posição social, sabendo da potencialidade da Casa Verde e do quadro social dos moradores do local, compraram sem muitas resistências as propriedades dos negros, derrubaram o que estava construído e levantaram outras habitações no lugar das casas simples.

Para quais regiões/bairros da cidade de São Paulo foram os negros que saíram da Casa Verde? Conforme nossos interlocutores, eles se espalharam nas periferias de São Paulo, em direção aos extremos.

> "E a concentração de pessoal, foram saindo daqui e foram pra zona leste, hoje o maior contingente de negros não é mais a zona norte, é a zona leste, hoje é assim que se comenta. Brasilândia concentra um número grande de negros. É aí que está o negócio, quando se fala em negro, tem que se ter um cuidado específico (...) Se você pegar a Brasilândia, trabalhei quase três anos nessa região, (...) automaticamente passava em Brasilândia, quando voltava, você olha aquelas

> invasões, não são negros, aliás, na realidade, o nordestino não deixa de ser um negro (...)" (Odete, 59 anos) (OLIVEIRA, 2002: 203).
> "Aqui do bairro saiu muito, foram pra Taipas, Cidade Tiradentes, pra Itaquera, aqui do bairro saiu bastante, e outro, chegaram muitos nordestinos aqui. (...) Aí eles foram embora pra Taipas, Itaquera, compraram apartamentos. Eu tenho uma ala da Cidade Tiradentes, da Vila Progresso, da Cohab José Bonifácio e eles eram daqui" (Guga, 56 anos, moradora da Casa Verde) (OLIVEIRA, 2002: 205).

A seguir, os cenários sobre a Territorialidade Negra e a Segregação Racial serão vistos e construídos a partir das histórias, da territorialidade e da cultura dos distritos da Brasilândia, Cidade Tiradentes e Jardim Ângela.

A segregação e o território, conforme a história social dos negros no século XX é o constante movimento da desterritorialização e da reconstituição de novos espaços. A história das territorialidades e da segregação não é um fenômeno isolado no tempo e no espaço, elas se constituem e deixam seus registros na terra, na materialidade e na subjetividade. As causas e efeitos da segregação e do território em São Paulo estão interligados, ora em razão do encontro, apoio e reunião do grupo familiar e cultural e, ora em razão das forças da propriedade privada da terra e da habitação e dos poderes públicos e privados.

Expansão Urbana e Globalização (1970-2000)

Conforme os cenários das páginas anteriores, a respeito da segregação racial e dos territórios negros, a origem e a expansão estão relacionadas ao crescimento horizontal da cidade em direção às periferias e ao capitalismo nacional e internacional. Além destes fatores, considero que o racismo e a discriminação refletem no espaço conforme a renda e a escolaridade da população negra.

Na década de 1980, conforme dados do IBGE, a média de população negra na cidade era de 22,3%. Rolnik (1989) descreve que a territorialidade negra se constituiu em direção às periferias, em razão da desterritorialização de antigos núcleos negros das três primeiras décadas do século XX. As territorialidades negras correspondem aos núcleos da Brasilândia (42,4%), Capela do Socorro (36%), Santo Amaro (33%), Jabaquara (29%), Pirituba (27%), Vila Matilde (27%), Vila Nova Cachoeirinha (27%), Limão (26%) e Nossa Senhora do Ó (26%).

No censo posterior, em 1991, novas configurações territoriais se expandiram mais adiante às periferias. As Zonas Leste e Sul assinalam evidências da territorialzação – desterritorialização e reterritorialização da população negra, mediante os elementos que compõe a segregação urbana e racial: o ambiente construído, o mercado de trabalho e o mercado habitacional. Novos contornos foram se desenhando também no campo simbólico e cultural em direção às periferias, como o movimento hip-hop, as entidades sociais negras, os terreiros de umbanda e candomblé, a capoeira e a cultura popular (ROLNIK, 1998; CARRIL, 2006).

Em 1991, a distribuição da população negra refere-se a 20 distritos (vinte) acima da média da cidade, que correspondia na época a 27% da população paulistana (ver mapa 9). Na região Leste são 11 (onze) distritos: Lajeado (52%), Jardim Helena (50%), Cidade Tiradentes (49%), Itaim Paulista (48%), Vila Curuçá (46%), Guaianases (45%), Iguatemi (44%), Itaquera (39%), Parque do Carmo (39%) e Vila Jacui (37%) (Véras, 1998).

No outro extremo da cidade, na região Sul, também se repete a concentração negra. Nos distritos a distribuição corresponde ao Jardim Ângela (53%), Capão Redondo (44%), Grajaú (43%), Parelheiros (41%), Pedreira (40%), Cidade Ademar (41%) e Jardim São Luiz (40%).

Na Zona Oeste destaca-se apenas o distrito de Raposo Tavares (36%) e, na Norte, o distrito da Brasilândia (39%). Todos os distritos acima citados ultrapassam a média da cidade, conforme o censo de 1991.

No censo de 2000, a periferização negra consolidou-se nos limites da capital paulistana. De 1980 para 2000, a média de população negra se elevou de 22,3% para 27% e por último, 30%.

Interpreto que nos últimos anos, através das ações dos movimentos sociais negros, principalmente em torno da juventude, a consciência racial tenha influenciado a produção da identidade negra. Nas últimas décadas, principalmente no ano de comemoração do Tricentenário de Zumbi dos Palmares, a conscientização e a identidade negra vêm ganhando, progressivamente, novos atores para compor as territorialidades paulistanas.

Na região Leste de São Paulo destaco os distritos de Guaianases (47%), Cidade Tiradentes (49,80%), Jardim Helena (45,16%), Itaim Paulista (45%), Vila Curuçá (42%), e Vila Jacuí (40,16%). Alguns distritos, como, por exemplo, a Cidade Tiradentes, a participação negra acontece em razão dos conjuntos habitacionais e da autoconstrução dos mutirões. No sul da cidade de São Paulo destaco os distritos do Jardim Ângela (51,40%), Grajaú (46%), Capão Redondo (44,25%), Pedreira (43%), Cidade Ademar (42,12%), Jardim São Luiz (41,38%) Campo Limpo (40%) e Socorro (37,50%) – ver mapas de 1991 e 2000. Na região norte, os distritos são Brasilândia (40%), Perus (39,60%), Anhanguera (39,50%) e na região oeste, Raposo Tavares (39%).

Mapa N° 5 - Distribuição da População Negra na cidade de São Paulo, 1991.

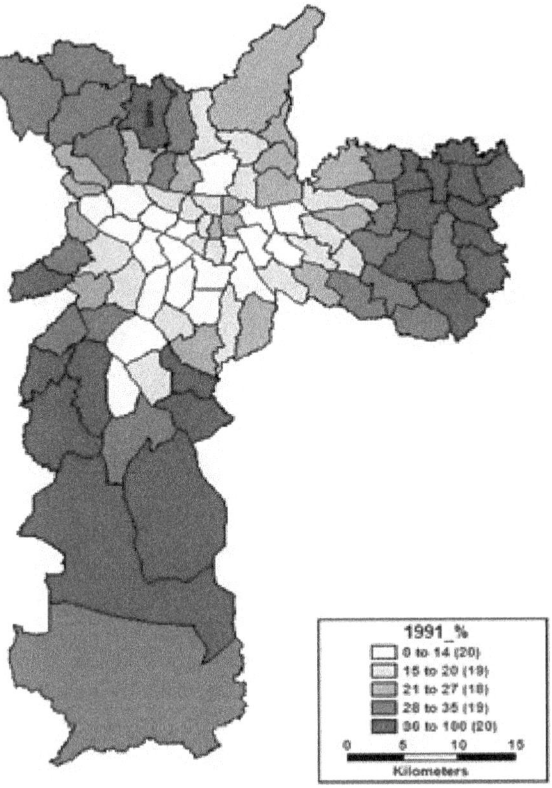

Fonte: IBGE, 1991.

Mapa N° 6 - Distribuição da População Negra na cidade de São Paulo, 2000.

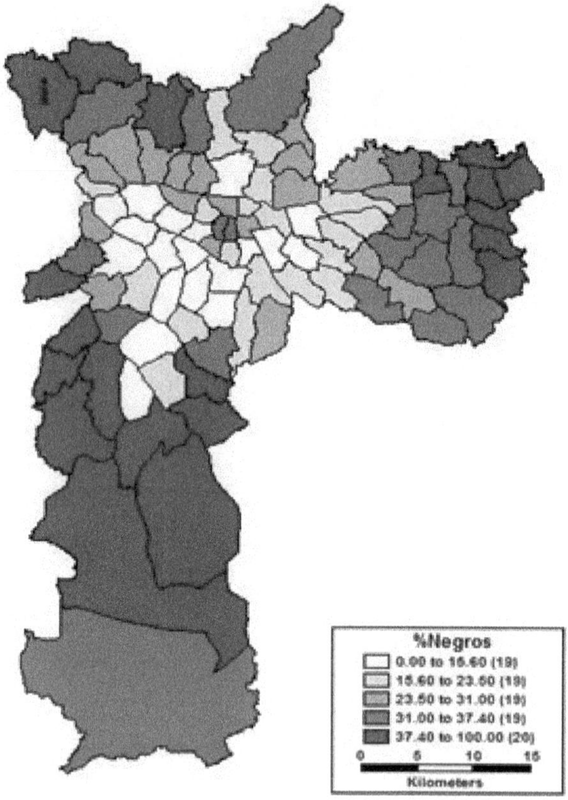

Fonte: IBGE, 2000.

A eliminação do racismo e das desigualdades, a partir da abertura de postos de trabalho no mercado urbano industrial paulistano, conforme previsões de Fernandes (1965), não se concretizou. O mercado de trabalho para a mão de obra negra depara-se com a segregação ocupacional, escolar, residencial e as desigualdades.

A segregação ocupacional (TELLES, 2004) de base racial, de acordo com o histórico do mundo do trabalho brasileiro, relega a mão-de-obra negra ao segundo plano nos setores da indústria, comércio e prestação de serviços.

Desde o final da década de 1980, a cidade de São Paulo vem se transformando em inúmeros aspectos, principalmente o mundo do trabalho. Seus reflexos vão de encontro aos principais atores deste cenário: o operariado e o lupem operariado (ANTUNES, 2006).

O acesso aos postos de trabalho, como posição social, renda e escolaridade, têm conduzido à produção de clivagens raciais. As desigualdades no mercado de trabalho contemporâneo devem ser interpretadas por intermédio da classificação de gênero, classe, raça e nível de escolaridade.

Na capital paulistana, em pleno século XXI, as diferenças raciais no mercado de trabalho são intrinsecamente marcadas em razão da herança do trabalho escravo, do processo cumulativo das desigualdades raciais e do quadro contemporâneo de pobreza racial, a discriminação e o racismo (HENRIQUES, 2001).

No cenário nacional, o setor de serviços é predominante em todo o território paulistano. No passado, predominava o trabalho industrial, nos dias de hoje, é a prestação de serviços. Na capital paulistana, a territorialidade do setor de serviços está concentrada no quadrante sudoeste, tida como a área mais rica e branca (SANTOS, 1998)

A territorialização acontece em diferentes níveis e faces, como a questão do mundo do trabalho. Até os anos de 1970, as regiões localizadas nas imediações das linhas férreas, como Mooca, Brás, Barra Funda, Ipiranga e parte da região metropolitana, eram tidas como o coração e o território industrial da mão de obra paulistana e nacional. Hoje, após a desterritorialização provocada pela mudança da produção, ocorre a reterritorialização com a prestação de serviços; configurando novas características da mão de obra paulistana e a divisão socioeconômica e espacial (Santos, 1996).

A história da cidade e a divisão social do trabalho do século XX é delineada a partir do quadro da força de trabalho que vende sua energia para compor os espaços e os territórios. A seguir, gradualmente, apresento as faces do mundo do trabalho através da mão de obra negra com o apoio da memória coletiva; mediante o retrato do mundo do trabalho e das desigualdades ocupacionais.

Incialmente, os interlocutores negros com mais experiência de vida relatam o princípio, desenvolvimento, conquistas e dificuldades, a aposentadoria e o mercado informal, que atualmente persistem em São Paulo e nos principais territórios de desempregados (GUIMARÃES, 2005).

Homens e mulheres negras declararam que a delimitação no mercado de trabalho, como atividades tradicionais de doméstica, cozinheira, costureira, pedreiro, serviços de limpeza e trabalho braçal foram exercidos pelos avós, pais e também por eles, interlocutores do trabalho das últimas décadas do século XX.

> "Nessa época eu trabalhava na Pompeia, ali tinha um restaurante perto da fábrica Matarazzo. Então eu trabalhei no restaurante e, ali ia trabalhar numa casa e outra" (Mulher Negra, 75 anos, Brasilândia).
> "O meu pai, na época, ele era pedreiro e a minha mãe trabalhava em casa de família, faxina, diária. Só que assim,

> trabalho de indicação de outras pessoas, que indicavam para estar trabalhando em casa de outras famílias, tinha semana que era a semana toda, e tinha semana que eram dois dias. Nesses dias de folga ela lavava roupa pra fora, também para as patroas, ela e minha irmã, a mais velha" (Mulher Negra, 50 anos, Cidade Tiradentes).
>
> "Minha mãe, minha grande heroína, que acaba construindo toda a minha identidade. Porque, quando o meu pai faleceu, eu tinha sete anos. Principalmente quando ele vem para São Paulo, ele acaba ficando dois anos longe da gente, em Volta Redonda, então ela cuidava lá, se virava. Eu não, mas meus irmãos mais velhos vendiam leite, nós tínhamos algumas cabritas, nós criávamos algumas cabras e tínhamos um cavalo com uma carroça, então vendíamos leite, carvão. E ela, após o falecimento do meu pai, então foi obrigada a ir trabalhar logo cedo, porque a pensão mal dava para segurar essa onda dos filhos e também acabou deixando a gente na mão das minhas irmãs mais velhas (...)" (Homem Negro, 50 anos, Jardim Ângela).

Entre as famílias negras de baixa renda, a herança social implica em sucessivas ocupações em determinados lugares no mercado de trabalho. Durante décadas, o "lugar de negro" fixou-se no mercado de trabalho e em posições sociais de subalternidade. Os familiares e os próprios interlocutores exerceram no mundo do trabalho o "lugar de negro" na sociedade paulistana.

No Jardim Ângela entrevistei uma moradora formada em Direito. A interlocutora informou que a maior parte de seu conhecimento, sua formação e a ocupação exercida hoje é fruto de décadas de dedicação e trabalho da mãe; o enfrentamento do cotidiano executando as funções de doméstica e cozinheira.

Situações parecidas com o relato acima foram constantes na história de vida dos interlocutores masculinos e femininos. A mulher negra, chefe de família, diante de situações de enfrentamento social é a protagonista em relação às conquistas de novos percursos no mundo do trabalho, via escolarização dos filhos. Elas, em diferentes posições do trabalho braçal e de baixa remuneração, ensinaram às novas gerações o caminho para transcender o "lugar de negro" na sociedade.

Entre os homens, prevaleceu o trabalho manual nos setores da indústria, comércio e construção civil. Os entrevistados, em sua maioria, relataram que a formação que receberam que a formação que receberam durante a juventude, como o ensino técnico do Senai e a própria escola pública, era voltado exclusivamente para o trabalho urbano industrial. As empresas, principalmente o setor industrial, nos anos de 1960 e 1970, eram a principal fonte que recrutava os filhos dos proletariados brancos e negros.

Nos dizeres de Fernandes (1989) sobre o contexto de São Paulo, além de ser preterido no processo de seleção e competição, o proletariado negro tem que carregar o peso maior da discriminação racial.

> "Por trabalhar na iniciativa privada, eu sempre trabalhei no setor automobilístico. Só na Chevrolet eu trabalhei 26 anos. Quando menino, eu sempre sonhei em ter um carro, e fiz SENAI. Meu pai falou que na época, anos 70, o SENAI era uma escola de ponta. Você não pode chegar aos 18 anos sem ter uma profissão. Nos anos 1970, pra quem vinha da periferia era mais importante fazer 18 anos e ir trabalhar, ter uma profissão do que fazer a faculdade. Então você tinha que chegar aos 18 anos e ter uma profissão. Então o meu pai me colocou no SENAI. Eu, quando fiz 18 anos, 19 anos eu tirei carta. Um dia eu cheguei no meu pai, falei pro meu pai que precisava de um dinheiro para comprar carro. Meu pai falou: 'Pelo amor de Deus, comprar carro, nunca na vida. Se um dia na vida você quiser comprar carro, vai comprar com seu dinheiro. Com o meu dinheiro, você não vai comprar nunca. Se eu tivesse uma cabeça fraca... Algumas pessoas daqui, que era de família e tinha um poder aquisitivo... Os filhos tinham carro e não trabalhavam, tinha carro e eu não. Eu era filho de um trabalhador e tinha que trabalhar, eu queria ter um carro. Eu vou lutar e vou conseguir. Tinha um amigo meu que ele, em 1970, a Brasília (carro) saiu em 1975, e em 1976 esse amigo meu comprou uma Brasília e eu fiquei fascinado. Eu tenho que comprar um carro. A Brasília era um carro da época e ela era toda brasileira, ela não é nada vinda de lá de fora, a tecnologia é toda brasileira. Ela acabou por causa disso, a tecnologia é toda brasileira. Eu já trabalhava, vindo do SENAI, fui colocado na concessionária e comecei a juntar dinheiro. Então eu comecei a trabalhar, em 1974, e quando foi em 1978, eu fui na Sabrico e comprei uma Brasília zero, fiz até uma surpresa para o meu pai. 'Vou comprar um carro zero', falei para os amigos, 'Vou comprar um carro zero'. E quando eu cheguei aqui no bairro com uma Brasília, muitas pessoas pensaram e falaram: 'Como é que o cara comprou uma Brasília zero ?', primeiro, por se tratar de um negro, e dava para contar no bairro os negros que tinham carro e eu, por ter comprado carro. Comprei um carro, na época, um carro *top*, porque o modelo da Brasília, ela mudou de 1977 para 1978, ela veio com para-choque modificado e eu fui lá e sai com o carro zero, sem placa, encostei na porta da escola, foi um sucesso, todo mundo correndo

> atrás e a mulherada toda. E eu não dormia, fiquei quatro dias sem dormir porque, na época, não tinha esse lance de seguro. Se roubassem o meu carro, pelo amor de Deus" (Homem Negro, 50 anos, Brasilândia).

Nos anos dourados da industrialização brasileira em São Paulo, vigorou a ideologia dos setores dominantes, a formação do proletariado para o mercado industrial e o mundo científico e tecnológico para os filhos das classes média e alta.

A distância é extrema, a respeito dos ideais dos grupos sociais na sociedade paulistana. O proletariado e os setores de melhor posição socioeconômica distanciaram-se em ideais de vida, projetos, espaços sociais e decisões presentes e futuras. A cultura que é produzida e transmitida é propagar o ideal de consumo. Mesmo que custem anos e anos de trabalho para um assalariado, a fetichização do consumo toma conta dos desejos e das realizações. A produção em massa da mercadoria no mundo urbano industrial e contemporâneo desnaturaliza as relações e artificializa a produção e os ideais como um todo.

No imaginário social da população pobre, além das necessidades básicas, como moradia, alimentação e trabalho, eles sonham com coisas e objetos de status, que causam e refletem em impactos políticos, de força e visibilidade. Este imaginário social percorreu também as periferias, principalmente os lugares da população negra, como o interlocutor acima que comprou um automóvel zero, saído da fábrica para as ruas da Brsailiândia.

Sempre foi de praxe o Estado brasileiro oferecer sistema de ensino e formação diferenciada. A faculdade pública e de qualidade voltada para os brancos das classes média e alta. O Senai, os cursos profissionalizantes e a escola pública, para os proletariados brancos e negros.

No passado, os espaços e territorialidades da pobreza racial pouco ou nada recebiam dos ideais do mundo científico e moderno. O ensino superior recentemente incorporou-se às idealizações e realizações dos jovens que habitam as periferias paulistana. Até os anos de 1960 e 1970, o ensino superior era propriedade dos grupos brancos e de prestígio socioeconômico do mundo urbano industrial.

Nesse percurso geográfico, ideológico e político dos negros na cidade do trabalho, considero que poucos conseguiram ultrapassar os muros que dividem brancos e negros no mercado de trabalho e no processo de aprendizagem, como o ensino superior.

Outra face também pode se vista diante da história do interlocutor, quando retrato a condição de classe e raça. Ser pobre, negro e morador da periferia são categorias sociais de pouco prestígio frente aos valores transmitidos em uma sociedade de consumo que tem como marca os indicadores do racismo e da discriminação. Homens e mulheres negras, desde os primeiros empregos, concentraram-se na divisão social do trabalho mecânico de menor remuneração e de mínimas possibilidades de ascensão profissional.

> "Depois, comecei a fazer serviço avulso, ali na Vila Mariana, prédio de doze andares. Por ali, paralela com a Rua Rodrigues Alves, próximo do Hospital. Foi agora, foi nos anos 1970, me dei bem com todo mundo lá, terminei a obra, fui o último a sair de lá, prédio de doze andares. O primeiro dia que cheguei lá, já meteram susto em mim: 'O engenheiro aqui é fogo, hem!' Eu lembro do susto, porque o cara que falou isso pra mim, ele era negro. No outro dia eu fui trabalhar, chegava cedo e ele olhava pra mim: 'Qual é a sua função aqui?' 'Minha função é de pedreiro'. Era tudo italianão, fui conquistando o homem, sem puchar saco. Tinha um lá que estava na mesma posição que eu, mas ele não era pedreiro, coisas simples. Esse senhor José precisou viajar e esse engenheiro chegou pra mim e falou: 'Milton, o seu José vai sair e você toma conta da obra aí'. Falei: 'Ta bom'. Quando era mais ou menos 07h10, o homem aparecia lá. Se ele visse entrar um cara às 07h15, ele falava: 'Olha, você entra depois do meio-dia, não vai trabalhar agora não', descontava" (Homem Negro, 78 anos, Cidade Tiradentes).
>
> "Com 14 anos eu fui trabalhar na Clock, na Vila Prudente, eu trabalhei até os 18 anos. Aí saí da Clock, queria trabalhar em escritório, fui trabalhar de office-boy, fiquei um ano, aí não deu certo, aí eu saí de lá e fui trabalhar em uma concessionária que mexia com carros, em São Caetano do Sul. Depois eu fui trabalhar na Liberdade, na Liberdade eu trabalhei até casar. Lá eu fiquei 4 anos até casar. Lá eu fazia polimento e lavagem de carros" (Homem Negro, 46 anos, Cidade Tiradentes).

Oliveira, Porcaro e Araújo (1981) confirmam o quadro social a respeito do lugar do negro no mercado de trabalho: começam cedo, tem rendimento inferior aos brancos, forte tendência ao proletariado e a concentração negra nos espaços de pobreza. Esse lugar, durante o percurso espacial e temporal do negro no século XX, abrange categorias de separação, confinamento, desigualdade, estigma e exploração, que se compõe nos espaços da habitação e do mercado de trabalho. Ao invés de "lugar", faço a substituição por outra expressão, que reúne todos os significados: a segregação ocupacional.

Compor a territorialidade negra dos anos de 1980 até os nossos dias, é poder descortinar as múltiplas faces que se estabelecem com a segregação racial. Territorialidade e segregação são forças que se chocam, que se opõem e sucessivamente entram em conflito, ora defendendo o espaço político e identitário, e, ora preservando os espaços de dominação e privilégios.

Nessa construção epistemológica, empírica e sociológica, as faces destes dois movimentos estão, contraditoriamente, sendo confrontadas, tendo em vista dar voz, visibilidade e cenário para os interlocutores que vivem e participam da luta pelo espaço social. A territorialidade está presente para deixar as suas marcas escritas nas pedras da cidade: o lugar de negro metamorfoseia-se para se tornar o pólo da resistência e da revolta, da produção cultural e das identidades múltiplas (NASCIMENTO, 2000).

> "Então, depois dos 14 anos eu nunca deixei de estudar. Aos 14, 15 anos, eu fiz um curso de desenho, eu trabalhava como office-boy para pagar esse curso. Eles chamam de estágio, hoje. (...) Eu comecei trabalhando na fábrica e na prancheta. E fui desenvolvendo essa questão do desenho, fui desenhista projetista, trabalhei tudo isso da ponte pra lá. Trabalhei em boas indústrias, trabalhei em Cotia. Já tinha um pouco mais de idade quando passei a projetista, quando fui trabalhar em uma indústria média que acabou fazendo toda a informatização da Wolkswagen, que deixou de fabricar o Gol. Então eu trabalhei em um projeto, eu tive o privilégio, eu viajei para a França, para a Inglaterra, para a Alemanha, para a gente estar vendo o que tinha de tecnologia lá para a gente trazer alguma coisa e implantar. (...) Então isso, pra mim foi, na época, como sendo uma valorização do trabalho, uma valorização do meu científico" (Homem Negro, 50 anos, Jardim Ângela) (OLIVEIRA, 2008).

A superação do lugar, conforme a memória coletiva dos interlocutores, realiza-se preferencialmente através da educação, do aprendizado para o exercício das funções intelectuais e decisórias no mercado competitivo paulistano. A educação é a mola propulsora para a territorialidade vencer a segregação racial no Brasil. Ela oferece instrumentos de grande valor para mudanças, tendo em vista democratizar a cidade e compor a diversidade, a comunicação e a sociabilidade.

Conforme o quadro descrito acima, a industrialização brasileira, em intervalos curtos de tempo, alterou diversas dinâmicas da vida social. Antunes (2006) acompanha todas as mudanças ocorridas no mundo do trabalho brasileiro e internacional, principalmente as metamorfoses do fordismo, do toytismo e da acumulação flexível. Essas mudanças alteraram todo o quadro da produção da mercadoria, do ser que executa e vende a força de trabalho até as últimas partículas que dão ligamento às produções dos espaços e das mercadorias.

Telles (1994) analisa centros importantes da industrialização brasileira e constata que esses territórios de produção podem diminuir, manter ou aumentar a segregação e o racismo. A produção crescente do capitalismo e das desigualades, no passado e no presente, causa grandes impactos em nossa sociedade, sobretudo para a massa negra.

As mudanças no mundo do trabalho, que se iniciam nos anos de 1980, são descritas por um dos interlocutores da seguinte forma:

> "Uma das coisas que até fico pensando, que as pessoas falam: 'Você é parte dessa desagregação do trabalho'. Aquela grande questão, e não tenho purismo nenhum comigo de dizer, a gente não dá para ser contra a tecnologia, e vai ser implantada mesmo. Na época, eu até imaginei com essa questão, que eu tinha contribuído com essa grande massa de trabalhadores que estão aí desempregados. Mas se eu não fizesse, outro trabalhador iria fazer e, com certeza, a tecnologia ia sair e não tinha como avançar" (Homem Negro, 50 anos, Jardim Ângela) (OLIVEIRA, 2008).

Uma referência evidenciada por Santos (1998), no debate sobre o meio técnico científico informacional é que as transformações do tipo de produção são de base espacial. Quando a referência da produção muda, significa que novos espaços serão compostos, conforme a direção e a dinâmica do capitalismo e das forças de produção com o ambiente, a tecnologia e a informação.

A mão de obra negra durante o fordismo, o toyotismo e a acumulação flexível não se alterou profundamente, tendo em vista a mobilidade. Ela, a massa negra, gradualmente, foi compondo o número de trabalhadores informais, desempregados e de baixa qualificação.

Nas primeiras décadas do século XX até os anos de 1940, dentre as referências para contratação no mercado de trabalho, um dos critérios era a cor do candidato à vaga de emprego, ou seja, homens e mulheres negras eram preteridos do mercado de trabalho sem ao menos passar por um processo de entrevista e/ou seleção. O início já defenia o lugar no mercado de trabalho, portanto, a mão de obra branca beneficiou-se das políticas de branqueamento no mercado de trabalho paulistano (CHAIA, 1988). Posteriormente, os principiais empreendedores do mercado de trabalho paulistano adotaram outras estratégias para não dar a intenção da exclusão da população negra, por exemplo, os critérios de exclusão foram substituídos, de cor/raça adotaram a categoria social de boa aparência. A troca de palavras não alterou a essência. A contratação do negro permaneceu em segundo plano.

> É claro que é mais difícil para uma mulher negra arrumar um emprego. Minha amiga Cristiane foi com a minha vizi¬nha, uma loira e outra negra. Elas foram procurar emprego em fast food, acho que foi no Habib's, uma coisa assim. Entrou primeiro a Cristiane e falaram primeiro que não tinha vaga. Ela saiu, entrou a Laura, fizeram a ficha. A Cristiane chegou chorando, aqui: 'Eu não acredito que eles fizeram, eles falaram para mim, Renata'. Aí eu falei assim: 'Cristiane, aqui é...'. Eu vi uma vez na televisão, num programa humorístico, não sei se é Planeta e Casseta, que onde estava escrito 'boa aparência', para procurar emprego, quer dizer 'ser branco'. Então, se você procurar, olha, vê no jornal e lê: 'precisa-se de moças e rapazes de boa aparência', isso quer dizer que não querem negros. Eu olhei assim e falei: 'Mas se você for olhar a realidade, foi isso'. Porque lá precisava, qual a diferença, gente? Então eu acho que a gente tem que ser mais unido e lutar muito para tirar este tipo de diferença. E a gente só vai conseguir isso com a educação. Porque, com a educação, eu posso melhorar de vida, posso empregar pessoas, eu posso... Não que eu esteja também discriminando as outras raças, mas eu vou mostrar que eu posso fazer a mesma coisa e eu posso estar dando oportunidade para pessoas que eles acham que não têm esse tipo de capacidade, e eles vão mostrar quem são" (Mulher Negra, 30 anos, Jardim Ângela) (OLIEIRA, 2008).

Chaia (1988) destaca que no mercado de trabalho para homens e mulheres negras, principalmente no setor de serviços como bancos, escritórios e posições de atendimento ao público, a seleção para a admissão de funcionário tem como preferência o candidato branco. O negro é preterido das posições que exigem contato direto com o público ou de mais visibilidade.

Segregar os negros nos postos manuais e de menor renda foi uma das formas encontradas para controlar e deixa-los nos mesmos lugares de sempre. A superação do controle e dos privilégios, por intermédio da educação, é uma ação política que vem ocorrendo, não é uma luta recente, ela está inscrita na história dos movimentos sociais negros.

O Mapa da População Negra no Mercado de Trabalho (INSPIR/DIEESE) confirma que o retorno do investimento feito em educação é menor para os negros. Além da educação, o plano político é o espaço estratégico e primordial para a eliminação e redução das desigualdades.

A força de trabalho e os meios de produção são classificados conforme o lugar de produção em que se distribuem no território nacional, mediante o poder econômico e político. A divisão social, espacial e racial do trabalho aborda praticamente todo o período da sociedade de classes, moderna e industrial (MOURA, 1988).

No mercado de trabalho paulistano e nacional, o nível de escolaridade tem grande peso e preponderância para o exercício das funções braçais e intelectuais, de baixa, média e alta remuneração.

Entre os interlocutores, a questão da educação é um dos temas fundamentais no decorrer de suas vidas, no espaço da família e na competição constante do mercado de trabalho.

> "Eu fiz Biologia. Parece que eu estava vendo uma pesquisa aí. Os negros, o povo pensa que os negros vão para a área de humanas. Os negros vão para a área de biológicas, o maior curso que tem estudantes negros é Biologia. Eu fui fazer em Guarulhos, aí fiz o curso, era faculdade lá em Guarulhos, era a FIG. Aí fiz o curso, ainda hoje é, na época tinha a Farias Brito, que virou UNG, a integrada era a FIG. Só que a FIG, o que os caras fazem, o campus principal dessa FIG era na Vila Rosário e, no centro de Guarulhos, aí o pessoal chamava de Figuinha, e eu ficava puto" (Homem Negro, 44 anos, Cidade Tiradentes).
>
> "Só para... eu vi que a minhas condições, não tinha condições de eu passar né. Mas como são regras da Educafro, tem que prestar em vestibulares dois públicos e um particular. Aí prestei em duas particulares, uma eu paguei a inscrição e outra eu consegui a isenção aí eu prestei na FMU. Na FMU eu passei em décimo - sétimo lugar, mas era muito longe, na Liberdade. Aí eu resolvi fazer aqui, foi (comove-se) eu até me emociono porque, na minha casa, só eu tive interesse em continuar, e é assim é, aí, desculpa. Já estou... Ontem eu peguei meu TCC, graças a Deus, com ressalva, mas passei na qualificação. O tema é Criança vitimizada, violência física contra crianças na região do Jardim Ângela" (Mulher Negra, 38 anos, Jardim Ângela).
>
> "Olha, eu tenho uma avaliação, modéstia à parte. Na faculdade eu não me lembro, assim, de ter passado por situações de discriminação não, mas eu sempre fui melhor que todos eles, então isso faz um diferencial. Eu acho que o negro tem isso, ele tem que ser muito bom para ficar igual, porque é desumano, né. Na faculdade, eu sempre apresentei os meus trabalhos. Quando eu percebi que tinha quer ser um bom profissional o que eu fiz, eu era muito tímida, eu sou muito tímida. O que eu fiz, eu comecei a apresentar voluntariamente todos os meus trabalhos, até porque eu não sou burra e o povo, muito esperto, não sacou, achou que era burrice minha. Eu quero ser uma boa profissional e ser uma boa profissional vai significar eu começar a aprender algumas

> questões, então eu vou começar a falar nessa classe. A primeira vez que eu falei, tremia que nem uma vara verde. Mas enfim, cheguei no final do ano dominando, tanto que eu fui convidada a ser auxiliar de ensino. Quantos negros havia na minha sala? Tinha eu, porque o Serviço Social caiu muito. Antigamente, era uma profissão de elite tanto que, na minha classe, só tinha rico. Tinha eu, a Vera, que era negra, tinha a Nadir, é, Nadir, a turma era de sessenta e acabou formando quarenta. Nós fomos fazer faculdade em uma época que era muito rica, era uma época de muito burburinho. A questão das greves do ABC, a questão da abertura política, então tinha uma série de questões, a questão do preconceito, a questão da mulher e dos movimentos sociais, então foi uma época, fazer faculdade nos anos 75, nos anos 80, era uma época rica, né?" (Mulher Negra, 60 anos, Brasilândia).

A memória coletiva de nossos interlocutores sobre a educação está associada diretamente ao mundo do trabalho. Em seu grupo familiar, eles foram os primeiros e únicos a concluir o ensino superior. Na interpretação das mulheres, as lembranças do passado são preenchidas por fortes emoções. Quando contam, trazem também pequenos recortes da família e percebem o quanto foi difícil para as filhas de cozinheiras, empregadas domésticas e pedreiros conquistar o ensino superior. Dentre os entrevistados dos três distritos, 14 interlocutores concluíram o ensino superior.

As mulheres se formaram na área de Educação (História, Geografia, Letras, Matemática e Pedagogia), Direito, Serviço Social e Economia. Os homens, em Educação (História e Pedagogia) e Economia. Ambos estão em áreas correlatas, desenvolvendo atividades na área escolar e assistência social. Outro fenômeno semelhante, referente aos interlocutores, é o trabalho nos distritos onde estão depositadas suas raízes e sua história.

Grande parte dos interlocutores concluiu o ensino fundamental e médio. Os homens e mulheres com ensino superior são exceções nos territórios negros, sobretudo quando relaciono cor/raça e tempo de escolaridade.

Progredir na escolaridade significa melhor posicionamento social e cultural, inclusive a possibilidade de ascender socialmente e compor estratos sociais superiores em relação ao grupo de origem. Nas histórias de vida e na memória coletiva, são as mulheres os interlocutores que adquiriram maior tempo de escolaridade. Para elas, a conquista da qualificação, via escolaridade fez grande diferença no mercado de trabalho paulistano.

A qualificação profissional e técnica apresentou resultados mais sólidos para o grupo feminino, como a estabilidade no serviço público, estar próxima de casa e a busca para superar o "lugar da mulher negra".

"No começo, foi muita diferença, porque eu morava assim, há vinte minutos de Santana. Na época, quando eu mudei pra cá, a minha sogra era viva. Então, no final de semana, eu não passava aqui, mas eu já trabalhava na Zona Leste. Eu morava na Zona Norte, mas trabalhava aqui no Juscelino mesmo. Quando eu comecei a dar aula, eu resolvi: 'Eu vou trabalhar na Zona Leste, porque eu sei que um dia eu ainda vou morar lá, então fica mais perto pra mim. Daí eu tinha um supervisor, ele trabalhou aqui na Zona Leste também, ele falou: 'Mirza, a Zona Leste é o melhor lugar para você pegar aula'. Tanto é que eu nunca, nunca fiquei sem aula, desde a primeira vez que eu vim, ainda cheguei atrasada na atribuição, peguei aula em uma escola ótima, fiquei um bom tempo. Essa é a minha terceira sede, eu não gosto de ficar pulando de escola em escola. A terceira sede porque, a partir desse ano, começa a descontar dois anos da minha aposentadoria, eu falei que quero ficar perto de casa, por isto vim pra cá" (Mulher Negra, 50 anos, Cidade Tiradentes).

"Eu entrei no Estado, eu tinha 27 anos, isso foi através de um jornal. Alguém passou onde eu trabalhava, deixou lá e eu comecei a ler ali na hora, e eu peguei, na hora do almoço, e vi. Então, e hoje eu vejo que eu sou uma pessoa que sou feliz, porque aquilo que eu tinha em mente eu concretizei. A mulher negra, a mulher negra é discriminada duas vezes, então eu estou aí, terminando a faculdade" (Mulher Negra, 54 anos, Brasilândia).

"Então (muito barulho), a partir do momento (fala baixo) que eu percebi que eu... já que o meu companheiro não estava junto, quando acaba, não tem mais jeito, eu tinha que tomar uma linha, um caminho. Eu sempre participei nos movimentos sociais, eu sempre gostei, principalmente quando eu entrei na Prefeitura, na creche, as mulheres que participaram naquela luta por Creche e tal, foi cada vez mais. Fui Diretora de Um Projeto no Jardim Colonial, fazia teatro para as crianças, através do teatro eu queria envolver a questão da família. No Jardim colonial era uma vulnerabilidade muito grande, a juventude era muito envolvida com criminalidade e drogas, uma porção de coisa né. E trabalhando com esse grupo de jovens, foi me incentivado mais ainda. Tive que dar uma parada quando eu entrei na faculdade, estudar, cuidar da família, do trabalho... Não foi brincadeira, os quatro anos *foram puxado* mesmo. Assim, eu comecei a perceber que cada vez mais a gente tinha que estar fazendo alguma coisa. Eu percebia na faculdade, apesar do curso ser um

> curso mais, né, mas só tinha eu mais duas negras lá" (Mulher Negra, 50 anos, Cidade Tiradentes).

Conforme dados da tabela abaixo, referentes à faixa de anos de estudo por cor/raça da cidade de São Paulo, descrevo a escolaridade da população negra paulistana. A classificação por faixa de anos de estudo para a cidade de São Paulo e os distritos pesquisados, atribuo seis classificações: sem instrução, de 1 a 4 anos, de 5 a 8 anos, de 9 a 11 anos, de 12 a 15 anos e acima de 16 anos.

O grupo sem instrução, referente à cidade de São Paulo, entre brancos e negros é composto de 63,40% de brancos e 34,20% de negros. O segundo – de 1 a 4 anos – classifico 61,60% para os brancos e 36,10% para os negros. No terceiro – de 5 a 8 anos – os brancos comparecem com 62,10% e os negros com 35,70%. No quarto grupo – 9 a 11 anos – são 74,90% entre os brancos e 21,50% entre os negros. No quinto grupo – de 12 a 15 anos – a participação entre brancos e negros altera-se profundamente. Os brancos alcançam 86,30% e os negros 6,50%. Por último – acima de 16 anos, os brancos são 60,20% e os negros 36,70%.

A partir dos dados acima, considero que brancos e negros compartilham das mesmas posições nas menores faixas e, conforme o aumento dos anos de estudo, os brancos predominam em todas as faixas. Resta ao grupo negro maior participação nas faixas de pouca escolaridade. Nas últimas faixas de escoralidade a participação negra diminiu.

Os homens e mulheres negras que participam deste trabalho são minorias e referências no universo de indivíduos com tempo médio de estudo acima de 12 anos no território paulistano. Gradualmente, conforme o deslocamento das periferias em direção ao centro e ao quadrante sudoeste, as faixas de tempo médio de estudos aumentam. Os negros das periferias também não se encontram em situação semelhante aos negros que habitam as regiões do quadrante sudoeste e das áreas centrais.

Mapa N° 7 - Distribuição das Faixas de Escolaridade da População Negra em São Paulo, 2000.

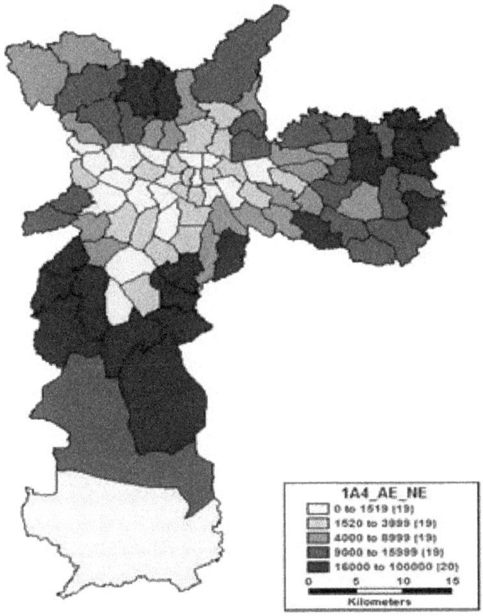

Cartografia de 1 a 4 anos de estudos

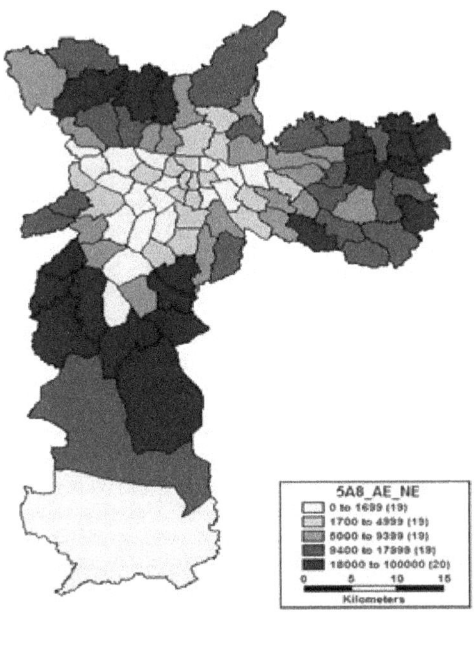

Cartografia de 5 a 8 anos de estudos

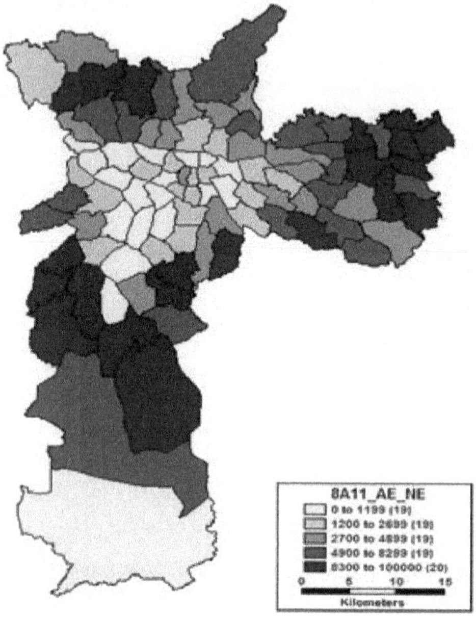

Cartografia de 8 a 11 anos de estudos

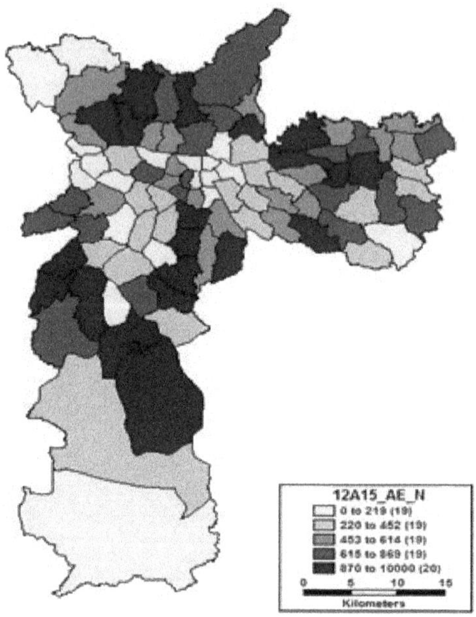

Cartografia de 12 a 15 anos de estudos

Fonte: IBGE e Fundação SEADE, 2000.

A população distribuída na cidade de São Paulo, (Censo IBGE 2000), reproduz elementos históricos, políticos, sociais e culturais das relações entre brancos e negros. Os negros são maioria nas menores faixas de renda que se encontram nos distritos das periferias. Nos distritos que compõem as regiões do centro e do quadrante sucoeste, a composição quantitativa é baixa, em consequência da pouca presença negra nesses distritos.

Quanto à segregação escolar, Rosemberg (1991) afirma que a escola dos alunos negros é de pior qualidade – pública e particular – em relação à escola frequentada pelo aluno branco.

> "Por exemplo, na Primeira Delegacia de Ensino, responsável pelo subdistrito de Brasilândia, onde aproximadamente 40% da população residente é negra, a pesquisadora encontrou apenas duas escolas particulares que ofereciam cursos de 2° grau; na região equivalente à 13° Delegacia de Ensino, que contém os subdistritos com menor densidade da população negra, a autora encontrou 55 escolas particulares oferecendo cursos de 2° grau" (ROSEMBERG, 1991).

Nos distritos de Cidade Tiradentes e Jardim Ângela todas as escolas de ensino fundamental e médio são públicas, comprovando a realidade da segregação escolar dos negros. Negros e pobres são prejudicados com o nível de qualidade oferecido, haja vista a ausência de professores e a redução do número de aulas durante o ano letivo.

> "O motivo de eu ter saído daqui para estudar fora, eu acho que aqui na Cidade Tiradentes a área educacional é muito ruim. Pra você conseguir ter um ensino melhor, você tem que ir procurar uma escola fora. Foi isso que eu fiz, tanto que aqui na Cidade Tiradentes eu não consegui um segundo grau técnico, porque não tinha. Depois de São Mateus, eu fui estudar no Tatuapé, e foi assim, eu fiz o curso técnico de Contabilidade. Aqui na Tiradentes as escolas estão muito fracas, muitas aulas vagas, o professor que não vem, o ensino é muito fraco, então eu optei por estudar fora" (Mulher Negra, 27 anos, Cidade Tiradentes).

A segregação espacial da escola dos negros diminui a qualidade do capital humano. Isso reflete na entrada no mercado de trabalho, nos cursos de nível superior e nas posições de destaque. As dificuldades serão redobradas em razão da precária qualidade do ensino fundamental e médio.

A segregação espacial da população negra reflete no espaço educacional (HASENBALG, 2005; TELLES, 2003) quanto à formação, ao ensino público que crianças e jovens negros recebem nas periferias de São Paulo. O nível da qualidade e a ausência de professores refletem em aulas vagas, prejudica a formação e a qualidade do ensino.

Os interlocutores que moram e trabalham nas periferias afirmam o seguinte sobre algumas faces de seus locais de trabalho:

> "A unidade é negra, os médicos são todos brancos. Só tem um que ele é mulato clarinho, mas eu nunca tive liberdade de abordar essa questão. Inclusive ele é da minha cidade, pura coincidência, mas eu não sei como que isso bate pra ele. Nunca tive, eu vejo assim, às vezes a gente está na cozinha conversando, me lembro que uma vez estávamos falando sobre hipertensão, daí eu falei: 'A nossa raça, e tal'. Eu percebi que ele, não. Mas eu não sei se ele está passando por um processo de branqueamento, e eu vejo que os médicos são brancos, os enfermeiros não. Na medida em que vai aumentando o nível de escolaridade, as pessoas vão branqueando, a raça vai diminuindo. Eu acho que essa coisa tende a diminuir, eu estou muito otimista. Mesmo assim, faculdades pagas, a USP ainda não" (Mulher Negra, 66 anos, Brasilândia).

A interlocutora, na época da entrevista, exercia a função de gestora da unidade de saúde do distrito da Brasilândia. Conforme a posição e o nível de escolaridade nos serviços públicos e privados, progressivamente tende a ocorrer o branqueamento do quadro de funcionários. Na unidade de saúde indicada pela interlocutora, os negros são maioria enquanto usuários e também maioria nas atividades de menor qualificação profissional, como os agentes de saúde, vigilantes, faxineiras, auxiliares de enfermagem e enfermeiras.

A cartografia educacional do negro em São Paulo, conforme as informações acima, como tempo de escolaridade e as posições no mercado de trabalho, separam as atividades por categorias funcionais; cor/raça, local de origem, repertório cultural e posição socio-econômica. A distribuição negra classificada por educação e renda concentra-se nas posições de menor remuneração e menor tempo de escolaridade. Verifico que a mão de obra negra não é proporcionalmente representada nas melhores ocupações, mas costuma ocorrer superações em espaços que não são tradicionalmente negros. Esse cenário é visto por intermédio da posição desenvolvida pela interlocutora, conforme relato acima. A interlocutora é mulher, negra, assistente social e moradora da Brasilândia. No horizonte local, são poucas mulheres que exercem posições de destaque, visibilidade e referência para os mais jovens.

Guimarães (2004) também confirma que os espaços multiétnicos se distribuem com a existência de segregação ocupacional, diferenciando negros, de um lado e brancos de outro lado, e que se articulam e apartam mulheres e homens.

As diferenças entre gênero e raça são antagônicas: homens e mulheres negras ficam à margem das ocupações de maior prestígio socioeconômico. Os homens negros transitam em ritmos instáveis, entre diferentes situações: ocupados, desempregados e até mesmo inativos. Quanto às mulheres, no mercado de trabalho as desvantagens prevalecem em relação aos homens negros. Não considero vantagens como se os ganhos fossem de impacto e reversão social, mas de mais exploração e menor remuneração entre os homens brancos e negros e as mulheres brancas.

Homens e mulheres negras com qualificação profissional enfrentam o maior grau de competição no mercado de trabalho com os brancos, as carreiras de sucesso ainda tendem a beneficiar os brancos (CHAIA, 1988).

Entre os interlocutores, a última depoente acima, ocupa uma posição de destaque socioeconômico e de prestígio. Entre os homens, o percurso histórico também não foi nada fácil para conquistar um lugar, conforme os investimentos realizados em educação.

> "Ah, aí foi... Na verdade, eu comecei no Mestrado, eu estava terminando o Mestrado. Terminando o Mestrado, na minha cabeça seria interessante iniciar a vida universitária. Então eu comecei a falar com as pessoas, comecei a mandar currículos, e foi quando eu tive a oportunidade lá na Unicsul. Antes da Unicsul eu participei de alguns projetos. Então, tem uma outra coisa, nesse tempo todo eu mantive a minha ligação com a escola pública. Então todo aquele debate de formação de professores, de capacitação e da relação professor e aluno, então essa discussão de preconceito, de Cohab, foi permeada pela relação professor e aluno. Aí eu comecei a fazer isso e tive a oportunidade de trabalhar em um projeto, tocado pela PUC, chamado PEC, um projeto de educação continuada. Primeiro era capacitar professores da área de Biologia e um outro para lidar com diretores. Nesse momento, quando eu estava no PEC, me convidaram para dar aula de substituição. Então foi por aí. No ensino superior, eu tenho dez anos, porque assim eu acabei entrando nos projetos. Eu acho que até por isso, mesmo a PUC, por exemplo, que foi um emprego. Mas era um projeto que não tinha um vínculo forte com a escola pública. Quando eu entrei no ensino superior, eu acabei me envolvendo com a educação de jovens e adultos." (Homem Negro, 44 anos, Cidade Tiradentes).

> "Eu estou como coordenador de curso, embora coordenador é uma condição que nem a do professor. Então a gente denomina assim: somos professores e atualmente respondendo pela coordenação. Antes disso, eu fui coordenador do programa de Educação de Jovens e Adultos, que foi esse programa que aí teve a parceria com o MOCUT. Esse programa foi aquela coisa: conversando na Cohab e vendo a possibilidade, eu acabei levando para a Unicsul e aí, só que eles institucionalizaram lá e acabou saindo a parceria. Aí, atualmente, eu estou coordenando o curso de Pedagogia, e aí eu estou aí como colaborador, tem um programa de mestrado de Política Social e eu estou colaboradorano nesse programa. Eu acho que eu, hoje fazendo dois anos que eu concluí o doutorado, acho importante estar pensando estas questões sociais. Por isso que eu olho para a tese... Aliás, quando eu defendi a tese, eu falei: 'Eu estou insatisfeito porque ela está incompleta'" (Homem Negro, 44 anos, Cidade Tiradentes).

O interlocutor acima representa uma pequena parcela negra mais qualificada na cidade de São Paulo. Segundo o interlocutor, o sucesso profissional teve que superar situações de desemprego, condições materiais e funcionais. O fio condutor inicia-se no Senai, com a conclusão do curso técnico em eletrônica e o ensino fundamental, posteriormente, em momentos dispersos termina o ensino médio e nesse intervalo, trabalha em atividades diversas para dar continuidade aos estudos, como auxiliar de pedreiro, metalúrgico, auxiliar de escritório. O ensino superior inicia-se com o curso de Biologia em uma universidade particular. Após a conclusão, realiza-se o envolvimento na área de Educação. Em seguida, motivado pelos estudos da área de Educação, gradua-se em Educação na USP-SP. O sucesso profissional foi concluído com o Mestrado em Educação na USP e recentemente, o doutorado na PUC SP.

Nosso interlocutor é Doutor em Educação pela PUC SP e professor de ensino superior em uma universidade particular da capital paulistana. A posição que hoje ocupa é importante para si e para o lugar que ele, sua família e seus pares. A posição socioeconômica e intelectual é importante enquanto espelho e referência para os jovens do local. Ter referências políticas, sociais e culturais no pedaço, em um local que luta constantemente contra as adversidades da vida, para o interlocutor e seus pares é importante para a produção de identidades, enfrentamentos e as perspectivas de inscrever novos horizontes no ambiente social, como o mercado de trabalho, habitação e a escolaridade. O sucesso profissional dos interlocutores negros é uma conquista coletiva. Eles, suas famílias e seus pares que compartilham o pedaço, estão promovendo superação e força, energia para a luta política à favor do território e em oposição à segregação racial.

Conforme Silva (1980), o capital humano interfere em diferentes frentes sociais, principalmente nos setores públicos e privados. Obter capital humano na sociedade paulistana e brasileira é, ao mesmo tempo, ter condições de acesso material e simbólico na vida presente e futura. Até mesmo para apreender o capital humano, o processo seletivo e o percurso de investimento obedecem ao recorte racial e social.

Voltando à cartografia da escolaridade negra em São Paulo, verifico que o capital humano não está distribuído nas periferias de São Paulo. A concentração deste bem cultural e econômico concentra-se nas regiões mais ricas da cidade de São Paulo.

A juventude negra convive e amarga a ausência de qualificação, em decorrência da segregação escolar e do racismo na história do país. A educação é uma das possibilidades para sair dos muros da cidade e para transcender e ocupar os principais espaços da capital paulistana.

Conforme Guimarães (2003) e Silvério (2005), as políticas públicas terão que cumprir outro papel para criar possibilidades de democratizar o mercado de trabalho, sobretudo oportunizar funções exteriores do tradicional mercado de trabalho da população negra.

Embora inferências econômicas e de diversos recortes sociais tenham sido aqui apresentados, os investimentos públicos em educação para os negros não foram promovidos. Os obstáculos que permitiram transcender os territórios de pobreza e concorrer aos postos de prestígio parecem indicar que o curto prazo de tempo é de muita lentidão. Nesse percurso, quando as políticas forem postas em prática, a mobilidade da população branca terá progredido e ampliado as diferenças entre brancos e negros na sociedade brasileira.

Tabela N° 29 - Distribuição por faixa de anos de estudo dos Distritos pesquisados por cor/etnia, 2000.

Distrito	Brancos	Negros	Amarelos	Indígenas	Ignorados	Total
s/instrução						
SP	1.140.893 63,40%	615.158 34,20%	18.501 1%	3.242 0,20%	21.278 1,20%	1.799.092 100%
Brasilândia	34.142 59,80%	21.853 38,20%	136 0,20%	21 0%	988 170	57.140 100%
Cidade Tiradentes	21.883 52,30%	19.602 46,90%	63 0,20%	39 0,10%	237 0,60%	41.826 100%
Jardim Ângela	28.904 49,10%	29.075 49,40%	198 0,30	67 0,10%	654 1,10%	58.813 100%

De 1 a 4 anos						
SP	1.581.532 61,60%	926.709 36,10%	33.205 1,35%	5.397 0,20%	20.256 0,80%	2.567.099 100%
Brasilândia	40.012 56,20%	29.934 42%	236 0,30%	88 0,10	955 1,30%	71.225 100%
Cidade Tira-dentes	23.686 46,70%	26.723 52,60%	37 0,10%	96 0,20%	224 0,40%	50.766 100%
Jardim Ângela	33.426 44,70%	40.296 53,90%	198 0,30%	177 0,20%	621 0,80%	74.718 100%
De 5 a 8 anos						
SP	1.780.046 62,10%	1.023.457 35,70%	33.448 1,20%	6.193 0,20%	25.163 0,90%	2.868.307 100%
Brasilândia	41.678 56,30%	31.358 42,30%	168 0,20%	135 0,20%	723 1%	74.062 100%
Cidade Tira-dentes	32.918 48,30%	34.773 51%	59 0,10%	130 0,20%	278 0,40%	68.158 100%
Jardim Ângela	34.745 45,70%	41.163 53%	185 0,20%	145 0,20%	637 0,80%	77.605 100%
De 9 a 11 anos						
SP	1.738.230 74,90%	498.536 21,50%	67.414 2,90	3.084 0,10%	14.628 0,60%	2.321.892 100%
Brasilândia	25.456 63,30%	13.723 34,10%	420 1%	63 0,20%	573 1,40%	40.235 100%
Cidade Tira-dentes	29.521 64,70%	14.804 32,40%	1.013 2,20%	38 0,10%	279 0,60%	45.655 100%
Jardim Ângela	16.868 53,10%	14.391 45,30%	174 0,50%	39 0,10%	316 1%	31.788 100%

Distrito	Brancos	Negros	Amarelos	Indígenas	Ignorados	Total
De 12 a 15 anos						
SP	723.793 86,30%	54.408 6,50%	55,320 6,60%	569 0,10%	4.158 0,50%	838.248 100%
Brasilândia	2.605 69,90%	942 25,30%	138 3,70%		42 1,10%	3.277 100%
Cidade Tiradentes	582 47,50%	622 50,70%	22 1,80%			1.226 100%
Jardim Ângela	984 54,60%	754 41,80%	48 2,70%		17 0,90%	1803 100%
Acima de 16 anos						
SP	19.739 60,20%	12.021 36,70%	545 1,70%	129 0,40%	338 1,0%	32.762 100%
Brasilândia	444 62,40%	239 33,60%	12 1,70%		16 2,30%	711 100%
Cidade Tiradentes	190 46,30%	220 53,70%				410 100%
Jardim Ângela	372 44,30%	453 54%	14 1,70%			839 100%

Fonte: IBGE, 2000.

Os dados da tabela acima não se diferenciam, a ponto de resultar grandes distorções entre a cidade e os pedaços. Nos distritos da capital, os índices de escolaridade não diferem da realidade da cidade. Nos distritos, as diferenças quanto ao tempo de escolaridade entre brancos e negros permanecem altas, conforme a primeira classificação – sem instrução. Nos três distritos, a média de brancos e negros sem instrução é superior à média da cidade. Na segunda classificação, de 5 a 8 anos de estudos, a média local continua superando a média da cidade. Na classificação seguinte, de 9 a 11 anos de estudos, há um aumento superior às faixas anteriores entre brancos e negros. Posteriormente, na classificação de 12 a 15 anos de estudos, as diferenças entre brancos e negros se mantém, mesmo nas periferias da cidade. Na última classificação (acima de 16 anos de experiência escolar), os brancos superam os negros nas três localidades.

Diante do quadro acima, considero que em todas as faixas de tempo de escolaridade, os brancos superam, em maior proporção, os índices de escolaridade dos negros, conforme classificação do IBGE 2000.

Os interlocutores que nasceram nas últimas quatro décadas relatam as passagens por diversas ocupações antes de conquistarem suas posições atuais, majoritariamente em serviços que exigem força física, braçal e de menor remuneração.

> "A relação de chefe de família, então. Na minha sala tem várias mulheres que são chefes de família, então não tive problema nenhum de dizer, 'aí eu preciso ajudar um marido para me ajudar', esta... nunca pensei nisso, nunca. Trabalhei em casa de família, fiquei maior tempo desempregada, ele foi embora, voltei a trabalhar em casa de família, trabalhei quatro anos quando nó nos separamos, aí sai da casa de família, trabalhei de promotora, trabalhei de entregar panfleto, tudo, eu só não me prostituí. Agora, o resto, de tudo eu fiz um pouco para sobreviver. Então estou aqui" (Mulher Negra, 38 anos, Jardim Ângela).
>
> "Aos dez anos eu já fui ser empregada doméstica. Eu ajudava uma moça, eu fui empregada doméstica dos dez aos dezessete anos, fazia faxina, cuidava de criança. O meu primeiro emprego registrado foi na indústria Primícia, eu tinha 18 anos, eu fiquei quatro anos nesse emprego e saí. Acho que foi o meu lado crítico, esse lado da Geografia e da História já começou a apontar dali, porque eu saí dizendo que jamais ia ser peão de obra de novo (risos). Porque aquilo era muito humilhante e o ser humano não merecia aquilo, porque dentro de uma fábrica, a divisão do trabalho, a segregação é gritante, eu via a gente sendo humilhado, sermos pisados. Pelo chefe mesmo, pela lei de lá de cima. Depois eu fui trabalhar em escritório, fui trabalhar no escritório político do Quércia, trabalhei dois anos, aí fui, sempre com a função de auxiliar. Aí eu fui para a faculdade e, no segundo ano, a minha irmã falou: 'Chega de ficar só na sala de aula e vamos por na prática o que você aprendeu. Vai dar aula'. Eu saí no dia 11 de agosto de 1997, do escritório de advocacia, e no dia 13 eu estava em sala de aula e estou até hoje. São nove anos, eu me formei na Teresa Martin, ali eles formam professores. Eu fui o último ano de Estudos Sociais, então eu tenho formação de quinta a oitava em História e plena em Geografia, e na Teresa Martin foi tudo de bom, eu amei. Foram 4 anos maravilhosos e, em Geografia, era muito trabalho de campo, você mais vê a realidade. Eu já

> fui em acampamento de sem-terra, já dormi naquelas casinhas de lona preta, eu já fui naqueles bairros pobres da serra do mar, foi tudo de bom, eu tive excelentes professores" (Mulher Negra, 40 anos, Cidade Tiradentes).

No mercado de trabalho paulistano, conforme dados da Fundação SEADE, a taxa de desemprego é proporcionalmente maior entre os homens e mulheres negras. No ano de 2012, a Fundação SEADE indicou a taxa de desemprego de 12,4% para os negros e 10% para os não negros.

O rendimento dos trabalhadores paulistanos, conforme a classificação por gênero e cor/raça, distribui-se na cidade de São Paulo, mediante as cartografias sobre classe social, gênero, cor/raça e espaço.

Em São Paulo, a renda média dos trabalhadores é de R$ 1.031,85 (Fundação SEADE, IBGE 2000), no conjunto geral do mercado de trabalho. O rendimento diferencia-se a partir da classificação entre homens e mulheres, brancos e negros. Os homens brancos recebem em média R$ 1.919,20 e os negros R$ 690,54. As mulheres, R$ 1.092, 23 para as brancas e R$ 425,47 para as negras. Calculando a média entre homens e mulheres, brancos e negros, os trabalhadores brancos recebem em média R$ 1.505,50, e os trabalhadores negros R$ 557,50.

O trabalhador negro recebe apenas 37% de rendimento, comparado ao ganho médio do trabalhador branco. A democracia racial no mercado de trabalho brasileiro, não pressupõe igualdade salarial e de competição na força de trabalho.

Será preciso multiplicar os investimentos em capital humano para eliminar as desigualdades ocupacionais e educacionais entre brancos e negros. O cenário da territorialidade de São Paulo, em curto, médio e longo prazos, precisará receber investimentos sociais, educacionais e apoio para qualificação profissional, através de políticas universais e de outros recortes, como políticas focais, territoriais/territorializadas e de ações afirmativas.

Na cartografia a seguir, apresento a distribuição dos negros por faixa de renda em salários mínimos. A cartografia dos rendimentos dos trabalhadores negros na cidade dispõe-se em consequência da segregação ocupacional e residencial. Morar na periferia, ser negro e pobre aumenta as chances de um indivíduo receber os menores salários, ser estigmatizado, sofrer discriminação social e racial e ficar preso aos muros da cidade de São Paulo.

Cartografar as territorialidades vem sendo um instrumento técnico, político e sociológico fundamental para compor diagnósticos do quadro urbano. No passado e no presente, o cenário do mercado de trabalho pode mudar se o Estado se prontificar a intervir nas areas prioritárias. As cartografias das desigualdades de renda, residencial e escolar, classificada por cor/raça são fundamentais para a organização e execução de políticas públicas, tendo em vista, intervir no quadro socioeconômico de homens e mulheres, brancos e negros para a superação do racismo e das desigualdades na urbe paulistana.

Mapa N° 7 - Distribuição da Faixa de renda da população negra da Cidade SP, 2000.

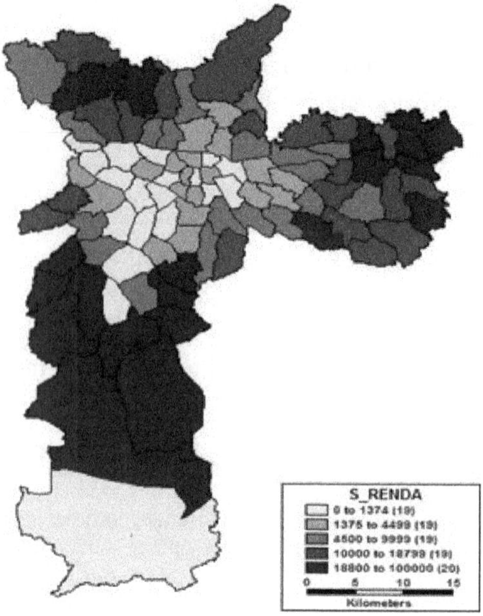

Cartografias sem renda

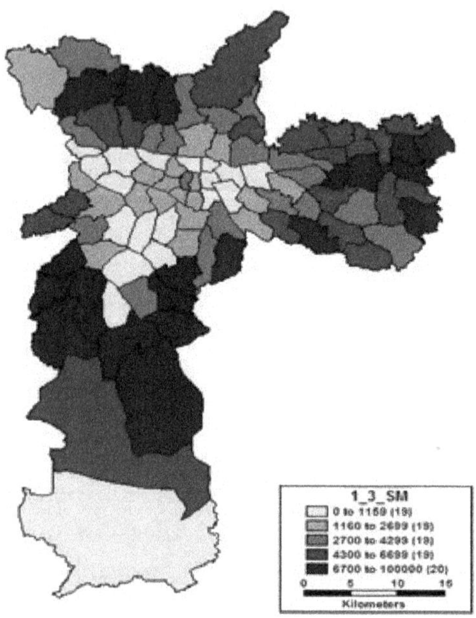

Cartografias de 1 a 4 salários mínimos

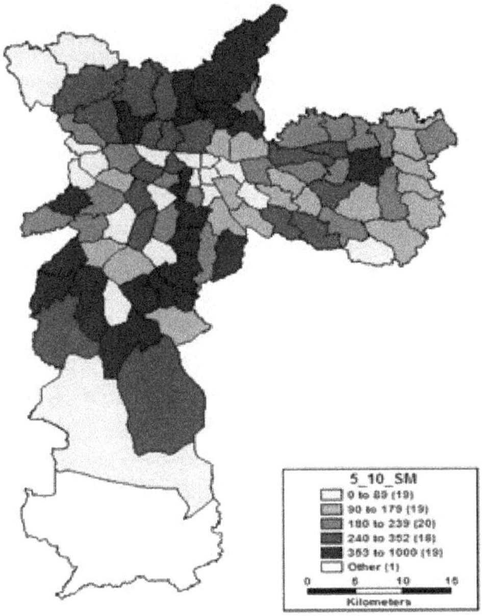

Cartografias de 5 a 10 salários mínimos

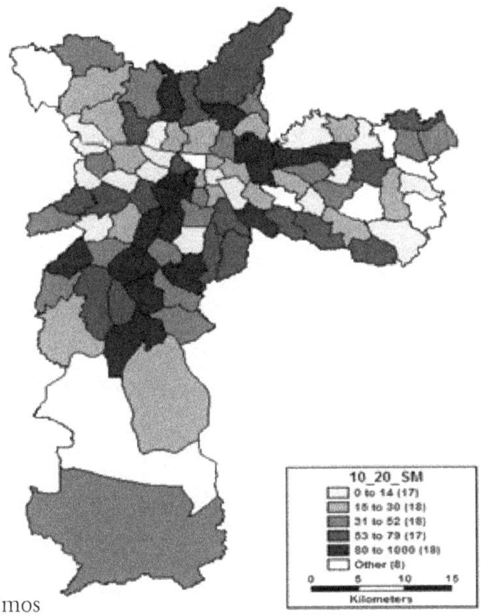

Cartografias de 10 a 20 salários mínimos

Fonte: IBGE e Fundação SEADE, 2000.

A tecnoesfera do território (SANTOS, 1998) desterritorializa a cultura, homens e mulheres, comunidades, organizações sociais e o espaço de natureza humana. Com a desterritorialização, pressuponho que o quadro socioeconômico entre brancos e negros sofra avanço das desigualdades.

As políticas universais, mediante a conjuntura do século XX e contemporânea, não concretizou em resultados de sucesso no que diz respeito à segregação racial e ao racismo. Algumas hipóteses apontam para uma reviravolta, o tempo e o espaço não esperam as transformações.

Tabela N° 29 - Distribuição de Faixas de Renda dos Distritos por cor/raça, 2000.

DISTRITO/SP	Brancos	Negros
Sem Renda		
SP	2.143.654 (64,40%)	1.084.406 (32,60%)
Brasilândia	48.807 (57%)	35144 (41,10%)
Cidade Tiradentes	33.307 (48,50%)	34.976 (50,90%
Jardim Ângela	41.300 (46%)	47.187 (52,50)
Menor de 1 SM.		
SP	1.618.839 (60,40%)	1.000.535 (37,33%)
Brasilândia	39.102 (54,50%)	31.281 (47,70%)
Cidade Tiradentes	25.199 (46,90%)	28.056 (52,50%)
Jardim ângela	31.609 (44,20%)	39.054 (54,50%
De 1 a 3 SM.		
SP	1.294.631 (72,70%)	429.159 (24,10%)
Brasilândia	20.890 (62,60%)	11.840 (35,50%)
Cidade Tiradentes	11.936 (51,10%)	11.291 (48,30%)
Jardim Ângela	13.811 (49,40%)	13,.813 (49,40%)
De 3 a 5 SM.		
SP	347.608 (82,20%)	50.791 (12%)
Brasilândia	2.654 (68,50%)	1.055 (27,20%)
Cidade Tiradentes	903 (51%)	867 (27,20%)
Jardim Ângela	1.251 (54,10%)	963 (41,60)
De 5 a 10 SM.		
SP	304.499 (86,60%)	21.864 (6,20%)
Brasilândia	1.203 (80,20%)	251 (16,70%)

Cidade Tiradentes	217 (63,10%)	127 (36,90%)
Jardim Ângela	541 (60,40%)	345 (38,50%)
De 10 a 20 SM.		
SP	112.447 (90,30%)	4.510 (3,60%)
Brasilândia	100 (65,80%)	48 (31,60%)
Cidade Tiradentes	72 (100%)	
Jardim Ângela	64 (68,10%)	30 (31,90%)
Acima de 20 SM.		
SP	35.055 (83,30%)	883 (2,30%)
Brasilândia	55 (83,30%)	
Cidade Tiradentes	10 (100%)	
Jardim Ângela	45 (69,20%)	20 (30,80%)

Fonte: IBGE, 2000.

Conforme o quadro acima, a distribuição dos negros, mediante as faixas de renda, configura-se de forma decrescente: 32,60% no grupo sem renda, 37,30% no grupo com renda menor que 1 salário mínimo, 24,10%, de 1 a 3 salários mínimos, 12% no grupo de 3 a 5 salários mínimos, posteriormente, 6,20% de 5 a 10 salários mínimos, 3,60% no grupo de 10 a 20 salários mínimos e, por último, 2,30% no grupo acima de 20 salários mínimos.

Verifico que há maior ocorrência do rendimento dos negros nas primeiras faixas de renda. Observo que as pessoas negras estão sobrerrepresentadas nos rendimentos de baixa renda e os brancos estão proporcionalmente à frente, em percentuais altos nas três últimas faixas de renda. Nos distritos, a diferença dos ganhos entre brancos e negros é semelhante ao quadro geral dos dados da cidade. No entanto, nas duas últimas faixas de renda dos distritos da Cidade Tiradentes e Brasilândia, os percentuais não atingem 1%.

Os trabalhadores negros das periferias de São Paulo e, em particular, da Brasilândia, Cidade Tiradentes e Jardim Ângela, estão dispostos desigualmente no quadro de renda em salários mínimos, conforme o conjunto da cidade e os respectivos pedaços. No "pedaço", os negros auferem, majoritariamente, rendimentos abaixo de seus vizinhos brancos.

A desigualdade racial no mercado de trabalho impõe lugares de negros e lugares de brancos. A história do mundo do trabalho para os trabalhadores negros foi, em primeiro lugar, superar os lugares que foram destinados e, em segundo, competir por posições que resultam em vantagens materiais e não-materiais.

Entre os entrevistados, alguns deles ultrapassaram os limites dos muros da cidade. Conforme declaração abaixo de um dos interlocutores, sair dos lugares tradicionais e competir na sociedade paulistana exige dos trabalhadores negros, além do capital humano, muita sorte e sucesso. Não basta apreender o capital humano no cotidiano da força de trabalho, os negros qualificados precisam passar pela segregação ocupacional.

> "Não, hoje eu faço alguns trabalhos como free-lance, mas não exerço a atividade. Até porque hoje, a preferência das empresas, elas querem muito conhecimento e o salário, ela derrubou completamente. Eu me lembro o último currículo. Aliás, quando eu saí da última empresa que eu trabalhei, meu salário era por volta de 4 mil, na época. E hoje, eles têm oferecido... A última empresa que eu levei meu currículo, ela me ofereceu um salário de 450 reais. Então assim, eu acredito que, com o conhecimento que eu tenho, a bagagem que eu tenho de conhecimento, tanto de cálculo, a experiência adquirida durante esses mais de 20 anos de profissão, eu não ia me submeter a ganhar um salário de R$ 450,00 e continuar fazendo todos os cálculos da empresa. Hoje, eu faço um trabalho na região, de produtor cultural, procuro trabalhar esta questão da identidade afro-brasileira, trazer essa discussão sempre que eu posso, para que as pessoas entendam um pouco que não basta a gente ter consciência que somos negros e ter conhecimento, grandes conhecimentos tecnológicos ou grande conhecimento científico porque a inserção no mercado de trabalho é segregacionista. Ela ainda tem esta questão de que negros tem o seu papel e brancos tem os seus. Até porque, em que eu me lembro, esse emprego de projetista meu, eram poucos negros com o salário que tinha. Eu conheço dez nesses vinte anos de projetista" (Homem Negro, 50 anos, Jardim Ângela).

O negro pobre se submete às diversas atividades funcionais quando não tem profissão definida. A ocupação de postos de menor expressão, em situações particulares, pode ser que não aconteça, mediante a história acima do interlocutor. A qualificação que o interlocutor apreendeu estava no mesmo nível de profissionais com ensino superior. Porém, quanto ao salário, no final do mês a diferença vinha impressa no comprovante de renda e na conta bancária a favor dos engenheiros e projetistas brancos.

Abaixo, as palavras do interlocutor são mais contundentes quanto ao universo da segregação e do racismo.

> "Então, essa concepção, ela se da a partir dessa concepção de trabalho mesmo. Por exemplo, quando eu vou para uma empresa que tem um departamento técnico e esse departamento é o mais onerado, abaixo da diretoria, se eu não me engano era o departamento mais onerado da empresa. E tinha muito poucos negros, e os próprios cursos que eu acabava fazendo, ou pela empresa ou mesmo na USP, na PUC ou mesmo as viagens que eu fiz, eu vi poucos negros. No final de 1980, saindo daqui e indo para o aeroporto de Guarulhos... Pra mim, viajar para Alemanha... E quando você olha no avião, você vê poucas pessoas com essa pigmentação de pele próxima à sua. Então você vê dois mundos diferentes, no mundo do trabalho que eu estou inserido, a necessidade que eu vá para a Alemanha, que eu vá para a França e Noruega para buscar conhecimento para a empresa e o mundo que eu via, morando na periferia, aqui na Piraporinha ou na região do Ângela. E essa dificuldade de perceber pessoas negras nesses espaços. Essa identidade se constrói em casa, porque em casa a sala era sempre essa: o mundo é assim e a gente não pode transformar, Deus quer assim, por exemplo e tal" (Homem Negro, 50 anos, Jardim Ângela).

A segregação e o racismo são de natureza ocupacional, residencial e institucional. No Brasil, o racismo institucional promove a separação entre brancos e negros na sociedade, conforme os lugares de poder, o universo societário e os microespaços sociais, como o mercado de trabalho, o local de morar e o entorno.

O meio técnico-científico-informacional (SANTOS, 1998), em hipótese alguma é democrático quanto a sua distribuição na cidade. Existem possibilidades de mudar o pensamento e construir identidades e consciências que não se limitem aos quintais e muros da cidade.

A segregação ocupacional e residencial, do ponto de vista material e subjetivo, interfere no processo de construção de identidades sociorraciais. Torres (2005) considera que a segregação interfere no jogo identitário e social das gerações, através dos fluxos quase inexistentes que são distribuídos nos territórios da cidade.

Mapa N° 8 - Distribuição de Bibliotecas e Centros de Cultura na cidade de São Paulo, 2000.

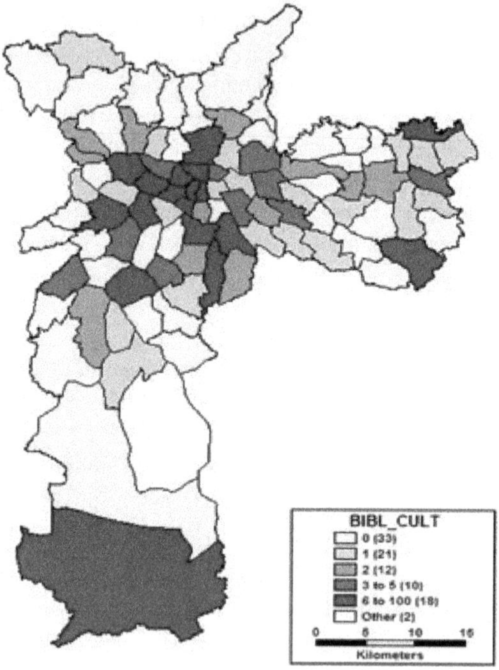

Mapa N° 9 – Distribuição de Cinemas, Teatros e Oficinas Culturais na cidade de São Paulo, 2000.

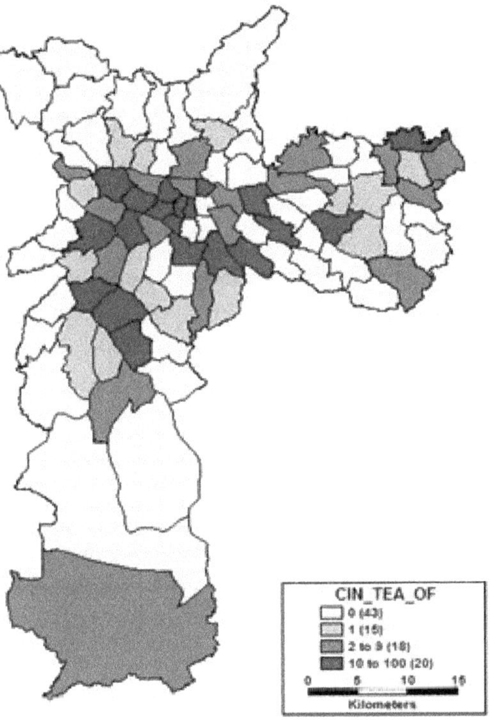

Fonte: PMSP, SEMPLA

Nas periferias de São Paulo e nos distritos deste trabalho, além da ausência de capital humano para a juventude negra e pobre, os espaços sociais que poderiam ser importantes para lapidar, transformar e contribuir na formação das identidades, distribuem-se no território de São Paulo, obedecendo a lógica do capitalismo brasileiro.

Na cartografia, lazer, cultura, parques, cinemas e teatros estão concentrados nas regiões do centro e do quadrante sudoeste. Por que a distribuição não obedece à lógica da psicoesfera?

Porque a artificializarão do espaço, na sociedade contemporânea, tem como base a mercantilização de tudo o que é produzido em sociedade. Os objetos públicos e privados estão comumente instalados fora dos territórios e do cotidiano social dos distritos que compõem as territorialidades negras de São Paulo.

Carril (2006) descreve que determinados territórios, como a cartografia acima e os dos pobres pouco se cruzam e se relacionam. A ausência desse encontro tem como consequência; buscas, entraves e lutas constantes em torno da cidadania.

Os homens e mulheres negras admitiram que a distância entre habitação e trabalho resulta em longas horas empreendidas com o transporte coletivo (ônibus, trens e metrô) ou individual. Em média, os moradores da Brasilândia, Cidade Tiradentes e Jardim Angela gastam em torno de, aproximadamente, quatro horas de circulação entre trabalho, habitação e vice versa.

Os moradores mais velhos, assim como os mais jovens, indicam algumas dificuldades no mercado de trabalho e para a concretização da contratação. A primeira, encontra-se no deslocamento diário que realizam, chegando a exercer lutas constantes para (empenho físico, desgaste físico e emocional) o embarque e desembarque do transporte coletivo. A segunda, a dificuldade para serem admitidos quando informam o local onde residem.

> "Ela (esposa) trabalha na região do aeroporto de Congonhas. Ela pega dois ônibus até o metrô, depois faz baldeação na Sé e depois vai até a São Judas, vai até o aeroporto, ela desce na Avenida dos Bandeirantes" (Homem Negro, 46 anos, Cidade Tiradentes).

Torres (2004) evidência que seis elementos preponderam diante da segregação residencial e ocupacional, dentre eles, a distância entre moradia e emprego. Este elemento contribui para o aumento e/ou perpetuação da pobreza. Nas áreas mais distantes da cidade, a locomoção é uma das principais barreiras para que os trabalhadores vendam sua força de trabalho, conforme a distância geográfica entre os fixos e os fluxos.

A desvantagem inicial dos negros na sociedade de classes, como a localização geográfica, as posições sociais de segundo plano, a proletarização e a lupemproletarização e, em maior abrangência, o legado do racismo, se repercutem nos centros urbanos do país, múltiplas territorialidades de desigualdades (HASENBALG, 2005).

A segregação racial no Brasil só pode ser vista através desses valores, contidos na história e que servem de artifício para negar uma realidade que durante todo o século XX, persistiu em encobrir, mascarar e suavizar relações sociais e raciais para a manutenção dos privilégios brancos.

Na cidade de São Paulo, participar das territorialidades negras e da segregação significa assumir duplos sentidos: de um lado, assumir o protagonismo social e das metamorfoses de resistência e revolta; de outro lado, conviver dialeticamente em torno da exploração, vulnerabilidade e nos limites dos muros da cidade.

Conforme os mapas de números 11 e 12 (faixas de renda e escolaridade), os habitantes negros que superaram o limite do "lugar" econômico e do capital humano são uma pequena representação da classe média negra na cidade de São Paulo. Além da superação da posição social, este grupo tem que provar constantemente os seus valores e manter a posição conquistada, assim como o combate à discriminação e o racismo.

No mesmo raciocínio quanto aos territórios, a população negra que habita os extremos das periferias dispõe de poucos recursos econômicos e culturais para se apropriar do ambiente construído e dos recursos que a cidade oferece. A distância socioespacial entre os negros que habitam a periferia e as regiões mais valorizadas, em síntese, corresponde ao poder econômico, ocupação profissional e a escolaridade.

Capítulo 3
Resistências e Enfrentamentos

A produção da habitação e da família: aspectos sociais e subjetivos

A territorialidade é a interferência do homem no espaço que se constitui de forma social, cultural, simbólica e política. A segregação racial também é uma ação humana, mas que se realiza por intermédio da separação de classes sociais, raça, gênero, gerações e diferenças culturais. A distinção entre território e segregação diferencia-se no aspecto de pertencer à cidade, ou seja, sentir-se e exercer a cidadania na cidade.

A habitação merece ser observada no cenário da segregação e da territorialidade, a fim de melhor compreender os efeitos, reflexos e sentidos provocados por ambos fenômenos sociais.

Os homens e mulheres negros relataram suas experiências no espaço social da habitação, descrevendo suas configurações sociais: o cortiço, a pensão, o porão, a favela, a casa na periferia, a verticalização, o apartamento e a habitação construída pelo poder público.

Nas sociedades capitalistas subdesenvolvidas, o local de morar se torna cada vez mais difícil de ser adquirido, frente às perspectivas da qualidade e da utilidade. O valor de uso perdeu a luta para o valor de troca. Portanto, a moradia passa a valer um preço no mercado imobiliário de forma diferencial, conforme o espaço, a classe social e os conflitos que envolvem diversos interesses políticos (HARVEY, 1982).

São Paulo por ser a maior cidade do país, traz consigo outros destaques que também são fundamentais para se pensar a questão da cidadania. Na capital paulistana estão concentradas e distribuídas as faces da habitação para a população que trabalha e repõe a força de trabalho no espaço de encontro de sua família e seus pares. Morar em São Paulo, sobretudo para os moradores das periferias e seus extremos, significa dispor de tempo social para o deslocamento entre trabalho e habitação.

A história da habitação e todos os instrumentos necessários para a vida social em São Paulo são descritas pelos interlocutores a partir dos sentimentos, ações e resultados dos investimentos materiais e subjetivos; do trabalho de homens e mulheres e da solidificação das inscrições para compor a família.

Os interlocutores relataram que antes de se fixarem nos distritos da Brasilândia, Cidade Tiradentes e Jardim Ângela, percorreram e se deslocaram pelos mais diferentes contextos da cidade de São Paulo.

Dentre os moradores da Brasilândia, seguem os relatos:

> "A plantação de algodão é a coisa mais linda que tem, só que ela tem que ser colhida no tempo. Na época, choveu onze dias seguidos, e aquilo que era lucro certo foi pro saco. Aí ele desistiu, porque a gente já estava na época de ir pra escola e meus irmãos já estudavam na escola da colônia. E aí ele veio para São Paulo, na casa de uma tia. A gente foi para Artur Alvim, que é região de Itaquera, Zona Leste, Burgo Paulista. Aí a gente ficou na casa da minha tia, porque ele não queria pagar aluguel, porque ele achava que quem paga aluguel não constrói nada. Estava muito certo. E aí, enquanto nós ficamos lá, ele comprou um terreno aqui nessa região, que era uma região que estava em formação, depois da Igreja de Itaberaba, entre a Igreja de Santo Antonio e a Igreja de Itaberaba. A sua vida inteira ele comprou terreno ali. No prazo de dois anos ele tinha construído uma casa boa. Não era nenhuma mansão, mas era um casa boa, tão boa que está até hoje. A minha irmã mora nela e fez algumas pequenas reformas, e ele fez uma casa boa" (Mulher Negra, 60 anos, Brasilândia) (OLIVEIRA, 2008).
>
> "A minha mãe, ela ficou trabalhando no lar mesmo, dona de casa. O meu pai, quando ele casou, ele já trabalhava na época na estrada de ferro, a Sorocabana. E de lá, eu nasci lá, quando eu tinha cinco anos, o meu pai foi transferido para São Paulo, para trabalhar na Barra Funda, foi onde ele se aposentou. Chegamos em São Paulo, viemos morar na casa de um tio dele, em Itaberaba, e quando nós estávamos aqui mais ou menos seis meses, meu pai comprou esse terreno,

> ele construiu e nós estamos até hoje" (Mulher Negra, 55 anos, Brasilândia) (OLIVEIRA, 2008).

Com o fim da imigração estrangeira, foram os migrantes internos e externos que mais se deslocaram para a capital paulistana após 1930 (MARTINS, 2004). Dentre os migrantes, a participação negra na cidade de São Paulo cresceu em razão da migração de negros das regiões norte e nordeste. Os fragmentos acima, das duas interlocutoras que migraram para a capital paulistana, são lembranças da época de criança, que remonta, no quadro social da família, os primeiros deslocamentos no Brasil.

Os interlocutores do distrito da Brasilândia, antes de fixarem residência, moraram na Barra Funda, Freguesia do Ó e em alguns lugares da Zona Leste. Muitos deles saíram de Estados do norte e nordeste. Dentre os interlocutores que migraram para São Paulo, eles saíram das cidades de Minas Gerais e Bahia.

No Distrito da Cidade Tiradentes, o mais novo entre as três áreas, a população é oriunda de toda a cidade e do país. São pessoas do Bexiga, Tucuruvi, Cachoeirinha, Bairro do Limão, Artur Alvin, Patriarca, Itaquera, São Mateus, Vila Industrial, Vila Prudente, Santo André, são naturais da Bahia e Minas Gerais.

> "Nasci em Minas Gerais, Rio Esperia, em 1956. Moro aqui em São Paulo desde os três anos de idade. Logo que chegamos aqui, minha mãe morava, não sei se você conhece Cidade Patriarca, Arthur Alvim, entre um e outro bairro, vieram pra cá através de familiares. Aí, com o apoio da família, foi ficando, comprando terreno, pagando aluguel de primeiro. E a dificuldade, por eu ter ficado longe da minha família, foi por isso, porque tinha que alugar casa e, naquela época, não se alugava casa para a família com tantos filhos. Para alugar casa, minha mãe deixava um filho em cada casa de parente, depois alugava a casa, depois de um mês, cada dia ela levava um filho pra casa, aí foi juntando os filhos novamente (Risos). E eu, na época, quando a gente é criança quer tudo e não pode nada" (Mulher Negra, 50 anos, Cidade Tiradentes).
>
> "Eu vivi em Salvador até os sete anos. Na passagem de sete para oito anos eu vim pra São Paulo, eu vim com ele. Aqui ele formou uma outra família. Eu acho mesmo! Eu achava, só que já tinham demolido, aí já fizeram a do Tietê (rodoviária), depois. Nós ficamos uns dois meses morando num daqueles hotéis ali, eu não sabia se era hotel ou era cortiço, porque até hoje a coisa ali é meio esquisita né. Nós ficamos uns dois meses ali, eu estou falando com você e as imagens vêm assim né, descendo a escada, saindo lá na rua, aquele monte de carros passando e tal. Depois disso, nós fomos

> morar em Diadema. Aí, em Diadema, o que acontece, ele veio, ele teve um outro relacionamento e casou. Eu fui estudar em Diadema, estava estudando" (Homem Negro, 43 anos, Cidade Tiradenets).

No Jardim Ângela, a migração interna e externa também se repete, são moradores que saíram de Santo Amaro, Pedreira, Jabaquara, Vila Mariana, eles são nordestinos, mineiros e cariocas.

A partir de 1940, com a implantação da ideologia da casa própria (autoconstrução), a mão de obra negra e pobre desloca-se para as periferias de São Paulo, tendo como objetivo reduzir os gastos, compor a família e a habitação para todos.

Os interlocutores foram protagonistas da construção do espaço social nas periferias de São Paulo. Eles estiveram à frente da construção de suas casas, em torno das necessidades e, direta e indiretamente, foram os responsáveis pelo incremento do espaço social e das necessidades do mundo urbano-industrial.

> "Aí, nessa época, a gente morava ali num terreno na Artur Alvim, que ela comprou e meu pai também, fizeram a casa como mutirão, e os tios e primos foram ajudar, em três finais de semana a casa já estava de pé e já com assento, e assim toda a nossa família construiu assim, um dando a mão pro outro, com a família unida, o tio, o primo, o colega do primo, todos ajudavam e assim ia. Todos que compravam o seu pedacinho de terra já construía a sua casa, sem precisar pagar a mão de obra, não era um gasto que a gente tinha naquela época, rapidinho, sem precisar pagar. Era bem melhor que agora, hoje já é difícil pra conseguir as coisas" (Mulher Negra, 50 anos, Cidade Tiradentes).

Villaça (1986), Maricato (1996) e Bonduki (1998) estão corretos quanto à afirmação da autoconstrução. O Estado teve limitada participação na construção das periferias, os grupos de renda mais elevadas se beneficiaram com a segregação. As classes média e alta se viram livres dos pobres e negros.

Florestan (1965), Bernardo (1998) e Rolnik (1998) compartilham das mesmas ideias a respeito dos deslocamentos da população negra na capital paulistana. As razões das transformações espaciais e socioeconômicas estão associadas à modernização da cidade de São Paulo que refletiu na valorização do espaço e do ambiente construído, ao planejamento urbano que preteriu a população negra e pobre do direito à cidade e beneficiou uma parcela da cidade, a partir da efetivação da legislação urbanística. Frente ao contextos das desigualdades e do racismo, a população negra fixou moradia próximo de seus familiares, amigos e de instituições culturais negras, estas instituições proporcionavam auto ajuda, organização e o sentido de pertencimento ao grupo, estes elementos reforçaram e ajudaram na composição das territorialidades negras.

As cidades "escuras" e "desconhecidas", observadas por Bernardo, no plano da cidade de São Paulo, estenderam-se além das três primeiras décadas do século XX. Oliveira (1998, 2002) e Rolnik (1998) contribuem com o quadro social, a respeito da periferização do negro até os limites de São Paulo. A escuridão e o desconhecimento perduraram até o final dos anos de 1990, em direção às zonas leste, oeste, norte e sul. A este respeito, os interlocutores relembram o cenário dos primeiros dias, meses e anos no extremo das periferias.

> "Eu vou contar o seguinte: como uma pequena chácara, tem até um exemplo na nossa frente, que são essas plantas, banana, mexerica, laranja. Quando nós chegamos aqui, era só mato. Então dava para contar os barracos. Eu não morava do lado de cá porque tem um ginásio aqui. Morava do outro lado, e foi o primeiro barraquinho, né. Minha mãe com oito, nove filhos, nós não tínhamos condições nem de se alimentar. A gente fazia muito, era sempre, o bar do Ira, a única adega que fica na Terezinha para tomar sopinha. Corria para a feira para pegar resto de alimentação para fazer comida em casa, isso eu não nego, por que é uma realidade. Como tinha muitos irmãos, tinha que se alimentar todo mundo e pedir pão duro nas casas. Fizemos muito isso, e falo de coração, foi o que manteve a gente por um bom tempo" (Homem Negro, 50 anos, Brasilândia) (OLIVEIRA, 2008).
>
> "Quando nós viemos pra cá, tinha muito mato, nós não estávamos acostumados. Porque quando a minha mãe comprou o terreno também tinha mato, mas aí foi fazendo casa, fazendo casa, foi tirando os matos e a gente não teve o contato com os matos. E quando chegou aqui, tinha muito mato, e a gente achava a coisa mais bonita do mundo" (Mulher Negra, 50 anos, Cidade Tiradentes) (OLIVEIRA, 2008).
>
> "Em Santo Amaro, na Zona Sul, em aluguel, pagava aluguel. Aí, lá, um dia, comecei a conhecer, comecei a trabalhar. Tinha uma placa lá que estava vendendo um lote, aí estava vendendo em Nakamura. 'Que lugar é esse? ' Aí compramos esse pedacinho aqui, viemos para cá, fizemos dois cômodos, viemos para cá e estamos aqui até hoje. Fomos os primeiros. No bairro também não tinha nada. Só tinha um armazém lá em cima, que era do dono daqui do loteamento, a gente passava. A gente para comprar pão e leite, só até as oito. Passou das oito, não tinha mais nada. Mais perto, para a

> gente comprar alguma coisa, era no Ângela" (Mulher Negra, 66 anos, Jardim Ângela) (OLIVEIRA, 2008).

A cidade ilegal ou fora da lei (ROLNIK, 1998; MARICATO, 1996), no universo urbano da cidade de São Paulo, não é a exceção é a regra. Desde os anos de 1940 até o final do século XX, predomina a cidade fora da lei, preenchida pelas habitações subnormais e as deficiências do ambiente construído nos pedaços da capital paulistana.

Véras (2003), Bogus e Somekh (2004) e Maricato (1996) calculam que a ilegalidade urbana em São Paulo, ultrapassa 20%; são mais de 2 milhões de habitantes morando em habitações subnormais.

Nos pedaços da cidade, Brasilândia, Cidade Tiradentes e Jardim Ângela, a ilegalidade também é a regra. O percentual está acima da média da cidade, com exceção da Cidade Tiradentes. Neste distrito da zona leste, denominado área residencial, a realidade confirma o resultado do "planejamento urbano", projetado para receber a população de baixa renda.

Alguns dos fatores que influenciaram a saída da populaão do seu local de origem em direção às periferias, são refentes ao mercado de trabalho, a renda e a especulação imobiliária (KOWARICK, 1988; MARICATO, 1986). A condição socioeconômica dos interlocutores negros e negras teve forte influência no processo da segregação racial em direção aos extremos de São Paulo.

Tabela N° 31 - Classificação por Distrito, tipo de Habitação e Cor/Raça, 2000.

	Brancos			Negros		
	Casa	Apto.	Cômodo	Casa	Apto.	Cômodo
MSP	5.162.619 64,5%	1.710.498 77,8%	63.731 47,5%	2.635.235 32,9%	395.364 18%	68.781 51,3%
Brasilândia	125.979 58,5%	15.038 61,7%	2.577 41,9%	85.301 39,6%	8.868 36,4%	3.518 37,2%
Cidade Tiradentes	42.918 45,9%	50.460 53,5%	765 34,1%	49.929 53,4%	43.184 45,8%	1.458 65%
Jardim Ângela	109.558 47,3%	1.146 75%	4.992 41,8	118.633 51,5%	352 23,0%	6.791 56,8%

Fonte: IBGE, 2000.

De acordo com o censo demográfico do IBGE de 2000, a cidade de São Paulo contou com 10.340.036 habitantes que se distribuem no cenário habitacional em casas, apartamentos e cômodos. São 8.006.638 paulistanos residindo em casas, 2.199. 269 em apartamentos e 124.139 em cômodos. Do total de habitantes por tipo de habitação, há extremas diferenças espaciais entre brancos e negros.

Primeiro, entre os brancos, são 64,5% que moram em casas, 77,8% em apartamentos e 47,5% em cômodos. Os negros, conforme a tabela acima, estão classificados em 32,9% em casas, 18% em apartamentos e 51,3% em cômodos. Para os habitantes negros de São Paulo, a proporção é maior em casas e cômodos e menor em apartamentos. Os brancos estão proporcionalmente representados nos três tipos de habitação. Os negros estão sobrerrepresentados nas categorias habitacionais de mais baixa renda no universo da cidade.

Segundo, a classificação por distrito na cidade de São Paulo é complexa. O quadro muda conforme o deslocamento do centro em direção às periferias. Na Brasilândia é o seguinte quadro habitacional: a classificação da população branca em casas representa 58,5%, 61,7% em apartamentos e 41,9% em cômodos; para os negros, a classificação em casas abrange 39,6%, 36,4% em apartamentos e 37,3% em cômodos. Neste distrito, as diferenças habitacionais estão concentradas para os morades de apartamentos, neste quadro a população branca é quem mais se destaca.

Na Cidade Tiradentes, encontra-se uma exceção em relação aos outros distritos. Por ser uma região dormitório construída e "planejada" pelos poderes públicos municipal e estadual (Cohab e CDHU). Dentre os moradores brancos, são 15,9% em casas, 53,5% em apartamentos e 34,1% em cômodos. Para os moradores negros, a distribuição é 53,4% em casas, 45,8% em apartamentos e 65% em cômodos.

No Jardim Ângela, os brancos são 47,3% em casas, 75% em apartamentos e 41,8% em cômodos. Entre os negros, 51,5% moram em casas, 23% em apartamentos e 56,8% em cômodos.

Terceiro, constata-se que, mesmo nas periferias, as diferenças entre brancos e negros, estão proporcionalmente representados em casas e cômodos. Na Cidade Tiradentes é um caso particular. Nesta localidade encontra-se o maior percentual de negros morando em cômodos.

Conforme o decurso histórico da habitação no Brasil, prevalece a habitação por conta do trabalhador na periferia distante e em loteamentos irregulares (BONDUKI, 1998; KOWARICK, 1993 e MARICATO, 1986). A população negra está sobrerrepresentada na periferia paulistana em casas e cômodos. Nas habitações verticais – apartmanetos - a população branca participa em número superior aos negros.

Nos distritos localizados no quadrante sudoeste, a proporção de moradores negros está abaixo da média da cidade (30%) e a configuração residencial também se altera conforme a classificação.

Conforme a tabela abaixo, sobre a distribuição de população por tipo de domicílio segundo a cor/raça, brancos e amarelos estão em um patamar habitacional (em condições de proprietário), quantitativamente (absoluto e relativo) acima dos negros.

A população negra é uma pequena minoria na classe média paulistana e, em maior proporcionalidade, no proletariado. De acordo com dados do IBGE 2000, a menor expressão dos negros na condição de proprietários de domicílios demonstra que o poder aquisitivo não corresponde às necessidades materiais e não-materiais, como, por exemplo, a compra da habitação no mercado imobiliário. Adquirir habitação no mercado imobiliário de São Paulo, após o término do padrão periférico de crescimento urbano, tornou-se difícil para os setores de menor renda. A viabilidade da compra da casa própria só se torna possível nos extremos da cidade e nos municípios que compõem a Regioão Metropolinata.

Somando as duas categorias de tipo da condição do domicílio dos negros (próprio e próprio ainda pagando), correspondem a 67,70%, 4% a mais do grupo branco, conforme a primeira classificação do tipo de domicílio.

Em relação aos domicílios alugados, brancos e negros dividem o mesmo patamar, em dados relativos. Somando as quatro últimas categorias, chega-se à conclusão que 31,80% da população negra não é proprietária de um imóvel. Em relação aos brancos, 26,30% não são proprietários dos imóveis em que vivem.

A pobreza racial (HENRIQUES, 2001) tem interfaces com o mercado de trabalho, escolaridade, renda e a habitação no contexto das cidades brasileiras. Na periferia paulistana, o quadro racial permanece o mesmo. As classes sociais brancas, mesmo nas periferias, estão proporcionalmente representadas em casas e apartamentos, nas condições de proprietários e em vias de se tornarem proprietários.

Tabela N° 32 - Distribuição da População por cor/raça e tipo da Condição do Domicílio, SP, 2000.

Cor/ Raça	Próprio	Próprio ainda pagando	Alugado	Cedido por empregador	Cedido de outra forma	Outra condição	Total
Brancos	4.369.990 63%	668.341 9,60%	1.350.580 19,50%	71.417 4,70%	327.627 4,70%	148.889 2,10%	6.936.844 100%
Negros	1.781.957 57,50%	330.977 10,70%	609.505 19,70%	37.300 1,20%	184.357 5,90%	155.283 5%	3.099.379 100%

Amarelos	158.620 76,30%	15.248 7,30%	26.383 12,70	993 0,50%	5.897 2,80%	798 0,40%	207.939 100%
Indígenas	9.721 53,10%	1.496 8,20%	5.079 27,70%	387 2,10	990 5,40%	630 3,40%	18.303 100%
Ignorados	47.602 61,40%	6.816 8,80%	15.440 19,90%	927 1,20%	3.626 4,70%	3.171 4,10%	775.582 100%
Total	6.367.890 61,60%	1.022.878 9,9··%	2.006.987 19,40%	111.024 1,10%	522.497 5,10%	308.771 3%	10.340.047 100%

Fonte: IBGE, 2000.

A tabela posterior, a respeito da distribuição da população por distrito, raça/cor e tipo de condição do domicílio, classifica os três primeiros indicadores para análise: próprio, próprio ainda pagando e alugado. O primeiro distrito, referente à Brasilândia, os habitantes brancos estão distribuídos em 58,40%, os negros em 39,50%. São 23,80% de diferença entre brancos e negros quanto à habitação própria no mercado imobiliário paulistano. O segundo, o conglomerado habitacional da Cidade Tiradentes (apartamentos e casas), 48,90% para os brancos e 50,40% para os negros. A diferença é de 1,40% entre brancos e negros no mercado habitacional local. O terceiro, o Jardim Ângela apresenta 48,90% entre os brancos e 51% para os negros.

Nos distritos mais valorizados, o mercado imobiliário é o principal entrave para a compra da habitação, por ser mais valorizada e não possuir habitações diversificadas, como a produção de habitação popular.

Democratizar os espaços sociais é essencial para garantir melhores condições de vida e a promoção da cidadania. A política do espaço, de acordo com Lefebvre (2004), é uma luta constante pelos melhores lugares, como o lugar de morar e o entorno, a produção de conhecimento e o lugar para o encontro e a troca de sociabilidades.

A distribuição posterior, "próprio ainda pagando", na Brasilândia são 58% entre os brancos e 40,70% entre os negros. No distrito da Cidade Tiradentes, os brancos participam com 50,80% e os negros com 48,50%. O distrito do Jardim Ângela participa com 53,50% entre os brancos e 46,20% entre os negros. Nesse segundo grupo, conforme a classificação do tipo do domicílio, os brancos aumentaram a sua composição em direção à compra da casa própria no conjunto da cidade de São Paulo. Na Cidade Tiradentes, brancos e negros compartilham o mesmo patamar, em vias de adquirir a propriedade para a família. Na terceira distribuição, "alugado", a distribuição de 58,70% para os brancos e 40,20% para os negros. Na Cidade Tiradentes, 47,20% são compartilhados entre os brancos e 52,30% entre os negros. Por último, o Jardim Ângela comparece com 48,60% entre os brancos e 49,80% entre os negros.

Após a descrição das três distribuições, compreendo que na periferia, seja a habitação própria, em vias de pagamento e alugada, a população negra e pobre distribui-se em maior proporção.

A segregação racial se confirma a partir da constatação da distribuição negra na cidade, no que diz respeito ao acesso à habitação, que é intercambiável com a renda, classe social, cor/raça e a localização espacial.

Tabela N° 33 - Distribuição da População por Distrito pesquisado, cor/raça e tipo da Condição do Domicílio, SP, 2000.

Condição	Brancos	Negros	Amarelos	Índigenas	Ignorados	Total
Próprio						
Brasilândia	91.692 58,30%	62.058 39,50%	879 0,60%	171 0,10%	2.409 1,50%	157.209 100%
Cidade Tiradentes	18.486 48,90%	19.039 50,40%		75 0,20%	189 0,50%	37.789 100%
Jardim Ângela	85.951 47,60%	92.081 51%	574 0,30%	291 0,20%	1754 1,0%	18.651
Próprio, ainda pagando						
Brasilândia	10.200 58%	7.155 40,70%	83 0,50%	51 0,30%	107 0,60%	17.596 100%
Cidade Tiradentes	64.293 50,80%	61.322 48,50%	200 0,20%	182 0,10%	516 0,40%	126.513 100%
Jardim Ângela	3.163 53,50%	2.731 42,60%	9 0,20%		11 0,20	5.914 100%
Alugado						

Brasilândia	23.481 58,70%	16.098 40,20%	79 0,20%	75 0,20%	294 0,70%	40.027 100%
Cidade Tiradentes	3.866 47,20%	4.290 52,30%	11 0,30%		28 0,30%	8.195 100%
Jardim Ângela	17.529 48,60%	17.963 49,80%	104 0,30%	104 0,30%	346 1,0%	36.046

Fonte: IBGE, 2000.

Para melhor visibilidade das diferenças entre brancos e negros na cidade de São Paulo e nos distritos pesquisados, abaixo, classifico o quadro da habitação subnormal.

Tabela N° 34 - Distribuição de Habitação Subnormal por Raça/Cor e dos Distritos pesquisados, 2000.

Distritos/SP	Média	Brancos	Negros
MSP	912.972 (8.7%)	427.876 (46,9%)	472.195 (51,7%)
Brasilândia	32.334 (13,1%)	17.097 (52,9%)	14.568 (45,1%)
Cidade Tiradentes	2.165 (1,1%)	775 (35,8%)	1390 (64,2%)
Jardim Ângela	48.066 (19,6%)	427.876 (46,9%)	472.195 (51,7%)

Fonte: IBGE, 2000.

A classificação do censo (IBGE 2000) considera como habitação subnormal[1] apenas os aglomerados acima de 50 unidades (em particular, as favelas). Portanto, a contagem deixou de fora do universo centenas de núcleos habitacionais da periferia paulistana.

No conjunto da cidade, a população negra distribui-se nos aglomerados subnormais com 51,7% e os brancos com 46,9%, perfazendo uma diferença de 5% entre os dois grupos.

> "O Icaraí, a Brasilândia, de um modo geral, mais centralizado, a Brasilândia teve loteamento. Aqui em Icaraí mesmo foi invasão. Os mais antigos tinham um quintal grande. Conforme

1 Habitação Sub-normal é a edificação de espaços de morar que estão fora da lei ou não estão de acordo com os padrões da legislação urbanística, como por exemplo: as favelas, cortiços e loteamentos irregulares construídos nas periferias das cidades brasileiras.

> a população foi crescendo, foi diminuindo o seu espaço. O pessoal foi construindo conforme foram chegando. Tem casa em cima de esgoto. Do outro lado, foi interditado mais ou menos umas quinze famílias, porque foi construído numa base de brejo. Com essa chuva que vinha acontecendo um tempo atrás, corria o risco das casas serem arrastadas. Inclusive, há 15 dias a prefeitura pediu para colocar uma base no esgoto para sustentar as casas. Mas aqui foi invasão, não teve loteamento não. É terreno da prefeitura ou favela, como queira. É casa própria, graças a Deus, você tem sua água e sua luz. Hoje, eles estão colocando os cavaletes de água, de casa em casa. Acho que vão começar a cobrar uma taxinha. Outra coisa que peca aqui também é a iluminação. A Eletropaulo abandonou a gente. Como também teve várias construções, você vê que tem vários biquinhos de luz *puchado*" (Homem Negro, 50 anos, Brasilândia) (OLIVEIRA, 2008).

De acordo com o interlocutor, a diversidade da habitação subnormal na cidade de São Paulo compreende várias faces: invasões em terrenos públicos ou particulares, localizados em beira de córregos, nos morros e nas baixadas (aclive e declive) etc.

Na Brasilândia, parte da área física compõe-se de rochas e pedras que se encontram mais localizadas nas áreas consideradas como subnormais, como as favelas e loteamentos irregulares. Neste distrito, os brancos são 52,9% e os negros 45,1%.

A Cidade Tiradentes é um contexto novo, recente, uma história de apenas 34 anos de vida do distrito. Porém, no censo de 2000, o percentual de habitação subnormal se compôs em 13% (IBGE, 2000). Nesse distrito são 35,8% de brancos e 64,2% de negros em habitações subnormais. Percebe-se uma diferença de quase 50% entre brancos e negros. No Jardim Ângela são 46,9% entre os brancos e 51,7% entre os negros classificados em habitações subnormais.

Bógus e Pasternak (2004: 58), que citam o trabalho do CEM (Centro de Estudos da Métropole), o qual procurou rever as estimativas da população favelada de São Paulo através do trabalho com setores censitários georeferenciados e perímetros favelados de 1987. Além de vistorias de campo, chegou-se a uma estimativa de 891.673 pessoas nas favelas de São Paulo em 1991 e 1.160.590 pessoas no ano de 2000. Embora as informações dos Censos estejam subestimadas, é a única fonte que permite a espacialização por distritos.

No território da cidade, os negros estão classificados, em maior proporção, nas habitações subnormais. Nos pedaços da capital paulistana, o quadro não se repete de forma generalizada. É preciso perceber cada nuance, em decorrência da história social e política da urbanização brasileira, que teve como carro chefe a industrialização e, nos dias de hoje, o setor de serviços (VÉRAS, 2003; IANNI, 2004).

Mapa N° 10 - Distribuição da Habitação Subnormal por Distrito da População Negra, 2000.

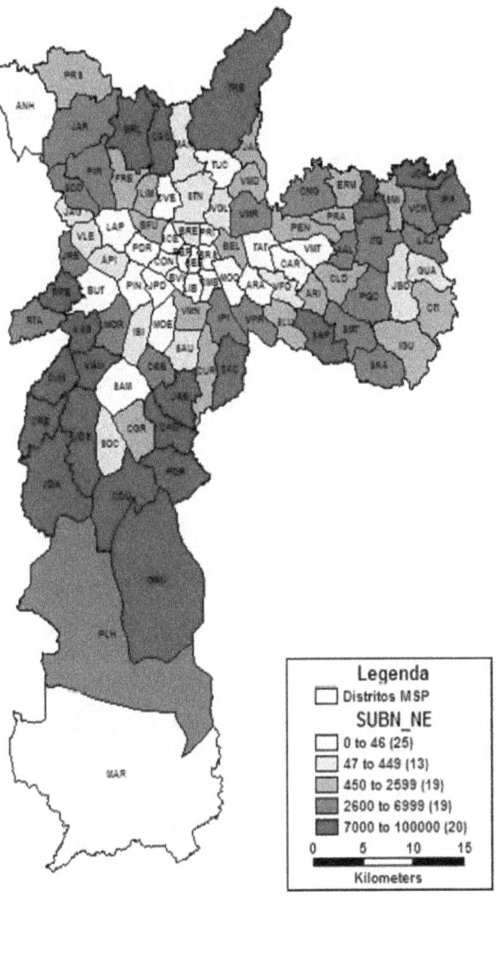

Fonte: IBGE, 2000.

O território é fundamental para compreender as múltiplas dinâmicas que o homem, através do trabalho social e de suas ações, desnaturaliza o espaço social (SANTOS, 1998). A habitação é essencialmente uma produção humana que se realiza sob o território. Na sociedade capitalista a habitação não se concretiza essencialmente como valor de uso, no mercado capitalista da terra e da habitação, ela se torna um valor de troca, ou seja, de consumo.

Conforme o Mapa N° 10, a habitação subnormal é resultado da produção desenfreada do espaço no mundo capitalista. A cartografia de habitações subnormais da população negra e pobre em São Paulo, desde os primeiros anos do século XX, é constituída pelos interesses do capitalismo, do Estado, dos efeitos da segregação racial e do processo histórico e contemporâneo da discriminação e das desigualdades (HASENBALG, 2005; MARCUSE, 2005) .

As ideias para a organização do espaço estão orientadas para determinados setores socioeconômicos da cidade de São Paulo. Para as áreas segregadas, onde há forte presença da habitação subnormal, como favelas, loteamentos irregulares, cortiços, porões, alagados e mocambos, ora as ideias estão fora do lugar, e, ora o lugar esá fora das ideias (MARICATO, 2002). Portanto, a cidade "fora da lei" é uma questão social não resolvida no século passado e na etapa atual. A população de baixa renda, sobretudo a população negra, é protagonista da habitação subnormal desde os últimos anos do século XIX. O problema da habitação não se limita ao específico quadro social, a questão racial tem forte relevância.

Conforme o Mapa N° 10, a habitação subnormal é resultado da produção de¬senfreada do espaço no mundo capitalista. Desde os primeiros anos do século XX, a cartografia de habitações subnormais é constituída pelos interesses do capitalismo, do Estado, dos efeitos da segregação racial e do processo histórico e contemporâneo da discriminação e das desigualdades (HASENBALG, 2005; MARCUSE, 2005)

Mapa N° 11 - Distribuição da Habitação subnormal na Brasilândia, 2000.

Fonte: IBGE e Fundação SEADE, 2000.

A memória das territorialidades negras estão centradas nas lembranças e histórias daqueles que viveram por mais tempo determinado fenômeno social, neste caso são os velhos os guardiões da memória negra na capital paulistana.

> "Quando eu vou *na* cidade, tenho a impressão que estou no paraíso. Acho sublime aquelas mulheres e crianças tão bem vestidas. Tão diferentes da favela. As casas com seus vasos de flores e cores variadas. Aquelas imagens há de encantar os olhos dos visitantes de São Paulo, que ignoram que a cidade mais *aflamada* da América do Sul está enferma. Com as úlceras. As favelas" (Carolina Maria de Jesus, *Quarto de Despejo*).

Maria Carolina de Jesus, quando escreveu "Quarto de Despejo", nos idos de 1964 contextualizou o retrato das favelas paulistanas, como o cotidiano social em torno do local de sobreviver e em suas interfaces com o mundo do trabalho, o peso do estigma social e a difícil tarefa de ser pobre, mulher, negra e moradora de favela. Após 54 anos da publicação do livro de Carolina, a favela paulistana metamorfoseou-se, em decorrência das transformações internas e externas da economia local e nacional. Atualmente, as favelas de São Paulo são de alvenaria, possuem os serviços de água e energia, a rede de telefonia fixa, o celular e o acesso à internet. A modernidade chegou às favelas do Brasil e da cidade de São Paulo, mas a questão central prevalece. A marginalidade, o racismo e o preconceito são marcas e insígnias que persistem nos territórios da pobreza negra.

Do nacimento das favelas aos dias de hoje, o quadro socioeconômico e racial permanece o mesmo: a descidanização e os territórios sem-cidadãos (SANTOS, 1993 ; KOWARICK, 2002).

> "Vai fazer 21 anos que eu vim morar pra cá. Vim para o Jardim Damasceno, a situação piorou, todo mundo desempregado e eu também. Depois *viemos* para a favela, agora a gente não fala mais favela, fala quilombos, agora *é* quilombos" (Mulher Negra, 65 anos, Brasilândia) (OLIVEIRA, 2008).

Conforme o Mapa N° 11 - Distribuição da Habitação Subnormal na Brasilândia, a leitura sobre o território, a priori, torna-se emblemático à medida que analiso os planos da cidade. A cartografia subnormal da população negra da cidade de São Paulo (conforme Mapa N° 10) é um diagnóstico do conjunto da urbe paulistana, que permite apenas identificar e classificar as áreas, de acordo com os índices de cada variável. Através da observação referente à cartografia do distrito, há um retrato mais nítido da realidade socioeconômica e espacial. O diagnóstico do local é interessante frente às concepções analíticas e o contexto do cotidiano que se coadunam quando relaciono com a questão das políticas universais e particulares.

A territorialidade do distrito, a respeito da habitação subnormal permite descrever as localizações e em quais situações elas se encontram. Através da leitura cartográfica, indico que os núcleos de favelas e habitações irregulares estão distribuídos em determinados lugares; onerosos, estratégicos, críticos quanto ao estado físico e ambiental, enfim, a sua condição de uso e produção para o descanso e as realizações do cotidiano.

A localização está situada em áreas que não foram priorizadas no mercado capitalista da terra e da habitação, por serem áreas de elevado declive e aclive (morros) e por estarem em terrenos públicos. Há também, como pressuposto, mais da metade destes territórios de habitações subnormais foram construídos durante a expansão urbana e a crise da habitação, sendo ocupadas pela população de baixa renda.

Conforme as imagens de números 1 e 2 identifico que as habitações subnormais estão localizadas em áreas de menor valor rentável (em morros), em terrenos públicos (prefeitura ou Estado) adentrando as áreas de proteção ambiental.

A imagem N° 1 é uma face do cenário habitacional da região. Existem pedras e grandes rochas nos terrenos que se tornam mais difíceis para construção, localizadas em áreas de morro ou baixadas. Parcialmente, o retrato de expansão da periferia, para além dos limites da área física, vem se tornando comum na cidade de São Paulo. Na zona norte, o limite do distrito da Brasilândia está avançando em direção às áreas verdes ou de reserva ambiental. A urbanização e a ocupação irregular das periferias ultrapassou as fronteiras e adentrou às áreas classificadas como reserva ambiental, é o que observei percorrendo os distritos da Brasilândia, Cidade Tiradentes e Jardim Ângela.

A ocupação ambiental não é um sintoma percebido apenas pela ocupação das classes populares, isso vem acontecendo em todo o país, principalmente com os setores de melhor renda.

Segundo os depoentes, alguns pedaços da Brasilândia estão localizadas nos bolsões de pobreza e da vulnerabilidade:

> "Você sabe, a Brasilândia é um bairro muito antigo né, então a gente tem áreas muito consolidadas, que têm um padrão de vida, classe média baixa que tem a sua casinha, não são ricos, mas classe média baixa, aposentado, os filhos estudaram e saíram daqui e tem as invasões, né! Eu brinco com a equipe E, eles odeiam que eu falo isso. Eu brinco que eles trabalham no Morumbi da Brasilândia. Já a equipe F trabalha na Brasilândia mesmo, na pobreza, dentro da própria região há os bolsões de pobreza, e as diferenças, onde tem os maiores índices de gravidez na adolescência. O escadão é um foco e tem uma coisa também que é assim. Na gestão anterior, tinha a questão das políticas públicas e as políticas públicas elas têm esse papel de corrigir as distorções sociais, de corrigir. Só que, aí, a gente observa que a política pública acaba não fazendo esse papel. O que acontece, existe uma discriminação dentro da própria região, ou seja, o cara da Brasilândia ele é excluído, não é discriminação, ele é excluído. A Brasilândia, do ponto de vista de São Paulo, ela é excluída. Agora, dentro da região, tem os bolsões de exclusão. Por quê? Porque, quando você traçou as políticas públicas, você precisa de CPF, você precisa de não sei o quê, precisa disso e daquilo. Você atinge, mesmo a certidão de nascimento sendo de graça, tem muita gente que não caiu a ficha que precisa registrar filho. Essas pessoas acabam não tendo acesso

> às políticas. Ela foi excluída dentro do processo de exclusão" (Mulher Negra, 60 anos, Brasilândia) (OLIVEIRA, 2008).

Conforme Koga (2003), a transformação do cenário das políticas públicas e universais, em outro âmbito, como o territorial, aponta prioridades que a generalização não dimensiona. A territorialidade esboça-se em múltiplas possibilidades de intervenção para definir as próprias diretrizes e ações das áreas prioritárias. Os territórios de exclusão não podem receber apenas as políticas públicas de forma generalizada. "Acredito que essas políticas se tornam paliativas e não atingem, em profundidade, os fenômenos das desigualdades territoriais" (KOGA, 2003; SPOSATI, 1996).

Imagem N° 1 - Expansão da periferia e a invasão da área ambiental

Fonte: Arquivo pessoal do autor .

Imagem Nº 2 - Caso de autoconstrução em área rochosa

Fonte: Arquivo pessoal do autor .

Mapa N° 12 - Distribuição da Habitação Subnormal na Cidade Tiradentes, 2000.

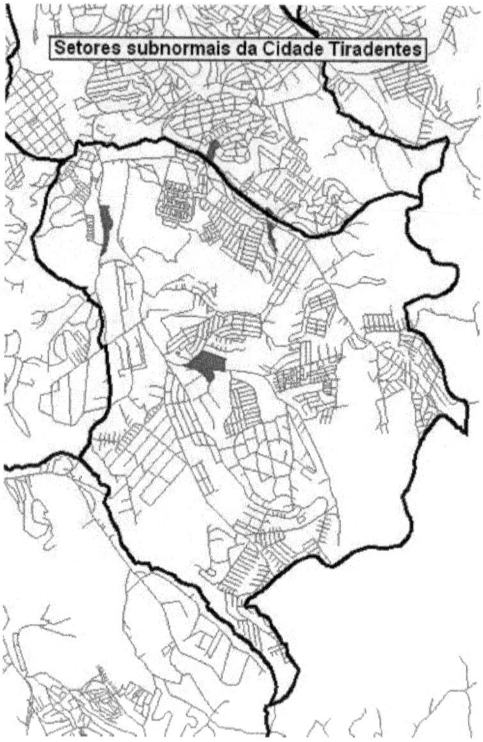

Fonte: IBGE e Fundação SEADE, 2000.

Conforme dados do IBGE 2000, o distrito da Cidade Tiradentes completou três décadas. Porém, mesmo diante do "planejamento" das construções, dos serviços públicos e do ambiente construído, observo que as habitações subnormais estão com forte tendência de crescimento.

Imagem N° 3 – Obras Paralisadas – Cidade Tiradentes

Fonte: Arquivo pessoal do autor.

Imagem N° 4 – Favela Jardim Maravilha Cidade Tiradentes

Fonte: Arquivo pessoal do autor.

Conforme a imagem N° 4 – Favela do Jardim Maravilha – Cidade Tiradentes, a localização da favela está à beira do córrego e os instrumentos para a construção dos barracos são inúmeros. Destaco a construção de alvenaria, madeira, telhas e generalizada improvisação, são parte comum das habitações subnormais. .

A habitação na Cidade Tiradentes tem o seguinte cenário: casas térreas e apartamentos construídos pelos poderes públicos e mais recentemente, a moradia construída pela própria força dos moradores, em regime de autogestão. As habitações subnormais vão chegando no tempo lento, mas vão chegando, vão ocupando o território que sobrou, principalmente a área próxima de córregos, de áreas verdes e mais distantes dos olhos dos poderes públicos.

A visão da paisagem que se tem da Cidade Tiradentes não é agradável, assim como da paisagem das periferias paulistana. No decorrer do trabalho de campo observei um cenário de prédios, desprovidos de espaços apropriados para o encontro, a sociabilidade e o meio ambiente. Conforme a Imagem N° 5, o retrato da Cidade Tiradentes mais se parece um confinamento espacial.

Imagem N° 5 - Vista da Cidade Tiradentes

Fonte: Arquivo pessoal do autor.

Imagem Nº 6 – Ocupação de Área ambiental

Fonte: Arquivo pessoal do autor

Mapa N° 12 - Distribuição de Habitações Subnormais do Jardim Ângela.

Fonte: IBGE e Fundação SEADE, 2000.

O maior percentual de habitações subnormais está assentado nos disirtos da zona Sul. No distrito do Jardim Ângela há sobrerrepresentação de favelas e habitações irregulares nas áreas desenvolvidas, em desenvolvimento e àquelas localizadas nos limites do território.

Mesmo diante das cartografias e das territorialidades, é apropriado confirmar que os distritos da Brasilândia, Cidade Tiradentes e Jardim Ângela são territórios de menor poder aquisitivo e em determinados "pedaços", existem núcleos de exclusão e vulnerabilidade. A exclusão e a vulnerabilidade materializam-se no espaço social, através da constituição das habitações irregulares, o universo das drogas e da violência e, em consequência, a redução do papel do Estado nestas territorialidades.

> "No domingo eu vou para a reunião, das oito ao meio-dia. Num domingo, nós vamos para a atividade com Serviço Social, que é o trabalho de compensação, totalização, com dinâmicas, palestras, são cento e oitenta famílias. Cada um tem seu jeito de ser, seu jeito de agir, jeito de conversar jeito de... Vai ser jogado tudo lá naqueles *prédio*, você imaginou?" (Mulher Negra, 38 anos, Jardim Ângela).

O Estado, através das políticas habitacionais e urbanísticas não teve, até o momento, o sucesso esperado para responder à crise que percorre as cidades brasileiras.

Entre os três distritos, o comparecimento parcial do Estado em habitação popular também não teve muito sucesso. A habitação não se resume à construção de quatro paredes e sua cobertura. O ser humano necessita de um leque de espaços sociais, de espacialidades de encontro, sociabilidade e de produção da cultura e da arte.

A cidadania não se concretiza com a construção de milhares de casas e apartamentos populares com a ausência do ambiente construído. A produção do espaço, independentemente da condição centro-periferia, torna-se mais eminente quando a teoria e a prática tomam sua forma na realidade da cidade, com a implantação de fluxos contínuos do ambiente construído (SANTOS, 1998).

Imagem N° 7 - Ocupação consolidada no Jardim Ângela

Fonte: Arquivo Pessoal do autor.

A segregação perversa em São Paulo distribui-se com mais intensidade e visibilidade. A média de população negra nos distritos, distribui-se de forma progressiva, geralmente acima da média da cidade. A similaridade se repete nas habitações subnormais: os negros estão mais presentes nas favelas, cortiços e habitações consideradas fora da lei.

No contexto da periferia paulistana frente ao complexo quadro de habitações subnormais, como visualizar o ambiente construído?

> "Na época, a minha mãe. Saiu uma proposta de apartamento na COHAB, Centro Organizacional de Habitação. E era assim, a minha mãe sempre quis a casa dela, sair do aluguel, entendeu, e poder proporcionar dignidade para os filhos. Então, quando ela soube desta história da COHAB e tal, ela foi atrás, e como ela tinha alguns *privilégio* para conseguir este apartamento. Aí ela conseguiu com uma amiga o primeiro apartamento. Comprou uma chave lá em Sapopemba, aí não sei o que deu, acho que ela não gostou do lugar, não sei o que aconteceu, não me recordo. Nós não ficamos em Sapopemba, e foi quando nós viemos parar aqui na Tiradentes. E era assim, uma situação complicada, quantas famílias não chegaram aqui desesperadas, falando que vieram parar no inferno. Porque aqui não tinha completamente nada, não tinha escola. As escolas eram tudo improvisadas, entendeu. Não tinha lugar onde comprar pão, as peruas é que vinham trazer. Não tinha Posto de Saúde, não tinha mercado, os que tinham eram distantes, mercadinhos, mercearia, entendeu? As favelas, algumas favelas foram desativadas. E esse povo que morava nas favelas *vieram* morar para cá, muitos buscando uma nova vida. Muita gente veio como a minha mãe veio, em busca de dignidade para os filhos. Do sonho da casa própria, entende, de poder trabalhar, de poder construir alguma coisa, e a grande maioria veio, né, na intenção" (Homem Negro, 30 anos, Cidade Tiradentes).

O planejamento da Cidade Tiradentes com a construção de casas e apartamentos para a população de baixa renda, não foi pensado e organizado em sua integralidade: o ambiente construído e todas as necessidades sociais, culturais e políticas para desenvolver o espaço, a sociabilidade e a humanização, as ideías não foram escritas e materializadas na realidade social.

A Cidade Tiradentes foi construída por intermédio do poder público, mas foi uma construção parcial e inacabada, os direitos sociais foram sendo implantados à força por meio da organização dos movimentos sociais. As lutas sociais foram e são construídas em meio às deficiências do Estado, com o avanço da violência, desemprego e da marginalização.

A geografia social da Brasilândia e do Jardim Ângela, não recebeu a intervenção promovida pelo Estado com a produção da habitação. O papel do Estado nestes dois distritos, correspondeu às ações da população que promoveu o conflito social em razão do quadro deficitário de serviços e equipamentos de saúde, educação e transporte.

O ambiente construído é imprescindível para a cidade, para o centro e para as periferias. No mesmo sentido, é exclusivo para a vida e sobrevivência das classes sociais.

A segregação residencial nos distritos da Brasilândia, Cidade Tiradentes e Jardim Ângela, deve-se ao quadro socioeconômico da população que recebe os menores rendimentos e a qualidade da escolaridade. Os poucos recursos não são suficientes para as necessidades imediatas, como a habitação. Mesmo nos extremos das periferias, as diferenças entre brancos e negros persistem e este resultado se acumula no amplo significado das desigualdades e da segregação racial.

> "Lá na Bela Vista tinha carência! Tinha. Mas a gente se misturava. Era escola pública, mas a gente se misturava com muita gente que tinha dinheiro. Então, apesar de as pessoas terem dinheiro, o ensino público era melhor do que é hoje. Então se misturava. Então, de repente, o meu amiguinho era burguês, está entendendo. E a gente na mesma sala, a gente estudando junto e a gente crescendo e *pá*. Agora, aqui não, aqui era uma camada só, então não adianta, você cresce um pouquinho, alguém para te servir de referencial, você olhava de um lado para o outro, o seu referencial era a malandragem, você está entendendo. É como que diz uma letra aí, era um coração periférico por metro quadrado mesmo. Os berços, vários berços de miséria, várias famílias aí com profunda, entendeu. Gente. Irmão que tinha perdido irmão, que havia sido acusado de várias formas, de violência na infância, era um desespero muito grande. Mas aí a gente teve que se adaptar a essa realidade deste lugar, essa realidade isolada, discriminada, essa realidade segregada, vítima do preconceito social, racial, cultural, intelectual enfim, simplesmente a gente teve que aceitar o fato que a sociedade tinha para nós, como habitação e suas (...) e a gente era considerado escória, teve que aceitar e viver, entendeu!""(Homem Negro, 30 anos, Cidade Tiradentes) (OLIVEIRA, 2008).

A realidade da segregação na Cidade Tiradentes tem múltiplas faces; racial, social, cultural, enfim, é um espaço de desigualdades e de exclusão.

Telles (2004) analisa a segregação racial no Brasil, segundo suas observações, aqui é moderada e, nos Estados Unidos é severa.

Ao contrário de Telles (2004), a segregação racial em São Paulo não pode ser medida e denominada de forma moderada. Neste trabalho, as observações estão norteadas para a análise dos usos e funções do território tendo como foco a categoria cor/raça, em particular, a população negra no decorrer histórico do século XX e nos dias de hoje.

A segregação institucional (SILVA JUNIOR, 2002), por intermédio do Estado, vem consolidando a homogeneidade social e racial na Cidade Tiradentes. Conforme Silva Junior (2002), o impacto resultou na aglomeração de negros e pobres no território da periferia paulistana.

Marcuse (2004) vai por outro caminho, mas também evidencia que o Estado é um dos responsáveis pelo processo de separação e sedimentação das desigualdades. A construção de conjuntos habitacionais com a intenção de atender apenas um segmento sem ligação ou conexão com as necessidades básicas, como o ambiente construído, tem como efeito "condenar" negros e pobres nos territórios da pobreza, exclusão e da vulnerabilidade.

> "Eu amo este lugar... Eu sei que vou mudar daqui, daqui há seis meses, daqui há um ano, não sei quanto tempo, porque eu vou morar no Parque Europa e lá é área residencial mesmo, só tem mansões e foi a maior briga para a gente ganhar da prefeitura. Por quê? Fica deste lado aqui. Mais para o lado da represa Guarapiranga. Quem mora ali, nas mansões, não queria favela e por a favela lá por que, para eles é favela. São seiscentas famílias, quatro condomínios, são dezessete prédios. Então vai ser um trabalho *ardoso*, porque vai ter que reeducar as pessoas que moram em casa térrea e vão para apartamento sem barulho, com regras. Por isso que é um trabalho de conscientização e socialização, com assistência social para conscientizar" (Mulher Negra, 38 anos, Jardim Ângela) (OLIVEIRA, 2008).

Não há lei que proíba a convivência nos mesmos espaços de moradia entre brancos e negros no Brasil. Não há, não se escreveu e não se legalizou nenhuma legislação impondo a separação social e racial. Um breve olhar na cidade de São Paulo confirma que, no cotidiano, configura-se um retrato da legislação social que separa brancos e negros mediante a posição social, a escolaridade e a renda.

A localização do mutirão, segundo a interlocutora, localiza-se próximo de uma área nobre no extremo da periferia. Setores da sociedade fingem não saber que também há áreas nobres construídas em áreas de mananciais. Essas construções não sofrem as mesmas pressões e incômodos, como acontece geralmente com os setores populares. Conforme a Constituição Brasileira, a lei é válida para todos, porque todos têm os mesmos direitos. Vendo a realidade, engana-se quem se recusa a acreditar: a lei, para os setores populares é mais severa e punitiva.

Segundo a interlocutora acima, o conjunto habitacional em construção localiza-se no "Jardim Europa", é como se fosse um pedaço que não pertence ao extremo sul da periferia ou um lugar independente do entorno, que se auto-proclama o "primeiro mundo", fora do seu território. O conjunto de residências das classes populares está próximo do território formado de casas de médio e alto padrão, o que os separam são as fronteiras, físicas e simbólicas. As fronteiras simbólicas são as percepções, o imaginário e o estigma, sobretudo o estigma, que é produzido por setores da sociedade, os meios de comunicação, o mercado capitalista da terra e da habitação, com o objetivo de rebaixar, desmerecer e rotular um grau de inferioridade ao outro.

> "A Cidade Tiradentes, eu já tinha sonhado com esse lugar antes de vir morar aqui. Eu falo que foi um lugar abençoado por Deus. Porque nós todos, a família Silva, veio pra cá. Minhas irmãs, a minha mãe também, perto da minha irmã mais velha. Primeiro, foi sorteada a minha irmã mais nova, a Emília. Depois a Neli, depois eu, depois a Efigênia, e por último, o Bi. Nós trouxemos o mais velho pra cá. Ele não fez a inscrição. Surgiu uma casa, mas não gostou, ficou só dois anos, voltou para São Miguel de novo. Mas todos nós, a nossa família foi criada aqui, tanto a Emília, a Efigênia, a Neli, e o Bi, e a do Carlos também, meu irmão, que faleceu dois anos depois que a gente mudou pra cá. Ele morava ali, perto do terminal novo. Nós viemos pra cá, a família toda" (Mulher Negra, 55 anos, Cidade Tiradentes) (OLIVEIRA, 2008) .
> "A maioria mora tudo aqui na Zona Norte, nós só temos, hoje, por parte de minha irmã no Jardim Ângela, que mora na Zona Sul. O resto, tudo mora aqui na Zona Norte, dos oito filhos. Um faleceu em 1971, o restante *estão* todos vivos" (Homem Negro, 50 anos, Brasilândia) (OLIVEIRA, 2008).

Faces diversas foram compostas para retratar os territórios negros, como por exemplo, a questão da legislação urbanística, que ora separa os lugares da pobreza, ora os da riqueza, com a intenção de preservar os lugares de prestígio socioeconômico e impedir a mistura social e racial.

Rolnik (1989; 1998) evidencia que os núcleos negros do começo do século XX, partilhavam os mesmos ambientes em razão da história comum, a base cultural e identitária; organizações sociais e culturais do universo do samba, da religião de matriz africana e da união dos laços familiares.

Conforme a interlocuora da Cidade Tiradentes, a territorialização do núcleo negro familiar está ligada a múltiplos fatores: a casa própria, a necessidade econômica para sair do aluguel, os laços afetivos e culturais que se constituíram no decorrer histórico da família, o desenvolvimento e a entrada de novos membros na família.

> "A minha família tinha Congada de Reis, aquela festa de final de semana, e a cada domingo era na casa de um tio. Então a gente se encontrava todo final de semana. Minha tia me tratava como uma boneca, no final de semana, porque durante a semana só eu sabia o que eu passava, então em todo o final de semana, só eu que sabia. Aí, todo final de semana a gente se via, em cada final de semana. Meu pai era o capitão da congada e meu tio também, e cada um tinha uma função na congada. E aí, com a dificuldade de ir pra casa, minha mãe achava que eu estava bem, ela sempre trabalhando" (Mulher Negra, 55 anos, Cidade Tiradentes) (OLIVEIRA, 2008).

A herança cultural, conforme a nossa interlocutora, mesmo não sendo mais praticada pelos descendentes, permanece nos traços da memória familiar. Hoje, a família da interlocutora é composta de quatro filhos e seis netos. Três filhos já constituíram família e todos estão ali, um ajudando o outro, residindo na Cidade Tiradentes. Após décadas de experiências na periferia paulistana, os interlocutores retratam os territórios vividos com outros sentimentos, que se diferenciam das imagens e sensações dos primeiros dias, meses e anos nos limites da urbe de São Paulo.

Bachelard (2003) dedica-se a compreender o valor sentimental que o ser humano deposita nos espaços vividos. O espaço, como a casa, o bairro, a rua, a praça, o universo histórico e subjetivo, vai se compondo como parte da identidade dos atores sociais. Abaixo, registro a memória coletiva do espaço poético, a constante composição das bases históricas e subjetivas em torno dos espaços vividos.

> "Então você vê, nós mudamos pra cá, com essa casa, essa parte era cozinha, aqui, quarto e sala, e o banheiro, só isso aqui. Mas pra nós, isto aqui era muito grande, porque era nosso, era uma casa financiada pela Cohab mas era nosso, o seu nome está lá. É uma coisa sua, você adquiriu e é uma propriedade sua, sim, um dia vai ser sua, então esse é o nosso cantinho de Deus, tanto as vizinhas, os parentes, os filhos também todos quiseram comprar casas, apartamentos aqui e moram todos na redondeza, a mãe fica no meio e os filhos todos em volta (risos)" (Mulher Negra, 55 anos, Cidade Tiradentes) (OLIVEIRA, 2008).

> "São vinte e um anos, quase vinte e dois de COHAB, né. A Cidade Tiradentes hoje, para mim, é minha terra prometida, ta ligado. É o lugar onde me acolheu, que me recebeu, que me amparou. Diante de todas as dificuldades, o que ela pode me proporcionar. A título de benfeitoria, ela me proporcionou. Entendeu, foram pouquíssimas as oportunidade, mas as poucas oportunidades que surgiram não foram negadas, existiram muitas pessoas que lutaram para conquista social e cultural nesse lugar, pessoas que assumiram papel político e posicionamento político para a melhoria dessa gente dessa comunidade carente. A Tiradentes hoje, para mim, é minha fortaleza, ela é meu refúgio, está entendendo, que eu conheço muita gente e muita gente me conhece, que eu vou e volto e posso, assim, explorar meu direito de ir e vir dentro dela. E aos trinta anos de idade, por ter passado por tantas coisas que eu já passei, hoje eu passo, sei quem é, quem não é, consigo discernir as pessoas, e dentro dela encontro paz. Se amanha eu tiver uma esposa e conseguir um apartamento ou uma casa dentro da Tiradentes, com um carro e poder proporcionar um estudo particular mesmo dentro da Tiradentes para o meu filho, eu tô feliz, mano, está entendendo. Eu queria e quero batalhar pela melhora, pelo desenvolvimento social, cultural e educacional dessa região porque as minhas raízes estão aqui. E é aqui que eu vou florescer, é aqui que eu vou dar frutos. Se essa for a vontade de Deus, só saio daqui se ele me remover. Cada dia amo mais este lugar, porque do jeito dele, este lugar me amou" (Homem Negro, 30 anos, Cidade Tiradentes) (OLIVEIRA, 2008).
>
> "Mas o Ângela, eu amo o Ângela. Se eu tivesse condição de comprar uma casa aqui, eu compraria aqui. E a questão de violência eu não tenho o que reclamar do Ângela. Eu chego tarde da faculdade, nunca fui abordada, nunca fui seguida. Já acordei cedinho para ir lá para Liberdade, naquele Centro de Solidariedade atrás de trabalho, nunca tive problema. Se correu atrás, se tem tarado, se tem bandido, se roubou relógio, graças a Deus, eu nunca tive. Pode ter ocorrido com outras pessoas, estou falando por mim" (Mulher Negra, 38 anos, Jardim Ângela) (OLIVEIRA, 2008).

Atualmente, mesmo nos limites da periferia, adquirir a casa própria tem se tornado cada vez mais difícil. Segundo as circunstâncias apontadas pela interlocutora do Jardim Ângela, a casa própria na periferia, só se torna viável em regiões mais distantes e nos últimos lugares do território.

Conforme a história territorial e identitária, a memória coletiva dos interlocutores faz um profundo mergulho diante das relações construídas no lugar. A reciprocidade realiza-se entre lugar e morador ou morador e lugar. O território, a identidade e a história, dialeticamente se entrelaçam em permanente construção política e ideológica com suas referências na cidade (DI MÉO, 2007).

A partir das contribuições da geografia social, da sociologia e da antropologia, organizei referências importantes sobre as noções de espaço e lugar. Na cidade de São Paulo, observo múltiplas identidades, como os distritos da Brasilândia, Cidade Tiradentes e o Jardim Ângela, atribuindo uma identidade local: a história de uma territorialização e a territorialização de uma história (DI MÉO, 2007).

Território negro e segregação racial se imbricam no processo interno e externo da produção da moradia. O primeiro, através das insígnias culturais, sociais e políticas. Gradativamente, demarca os lugares dos atores sociais que vivem a habitação e o entorno, juntamente com seus pares, compartilhando o lugar com os moradores do pedaço. O segundo, produz e reproduz cenários de desigualdades de classe social e raça.

Até o momento, analisei o território e a segregação do ponto de vista ocupacional e residencial. Além da produção material, os habitantes que vivem a cidade e o lugar, vivem historicamente de forma subjetiva e identitária os lugares de pertencimento.

O interior da habitação e do ambiente construído é permeado pelas lembranças da infância, da juventude, do casamento, dos lugares que marcaram profundamente a memória individual e coletiva.

Para os interlocutores da Cidade Tiradentes, Brasilândia e Jardim Ângela, a produção do interior está intimamente relacionado à família, ao trabalho, as brincadeiras de infância, as dificuldades decorrentes do poder aquisitivo e ao lugar. A subjetividade do lugar de moradia é, em geral, intermediada no amplo movimento do homem na transformação do espaço e do processo relacional do homem com o meio (SANTOS, 1993).

De acordo com as palavras do interlocutor acima, a terra é o território de vida e de transformação social. É na e para a terra que os interlocutores reforçam o enraizamento social, projetando a memória coletiva do passado, do presente e as perspectivas futuras.

> "É aqui do lado. Não tem como dizer que não gosto do bairro, eu gosto. Eu criei meus filhos todos aqui. Que nem falei para as meninas, eu não vou falar do lugar (Falar mal) né, criei meus filhos, criei minha família, é bom o Nakamura, eu não tenho o que falar daqui, não" (Mulher Negraa, 66 anos, Jardim Ângela) (OLIVEIRA, 2008).
>
> "Eu acho que a gente tem... Os antigos do bairro, eles sabem que têm muito a agradecer ao pessoal que lutou, por muita coisa que está acontecendo hoje, aqui. Tem muita coisa para mudar, tem muita coisa ainda para ir para frente. Mas hoje

> nós temos creche, temos as escolas, temos uma, duas, três, quatro escolas próximas. Só nessa região nós temos já temos quatro escolas, nós temos este clube da turma, que não tinha, temos a nossa sede que tem trabalhos sociais ali também, as igrejas que nós também não podemos esquecer a participação delas. E está aí o desenvolvimento. É uma região que eu acho que eles vão chegar e vai sair da estatística que o Ângela é um lugar de alta periculosidade, que aqui as pessoas vêm e dificilmente saem (Risos). Hoje eu vejo muitos jovens estudando faculdade, coisas que a gente não via antes. Como era difícil falar com alguém que estava em uma faculdade, você chegar e falar: 'Nossa você esta fazendo faculdade'. Nossa! E hoje já está mais acessível para os pobres. Então tem desenvolvimento. Eu acho que aqui, lentamente, houve e está havendo e está em constante transformação, este lugar" (Mulher Negra, 30 anos, Jardim Ângela) (OLIVEIRA, 2008).

A política no e do espaço (LEFEBVRE, 2000) é fundamental para todos os estratos sociais. Nas periferias de São Paulo, a ação subjetiva e a política determinam as mudanças socioeconômicas e espaciais.

Na Cidade Tiradentes, o padrão básico da produção social do espaço está a cargo, inicalmente, do Estado, com a construção da habitação e das necessidades.

Marcuse (2004) enumera diversos atores que produzem o espaço da cidade. Dentre eles, destaca que o capital privado também é responsável direto e indireto pelas transformações sociais das cidades contemporâneas. As periferias não se ausentam desse tipo de intervenção. O capitalismo introduz no mercado, produtos de consumo para todos os segmentos sociais, mediante os interesses em jogo.

Na sociedade contemporânea, as cidades, as periferias e os habitantes do lugar precisam pagar para adquirir os bens necessários para o seu consumo. Esse processo de compra e venda também se realiza mediante os desejos e necessidades criados pela cultura do capital e pelos anseios das classes sociais.

A compra e venda da habitação é um desses traços dos desejos, que conferem aos significados e significantes das classes sociais que habitam as periferias paulistanas. Os interlocutores, habitantes da autoconstrução, das casas e prédios da Cohab, das favelas contemporâneas e dos mutirões, procuram satisfazer e produzir o interior em torno do espaço de viver e de morar.

Até o final dos anos de 1980, o sonho da casa própria para as classes populares se conretizou com a autoconstrução nas periferias distantes. A tarefa de adquirir a casa própria tornou-se mais difícil. As possibilidades se tornaram viáveis a partir das políticas de financiamento da habitação adotada pela Caixa Econômica Federal, dos órgãos estaduais e municipais que promovem a habitação popular. Na Cidade Tiradentes, considerado o maior núcleo habitacional de São Paulo e do Brasil, a compra e venda da habitação produz e transmite a realização do sonho da casa própria.

> "São vinte e cinco anos para pagar aqui, já tem 14 anos. A Cohab, quando surgiu, surgiu para a baixa renda e aí, depois, como que pode ser para baixa renda? Na época, eu trabalhava como motorista e não ganhava pouco de salário, mas ela estava pedindo mais. A mesma coisa que eles estão construindo esses prédios dentro da Cohab, eles estão exigindo dois mil reais. Se você fizer a conta, qualquer financiamento que você faz, você tem que ganhar três vezes o valor da prestação, então um terço de dois mil reais dá quanto? São 650 reais. Então você acha que uma pessoa, aqui na Cohab, vai pagar R$ 650,00 de prestação. Esse prédio meu é o prédio mais próximo da saída da Cohab, e lá no fundão, é uma coisa que não tem lógica" (Homem Negro, 46 anos, Cidade Tiradentes) (OLIVEIRA, 2008).

Nos distritos da Brasilândia, Cidade Tiradentes e Jardim Ângela, as famílias negras e brancas iniciaram suas experiências frente às realidades do local: o estigma de bairro pobre, marginal e gueto, da ausência de equipamentos públicos, sociais e urbanísticos e da difícil relação entre os locais de trabalhar e morar.

Na periferia paulistana, majoritariamente, entrevistei homens e mulheres negras pertencentes ao proletariado. Em geral, as famílias negras que entrevistei são, na grande maioria, naturais do proletariado. Dentre os entrevistados, alguns conseguiram superar o lugar de negro que lhes fora imposto, diante da historia de vida e das conquistas, a decisão por permanecer no terriório não se limita a um sentimento individual. O território negro tem a dimensão política, o poder político foi e é determinante para que eles continuassem no espaço em que foram acolhidos e onde se desenvolveram. As vitorias diante das superações e conquistas são resultados de forças coletivas, de intervenções oriundas da família, do movimento social, do apoio e da dediação aos estudos, ou seja, a territorliade é resultado de trabalho social de inúmeros atores, homens e mulhers negras, sobretudo as mulheres negras, diante do cotidiano da família, do cuidado dos filhos, do quadro material e subjetivo da habitação, do entorno e do ambiente construído.

A mulher negra esteve e está à frente do território, por meio de reflexões e ações para manter as forças, energias e as bases que sustentam o território. Àqueles que se desenvolveram com a mobilidade educacional, hoje, são importantes para o grupo interno, a família, a comunidade e o universo do bairro. A conquista é extensiva para as pessoas que pertencem ao território. Ali, no cotidiano do território, as conquistas, lutas e empreendimentos serão percebidos, observados e refletidos para os seus pares e semelhantes.

> "A nossa história é uma história simples, de operário. Meu pai começou a construir aqui, eram dois cômodos, não era aqui, era nos fundos. Depois ele resolveu construir aqui, ele construiu três cômodos, acho que nós ficamos nesses três cômodos dez anos. E quando nós começamos a ficar mais independentes, depois começamos a mudar algumas coisas; acabamentos, quartos e foi indo. Pelo tempo que nós estamos aqui, nós construímos tudo aos poucos. Chegamos aonde estamos, uma história assim muito difícil porque o serviço público, ele não acompanha o serviço das empresas, o salário é mesmo para a pessoa sobreviver. Para o meu pai foi muito difícil, só ele trabalhando, pagando o terreno, e não fazia outra coisa. Foi através de muito sacrifício, hoje talvez, parece um pouco difícil uma pessoa fazer isso" (Mulher Negra, 54 anos, Brasilândia) (OLIVEIRA, 2008).
>
> "Uma das pessoas que eu até fiquei sabendo, ela é daqui da Cidade Tiradentes, talvez sua pesquisa, você não vai sair daqui tão cedo se você quiser entrevista-la, é a Deise Camargo. A mãe dela conseguiu escapar desse estigma, a mãe dela foi, se não me falha a memória, foi estilista, uma coisa assim. Mas a maioria da minha família, que eu conheço, da minha família toda, tanto materna como paterna, teve essa mesma trajetória: empregada doméstica, meu pai era pintor e pedreiro, meu avô, por parte de mãe, que chegou a trabalhar, acho que ele foi motorista. João Francisco de Camargo, eu sei que ele era funcionário público, eu não lembro qual secretaria que ele trabalhava. Inclusive, minha tia que recebe a pensão. Aí, posteriormente, começou a escapar um pouco desse estigma, por parte de pai, foram os meus tios mais velhos, o tio Walter, que trabalha na prefeitura, tio Dunga e um primo chamado Maurício. São os funcionários públicos da família que eu conheço. Os demais, ou está vivendo de bico, ou operário braçal" (Homem Negro, 50 anos, Cidade Tiradentes) (OLIVEIRA, 2008).
>
> "A gente fazia daquele, às vezes meu irmão conseguia com colega rolemã, e fazia carrinho de roleimã. É, ficava toda desolada, porque eu brincava com ele, só não com os meninos, não tinha muita brincadeira. Então é coisa que eu não gosto de recordar da minha infância, porque eu não tive assim, coisa que marcou. Com nove anos, minha mãe começou a trabalhar. Aí eu tive que cuidar dos meus irmãos, eu tinha que

> buscar água na mina, porque o poço deu pedra, não tinha água. Então dava uma distância assim, de quinhentos metros, mais ou menos, com lata d'água na cabeça. Tinha que fazer fogão de lenha para esquentar a água, para dar banho nos meus irmãos. E tivemos muita dificuldade financeira também, de faltar as coisas, sabe, o básico para se alimentar. Minha mãe saía de manhã para trabalhar e deixava a quantia exata para nós comermos e dar para os meus irmãos. E grávida, com um barrigão, trabalhava até nos dias de ter neném. E antes de terminar a dieta de quarenta dias, ela já retomava ao trabalho porque precisava trabalhar sabe" (Mulher Negra, 38 anos, Jardim Ângela) (OLIVEIRA, 2008).

As famílias negras narram uma história comum: o trabalho braçal e de pouco remuneração. As mulheres negras, as mais velhas ou suas mães e avós, todas passaram pela experiência do trabalho doméstico. Durante décadas o exercício de doméstica, cozinheira e faxineira predominou e passou de mãe para filha. O homem negro, os velhos, deixaram registrado que o mundo do trabalho começou cedo e pleno de exigências físicas para a realização do trabalho. Dentre os grupos de mulheres negras, o início da vida profissional sempre foi exercido em meio às funções de doméstica, faxineira e cozinheira. Dentre as depoentes, uma interlocutora que foge à regra, uma exceção do universo de mulheres negras das periferias de São Paulo.

> "Vou falar uma coisa para você: nunca uma negra comprou de mim. Não que eu não quisesse vender, ela me via vendendo. Eu era gentil quando eu ia numa casa e falava com a patroa, eu olhava para a empregada. Eu sabia que ela não podia e não ia. Mas eu nunca deixei passar batido isso, porque eu achava isso muito feio, nunca. Tô falando, eu nunca consegui uma amiga negra, meu Deus. Mas não que eu fugisse dela. Não aconteceu, entendeu" (Mulher Negra, 80 anos, Cidade Tiradentes) (OLIVEIRA, 2008).

A interlocutora acima trabalhou durante décadas em São Paulo, exercendo a função de modista. Foi como ela se referiu ao seu trabalho no dia da entrevista: "Sou modista, nunca fiz roupa para mulheres negras, sempre costurei para mulheres ricas e brancas". O trabalho exercido pela depoente não foi a atividade de costureira, porque em todos os momentos, a direção, a autonomia, a organização e a independência sempre esteve a cargo da interlocutora e ela, em poucas oportunidades, precisou vender sua força de trabalho para uma empresa de costura.

A postura de autonomia e independência também foi exercida à frente da família. Durante o casamento e após a separação do marido, a criação, cuidado, desenvolvimento e proteção da filha sempre esteve a cargo dela. Faces desse empenho e do legado da mulher negra se encontram em sua família. A filha, após completar quarenta anos de idade, foi aprovada no vestibular da Unifesp, passados cinco anos concluiu o curo de Gestão em Saúde Pública. As netas da inerlocutora, a primeira concluiu o curso superior em Propaganda e Marketing, a segunda concluiu a graduação em jornalismo. A interlocutora, a filha e as duas netas vivem as experiências das gerações no mesmo ambiente social na Cidade Tiradentes. Essa família negra é uma exceção frente às diversas entrevistas que realizei com homens e mulheres negras. A interlocutora é de origem proletária, porém, durante o percurso social e econômico, o histórico de lutas, investimentos e superações foram e são importantes para a conquista de lugares e posições sociais na sociedade regida cotidianamente pelo mito da igualdade social e racial.

As famílias negras paulistanas, moradoras das regiões leste, oeste, norte e sul, ocuparam as primeiras periferias dos anos de 1940 até o final do século XX. Todas conviveram e acompanharam os percursos sociais, geográficos e políticos da periferização, das ruas e estradas de barro, da falta de transporte coletivo e a dupla dificuldade do deslocamento casa e trabalho.

Alguns aspectos internos à família negra, como a questão de gênero, são particulares e de extrema importância para os estudos sobre a questão racial. Bernardo (1998; 2003), em estudos sobre gênero e raça na vida social e religiosa da cidade de São Paulo, contextualiza que a mulher negra é o carro chefe, o pilar de todas as realizações da família negra. Estar à frente como chefe de família tem, historicamente, repercutido em razão da independência social e econômica, do sucesso profissional, do mercado matrimonial e das experiências sociais.

O casamento inter-racial não é comum entre os segmentos de média e alta rendas, no caso das classes populares é uma pratica regualar com a relação de classe social e raça. Telles (2003) descreve que o encontro matrimonial e a proximidade social como relações inter-raciais horizontais, se constituem entre as mesmas classes sociais.

> "O encontro com o meu marido foi interessante. Porque a minha irmã mais nova, que era terrível. Ela marcava três, quatro encontros. E pedia para as outras irmãs afastar ela de alguns. Aí ela marcou um encontro com o meu marido e mais dois colegas do meu marido. Ela falou: 'Ah fica aí conversando com o Bira porque eu vou ali falar com o Batata'. Aí ficamos conversando, aí ela chegou : 'Ah vamos pro parquinho'. E eu sempre via ele ali com ela. Eu não era muito de conversar, eu era bem reservada. Então eu só observava as coisas, eu fiquei ali conversando com ele e nos convidou

> para ir ali no parquinho. Aí fomos no parquinho, acho que ele me achou mais interessante, mais ajuizada do que ela. Começamos a namorar desde daquele dia. Só que tem um porém, ele é branco. (...) e meu pai era racista, bem roxo. Bem roxo, racista roxo. Ele não admitia que a filha dele casasse com homem mais claro que ele, e ele era bem pretinho, aí começou a gerar o problema" (Mulher Negra, 50 anos, Cidade Tiradentes) (OLIVEIRA, 2008).

Não existem proibições legais quanto ao casamento entre brancos e negros, mas costuma acontecer, geralmente da parte da família branca, de não aceitar o casamento. Os laços matrimoniais provocam tratamentos inadequados para o par negro/branco. Esse comportamento não é exclusivo aos brancos. Conforme a inerlocutora, a opinião do pai foi contrária desde o primeiro encontro com o futuro genro. A oposição, da parte do negro, manifestou-se diante da possibilidade de inserção de uma pessoa branca na família. As primeiras reações que se manifestam internamente é o histórico cumulativo de racismo, discriminação e subordinação. Esse processo continuará permanente, pois a violência do racismo está em todos os lugares da sociedade, sobretudo nos corpos negros: nas praticas do Estado, escola, local de trabalho, meios de comunicação, espaços públicos e privados. O posicionamento do pai, conforme a história da depoente, deve-se aos múltiplos sentimentos e contextos do racismo e da discriminação. O pai, internamente, não manifesta o racismo como reação, são os mecanismos do sofrimento provocados pelo racismo e a discriminação que se manifestam pensando na proteção da filha e do grupo familiar.

> "Eu queria estudar, eu tinha um sonho de estudar, ter minha casa, ter meu carro... para trazer meu filho em uma estrutura. Mas ele: 'Porque você quer ser mocinha, porque você não quer ter filho, você não quer estragar o corpo, por que não sei o quê. Na verdade, não era isso, porque eu nunca fui vaidosa. Nunca fui uma mulher vaidosa. Hoje é que eu me cuido mais de arrumar cabelo, tirar sobrancelha, nunca tirei sobrancelha. Tirei sobrancelha porque você esta aí, fiz a unha. Fiz depois que eu me separei, tem dez anos que estou divorciada. E aí engravidei, parei de tomar pílula e engravidei. Tive a minha filha e hoje ela está com 13 anos. Quando ela estava com três, nos separamos por conta de traição. Ele aprontou e descobri, e não deu mais para ficar juntos. Quando eu descobri ele já tinha uma menininha de quatro meses com outra pessoa, usando aliança e tudo, e não tinha mais motivo para estarmos juntos. Então nós nos separamos a princípio, e depois de dois anos nos divorciamos. E tem dez

> anos que estou divorciada. Tive outros namorados, mas nada né, fiquei muito escaldada" (Mulher Negra, 38 anos, Jardim Ângela) (OLIVEIRA, 2008).
>
> "Mas ele, ele queria só curtir, a vida dele era só essa. Ele ficou neste embalo, então ele ficou só nessa, não caminhou, não avançou mais, entendeu. Então isso, para ele, também foi ruim, tanto que hoje dá pena. Não sei agora, porque faz muito tempo que eu não o vejo. Mas ele estava em uma situação muito precária. Por quê? Sabe ele perdeu o vínculo com os filhos. Ele não soube se relacionar com os filhos também, os filhos vieram mais para o meu lado. Eu procurei educar e proteger meus filhos e não deixar, e pelo menos ter uma visão da vida" (Mulher Negra, 49 anos, Cidade Tiradentes) (OLIVEIRA, 2008).
>
> "Nossa, eu tenho, tinha, mas não faz mais parte da família, uma cunhada que ela, nitidamente, não gosta de negros, não sabe como que a família deixou que entrasse no meio. E uma das conversas dela, assim... até então, meus filhos ficavam na casa dela, do tio né, que é mulher do irmão do meu ex-marido. E aí ela, doida para engravidar, ainda não tinha filhos, e ela falou nitidamente que, enquanto o filho dela não tivesse nascido, os meus filhos poderiam ficar lá, sobrinho e tudo, mas depois que o neném dela nascesse, ela não queria esse tipo de contato, sabe. Nossa, isso me machucou muito, eu sofri demais, e com ela... é uma pessoa estudada, uma pessoa que tem faculdade, ela fez isso. E não gosta, não acha legal. Meus filhos, eles são, chegam a ser mais escuros do que eu, cabelo bom, são lindos. E as pessoas ainda são... tanto da família: 'Nossa, mas eles são moreninhos, ai, não era para serem mais clarinhos'. É uma forma de racismo, poxa é parente, é da família, não era para ficar comparando porque que nasceu mais escuro, porque que nasceu mais claro. A ainda bem que tem cabelo liso. Poxa, ainda bem que tem saúde, ainda bem que é inteligente, vamos né. Eu, com essa minha pele. sofri demais, nossa. E a família inteira, família inteira. Uma das coisas também que fez meu casamento acabar foi isso, o racismo" (Mulher Negra, 30 anos, Jardim Ângela) (OLIVEIRA, 2008).

As mulheres negras que passaram por experiências matrimoniais, desfizeram suas relações, primeiramente, pela falta de acompanhamento dos seus pares, isto é, a busca de perspectivas melhores quanto à habitação, estudo para os filhos, mercado de trabalho e ocupação profissional. O sucesso social e matrimonial entre homens e mulheres negras não acontece por acaso, por questões ideológicas e políticas, realiza-se por objetivos comuns, como as perspectivas materiais, não-materiais e afetivas.

Outra questão de relevância é o racismo que habita os espaços familiares de um casamento inter-racial. Conforme as palavras da depoente do Jardim Ângela, a ex-cunhada assinalou abertamente que após o nascimento do filho, não admitiria o encontro e as relações com as crianças negras.

O casamento entre brancos e negros causa muitos distúrbios e conflitos (interna e externamente) às famílias, como a aceitação e visibilidade perante a sociedade. Mães e pais, brancos e negros, precisam lidar cotidianamente com graves situações que são alusivas, em nossa sociedade, como por exemplo, os meios de comunicação, a escola e os espaços públicos e privados, que produzem e reproduzem o ideal branco de beleza, conhecimento e poder (MOREIRA e SOBRINHO, 1994).

A descrição física e estética é um fato que expõe faces do racismo brasileiro. O racismo brasileiro atua no processo de formação da identidade do indivíduo. Corpo, cabelo e estética são valores que ora proporcionam a aceitação pelo negro de sua identidade e beleza e ora têm seus valores negados diante do racismo e dos padrões ideológicos do branqueamento.

O casamento no Brasil, de base inter-racial uniu brancos e negros do mesmo segmento econômico. O casamento inter-racial entre os segmentos médios e altos não são regulares em nossa sociedade. As uniões inter-raciais que acontecem fora do âmbito das classes populares, não são relações esporádicas, por exemplo, quando homens e mulheres negras ascendem do segmento social de origem, por meio da escolaridade, eles não encontram seus pares nos lugares em que passarem a viver, a razão de não encontrar seus pares deve-se aos reduzido número de homens e mulheres negras nos segmentos médio e alto. Fora deste contexto socioeconômico, exclusivo aos ambientes do esporte, futebol, meio artítico e cultural, homens e mulheres negras, sobretudo os homens, tendem a se relacionar e selar o matrimônio com mulheres brancas dos segmentos socioeconômico médio e alto.

Moreira e Sobrinho (1994), em trabalho sobre o matrimônio inter-racial, afirmam que a família branca é geralmente mais radical em não aceitar o relacionamento, sobretudo das classes média e alta. As faces do racismo e da discriminação são as atitudes pela não realização do encontro afetivo e amoroso.

A mulher negra está sobrerrepresentanda no mercado de trabalho e também se encontra, conforme a classificação salarial entre gênero e raça (IBGE e SEADE, 2000), no último degrau socioeconômico quanto aos ganhos socioeconômicos. A mulher negra recebe os menores rendimentos que homens brancos e negros e entre as mulheres brancas. No quadro relacional e matrimonial, a mulher negra não tem tido as mesmas oportunidades que os homens negros e as mulheres brancas.

> "Eu digo por mim, eu não tenho como analisar ao todo agora, porque a situação foi vivendo. Eu falo por mim. Quando eu digo essa questão de você se encontrar, estou no paraíso, achei os meus irmãos, tudo isso aconteceu muito. Mas em questão de você ser aceita, ter os amigos e ser aceita nas rodinhas, você dançava muito e a pretinha dançava muito, era muito bonita, mas, na hora de namorar eles, os caras preferiam as brancas, né. Até hoje, a gente fez um trabalho no dia da mulher, como foi na igreja. Teve um momento de fala e estava comentando que as coisas funcionam mais ou menos assim: na igreja, a gente costuma dizer que você espera o Senhor preparar a pessoa pra você. Então a mulher loura, ela espera o homem loiro, de olhos azuis. A mulher branca, ela espera o homem branco, aquele morenão. E a mulher preta, à espera do Senhor, porque a loiro casa com a branca, o branco casa com a branca, o negro casa com a branca e a mulher preta fica esperando. Não é questão que eu seja contra o relacionamento, eu não tenho nada contra, em hipótese alguma, mas a realidade é essa, a gente está ousando em falar um pouco da realidade da mulher negra, nesse sentido. Enquanto adolescente, a questão é essa. Uma ótima amiga, mas eu vou namorar com a sua amiga, que é um pouquinho mais clara. Principalmente eu, eu costumo dizer que sou o último tom, então eu sou a última a ser escolhida. Quanto mais clara, mais atenção você recebe. Mas não é culpa dos meninos, é culpa da mídia. Quer dizer, se você não trabalha, estava falando até em questão, a gente fez uma colocação assim: feche os olhos e visualize um anjo. Quantos visualizaram um anjo negro? Então, quer dizer, essa questão de preferir a loura ou a branca não é culpa de ninguém ou de uma coisa que nós vivemos na adolescência. Isto é culpa de uma cultura e de um sistema que a gente vive. Então dificultou para nós negras. Dificultou, não quer dizer que atrapalhou" (Mulher Negra, 35 anos, Cidade Tiradentes) (OLIVEIRA, 2008).

Nos distritos da Brasilândia, Cidade Tiradentes e Jardim Ângela, as mulheres negras que cresceram no local descrevem que os relacionamentos com seus pares negros têm se tornando constantemente difíceis. A decisão por ter ou não um parceiro do mesmo segmento étnico e racial não é ideológico. Nas conversas que estabeleci com os interlocutores, principalmente a geração mais nova a respeito do relacionamento amoroso e matrimonial, homens e mulheres negras, todos confirmaram a preferência por um parecido do mesmo grupo étnico racial.

O racismo brasileiro, nos espaços público e privado, divulga e propaga o ideal de beleza entre os gêneros e grupos raciais. Entre os casamentos inter-raciais, o homem negro tem maior tendência em se casar com uma mulher do grupo branco e as negras tem enfrentado os obstáculos no mercado relacional e matrimonial.

A linha de cor está em todos os ambientes; definindo os lugares no mercado de trabalho, a competição dos melhores cargos, os lugares de visibilidade social e econômica, no aprendizado escolar de nível fundamental, médio e superior e também nos relacionamentos amorosos (NOGUEIRA, 1998).

Na aceitação de homens e mulheres quanto à formalização do matrimônio, um deles sairá em vantagem social e economicamente. Hasenbalg (2005) descreve que o homem negro leva vantagens materiais e simbólicas com o casamento interrracial, podendo ascender econimicamente em lugares e posições que antes não lhe era possível.

> "Pra mim, essa questão é um pouco complicada na questão do sentimento e da etnia, No mínimo, a ideia que vai contar aí é a questão da consciência. No mínimo, ele tem que ter mesmo o lugar, independente da pele, porque se não tiver mesmo, não dá certo. É complicado você desenvolver o sentimento se a pessoa não tem a mesma consciência que você. Por experiência mesmo, é uma coisa que não dá certo, eu já tentei isso e não rolou, não rolou. Por um tempo eu pensei; não, agora tem que ser negão, e tal, mas do jeito que a coisa está difícil" (risos) (Mulher Negra, 28 anos, Cidade Tiradentes).

Nos territórios negros, os encontros que resultam em relacionamentos, namoros e matrimônios, aconteceram nos lugares do não-racismo; em instituições sociais e culturais, escolas de samba, festas e bailes de âmbito familiar e cultural. Foi assim no passado da Imprensa Negra com a promoção de encontros recreativos, festivos, piqueniques, nos lugares de entretenimento e produção de identidade. Nos territórios negros dos distritos da Brasilândia, Cidade Tiradentes e Jardim Ângela, os jovens negros se relacionam através dos espaços sociais e da cultura hip-hop, do espaço religioso e da escola. Os jovens negros e pobres se relacionam nos lugares em que mais vivem, desde o espaço da família, do bairro e das instituições sociais negras. Conforme as palavras da depoente acima, a vida relacional, amorosa e matrimonial não é orientada pela escolha do parceiro pertencente ao mesmo segmento étnico racial.

> "Verdade, meu príncipe encantado tem que ter dez categorias, dez coisas que o cara precisa ter. Aí você vai vendo que vai ficando difícil. Aí você vai tirando um, vai tirando dois, vai tirando três, vamos ver o que a gente pode consertar aí,

> está difícil. É como você falou, quatro mulheres para um homem, e às vezes esse um homem não tem nada na cabeça, então não dá. E a mulher fez todo um investimento, ela trabalhou, estudou, fez faculdade, não é fácil você pagar e suar. Mesmo sendo solteira, tem responsabilidade em casa e, de repente, aparece um príncipe encantado que não entende nada o que está acontecendo, não dá, é melhor deixar pra lá. Uma das coisas que nós estávamos comentando, no dia da Mulher nós fizemos um pequeno debate, e uma das dificuldades da mulher é esta. Vamos supor, eu não tenho preconceito, te sobra o branco, ele não é empresário eu tenho certeza. O branco da negra, ele não é empresário eu tenho certeza, ele não é bem sucedido, ele não tem quatro ou cinco diplomas, o salário dele não tem quatro dígitos, não tem quatro dígitos. Então, quer dizer, é você ter que abrir mão de muita coisa e quando você der uma sorte, quer dizer, coisa que você mesmo viu. Eu pego muito o exemplo dessa minha amiga, porque ela fala: 'Lene, eu trabalho, estou sofrendo'. Ela trabalha durante toda a semana, ela faz faculdade de sábado, ela já fez Biologia, tem o carrinho dela lá, não é 2006, é 2000. Você entendeu? Ela fala: "Se eu for arrumar um namorado, o que eu faço? Vou dar o carro na mão dele, eu vou sair de ônibus? Ou dou o meu carro para ele dirigir? Ou ele vai no lugar do passageiro. Parece simples, mas a mulher entra em conflito com tudo isso, ela entra em conflito, às vezes é melhor você não ter nada. Porque, pra você encontrar uma pessoa que fala 'Não, a gente vai batalhar e a gente vai conseguir'. Aí que está difícil, uma pessoa que vá, 'então vamos embora que a gente vai conseguir', Isso aí está impossível, muito e muito difícil" (Mulher Negra, 35 anos, Cidade Tiradentes) (OLIVEIRA, 2008).

O sucesso profissional da mulher negra, gradativamente proporciona o distanciamento entre os pares e, em consequência, a posição social, os lugares públicos e privados (SILVA, 1999). O homem negro, de elevado nível socioeconômico e educacional, é raro no mercado matrimonial. Os poucos que se encontram, quando não se posicionam pela questão amorosa e ideológica, tendem a embranquecer na escolha do seu par relacional, amoroso e afetivo (MOREIRA s SOBRINHO, 1994).

A geração mais nova de homens negros dos distritos da Brasilândia, Cidade Tiradentes e Jardim Ângela, relacionam-se com seus pares negros através de experiências sociais e identitárias; provenientes dos espaços do não racismo, como as festas, bailes, escola, reuniões familiares e entrenimento.

> "Você falou uma coisa tão importante, que é assim, eu discuto muito assim, eu não tenho problemas, eu falo em qualquer entrevista, a minha preferência é a mulher negra. Não tenho olhar para outra, mesmo porque a sociedade brasileira exclui a mulher negra e o homem negro. Quando se fala em padrão de beleza, nenhuma pesquisa sai o homem negro, a não ser quando está no nível internacional, Denzel Washington, Wesley Snipes, com exceção daquela que tem um perfil que está puxando o padrão branco, a mulata como um objeto mesmo. Na questão disso eu concordo. As mulheres são bastante depreciadas por serem mulheres negras, numa relação entre homens e mulheres. É uma coisa que a gente sabe que é impulsionada pela mídia e pela falta de estrutura e mesmo porque a gente não aprendeu a gostar da gente mesmo como se deve, mesmo porque tem um olhar diferenciado. Enquanto a gente tiver um padrão branco de beleza, nós vamos achar que as loiras, as brancas são as mulheres mais bonitas do mundo. E o mesmo ocorre com as mulheres, vão achar que o Brad Pit, o Kaká, o Gustavo Nery são os homens mais bonitos, então nós estamos ferrados. Até mesmo em algumas manifestações públicas, eu vejo que as meninas negras e os rapazes também, eles têm essa questão de olhar o valor e o ideal de beleza padrão é o branco. Eu acho isto muito complicado. Enquanto a gente não perceber que nós temos as diferenças, eu acho muito louco os lábios grossos que a Luiza tem, o nariz maior, tudo da hora, sabe aquele rosto, aquela pele, tudo isso me deixa doido, eu gosto da mulher negra, pra mim é tudo" (Homem Negro, 34 anos, Cidade Tiradentes) (OLIVEIRA, 2008).

No mercado matrimonial, ambos são rejeitados, homens e mulheres negras. A mulher negra, entre os gêneros e grupos étnico racial é a última a ser escolhida no mercado matrimonial. O interlocutor da Cidade Tiradentes, formado em pedagogia e militante do movimento social negro, é o típico homem que defende o matrimônio com a pessoa do mesmo grupo, levando em consideração a escolha amorosa, afetiva e ideológica.

A identidade constitui-se em torno de valores históricos, políticos, étnicos, religiosos e ideológicos presentes no mesmo plano geográfico e territorial. A identidade se produz na inter-relação; gênero, raça etnia, matrimônio, grupo cultural e religião. Enfim, de forma dialética, o ser humano troca, doa e recebe de seus semelhantes as referências de identificação social (MUNANGA, 2003).

Os jovens com quem conversei articulam faces das identidades que estão constantemente em construção no cenário da cidade. A identidade-metamorfose-emancipação é trabalho em movimento, a qual está presente nos territórios negros, nas espacialidades, nas fronteiras e nos espaços públicos. A escolha de homens e mulheres negras para a realização do matrimônio é, em principio, a experiência relacional, os sentimentos e a concretização do matrimônio (CIAMPA, 2006).

> "Ah parceiro, é o seguinte, o Leroy gosta de negra, tá ligado? Do chamego, do tempero, do embolado, da meiguice, da pele e tal. Acho que toda expressão da mulher negra é maravilhosa e sensual e sedutora. E eu sempre falei que branca não desperta meu ego, não vira, tá ligado. As minas não têm sal, não têm açúcar, não têm graça, é esquisito pra caramba, e é assim. Eu cheguei até a me sentir atraído e até me apaixonei por uma pessoa branca, uma mulher branca e tal, que era muito gente fina, e é assim caráter não tem cor e nem espiritualidade. Entendeu! Em Cristo, Jesus isto não pesa tanto, mas existem gostos que *é prioritário* e acaba sendo, né. E, por incrível que pareça, essa moça que tem aparecido e trocado ideia é ... inclusive, sempre falei: 'Quero uma negra, e tal', e o pessoal: 'Você vai casar com branca'. Eu falei: 'Não roga praga que sou crente, isso não pega" (Homem Negro, 30 anos, Cidade Tiradentes) (OLIVEIRA, 2008).

O interlocutor está correto em sua afirmação: a escolha do parceiro relacional, afetivo e amoroso não tem cor, raça, classe social, posição econômica, religião etc. Estes caracteres não podem ser universalizados, eles funcionam, em especial para a população negra e pobre. Estes pressupostos não estão no contexto histórico e contemporâneo das classes média e alta branca. Neste universo socioeconômico, em geral, os relacionamentos são concretizados no interior de seus ambientes e não no exterior, por exemplo, a união relacional e afetiva de pessoas de diferentes classes e grupos étnico raciais.

Na territorialidade negra paulistana, a base socioeconômica é de baixa renda e são poucas as famílias negras que atingem a mobilidade socioeconômica e educacional. Em consequência, o reduzido tamanho da classe média negra continuará nos mesmos lugares e as dificuldades serão maiores para a mulher em seus relacionamentos afetivos. Nos espaços da classe média paulistana predomina a população branca e nos bairros de baixa renda, a sobrerrepresentação da pobreza negra e branca.

A maior tendência no mercado matrimonial, conforme Hasenbalg (2005), Moreira e Sobrinho (1994), é o relacionamento afetivo e amoroso entre brancos e negros de baixa renda.

Na autossesegregação das classes média e alta, dificilmente acontecerão relacionamentos inter classes e interraciais. Nas territorialidades negras, o oposto tende a acontecer, o relacionamento entre brancos e negros.

Para que haja relações saudáveis e humanas, entre brancos e negros, é essencial o exercício do diálogo entre os grupos sociais e negros, a respeito do racismo, das desigualdades e da diferença.

Nas proximas páginas, trago o debate sobre a violência, em específico, os homicídios que incidem na população pobre, masculina, negra e jovem. Conforme as últimsa publicações do Mapa da Violência no Brasil, os jovens negros das periferias brasileiras são os sujeitos, vítimas e protagonistas dos homicídios no país.

"Viver em risco" na periferia paulistana

Nas duas últimas décadas do século XX na cidade de São Paulo, a violência urbana e os homicídios foram centrais no universo espacial, com maior destaque nos territórios de desigualdades.

Kowarick (2002) avalia a vulnerabilidade frente a duas perspectivas: a primeira, do ponto de vista socioeconômico, na medida em que a cidade e a realidade urbana produzem e reproduzem espaços e territórios sem as garantias básicas de vida digna. No passado, Kowarick chamou de "espoliação urbana" a somatória de fixos e fluxos ausentes da realidade das periferias. No momento, a vulnerabilidade é o extremo do estado anterior, haja vista o universo de crianças, jovens e mulheres que se vêm destituídos dos direitos. A segunda, a vulnerabilidade civil, conforme o autor, refere-se ao estado das espacialidades e dos territórios desprotegidos, no sentido material e subjetivo, quanto à garantia de sobrevivência. A vulnerabilidade civil, nas últimas décadas, esteve constantemente estampada na imprensa brasileira e nos dados estatísticos, exibindo o quadro de mortes violentas e homicídios perpetrados por bandidos e pela própria polícia.

Na periferia paulistana, em lugares desprotegidos pela ação dos poderes públicos, a vulnerabilidade é considerada uma das faces da produção do estigma que se introjetou nos territórios de pobreza. A falta de cidadania no Brasil é o tema emblemático que resulta na produção de espaços vulneráveis. Há mais de 500 anos, a ausência de cidadania tem proporcionado à população pobre, mulheres, crianças, negros e indígenas, serem os principais alvos da violência e da exclusão.

Sposati (2001) configura a exclusão como sendo um quadro mais elevado que a pobreza, um estado de não-ter, pois já se trata de um processo de não-inclusão social, isto é, de separação, de negação de uma realidade histórica e culturalmente humana.

Para Véras (2004), a cidadania não se generalizou no universo das cidades brasileiras, diante do urbano ou do rural. Existem preconceitos, crimes, torturas, espancamentos, chacinas, uma enorme violência. A cidadania se manteve restrita a um grupo de interesses, distribuída em pequenas ilhas do primeiro mundo nas cidades brasileiras.

Milton Santos (1998) reforça o cenário contemporâneo, trazendo os elementos conceituais sobre o espaço, denominando-os psicoesfera e tecnoesfera. A tecnoesfera está ligada à dimensão do capitalismo nacional e internacional, que dilacera e oprime o ambiente e todos os elementos nele contido em nome da mercantilização do espaço e da desterritorialização. Na etapa atual, diante do grau de vulnerabilidade, exclusão e desterritorialização, fica muito difícil a produção de territórios de cidadania. A psicoesfera é o oposto, é o vir a ser, a busca de cidadania, construída, por exemplo, pelos atores que estão na base da hierarquia socioeconômica. Os territórios sem cidadãos são uma regra, não uma exceção. Os estratos socioeconômicos de maior prestígio não vivem a cidadania, são meros consumidores que se resumem à vida na tecnoesfera.

Os interlocutores descreveram múltiplas situações da violência urbana, do medo e das situações em que se viram próximos aos números estatísticos da violência.

> "Mas daí começou a mudar alguma coisa, eu não sei se foi o susto, o impacto de ver aquela coisa, porque eu nunca vi alguém matar outra pessoa perto de mim e ainda os meus filhos todos pertos, estavam os três sentados perto do cara (...). Porque foi um tiroteio assim, vieram dois rapazes atirando, um em cada moto, veio um atirando no outro e o que estava na frente encostou a moto onde o meu filho mora. Depois do almoço os vizinhos, eles ficavam todos na porta do prédio batendo papo, conversando (...). Aí *vieram* esses dois rapazes, cada um numa moto, eles vieram descendo de lá do setor do Ferroviários. Ele encostou a moto, ele queria se esconder atrás de alguém ali, mas é falta de raciocínio. Na hora de ele se esconder atrás de alguém, ou outro é que iria morrer no lugar dele. Aí o cara ainda atirou nele. Quando eu entrei no apartamento do meu filho, eu escutei os tiros, acabei de fechar a porta escutei os tiros. Que eu abro a porta e saio, ainda vejo ele atirando no cara que estava no chão. Nisso, o raciocínio é tão rápido, a primeira coisa que você pensa é: 'Os meus filhos', porque os três estavam lá, os filhos e o neto, e eu não tinha visto o meu neto lá, e o meu neto estava andando de bicicleta com o meu filho do meio, lá. A primeira coisa que veio no pensamento: 'Meu filho. Pronto. Mataram o meu filho'. Aí só que eu não sei, como foi que eu desci do segundo andar para o térreo do prédio até chegar no portão do prédio. Aí eu olhei, um veio e me abraçou e eu procurei o outro e eu procurando o terceiro e, na hora que eu entrei, eu tenho uma visão assim: 'Eu sei que você está com uma calça verde clara e uma camisa azul'. Aí, daqui a pouco, se eu olhar, eu sei a cor da roupa que você estava. Eu olhei, e cadê o Charles, ele estava com uma camisa amarela, procurando, e ele já estava. O Emerson já tinha ido pegar o carro do pai, do prédio, e já estavam pegando ele para por no

> carro. Aí que a vizinha foi, segurou na cabeça dele, aí eu fui até lá e vi que era o senhor Fernando que tinha sido atingido por decorrência dos dois que vieram brigando de lá de cima. E ele matou o cara, mas só que nessa, que ele atirou, meu filho falou que quando ele fez assim para ver o meu neto, o Rodrigo, o assovio da bala passou, que passou nele, atingiu o outro. A bala foi fatal, pegou na região frontal e foi fatal. Daí que eu acho que surgiu o meu problema de saúde, fiquei muito sensível a partir daí" (Mulher Negra, 50 anos, Cidade Tiradentes) (OLIVEIRA, 2008).

Segundo Jacobo Waiselfisz (2005; 2007; 2008), em todas as cartografias sobre a violência no Brasil, referente às décadas de 1994 a 2004, o número total de homicídios vem aumentando: as principais vítimas são os pobres, jovens e negros, que engrossam o número de homicídios no país, em destaque para os grandes centros e suas periferias.

O exetermínio de jovens, sobretudo negros, perfazendo a cartografia de homicídios da população negra está diretamente relacionado ao tema aqui abordado. A pobreza, a segregação e o racismo estão intimamente relacionados com o extermínio que vem ocorrendo no país, é uma limpeza de corpos, mentes e ideais de jovens negros.

Os jovens que caíram mortos no chão do território e da segregação, são vítimas, sujeitos e protagonistas do tráfico de drogas e da polícia militar. Nos territórios do crime e dos homicídios, a população vive momentos de insegurança e medo, mas também esperanças de dias melhores para as crianças, adolescentes e jovens que estão em desenvolvimento.

Históricamente, o quadro da violência tem repercutido no país, em especial, nos grandes centros e nas periferias. Após se consolidar nas grandes cidades e região metropolitana, o percurso da violência seguiu em direção ao interior, transitoriamente, mudando o mapa da violência. Em 2002, o índice nacional de vitimização negra foi de 45,8%. Nesse ano, morreram no país, proporcionalmente, 45,8% mais negros do que brancos. Segundo o autor, a taxa de homicídios da população negra é bem superior à da população branca no cenário nacional. Na população branca, a taxa em 2004 foi de 18,3 homicídios em 100 mil brancos, na população negra foi de 31,7 em 100 mil negros. Isso significa que a população negra teve 73,1% de vítimas a mais do que a população branca. Posteriormente, em 2005, esse índice pula para 67,1%. Em 2008, o cenário se agravou: morreram 103,4% mais negros que brancos, ou seja, para cada branco assassinado, morreram proporcionalmente, mais de 2 negros nas mesmas circunstâncias (WAISELFISZ, 2005; 2007; 2008)

A violência urbana e a vulnerabilidade estão em toda a cidade, mas são os moradores das periferias os que estão mais sujeitos à descidanização (KOWARICK, 2002). Tem um outro lado da vulnerabilidade que é importante comentar. Trata-se dos jovens que são recrutados pelo tráfico de drogas e pelo mundo da violência. A questão social é primordial no cenário dos jovens que habitam e vivem as periferias. A descidadanização e os territórios sem cidadãos atingem os grupos menos protegidos, de menor poder socioeconômico e mais vulneráveis a compor o quadro estatístico da violência e dos homicídios (KOWARICK, 2002; SANTOS, 1993).

> "Quero morrer, quero morrer. *Era* os inferninhos, os bailezinhos, boca de porco da quebrada, e comecei a me envolver um pouco mais com a marginalidade, com a rapa do crime do tráfico. Quase fui indiciado pelo tráfico, me vi em situação de estar passando droga e tal, fazendo um corre, tudo assim, para poder atrair a atenção dessa mulher, para que ela voltasse para mim, mesmo que fosse num sentimento de pena, compaixão... que eu viesse a morrer. Ela não voltou, aí eu me afundei mais na lama. E no auge do desespero, eu conheci uma menina, que negra linda. Usava trança, eu estava com dezenove anos mais ou menos, acho que ela tinha quinze anos, mas ela era linda demais. E eu idealizei essa menina, sonhei um relacionamento com ela, e com a possibilidade de me refazer, emocionalmente e sentimentalmente. E essa menina era cristã e a mãe dela não queria. E eu, para ganhar o coração da velha, desculpa a força de expressão: 'eu vou me ferrar no meio desses crentes' só para ganhar a confiança da veia, aí eu ganho a nega e já era de boa. Fui para a igreja, a Igreja Universal. Ah, irmão, quando eu cheguei lá, eu vi tanta coisa. O pastor pregando, as pessoas com os braços levantados para o céu e chorando, hinos de louvores e adoração e o coração estava assim tão apertado, tão irresistível. Ao mesmo tempo tão fragilizado, tão atordoado, tão abalado. Acho que, naquele culto, o Senhor Jesus teve compaixão tão grande da minha alma, da minha vida. Ele se revelou de uma maneira tão íntima, tão profunda, tão pessoal, na história da minha existência" (Homem Negro, 30 anos, Cidade Tiradentes) (OLIVEIRA, 2008).

Brasilândia, Cidade Tiradentes e Jardim Ângela viveram histórias semelhantes quanto ao envolvimento e à perda de jovens para o mundo do crime. Nas três últimas décadas do século XX, a territorialização e desterritorialização da periferia foi extrema, em consequência do desenraizamento social e econômico. Desenraizamento social e econômico significa, de uma lado, enfraquecimento dos laços da sociabilidade primária (família, bairro, sociabilidade etc.) e, de outro, desemprego de longa duração ou trabalho irregular, informal ou ocasional (KOWARICK, 2002).

Os territórios da pobreza na cidade de São Paulo foram se fragmentando em torno de múltiplas faces; segregação urbana e racial, vulnerabilidade socioeconômica e civil, exclusão social e intensa pobreza.

Do ano de 1995 até 2006, os dados gerais sobre homicídio atingiram a soma de 60.661 mortes por agressão na cidade de São Paulo (SEADE, 2007). Kowarick (2002), Telles (2003) e (PNUD, 2005) afirmam que, do total de homicídios, a grande maioria era negra e pobre, não tinha passagem pela polícia e nem antecedentes criminais.

Telles (2003) alerta que os homicídios no Brasil, conforme investigação da Ouvidoria de Polícia do Estado de São Paulo e do Movimento Nacional de Direito Humanos, relatam forte relação entre homicídio e raça. A Ouvidoria Pública revelou que 52,6% das mortes por policiais envolviam tiros nas costas; 23% das vítimas receberam cinco ou mais ferimentos à bala e 36% levaram tiros na cabeça. Proporcionalmente, os negros são vítimas desses homicídios.

Conforme dados do Movimento Nacional de Direitos Humanos, em 1999, 85% dos homicídios por parte da polícia e grupos de extermínio eram negros. A classificação por cor/raça indica que 61% eram pretos, 18% eram morenos, 6% pardos e 15% brancos.

Historicamente, nos anos de 1995-2006, 60.661 mortes por agressão foram registradas na cidade de São Paulo (SEADE, 2007). O Estado e setores da sociedade brasileira eximem-se da responsabilidade e do papel das garantias mínimas do direito de cidadão. Conforme os registros das últimas décadas do século XX, ocorreram graves atentados à vida humana: os 111 presos do Carandiru, o extermínio de jovens negros nos grandes centros, que segundo as palavras de Silva (1996), a elite brasileira e o próprio Estado, impõe ao contingente populacional negro uma forma diferenciada e perversa de morte.

Na diáspora, a população negra vêm desenvolvendo mecanismos de superação da morte social (violência e homicídios) e reelaborando o enfrentamento cultural. Neste trabalho, os interlocutores estão voltados para o desenvolvimento de instrumentos em defesa da vida e contra a violência, da qual são as principais vítimas.

Se a vulnerabilidade está mais sujeita aos territórios de pobreza, observo que há uma seleção de indivíduos negros que compõem o universo dos homicídios.

A memória coletiva dos interlocutores deste trabalho, direta e indiretamente, evidencia momentos, casos e situações da vulnerabilidade social. Brasilândia, Cidade Tiradentes e Jardim Ângela são, parcialmente, algumas faces do retrato que se produziu nas últimas décadas do século XX nas periferias paulistana.

No plano local, os dados (1995-2006) sobre homicídios na capital paulistana concentram-se nos extremos da cidade: Capão Redondo (6.900), Grajaú (2.970), Jardim Ângela (2.597), Cidade Ademar (2.284), Brasilândia (2.155), Sapopemba (1.757) Cidade Dutra (1.446), Itaim Paulista (1.359) Cidade Tiradentes (1.273),

Campo Limpo (1.252), Sacomã (1.298), Jabaquara (1242), São Mateus (1097) e Lajeado (1.039).

Na complexa territorialidade de São Paulo, os distritos da zona sul destacam-se com maior concentração de homicídios exatamente no período 1995-2006. As cartografias sobre a vulnerabilidade e o homicídio de jovens afetam a realidade territorial da Brasilândia, Cidade Tiradentes e Jardim Ângela e, em geral, toda a periferia que compartilha os sentimentos de ausência de cidadania.

Durante o período de 1995 a 2006, o chão dos territórios foi manchado de sangue e de vítimas do Estado "penitência" (WACQUANT, 1999). Os "prisioneiros e condenados" da cidade são pobres e negros, vítimas do estado de extrema pobreza, da política neoliberal e da desterritorialização (WACQUANT, 1999; 2001).

Quais as perspectivas humanas diante dos territórios sem cidadãos, de violência, de homicídios, de fragmentação e desterritorialização?

Santos (1998) afirma que a psicoesfera pode criar os instrumentos materiais e subjetivos favoráveis à vida na cidade. A política do espaço, da criação humana e libertadora – psicoesfera – viabiliza pensar as possibilidades, tendo em vista a mútua produção da natureza humana e o território como fonte natural da vida e de todas as benfeitorias.

Protagonismo social negro na cidade

Do ano de 1978 aos nossos dias, o movimento social negro apreendeu conquistas e novas formas de protesto que se dimensionaram em ações práticas, cujos objetivos centrais buscam a eliminação do racismo e das desigualdades.

O protesto negro é emblemático nas relações de poder e se constitui em um dos principais pilares para forçar a derrocada das desigualdades raciais. O acesso da população negra, conforme apontei até o momento nos espaços da cidade, enquadra-se em situações constantes da luta social e racial.

Nos últimos 40 anos, a atuação dos movimentos sociais negros, ora de avanço e ora de menor intensidade, tem sido essencial para a produção de relações horizontais e verticais: o combate ao racismo, o direito à cidade e o direito às diferenças.

Fernandes (1989) qualifica que a luta do movimento negro é central no contexto brasileiro, pois é um embate de classe e de raça. O processo de transformação social mistura-se com múltiplas espacialidades: trabalho, educação, habitação, movimentos sociais, sindicatos, mulheres e jovens. Enfim, a participação do negro na política brasileira é a peça-chave para a operação de uma sociedade multirracial e democrática.

> "Eu vim perceber isso... inclusive teve um texto que eu escrevi para um livro, chama-se *Reflexões*, que conta mais ou menos esse processo de tomada de consciência, chama-se

> *1955 – 1978, 23 anos de inconsciência*. Eu procurei retratar assim, em meia dúzia de páginas, 23 anos de vida. Porque chegou um momento da minha vida que eu comecei a perceber que a nossa relação racial não era tão harmônica como parecia, mas eu percebia que, se riscasse um fósforo, pegava fogo" (Homem Negro, 50 anos, Cidade Tiradentes).
> "As pessoas costumam sempre levar para o lado social, por qualquer outra situação, mesmo porque isso me lembra bastante o colégio. Quando eu comecei a estudar, praticamente eu tinha somente três amigos, e os três amigos moravam distante. Um morava ali próximo, no IV Centenário e outro, perto da Vila Antonieta. Então *era* só nos três negros na classe, e então a gente criou um vínculo social forte porque as pessoas costumavam: 'E aí, seu macaco?'. Então, como a gente não tinha resposta para dar à altura, a gente cobria todo mundo na porrada, então a gente não tinha argumento. E isso era uma coisa tão espontânea. Sou negro com orgulho, mas não sabia dizer porque isso. A gente sabia que estava errado e tinha que combater de alguma forma. E então, como a gente não tinha o discurso, na época, e não tinha o conhecimento de nada, era 'Não vamos aceitar isso', e tantas vezes assinar o tal livro 'negro' na escola, porque o aluno é violento, é isso e aquilo. Mas quando a gente ia contar a nossa história, sempre a gente acabava sendo os garotos maus da escola. Então já tinha essa tendência, desde a pré-escola, e isso involuntariamente. Meus pais não tinham um formação racial para estar me orientando, eles não tinham subsídios. Aqui no Brasil, nós temos problemas até de tonalidade, mesmo as pessoas mais claras que se julgam brancas"(Homem Negro, 34 anos, Cidade Tiradentes) (OLIVEIRA, 2008).

Descobrir-se negro e diferente na sociedade brasileira, para os jovens e adolescentes, diz respeito à construção da identidade. A construção dá-se, também em situações desfavoráveis, através da manifestação do racismo (GUIMARÃES, 2004). De outro lado, Munanga (2005;2006) colabora através da concepção sobre identidade, que atua na elaboração de sociabilidade e dos grupos de pertencimento.

O conceito nativo sobre raça, frente às histórias de vida dos interlocutores deste trabalho, abrange, direta e indiretamente, momentos de discriminação e racismo. Guimarães (2003) trabalha com os conceitos *nativo* e *analítico* de raça, como pressuposto para contextos teóricos e do próprio discurso dos sujeitos analisados. No universo dos atores sociais que se classificam, conforme o termo *nativo*, a percepção da consciência de se identificar, sentir e perceber compreende traços, marcas e insígnias dialéticas, que são forças positivas e negativas.

Dentre os interlocutores, principalmente o jovem, eles sofreram desde os primeiros anos de vida escolar a pratica do racismo. No cotidiano social da escola, a juventude negra é acusada de agredir, de ser a promotora da violência e das desavenças, no entanto, as instituições, particularmente a escola, fecha os olhos e a mente para as agressões, formais e informais, do racismo que reflete em sofrimento, dircernimento intelectual e desenvolvimento, saúde psíquica e nos inúmeros processos da produção de identidades (OLIVEIRAb, 2008).

A ausência de segregação legal não reverteu em movimentos de revolta como as histórias norte americana e sulafricana a respeito dos guetos e do apartheid. A questão racial, nestas sociedades, mantém acesa a chama das revoltas e de protestos raciais de caráter político e físico.

No Brasil, a intensidade não corresponde a situações rotineiras, mas a qualquer momento, o barril de pólvora pode explodir. Hoje, conforme as últimas informações do censo demográfico do IBGE de 2010, a população negra participa com mais de 50% na demografia brasileira; em importantes capitais, como São Paulo, Rio de Janeiro, Salvador e Belo Horizonte, a população negra está na base da estrutura socioeconômica e política.

A presença maciça nas favelas, nas periferias, nos territórios de desempregados e nos movimentos sociais não resulta, objetivamente, em movimentos de revolta e protesto racial de amplo alcance e mobilização.

Historicamente, a questão racial produz diversos fatores favoráveis para o surgimento de rebeliões na sociedade. Porém, a estrutura que se implantou após a abolição, como o mito da democracia racial e as múltiplas consequências em termos de barreiras e falta de oportunidades, imobilizou a massa negra. A imobilização da população negra tornou mais difícil a ação política e objetiva dos movimentos sociais negros, pois no dia a dia, será preciso o diálogo e permanentes investidas através de abordagens de longo alcance.

Em 1978, a fundação do Movimento Negro Unificado (MNU) repercutiu toda uma expressão de uma nova militância negra que vinha se firmando através da década de 1970. Os jovens negros ocupam a visibilidade em torno das heranças do protesto negro do começo do século XX e das experiências do anos de 1960.

A participação de Abdias do Nascimento é tida como fundamental, através do Teatro Experimental do Negro e da proposta política do Quilombismo.

> "Começa em 1978, aí as coisas começam a se encaixar. Você pode observar que eu começo a falar e depois eu abaixo, eu sempre fui de falar baixo. Esse período eu lembro, inclusive está nesse texto que eu escrevi. Foi uma das vezes que eu fui procurar emprego e meus colegas ficaram esticando

> o ouvido para escutar o que eu e o entrevistador estávamos conversando. O entrevistador falava baixo e eu também, então nós ficamos sussurrando. Na hora de preencher a ficha, eu coloquei 'negro', e ele pediu para eu retificar porque não ficava bem. Eu coloquei negro inconscientemente. Ele me pediu para corrigir, colocar 'moreno' ou alguma coisa, porque não ficava bem colocar negro. E eu fiquei com aquilo na cabeça, eu devia ter 14 anos, entendeu. E começa a juntar esse alerta, as perseguições na escola, os xingamentos: macaco, urubu e essas coisas todas" (Homem Negro, 50 anos, Cidade Tiradentes) (OLIVEIRA, 2008).

No auge dos anos de 1970, alguns dos interlocutores descrevem os primeiros contatos com o movimento negro em São Paulo, que se aguçam e despertam a partir das experiências de sofrimento e do racismo. Paulatinamente, o protesto racial negro, através do projeto político de desmistificação da democracia racial, elabora no universo da juventude, marcadores estéticos, culturais e políticos da identidade negra (MOURA, 1994).

> "O primeiro livro foi publicado em 1980, *Como se fosse pecado*, e a estreia literária pode-se dizer, foi através de Cadernos Negros, foi o número três. E nessa época aí, quando eu cheguei no Cadernos Negros, eu participava de uma comunidade católica. Conheci um dos meus mestres, que está no andar de cima, que é o José Maria, e começamos a conversar sobre a questão racial, inclusive até de alguns atritos que estavam ocorrendo na comunidade" (Homem Negro, 50 anos, Cidade Tiradentes) (OLIVEIRA, 2008).

Em 1978, um grupo de jovens escritores organizou a primeira publicação de Cadernos Negros em forma de contos, poesias e romances sobre a história e a literatura afro-brasileiras. Posteriormente, em 1980, os mesmos escritores, pela necessidade de organizar a literatura afrobrasileira, fundam o Quilombhoje. De 1978 até a atualidade, são 40 anos de Cadernos Negros, protagonizando a história do movimento negro paulistano e nacional.

A inserção de um dos interlocutores deste trabalho no protesto racial realiza-se por intermédio do Grupo Quilombhoje Literatura.

Após a entrada do MNU no cenário político brasileiro, a formação de outros grupos ganha impulso, com objetivos e ideologias diversificadas: grupo de universitários negros, sindicalistas, grupos de dança e cultura afrobrasileira, grupo de mulheres negras e outras organizações.

Nas décadas de 1970 e 1980, conforme as lembranças dos interlocutores, a territorialidade negra na capital paulistana, gradativamente, incorporou-se em novas linguagens, principalmente de base cultural.

> "Se a gente quisesse ter algum conhecimento das coisas que estavam acontecendo, a gente tinha que ir ao centro. Dos movimentos, o próprio Palmeiras. Para ir ao Palmeiras daqui é uma distância bastante longa. Mas a gente não deixava de ir, porque era uma distância longa. Eu me lembro quando o James Brown esteve aqui, a gente esteve com ele, o Marvin Gay, e estivemos em outros espaços também, tentando entender um pouco. Aliás, na época não era nem entender, era entrando mesmo nesse mundo do movimento negro assim, sem ter uma grande clareza do que era essa construção cultural. E era interessante, nós íamos pra lá, era um grupo de cinco ou seis garotos que tinha aqui. Porque nós íamos lá e acabava copiando a moda e trazendo algumas coisas" (Homem Negro, 50 anos, Jardim Ângela) (OLIVEIRA).

Os espaços da cultura negra, de acordo com Silva (1997), são os lugares do não-racismo, do encontro de identidades em construção, de manifestações religiosas, culturais e familiares. Esses espaços, na história do negro paulistano, foram fundamentais para a organização das escolas de samba, das irmandades religiosas, da Imprensa Negra e do movimento negro contemporâneo.

A memória coletiva dos anos de 1970 e 1980 faz aflorar as espacialidades negras das Ruas Direita e 24 de Maio, da Galeria, os bailes do Palmeiras, os shows com James Brown, Marvin Gay, Tim Maia, a Rua do Samba, o samba e os carnavais da Avenida São João etc.

A participação dos interlocutores nesses espaços, refere-se aos interesses políticos e culturais. Os espaços de sociabilidades raciais descritos pelos depoentes ressaltam os fluxos dos negros na região central de São Paulo. Nas palavras dos homens e mulheres, a espacialidade compreende formas de expressão e estética, como o vestuário, a dança, a música, o corpo e a beleza negra.

> "Até vai dar para ir, agora eu estou de férias e vai dar para ir. Cadernos Negros, inclusive, começou um debate que teve, eu não me lembro em que data que foi, final de 1970 e começo de 1980. Um debate que teve no sindicato dos metalúrgicos, que era sobre a questão racial: *o negro no mercado de trabalho*. Então, como isso me incomodava bastante, eu fui participar dessa discussão. Ainda era o Oswaldo de Oliveira,

> estava o Milton Barbosa, estava o pessoal da comunidade negra que, na época, era uma das primeiras instâncias institucionais que começou a aparecer, não deixou de ser um espaço conquistado. Depois eu achei que ele deu uma declinada para outro lado. Mas assim, também isso ajudou nessa busca e construção dessa identidade do pensamento, de perceber essa diferença que existe. E muito mais, olhando para esta questão que você fala do território, por exemplo. Eu começava a participar e eu não entendia como que as pessoas aqui aceitavam pacificamente, aceitavam ser *discriminado* aqui, aceitava ser... A própria polícia, por exemplo, a polícia pegando os negrinhos, deitando de cara pro chão com a arma. Na época usavam muita metralhadora. Eu não entendia como que as pessoas não reagiam contra isso tudo. Isso, para mim, acabava sendo uma grande contradição, indo ver os discursos lá e ver que a coisa aqui acabava não mudando muito. Então, o meu território, eu acabava saindo do meu território para buscar informações, mas o meu território acabava sendo discriminado de todas as formas" (Homem Negro, 50 anos, Jardim Ângela) (OLIVEIRA, 2008).

O debate citado acima se realizou em 1984, e teve como título "I Seminário Discriminação Racial no Mercado de Trabalho". Os resultados propostos partiam das seguintes premissas: combater o racismo através dos instrumentos de luta dos trabalhadores, contra-atacar o racismo nas empresas através do estratégico papel desempenhado pelos profissionais de recursos humanos e, por último a elaboração de políticas governamentais de combate ao racismo (BENTO, 1988). A luta do movimento negro foi incorporando, gradativamente, temas sociais que se encontram com a questão racial.

O encontro e a produção prática da política racial, conforme Moura (1994), não teve longo alcance para relacionar-se com a massa negra da periferia. Moura fez essa avaliação no início dos anos de 1990. Nos dias de hoje, a sociabilidade racial vem se desenvolvendo. Nas reflexões e ações do movimento negro, percebo que persiste a dificuldade de um projeto político que organize o movimento negro e as territorialidades da pobreza negra.

Nos lugares exteriores às territorialidades e espacialidades, a discriminação e o racismo transitam frequentemente, através dos órgãos do Estado, dos meios de comunicação, dos espaços escolares etc.

> "Naquele período, ser negro era ser tachado de bandido. O Célio Negrão, da Bela Vista, eu vi ele brigar ali na Rua Manoel Dutra com quatro ou cinco policiais, mas era porque era negro. Eu sofri preconceito, agora não. Eu sofri

> preconceito no próprio teatro. Conhece o teatro, aqui no Arthur Azevedo, na Paes de Barros, na Mooca. Fui apresentar um espetáculo lá e, quando estávamos lá, nós fomos ensaiar para conhecer o palco. Só que eu dei uma saidinha para tomar o café, quando eu voltei, fui entrar, o cara: 'O, onde você vai'?
> - 'Vou lá no palco'.
> - 'Não, não pode entrar, não'.
> O colega lá olhou assim, está demorando.
> O guarda respondeu: 'você faz parte'?
> 'Sim, faço parte'" (Homem Negro, 78 anos, Cidade Tiradentes) (OLIVEIRA, 2008).
> "Na escola sempre tem racismo né, sempre tem. Inclusive, eu tenho uma filha, ela tem quatro anos de idade, e eu vejo que, entre ela e as amiguinhas dela, já ocorre esse tipo de racismo. Ela chega em casa e fala assim, pra mim: 'Mãe, eu queria tanto ser bailarina, mas só que eu sou negra'. Então, quer dizer, eu falei assim, pra ela: 'Não, filha, negra também pode ser bailarina, existem profissionais de sucesso que são negros e bailarinos', eu expliquei aqui, pra ela. Só que, conversando com ela, quem falou aquilo foram as amiguinhas, da idade dela. Isso eu acho que vem dos pais, os pais passam para a criança, e as crianças, com quatro anos, já tem esse negócio de racismo" (Mulher Negra, 27 anos, Cidade Tiradentes) (OLIVEIRA, 2008).

Conforme as palavras dos interlocutores, a discriminação e o racismo assumem posturas diferentes. No caso do homem negro, a autoridade que exerce funções de vigilância e controle confunde os indivíduos, tratando-os com indiferença. Quanto à mulher, a discriminação interfere na convivência familiar e na formação da família (GUIMARÃES, 2004).

O interlocutor viveu e continua vivendo o teatro através de suas lembranças. O teatro negro rompe com os marcadores que a sociedade, o Estado e o racismo institucional demarcam para caracterizar o negro, o pobre e o analfabeto.

A educação brasileira, inclusive nos ensinos pre escolar e fundamental, reproduz a discriminação e o racismo durante o processo pedagógico das crianças. Todos os interlocutores, em suas histórias de vida, os jovens e velhos, trazem experiências de racismo e da discriminação do espaço escolar. Hoje, os filhos e netos de nossos interlocutores convivem com a mesma situação por eles vivida.

Os jovens que cresceram na Brasilândia, Cidade Tiradentes e Jardim Ângela, nas últimas três décadas, visualizam, através das recentes lembranças, os bailes, as festas e os ambientes majoritariamente negros, conforme descrição abaixo:

> "Tem que sair para fora, geralmente. Quando a gente sai, aqui, nós vamos lá pro lado de Pinheiros. Tem muita balada black, lá pro lado de Pinheiros. Então é pra lá que a gente vai" (Mulher Negra, 27 anos, Cidade Tiradentes) (OLIVEIRA, 2008).
>
> "Aqui, a gente começou a curtir o Hip-Hop. Na realidade, foi por intermédio de pequenos grupos. Era eu, o Mks e algumas pessoas que curtiam os bailes e começaram a prestar atenção. Na época, nessa tendência aí, do HIP-HOP lá fora, a gente já tinha como referência alguns vídeos e alguns documentários da imprensa escrita, e começamos a ter algum acesso. A partir daí, começamos a frequentar a São Bento, a Praça Rosevelt, Sunset. Então a gente começou a ter contato. Participei efetivamente da cultura HIP-HOP, fiz parte da primeira posse de São Paulo, era o Sindicato Negro. Aí, depois, a gente montou uma posse da primeira na periferia, que eu considero que é a Posse Aliança Negra. Então me desliguei do Sindicato Negro e vim pra cá, juntamente com os meus companheiros, o Augusto, o Alexandre, o pessoal do Conexão, da época" (Homem Negro, 34 anos, Cidade Tiradentes) (OLIVEIRA, 2008).

A cidade que se constitui com os "pedaços", é classificada formalmente entre centro e periferia. Na periferia o espaço é, geralmente, o lugar de reposição da força de trabalho e o centro é o local da produção. Objetivamente, as funções espaciais são categorizadas para diferenciar as classes sociais, os meios de produção e a antagônica posição entre dominantes e dominados. A interpretação sobre a cidade e o urbano não pode ser fragmentada separando as áreas ricas das áreas pobres, do espaço dormitório e do lugar de trabalho.

Na cidade, diante das fortes marcas das diferenças, tudo o que se produz em seu território é o trabalho das partes e do todo. Essas referências estão ordenadas nas configurações territoriais da cultura no corpo da cidade.

A produção cultural, para os jovens das periferias paulistana, perfaz o movimento em torno desta dialética que é o centro e o pedaço.

> "Na Cidade Tiradentes, quando eu vim pra cá, no início eu tive uma dificuldade muito grande, mas aí fui fazendo amigos, e eu falei: 'Meu, estou em casa'. Porque em uma sala de aula tinha 70% de negros, então não tinha como fazer diferença, quer dizer, se você fosse fazer uma festa junina, tinha que ter o povo negro. Pra mim, eu estava sendo aceita e cheguei a andar onde me aceitam. E os amigos, a mesma

> coisa. E aqui predominou o black, na época era black. Então, através da música, a cultura negra tomou conta da Cidade Tiradentes, porque o que a gente curtia na época era o Neon Club, era o Clube da Cidade" (Mulher Negra, 35 anos, Cidade Tiradentes) (OLIVEIRA, 2008).

A segregação escolar tem suas faces, conforme as palavras da depoente. A face positiva são as constantes espacialidades que se formam no território: a escola, as festas, os bailes e a sociabilidade racial horizontal.

Em relação ao gênero, as mulheres negras são as protagonistas à frente das famílias, das associações sociais e são a base econômica do núcleo familiar onde estão depositadas as referências históricas.

> "Aqui no Posto eu vejo tranquilamente: eu sou negra em um contingente negro e o próprio negro discrimina. É muito comum eu estar aqui e alguém chegar pra mim e dizer: 'Você pode me apresentar a diretora da unidade?' 'A diretora sou eu'. –E quando eu falo, cai a cara. Tem pequenas coisas a que eu sou muito atenta. Um dia estava muito frio e eu peguei um avental e vesti. Era um avental branco, de manga cumprida, fiquei o dia todo, todo mundo chegava e dizia: 'Ah, você está de enfermeira ou de auxiliar'. Ninguém falou que eu estava de médico. Esse comentário eu não fiz pra ninguém, mas eu fiquei pensando, ninguém falou 'por que você está de médico hoje', porque médico... a Luzia dizia para gente assim, 'A gente vai ter dificuldade, porque como é que nós vamos desafiar esse poder macho e branco?'. Então, aqui também, eu não tenho dificuldades, eu sei o que eu quero e sei lidar com as questões, mas não é tão tranquila, não. Tem sim, as pessoas não verbalizam. Uma vez teve um médico aqui que eu acabei mandando embora. Ele não cumpria horário, eu acabei mandando ele embora porque ele me enchia a paciência. Eu chamei ele para conversar, eu falei: 'Olha, rapaz, eu dou nome e sobrenome, porque não dá para ficar com você aqui. Ou você se adéqua ou você vai ter que trabalhar em outro lugar'. Ele olhou pra mim e falou assim: 'A senhora está com dificuldades para nos coordenar'. Eu falei: 'Eu não, você está enganado. Quem está com dificuldades é você, você está desrespeitando uma lei física. Você sabe que lei é essa? Você está querendo ocupar dois lugares ao mesmo tempo, você está me entendendo?" (Mulher Negra, 60 anos, Brasilândia).

O preço de uma trajetória de sucesso também é o espaço da política (SILVA, 1997). Para as mulheres negras, a política da visibilidade e das diferenças abrange mais dificuldades em razão dos padrões políticos de dominação do gênero masculino e branco. Elas, as mulheres negras, ocuparam e estão à frente de inúmeras situações de conflitos, barreiras físicas e sociais, e, especialmente, de superações socioeconômica, por exemplo, a memória coletiva das mulheres negras estão conectadas a todos os quadros sociais e raciais; são protagonistas em suas famílias, no mercado de trabalho, em espaços de visibilidade política e econômica, enfim, a mulher negra é a base da estrutura que funda o território negro.

A respeito da identidade, o aspecto estético sobressai em todos os distritos deste trabalho. Conforme Gomes (2006), o cabelo crespo e o corpo podem ser considerados expressões e suportes simbólicos da identidade negra no Brasil. Nas territorialidades negras encontrei cabeleireiros, jovens e mulheres que fazem a cabeça, o corpo e a estética negra como uma referência importante de identificação para o grupo e o exterior que identifica e reconhece o outro.

Para Munanga (2003), a estética e a beleza negra transitam entre a identidade de resistência e a identidade projeto. Nos territórios de vida, ambas as categorias resistem, potencializam e lançam proposições de novos lugares na sociedade.

> "Olha, também é de família, eu aprendi a trançar cabelo, a minha mãe sempre fez em mim e eu aprendi com ela. Agora que eu fiz curso na área mesmo, mas muitas coisas eu já sabia. Eu estou há quatro anos nessa área, eu sempre trabalhei, eu trabalhava fora mas, no final de semana, sempre fazia bico, fazendo uma trança aqui, outra ali. Mas para firmar mesmo, esse trabalho, foi desde o nascimento da Talita. Igual ao que você falou. Aqui na Tiradentes, a maior população é negra. Aqui a gente ganha muito com isso e a gente gosta de fazer. Estou aqui até hoje. Praticamente a gente dobra. Que nem, chega no Natal, a gente trabalha até. Teve um Natal mesmo que era cinco para meia-noite, a gene ainda estava virando a curva ali. Tinha gente até querendo ser atendida. Nesse tempo todo mundo quer ficar bonita, todo mundo quer se arrumar, então a tendência é a gente trabalhar um pouco mais. Muita trança, o pessoal valoriza bastante coisas afro e trança" (Mulher Negra, 27 anos, Cidade Tiradentes) (OLIVEIRA, 2008).
>
> "Eu nunca levei jeito para essa profissão. Eu sempre quis a questão o social mesmo, eu queria ver pessoas, falar com gente. Então eu acabava em situação difícil. Aí passei a ser cabeleireira. Fiz o curso, aí fui trabalhar com manicure e conversando, me interessei a mexer com cabelo também afro. Por

> quê? Foi um sofrimento que eu tive, porque a minha mãe, na minha família, tem miscigenação, uma mistura. A minha mãe tem a pele mais clara e o cabelo dela é mais liso. Ela não sabia lidar com o meu cabelo, ela ficava preocupada, queria fazer alguma coisa, mas ela não sabia. Eu costumo falar assim, 'gente, tem uma parada da infância que eu sonhava ter uma avó preta bem gorda, que eu entrava no meio das pernas delas. E ela trança meus cabelos. Era meu sonho, e não tinha ninguém na minha família que podia fazer isso, né? Minha avó, coitada, baiana, tinha os cabelos mais crespos do que o meu, mas ela não sabia fazer trança. Ai minha mãe cortava, cortava o meu cabelo blackinho, aí ela falava 'mas fica tão bonitinho o blackinho, ficava baixinho, redondinho'. Eu gostava, mas eu não queria ficar só com aquele penteado. Eu falava: 'Eu quero mudar, né'? Pegava um pente, assim, e puxava e o cabelo que ele ficava bonito, colorido, que enfeitava minha cabeça. Aí eu falei uma coisa: 'o que eu quero aprender, na minha vida, é aprender mexer com cabelo afro, cabelo de negro, porque eu não quero que minha filha sofra o que eu sofri'. E foi o que eu aprendi mesmo, fiquei muito tempo arrumando o cabelo da minha filha, não deixava ninguém mexer no cabelo dela, porque era eu que sabia mexer" (Mulher Negra, 50 anos, Cidade Tiradentes) (OLIVEIRA, 2008).

A identidade é construída historicamente, em meio a uma série de mediações como o núcleo familiar, escola, grupo social, nos grupos de pertencimento e diante das diferenças. Gomes (2006) descreve que o cabelo negro, no contexto da cultura brasileira, é visto como ruim. Isso é expressão do racismo e da desigualdade racial. O cabelo do branco, liso, escorrido é denominado bom. Portanto, valorizar os traços negros, significa buscar sair do lugar de inferioridade. A estética e a beleza negra representam um sentimento de autonomia expresso nas formas que fogem ao padrão de beleza da sociedade, constituindo e valorizando a identidade negra.

Alguns interlocutores se sentiram muito à vontade quando toquei no assunto da beleza e da estética negra. Conforme os informantes, a valorização da beleza negra, no processo histórico, desenvolveu as relações com seus pares negros. Através dos valores estéticos da cultura afrobrasileira, as mulheres e seus pares negros, ambos passam pela reelaboração da identidade em decorrência das relações relacional, afetiva e amorosa.

A identidade se constitui no jogo dialético das identificações; legitimadora, resistência e projeto (MUNANGA, 2005; 2006).

Após 1978, a política racial se expandiu para inúmeras cidades do país e os reflexos são observados em escalas territoriais. Telles (2003) constrói o cenário da política racial dos últimos sessenta anos através de políticas pontuais historicamente trabalhadas pelo movimento negro.

O protesto negro moderno dos anos de 1970 para os dias atuais, concentra-se em políticas públicas. Em 2003, o governo brasileiro aprovou a lei 10.639, que torna obrigatório o ensino da história e da cultura africana e afro-brasileira nas escolas públicas e particulares, de nível fundamental e médio. Por intermédio da legislação antirracista, pressupõe-se que a educação poderá ser um lugar privilegiado para a construção de referências democráticas quanto às desigualdades.

O Estatuto da Igualdade Racial, aprovado em 2011, institui políticas afirmativas para a população negra a efetivação da igualdade de oportunidades, a defesa dos direitos étnicos individuais, coletivos e difusos e o combate à discriminação e às demais formas de intolerância étnica e religiosa. O Estatuto prevê ações nas áres de saúde, aceso à terra e moradia, meios de comunicação, educação, mercado de trabalho, cultura, remanescentes de quilombos, frentes importantes que estão na base da estrutura socioeconômica e política, que separam brancos e negros na sociedade brasileira.

Além do Estatuto da Igualdade Racial, avanços importantes foram dados com a elaboração do Programa Saúde Integral da População Negra. Este programa, busca no âmbito da saúde e da educação, produzir referências teóricas e praticas para ser um instrumento a ser desenvolvido no combate e eliminação das desigualdades em saúde da população negra e pobre.

Após seis anos de aprovação do Estatuto, gradualmente, a União, os Estados e os municípios, sobretudo a União, precisa articular ações e reflexões para fazer das políticas públicas realidades no contexto das cidades brasileiras.

> "A Cidade Tiradentes é um quilombo que a sociedade vai ter que engolir, porque eles colocaram um monte, vulgarmente falando, colocaram um monte de pretos dentro de um saco, com uma saída e uma entrada, com a esperança que a gente se matasse e isso não aconteceu assim. Por misericórdia de Deus ou por inteligência de alguns, graças aos movimentos, um aqui e outro ali, uma posse ali, alguns foram parando para pensar, parando para analisar e pensar e a coisa foi se desenvolvendo. Ao ponto que o governo tem que olhar o que você está falando. Hoje a gente tem mercado, Casas Bahia, por quê? Porque esses pretos que estão aqui, eles compram, trabalham. Somados, é uma grande porcentagem da Zona Leste. Então a sociedade vai ter que engolir. Pra que a gente vote, eles vão ter que fazer alguma coisa, a política depende da expressão de votos da Cidade Tiradentes. Ainda não temos essa consciência bem clara, vamos perceber. O dia que a gente perceber o quanto a gente pode mudar e quanto a

> gente pode, não vou dizer manipular, mas deixar de ser manipulado, aí a coisa vai ficar melhor ainda. Por enquanto é só um passinho, já deu para eles entenderem que matar já não vai dar mais, e também não vai dar para jogar para outro lugar, porque pra cá ninguém quer vir" (Mulher Negra, 35 anos, Cidade Tiradentes) (OLIVEIRA, 2008).
>
> "Eu estudei, eu fiz até a oitava série aqui em Cidade Tiradentes, e teve um período que comecei, quando eu mudei pra cá, pra mim foi uma bênção. As pessoas até almadiçoam a Cidade Tiradentes, mas para mim foi uma bênção até mesmo porque eu comecei a ter contato com os negros. Aqui é um bairro negro, aqui é um quilombo, então eu comecei a me identificar muito com as pessoas que moravam aqui na época, comecei a ver coisas que não tinha vivido, eu vivia em um mundo totalmente branco. Então, o meu referencial eram os padrões brancos, embora, sempre algo dentro de mim me puxava para a questão racial. Tanto que eu gostava de funk e fui saber que era música black, que era música de negro, era a tal discoteca que o pessoal falava" (Mulher Negra, 34 anos, Cidade Tiradentes) (OLIVEIRA, 2008).

Através das contribuições de Marie (2004), o quilombo pode ser a intermediação dos moradores da Brasilândia, Cidade Tiradentes e Jardim Ângela junto ao território. A terra é o elemento de produção e reprodução da cristalização histórica, onde estão vinculados os traços e as inscrições dos habitantes do local.

Nas territorialidades negras, a simbiose entre classe e raça é o cenário da luta de homens e mulheres negros que percorrem os mesmos objetivos do cenário nacional e, em particular, garantir o direito à cidade e ao ambiente construído.

No palco dos territórios da cidade, os atores sociais desenvolvem e buscam a materialização de condições reais em torno da classe e da raça. Entre os interlocuores, há um campo de possibilidades para a transformação gradativa do cenário local, tendo como objetivo tornar o lugar o espaço de vida.

> "Eu fiquei contente com a entrevista, eu gostaria de dizer da minha maneira de pensar o negro na Brasilândia. A comunidade tem que passar, de uma maneira participativa, os direitos e algumas coisas que a região tem direito. A Brasilândia nos últimos 20 anos, a Brasilândia nunca recebeu uma obra de grande impacto social. A única aqui foi o CEU. Fora o CEU, a Brasilândia nunca recebeu esse porte" (Homem Negro, 50 anos, Brasilândia) (OLIVEIRA, 2008).

> "A Cidade Tiradentes, hoje, comparando com alguns anos atrás, é tudo diferente hoje. Teremos, em breve, um hospital, Casas Bahia, CEUs. Então, assim, hoje nós temos de tudo aqui, um bairro que eu particularmente não trocaria. Não me vejo vivendo em outro local. Aqui foi a minha infância, aqui eu tenho os meus amigos e as minhas raízes estão aqui. Pra mim, Cidade Tiradentes, e eu vi essa mudança, esses prédios aqui não existiam, era tudo mato. A gente se divertia aqui, a gente viveu essa transformação toda e esse crescimento todo da Cidade Tiradentes, a maior COHAB da América Latina. Aqui tem tudo, em vista da época que a gente veio pra cá. Eu não consigo me imaginar fora daqui, não. A gente viu crescer e somos parte desse crescimento, a gente cresceu junto com o bairro" (Mulher Negra, 34 anos, Cidade Tiradentes) (OLIVEIRA, 2008).

Villaça (1986) e Véras (1991) avaliam que o ambiente construído é imprescindível para o exercício da cidadania nas cidades brasileiras. As periferias do Brasil, para melhor entendimento das territorialidades paulistanas, geralmente, convivem permeadas nesse quadro: sem a quantidade e a qualidade do ambiente construído.

Brasilândia, Cidade Tiradentes, Jardim Ângela e as periferias da capital paulistana, em geral, apresentam cenários semelhantes: carências em equipamentso e estrutura urbana, em saúde, educação, transportes, cultura e lazer. As ideias estão saindo do papel, não apenas enquanto pensamento e reflexão, mas como ação, concretização e produção social do espaço para os lugares historicamente colocados à margem da cidade e das políticas públicas. Os poderes públicos tem a obrigação de investir em políticas para a cidade, em especial, para os territórios da pobreza, da marginalização social e da vulnerabilidade. Os investimentos ainda são insuficientes, durante décadas os territórios fora da lei cresceram cada vez mais em direção aos extremos com políticas paliativas. Para este século XXI, a cidade precisara investir na estrutura socioeconômica, saúde e educação nos territórios. Se as políticas públicas não forem orientadas para os segmentos da pobreza e da população negra, os conflitos de classe social e raça engrossarão as cenas públicas e privadas das cidades brasileiras.

Paulatinamente, unidades de saúde, hospitais, centros de cultura, atividades esportivas, recursos físicos e humanos, foram compondo o ambiente construído das periferias. Hoje, mesmo diante das mudanças, os protagonistas que vivem o pedaço e a cidade transcendem os objetivos particulares. O lugar de vida é a cidade, os territórios de vida que se reproduzem por intermédio do trabalho social, cultural e político. A cartografia, a seguir, constitui uma parcela do ambiente construído da cidade de São Paulo e dos "pedaços".

Mapa N° 12 – Distribuição de CEU´s na cidade de São Paulo, 2007.

Fonte: PMSP, SEMPLA, 2007.

Os Centros Educacionais Unificados – CEUs totalizavam 26 unidades até 2008, distribuídos na cidade, majoritariamente nos extremos das periferias. Recentemente, a Cidade Tiradentes conquistou o segundo CEU, Brasilândia e Jardim Ângela, comparecem em seus territórios com uma unidade cada.

A política de implantação dos CEUs teve como base duas faces do cenário das periferias: de um lado, os altos índices de homicídio (principalmente entre os jovens), os territórios de desempregados, o índice progressivo de gravidez na adolescência. De outro lado, os menores índices de alfabetização, ausência de espaços culturais como cinema, teatro e espaços para entretenimento.

Nas últimas décadas, as taxas de homicidio na capital paulistana diminuiu, sobretudo nas áreas que antes eram sobrerrepresentadas pela violência. O poder público, parcialmente, exerceu as suas funções, promover o desenvolvimento das áreas desprotegidas de ambiente construído, estrutura urbana e social. O mérito destas conquistas deve-se aos movimentos sociais negros, aos atores sociais que vivem, produzem e transformam o território diante de contradições de toda ordem.

> "É, causa um grande impacto e tem outra questão, é uma coisa bonita em um lugar feio. Isso vai fazer o quê? Pelo menos aquela população do entorno vai começar a se apropriar melhor daquela espaço. Porque aquela área começa a ser mais valorizada. Quando começou a construir o CEU do Vista Alegre, os meus agentes ficavam revoltados. Porque eles achavam que não era lá que devia construir, porque lá era muito feio, tinha gente pobre e tinha que construir em um lugar melhor. "Gente, senta aqui, vamos conversar: está construindo lá, é de propósito, porque a gente precisa levar coisa legal para as áreas que são pauperizadas". Porque senão, pega a história do SESC, já pensou o SESC na Brasilândia? Não daria uma outra qualidade de vida" (Mulher Negra, 66 anos, Brasilândia) (OLIVEIRA, 2008).
>
> "Oh irmão, eu busco ser tudo isso que você falou, no sentido positivo, todas essas coisas. Hoje eu prego o evangelho que, para mim, é a palavra de poder para mudar a história na vida de um homem, como mudou a minha. Desde que me tirou do lixo (...), sou uma nova criatura, mudou todo meu pensamento, meu caráter, meus paradigmas, me estabeleceu como um homem íntegro. Hoje eu tenho desenvolvido um trabalho de pregação do evangelho em clínica de recuperação, nas escolas, trabalhei em escolas, falei muito do evangelho para os alunos. Nas FEBENS, desenvolvi um trabalho junto às FEBENS de quarta, de segunda e terça-feira, levando uma palavra de esperança para quem esta no cárcere, do outra lado da muralha lá e bebendo veneno todo dia e dividindo o pão de armadura. E tenho desenvolvido esse trabalho. Tem também, o Black Gospel, que é um trabalho evangélico. Nós convidamos as pessoas para participar e ali a gente dança, a gente canta, a gente curte a cultura negra dentro da igreja. E o evangelho é pregado através do samba, através do rap, através do rock, entendeu. Através da dança. E eu sonho com uma faculdade, eu sonho em dar aula, em ser professor e sonho verdadeiramente ser um expoente aí para toda essa geração, esse é meu sonho" (Homem Negro, 30 anos, Cidade Tiradentes) (OLIVEIRA, 2008).

O interlocutor acima é um sobrevivente do Estado Penitência (WACQUANT, 1999) que, diante do território, apreende forças materiais, espirituais e culturais para se recompor. A reciprocidade entre o habitante e o território solidifica as relações e fortalece o núcleo comum: a sociabilidade e os lugares do não racismo nos principais quadros de referência.

Silva (2006) atesta que as forças da territorialidade negra frente à segregação urbana e racial, em momentos de antagonismo, lutas e conflitos (crise e superação) efetiva conquistas em razão do nível de organização sóciopolítico e, em particular, a sociabilidade que funciona como redes relacionais que dão consistência aos habitantes do lugar frente às fragilidades sociais do mundo contemporâneo.

Munanga (2004) e Ciampa (2005) contextualizam diferentes formas de identidade, dentre elas, a identidade projeto. Conforme as informações acima, o interlocutor transitou por situações de risco (social e civil) que comprometeram o seu desenvolvimento, a identidade e a própria vida. A identidade projeto transformou-se, por intermédio de bases matérias contidas no território que serviram de instrumento de defesa e apoio para os atores sociais.

A base material e subjetiva, disponível e produzida no território é imprescindível para que novos atores sociais evoquem no cenário contraditório, relações ora dialéticas e ora excludentes. Munanga (2004) considera que esse conceito permite a construção de uma educação democrática, que se complementa a partir da projeção material e subjetiva dos atores e do território, enquanto agentes produtores de identidades.

Moura (1994) critica a distância entre o movimento negro e a grande massa de proletariado negro, que vivem constantemente separados quanto aos ideais, forças e projetos políticos. Nos territórios deste trabalho, o movimento negro aproximou-se da pobreza racial, ainda moderada, mas que tem impulsionado resultados.

> "Quanto ao movimento negro, eu não posso dizer muita coisa, porque sinceramente eu não me sinto contemplado dentro do movimento negro, né. Sei que falo e defendo o movimento negro em qualquer situação, mas eu não me sinto contemplado pelo fato de vir do hip-hop e ter uma trajetória diferente do movimento. Mas assim, o movimento negro, aqui em Cidade Tiradentes, eu considero fraco, porque a gente sabe que as pessoas têm uma identidade estética, mas a consciência ainda está longe do ideal. A pessoa tem que saber, a pessoa tem que sentir e não simplesmente por estética. Ou então mesmo pela questão da pessoa dizer : 'Eu sou por conveniência'. Então a pessoa, além de sentir, ela tem que ter consciência de quem ela é. (...). Um tempo atrás, agora, nós fizemos um trabalho de tirar identidade das pessoas aqui da Cidade Tiradentes. Então eu trabalhei justamente fazendo o cadastro das pessoas e, quando chegava na cor, as pessoas falavam qualquer cor, menos negro, e tal. Quando você olhava assim, ela ficava incomodada: 'Não, eu não sou negra, não, sou mais clarinha que você'. Eu acho que isso ainda incomoda muito, e é assim. As pessoas costumam falar: 'o negro alcançou o patamar'. Mas a parcela da

> base, infelizmente, ainda tem esse problema de auto-estima, de valorização em não saber o que ela é. Porque o que falta não é só a questão estética, ela tem que saber qual a origem dela, ela tem que conhecer a história dela para ter orgulho. Eu acho que isso aí é um aspecto negativo dentro do movimento e é complicado, porque a gente sabe que a miscigenação é uma faca de dois gumes. Você transita lá e aqui e isso, para nós, é complicado. É muito difícil você ter um discernimento assim, e até educar uma criança que tem pais de origem diferente. Então você vai falar o que para ela, que ela é branca, amarela, asiática, preta? Então tem todas essas dificuldades. Isso é um desafio não só para o movimento negro mas para toda a sociedade" (Homem Negro, 34 anos, Cidade Tiradentes) (OLIVEIRA, 2008).

A questão racial é um tema de porte totalmente político, de reconhecimento da identidade, da história e da construção da cidadania. Sociabilizar o contato, o encontro e a política entre o movimento negro e a massa negra, não será um tarefa fácil para ambos os setores. Uma das principais dificuldades será lidar com a mobilidade de organização da pobreza racial e a elaboração, por parte do movimento negro, de políticas de longo alcance que consigam converter o imobilismo em diálogo e organização (FERNANDES, 1989).

No cenário dos pedaços, conforme o interlocutor acima, raça e classe estão, a todo o momento, ocupando os mesmos espaços, ora de proletariado e ora de negro. Fernandes (1989) é convincente com esta questão interrelacional, segundo o autor:

> "A democracia só será uma realidade quando houver, de fato, igualdade racial no Brasil e o negro não sofrer nenhuma espécie de discriminação, de preconceito, de estigmatizarão e de segregação, seja em termos de classe, seja em termos de raça. Por isso, a luta de classes, para o negro, deve caminhar juntamente com a luta racial (...). O negro deve participar ativa e intensamente do movimento operário e sindical, de partidos operários, radicais e revolucionários" (FERNANDES, 1989).

Brasilândia, Cidade Tiradentes e Jardim Ângela reúnem, em suas territorialidades, o movimento negro e o negro nos movimentos sociais, os quais partilham do compromisso político em torno da classe social e da raça. Após longos percursos, deslocamentos e encontros na cidade, os atores sociais negros terão pela frente o contínuo embate das políticas públicas, com foco e orientadas visando o território, classe social, cor/raça, gênero e gerações.

Capítulo 4
Negros em Movimento: o direito à cidade

O protesto negro do século XX e da primeira década do século XXI, demarcou territorialidades culturais, políticas e sociais importantes para a história do negro na cidade de São Paulo, que se encontra no momento atual, proporcionalmente distribuído nos extremos das periferias.

Territorialização, desterritorialização e reterritorialização foram movimentos intensos na urbe paulistana. Estes movimentos de construção, desconstrução e reconstrução são amplos, reúnem elementos materiais e subjetivos.O entrelaçamento território e identidade social resultou em força política para transformar o espaço e os atores do lugar. Dialéticamente, território e identidade sofreram as ações externas e internas de momentos, conjunturas e cenários contraditórios. O território é uma força inacabada, que está em construção e precisa permanecer em movimento para compor e inscrever a busca de cidadania para todos. O território busca a igualdade, no entanto, além do cenário de igualdade socioeconômica, é fundamental a luta em torno das diferenças culturais e religiosas.

Através dos interlocutores e das ações do movimento negro, observo que a luta no espaço da cidade é uma ação que compreende classe social e raça. Estes dois elementos são imprescindíveis para as políticas do local, na cidade e no universo da política nacional do movimento negro diante do quadro da pobreza racial, da segregação e do racismo.

A política social e racial, interpretada pelos atores da Brasilândia, Cidade Tiradentes e Jardim Ângela, articulam os sentidos de classe social, raça, gênero e gerações para superar as desigualdades territoriais. Através das informações dos interlocutores, verifico que a identidade projeto é uma busca, uma realização constante na vida dos moradores (MUNANGA, 2004). Todos os interlocutores que participaram, direta e indiretamente, apontaram a identidade projeto, de forma individual e coletiva.

Coletivamente, a concepção e as perspectivas do território de cidadania são escritos conforme as ações que os grupos sociais e negros inscrevem no local. A identidade, o projeto e a construção de ideais de cidadania comparecem nas interpretações dos moradores.

> "E eu sonho com uma faculdade, eu sonho em dar aula, em ser professor, e sonho verdadeiramente ser um expoente aí, para toda essa geração, esse é meu sonho. Olha, irmão, eu estou entre Pedagogia e Sociologia. Essas duas, essas duas áreas me atraem bastante, para poder dar amparo emocional, educacional, social para essa gente que está apodrecendo na sarjeta. Morrendo pelo descaso dos governantes e da sociedade em si. Sociedade da qual eu e você fazemos parte" (Homem Negro, 30 anos, Cidade Tiradentes) (OLIVEIRA, 2008).
>
> "Com certeza, aquilo que eu te falei, o Programa Ssaúde da Família, ele vai ser o programa do século, esta é a minha avaliação. Eu só espero que o senhor Serra não desvirtue o objetivo, a forma como ele está pensado para a gente resgatar tudo isso, porque o legal do PSF é que o paciente volta. Não adianta você mandar ele embora porque ele vai voltar. Então, mesmo que exista esta coisa da população ainda não ter apreendido o papel do PSF e alguns usuários também não, a população é negra. O nosso cadastro, o nosso primeiro levantamento, o perfil epidemiológico da região da Brasilândia é de hipertenso e diabético. Então as ações precisam tem que estar voltadas para isso. Por mais que o profissional não se aproprie dessa questão da cor, não caiu a ficha. A ação dele está voltada para isso, porque é o que pega, os nossos grupos aqui, a grande maioria é negra. O PSF tem essa deficiência. Quando você fala do trabalho regionalizado e hierarquizado, você tem que se apropriar dessas questões. O nosso perfil epidemiológico é uma população negra com problemas seríssimos de hipertensão. Graças a Deus nós já revertemos alguns índices. É uma população com índice muito grande de morte por violência, jovens né!" (Mulher Negra, 66 anos, Brasilândia) (OLIVEIRA, 2008).

As bases dos territórios negros foram assentadas e edificadas pelos atores locais, eles são os protagonistas da urbanização e edificação das periferias e da cidade que se metamorfoseia. Nesse cenário, o território se compõe como espaço, cultura e política, possibilitando condições para eliminar as desigualdades e o racismo.

Território e cultura são essenciais para a produção de uma sociedade mais humanística (LEFEBVRE, 1991), pois o relacionamento, gradativamente, potencializa os lugares e os grupos sociais para as experiências práticas do direito à cidade.

> "Nessa questão sobre território, eu teria duas coisas para colocar. O que normalmente oferece essa diferenciação de territórios é que cada um fique no seu território e ali construa a sua história ou não construa nada parecido. Demonstrar a importância de nós sairmos do nosso território para conhecer outros projetos e outros territórios e ver o que acontece em outros territórios e fazer uma troca, de todas estas produções que tanto existem lá, como existe aqui, para que a gente consiga crescer e visualizar e brigar como um único processo. Talvez eu nem colocaria essa questão de projeto único. Porque quando pensa em projeto único, a mesma coisa que serve para a Zona Leste poderia servir para a Zona Sul, talvez não seja isso" (Homem Negro, 50 anos, Jardim Ângela).

Mediante o comentário do interlocutor, território e cultura ou território e política são importantes referências para se pensar a cidadania. A instrumentalização do território, via cultura e política, possibilita atribuir a todos bens e serviços indispensáveis.

As periferias paulistanas são espaços primordiais, são laboratórios de subjetividades e ações culturais que buscam a sonhada cidadania. Instrumentalizar o território e os agentes do lugar possibilita pensar a diversidade no cotidiano social.

Dentre as reflexões e ações para a eliminação da segregação racial, o território é uma força política, cultural e espacial estrutural para construir e sedimentar a cidadania.

A política no/do espaço se articula diante das palavras do interlocutor acima, as múltiplas possibilidades de intervir e viver o território (LEFEBVRE, 1991). Não há o dado absoluto, padrão e único para todo o território, mas o real que se consolida e relaciona as múltiplas culturas nos territórios.

A política racial, conforme Fernandes (1989), Munanga (2004) e Nascimento (2000), pode se transformar em uma ação pratica através da produção dialética das identidades e dos territórios conjugando classe social, raça, gênero e gerações. Estas reflexões necessitam sair do papel, ganhar a dimensão do contexto social para instruementalizar os atores que sofrem e vivem a violência, a segregação e as desigualdades.

As trocas sociais entre movimento social negro e o proletariado negro, para a elaboração de um projeto comum, estão presentes ainda de forma incipiente, mas em vias de se articular. A democracia brasileira, de acordo com as palavras de Fernandes

(1989), só será de fato real quando não houver nenhuma espécie de discriminação, preconceito, estigmatização e segregação no Brasil.

> "Eu sei o que você quer dizer. Sabe o que acontece? O tempo passa tão rápido, compreende! Antigamente era mais demorado. O ano 2000 foi outro dia, teve aquele boato que o mundo ia acabar no ano 2000. Essa aí, já vamos para o ano 2006. Tem outra, você ia no cinema, teatro ou circo, você via aquelas imagens e quando terminava, você saia com aquelas imagens na cabeça, pelo menos eu, como todo mundo. Por que? Porque você focalizou aquela imagem, cinema na cidade era cinema único. Agora você chega aqui, imagina o futebol, tem um canal que passa futebol estrangeiro. O meu neto, filho deste aqui, minha nossa, ele chega aqui: 'Vô, posso ficar vendo aí um pouquinho, aí e tal'. Aí eu deixo ele assistir, assistir futebol, futebol de lá da Espanha, Itália, é o prazer dele" (Homem Negro, 78 anos, Cidade Tiradentes) (OLIVEIRA, 2008).

Os territórios negros e as políticas afirmativas pressupõem poder reverter o quadro da tecnoesfera. Paulatinamente, o direito à cidade, com recortes de classe social, raça, gênero e gerações, poderá vir a se concretizar com a potencialidade e a força de um outro território, especialmente com as referências e substâncias da psicoesfera.

Silva (1980) e Hasenbalg (2005) contribuem com apontamentos a respeito do capital humano para interpretar alternativas políticas para a eliminação do racismo. A educação, de nível fundamental, médio e superior, pública, particular e de qualidade, possibilitará à massa negra e pobre progredir e superar as barreiras materiais e simbólicas para romper parte da esturura da segregação racial.

No âmbito local e global, a política é o principal instrumento para estabelecer o direito à cidade e às diferenças. A segregação residencial, escolar e ocupacional, conforme Telles (2004), Hasenbalg (2005) e Silva (1998), pode ser suprimida por meio de políticas universais combinadas com classe social, raça, gênero e gerações, políticas de ações afirmativas e políticas territoriais e territorializadas

Políticas universais aliadas às políticas territoriais/territorializadas e ações afirmativas podem promover o retorno dos investimentos dos negros em educação e proporcionar posições de destaque e superação no mercado de trabalho.

Do ponto de vista local e global, as territorialidades são instrumentos potenciais para a política anti segregação e para a eliminação das desigualdades raciais.

Santos (2004) interpreta que a produção do espaço, tendo como princípio o equilíbrio das forças entre psicoesfera e tecnoesfera (1998), possibilita dar um novo rumo às formas espaciais na sociedade contemporânea.

> "Nosso problema teórico e prático é o de reconstruir o espaço para que não seja o veículo de desigualdades sociais e, ao mesmo tempo, reconstruir a sociedade para que não crie ou preserve desigualdades sociais. Em outras palavras, trata-se de reestruturar a sociedade e dar uma outra função aos objetos geográficos concebidos com um fim capitalista, ao mesmo tempo em que os novos objetos espaciais já devem nascer com uma finalidade social" (SANTOS, 2004).

O novo espaço, conforme afirmação de Santos aplica-se ao território e em suas diferentes configurações; classe social, cultura, política, religião e raça.

Existe a esperança de um novo lugar, de um lugar que não seja marcado pelas difenças estruturais, a segregação e o racismo.

Novos e antigos Cenários da Segregação e das Desigualdades

Nesta primeira década do século XXI, a capital paulistana atingiu 11.253.303 habitantes em seu território. Desde o final da década de 1980, São Paulo já vinha apresentando sinais de espraiamento em direção aos municípios da Região Metropolitana. Esta realidade, a respeito do decréscimo ou do espraiamento da população para os municípios vizinhos ficou comprovado com o censo demográfico do IBGE de 2010.

O final do século XX marca o desenvolvimento da era industrial e pós-industrial de São Paulo. Deste período aos nossos dias, a urbe paulistana é o centro da globalização nacional e da América Latina.

A pequena vila de São Paulo se transformou na capital brasileira com a maior diversidade de culturas: no início do século XX, aqui desembarcaram os imigrantes italianos, portugueses, espanhóis, sírios libaneses, japoneses; posteriormente, com o final da imigração, os migrantes internos formados por populações do interior do estado; a migração externa ao território paulistano, referente ao norte e nordeste do país, como baianos, piauienses, cearenses, paraibanos; a migração que também deslocou homens e mulheres do sudeste e sul, haja vista a migração mineira e paranaense; nas últimas décadas do século XX, a cidade sofreu os reflexos da globalização, com a vinda de imigrantes latino-americanos e asiáticos, como os bolivianos, coreanos e chineses.

Além da imigração e migração do século XX, nos dias de hoje, temos a imigração mais recente, por motivos socioeconômicos, políticos e ambientais, como, por exemplo, os haitianos, angolanos, moçambicanos, nigerianos etc. Hoje, São Paulo, em seus 463 anos é um centro global de culturas, negócios e onde se concentra o setor de serviços voltados à produção da globalização econômica, cultural e política.

Perante este cenário, principalmente o final do século XX e o início do XXI, reiteramos que é importante a observação da distribuição negra no espaço da cidade.

Do universo de mais de onze milhões de habitantes, 6.824.668 habitantes são brancos, que representam 60,78% da população, entre os negros são 4.169.301 habitantes, que correspondem a 37% da população.

A população negra da cidade de São Paulo representa o maior números de habitantes em relação aos 5.565 municípios distribuídos no território nacional, superando as grandes capitais como Salvador, Rio de Janeiro, Belo Horizonte e a capital federal.

Dentre o universo de mais de quatro milhões de habitantes negros, a configuração por gênero tem a seguinte classificação: 2.136.024 são mulheres e 2.033.277são homens. Um fato importante que se apresenta no censo de 2010 no país é a sobrerrepresentação de mulheres e negros. Na capital paulistana, as mulheres brancas e negras superam homens brancos e negros no corpo da cidade.

Nos capítulos anteriores, assinalei que a distribuição da população negra segue o cenário da estrutura socioeconômica e racial: de um lado, em maior proporção, a segregação urbana e racial refletiu no deslocamento de homens e mulheres negras de seus locais de origem espacial e social, em direção aos limites da cidade; de outro lado, a territorialidade, tendo como referências, a cultura e a política. Estes elementos subsidiaram e fortaleceram os espaços, núcleos familiares, instituições sociais e culturais, organizações juvenis e religiosas da população negra nas periferias e seus extremos. Esta realidade foi comprovada nos territórios negros do início ao término do século XX, com a Imprensa Negra, a Irmandade Nossa Senhora do Rosário dos Homens Pretos, os cordões e escolas de samba, o processo de redemocratização política, o movimento negro dos anos de 1970 até a nossa atualidade, enfim, o território comporta a história, o contexto socioeconômico e cultural, as realizações de uso, produção e defesa do território perante as desigualdades, o racismo e a segregação.

Com a publicação das informações quantitativas do primeiro censo demográfico do século XXI, será possível verificar e analisar as principais transformações socioeconômicas e raciais no cenário paulistano. Por exemplo: A segregação urbana e racial avançou na capital paulistana? As desigualdades de classe social, raça e gênero avançaram, diminuíram e ou estacionaram no mesmo patamar das últimas décadas? Nas páginas posteriores, apresento os novos e antigos cenários da segregação e das desigualdades.

A divisão administrativa da capital paulistana compreende 96 distritos distribuídos nas zonas leste, oeste, norte, sul e centro. Indiquei acima que a média de população negra é de 37%. Nos 96 distritos segue uma variação que tem forte influência das desigualdades socioeconômicas, raciais e das metamorfoses do espaço diante do capitalismo local e internacional.

Conforme o mapa abaixo sobre a distribuição negra na cidade de São Paulo, referente ao censo de 2010, são 34 distritos com percentual igual e acima de 37% a 60,78%. A localização destes distritos com população negra acima da média da cidade, todos correspondem às periferias e seus extremos. Apenas o distrito da Sé, localizado na região central, foge ao movimento de periferização.

Mapa 13 . Distribuição Negra em SP, 2010.

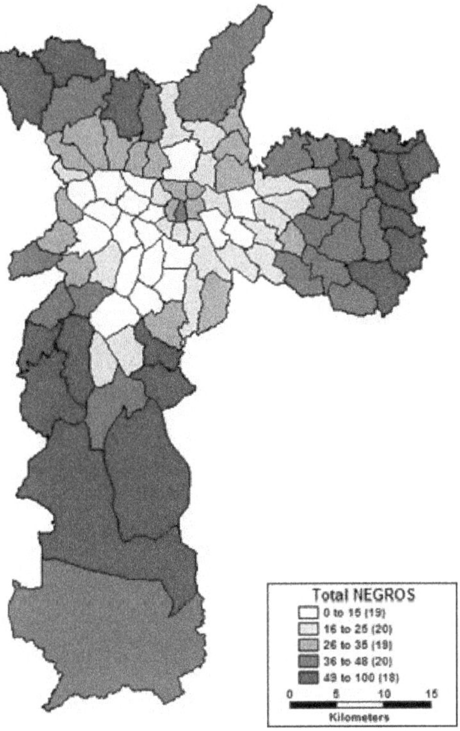

Fonte dos Dados: Censos Demográficos do IBGE, 1991, 2000 e 2010.

Os comentários e análises sobre a cartografia da população negra no século XX, em especial, os censos de 1991 e 2000, já sinalizavam um forte processo de periferização da população negra. No censo de 2010, o crescimento da população negra se manteve elevado nas mesmas áreas dos últimos censos do século XX. Significa que nas décadas de 1980, 1991, 2000 e 2010, a populalçao negra cresceu e avançou sempre em direção às periferias e seus extremos. Os distritos de Brasilândia, Cidade Tiradentes e Jardim Ângela são realidades que confirmam o forte avanço, desenvolvimento e crescimento da população negra e pobre nos territórios de desigualdades urbanas e raciais.

Fora das periferias e seus extremos, a participação negra é inferior a média da cidade. Nos distritos que constituem o quadrante sudoeste, o percentual de negros tem alcançado aproximadamente 10%. Nestas áreas a poulação branca tem alcançado as maiores representações da cidade, por exemplo, nos censos de 2000 e 2010 correspondem aos distritos de Moema, 91,90% e 90%, Alto de Pinheiros, 88,50% e 88%, Itaim Bibi, 90,10% e 88%, Jardim Paulistana, 90,90% e 88%, Lapa, 89% e 88%, Pinheiros, 88,40% e 85% Santo Amaro, 89,30% e 85%, Tatuapé, 89,80% e 85%. Nas áreas do quadrante sudoeste, desde os anos de 1980 a participação de brancos tem sido prevalente, em dados relativos e absolutos. Aconteceram mudanças leves que não afetaram a herarquia racial e socioeconômica dos distritos.

Nas últimas quatro décadas a configuração da cidade de São Paulo, de um lado, apresenta o quadrante sudoeste como a área mais rica, branca e onde está distribuído o ambiente construído de melhor qualidade e que está disponível a servir a globalização nacional e internacional e, de outro lado, nas periferias e seus extremos, a participação negra tem superado a média da cidade, atingindo percentuais acima de 50%, em territórios da pobreza, da violência e do ambiente construído de pior qualidade.

Este cenário das desigualdades socioeconômicas, urbanas e raciais não é contemporâneo, ele se inscreveu no chão da cidade de São Paulo nas últimas décadas do século XIX, no desenvolvimento do século XX e neste início do século XXI, portanto, é um fato histórico e contemporâneo que merece ser melhor correspondido com a promoção de políticas públicas. As polítias públicas, em especial, com foco na segregação racial e nas desigualdades, precisam ter alcance presente e futuro. Se a objetividade com foco nas populações negra e pobre não sair do papel, a capital paulistana continuará crescendo e se desenvolvendo voltada apenas para uma parcela da cidade, a mesma parcela que sempre foi atendida pelo pensamento urbanístico moderno e pelos poderes públicos.

Nas próximas páginas, descrevo e analiso as informações socioeconômicas sobre rendimento, educação e habitação entre brancos e negros, a fim de melhor compreender os novos e antigos cenários da segregação racial e das desigualdades na capital paulistana.

Para compreender as desigualdades de renda, trago as informações do censo de 2000 da cidade de São Paulo. No final do século XX, a renda média dos paulistanos era de R$ 1.031,85. Na época, a população branca recebia a renda média de R$ 1.505,50 e os negros R$ 557,60 (IBGE, 2000). A população negra alcançava apenas 35% dos rendimentos da população branca. Além das diferenças entre brancos negros, as desigualdades se inscrevem também por gênero. No quadro socioeconômico os homens brancos recebiam R$ 1.919,20, os negros alcançavam R$ 690,54, as mulheres brancas recebiam R$ 1.092,00 e as mulheres negras alcançavam a média de R$ 425,47.

Atualmente, o quadro socioeconômico da população paulistana tem a seguinte dimensão: o rendimento nominal médio mensal é de R$ 1.296,58, a população branca recebe R$ 1.647,00 e a população negra participa com R$ 702,00; o rendimento médio classificado por gênero e raça, o homem branco alcança R$ 2.166,36, a mulher branca R$ 1.197,30, o homem negro R$ 863,00 e a mulher negra R$ 550,50. Portanto, a renda média do paulistano teve um pequeno incremento em relação a 2000, mas as desigualdades continuam persistindo entre classe social, raça e gênero. Conforme o censo demográfico de 2010, a renda média da população negra corresponde a 42% dos rendimentos da população branca. As diferenças de classe social, raça e gênero revelam a seguinte hierarquia: a mulher branca recebe aproximadamente 55% , o homem negro 39,84% e a mulher negra 25,39% em relação aos rendimentos do homem branco.

Neste início do século XXI, a população negra não teve nehuma alteração quanto às desigualdades socioeconômicas, há uma grande distância entre os ganhos médios da população branca e da população negra e se torna mais crítica quando é classificada por gênero e raça. No encerramento do século XX, a população negra no cenário nacional recebia entre 30% e 60% dos ganhos da população branca. Em 2000, a população negra da capital paulistana recebia aproximadamente 35% dos ganhos da população branca. Para este momento os negros recebem 42% dos ganhos da população branca. Não ocorreram mudanças estruturais, a estrutura socioeconômica e racial permanece a mesma do século XX.

A diferença de rendimentos que decresceu de 35% para 42% não significa que a segregação tenha diminuído. No cenário da hierarquia socioeconômica e racial, homens e mulheres negras pouco avançaram na cidade de São Paulo, a ponto de comprometer a hegemonia socioeconômica da população branca, sobretudo nas áreas e ocupações que pagams os melhores rendimentos. Se as políticas públicas forem implementadas neste século XXI, quantas décadas serão necessárias para que a renda entre brancos e negros estejam no mesmo patamar?

De 2000 para 2010, a diferença de renda saltou de 35% para 42%. Ainda não tenho informações suficientes para confirmar se a segregação tenha diminuído. Para o momento, considero que não houve alterações estruturais entre brancos e negros.

Nos 96 distritos da capital paulistana o rendimento nominal médio mensal da população branca supera os rendimentos da população negra. As diferenças de rendimento não são uniformes, a renda média é formada em razão de influências do espaço, da classe social, cor/raça, gênero e escolaridade. Nas tabelas abaixo, apresento dois cenários de rendimento, o primeiro, o rendimento médio de negros e brancos nos distritos com os menores rendimentos, o segundo, os distritos com os maiores rendimentos da população negra e branca, sobretudo da população branca.

Tabela número 35 – Classificação do rendimento nominal médio entre negros e brancos, nos dez distritos com os menores rendimentos na Cidade de São Paulo.

Cidade/Distrito	Negro	Branco
São Paulo	703,44	1.642,07
Brasilândia	549,95	667,72
Cidade Tiradentes	501,24	513,52
Jardim Ângela	506,52	565,42
Marsilac	441,12	448,13
Parelheiros	463,00	556,12
Lajeado	485,59	524,72
Jardim Helena	488,28	536,90
São Rafael	500,49	607,08
Itaim Paulista	503,40	561,78
Perus	522,58	557,63

Incluir Fonte: IBGE, Censo de 2010

Nos distritos das periferias, as diferenças de renda entre negros e brancos não são extremas. Os negros recebem os menores rendimentos, porém, são diferenças que alcançam o valor de R$ 20,00 até o máximo de R$ 120,00 (conforme a tabela acima). Os rendimentos são próximos, no entanto, mesmo nas periferias, homens e mulheres brancas levam vantagens materiais e simbólicas em relação aos homens e mulheres negras; em oportunidades que garantem o acesso às melhore funções de rendimentos e o mercado de trabalho.

Brasilândia, Cidade Tiradentes e Jardim Ângela e na mesma perspectiva os distritos com os menores rendimentos, a maioria está localizada nos extremos da capital paulistana. A localização socioespacial, cor/raça e gênero exercem forte influência na composição do rendimento nominal médio mensal de brancos e negros, especialmente para a população negra.

Tabela número 36 – Classificação do rendimento nominal médio mensal entre brancos e negros, nos dez distritos com os maiores rendimentos.

Distrito	Branco	Negro
Moema	5.596,31	2.658,05
Morumbi	5.593,92	963,32
Jardim Paulista	5.337,52	2.186,35
Itaim Bibi	4.740,70	1.973,99
Alto de Pinheiros	4.593,39	1.779,30
Pinheiros	4.361,40	1.729,15
Vila Mariana	4.190,11	2.192,00
Campo Belo	3.884,94	1.278,00
Perdizes	3.794,58	1.707,81
Vila Leopoldina	3.712,04	643,93

Fonte dos Dados: IBGE, 2010. Banco SIDRA.

Conforme a tabela acima, nos distritos do quadrante sudoeste onde estão concentrados os serviços da globalização, do capital financeiro e da modernidade, estão localizados os maiores rendimentos da cidade e da população branca. Nos distritos da tabela acima, a população negra alcança entre 30% e 60% dos rendimentos da população branca. Moema é o distrito que apresenta o maior rendimento da população branca, neste terriório os negros recebem entre 47% dos ganhos dos brancos. No Morumbi, o segundo maior rendimento da cidade de São Paulo, os negros recebem 17% dos rendimentos nominais médio mensais dos brancos. Os rendimentos de brancos e negros neste distrito definem o lugar de cada um na estrutura socioeconômica e racial no corpo da cidade. Nesta região está localizada a favela do Morumbi, são habitações subnormais constituídas, em sua maioria, por negros e pobres. No Morumbi, 77% da população é branca e 19% é por negros.

Tabela número 37 – Classificação das faixas de renda entre brancos e negros na cidade de São Paulo, 2010.

São Paulo	Total	Branco	%	Negro	%
S/Rendimento	3.458.900	1.997.764	57	1.385.191	40
Até 1 SM.	1.253.615	614.004	48,97	586.819	46,8
Mais de 1 a 3 SM.	3.215.781	1.828.363	56,85	1.330.148	41,36
Mais de 3 a 5 SM.	783.569	575.318	73,42	180.669	23,05
Mais de 5 a 10 SM.	679.919	556.350	81,82	89.272	13,12
Acima de 10 a 20 SM.	291.102	253.991	87	19.760	6,78
Acima de 20 SM.	132.882	120.850	93,81	5.294	3,98
Total	9.815.768	5.946.640		3.597.153	

Fonte dos Dados: Censo Demográfico do IBGE, 2010.

Conforme a tabela acima, a classificação entre brancos e negros nos estratos de renda tem a seguinte composição: a faixa sem rendimento dentre os brancos representa 57% e entre os negros 40%; na faixa até 1 salário mínimo, os brancos participam com 48,97% e os negros com 46,8%; posteriormente, na faixa de renda acima de 1 a 3 salários mínimos, os brancos representam 56,85% e os negros 41,36%; acima de 3 até 5 salários mínimos, os brancos alcançam 73,42%, os negros correspondem a 23,05%; na faixa de renda acima de 5 até 10 salários mínimos, os brancos comparecem com 81,82% e os negros com 13,12%; na penúltima faixa, acima de 10 a 20 salários mínimos, a população branca representa 87%, para a população negra corresponde a 6,78%; por último, a faixa de renda acima de 20 salários mínimos, brancos e negros participam com 93,91% e 3,98%.

A participação da população branca está sobrerrepresentada nas sete faixas de renda, sobretudo está melhor posicionada nas últimas três faixas de renda. No quadro oposto, a população negra se encontra sobrerrepresentada nas três primeiras faixas de renda. Os menores percentuais de rendimento da população negra estão situados nas três últimas faixas.

Em resumo, o quadro da estrutura socioeconômica revela situação semelhante do que foi comentado sobre o rendimento nominal médio mensal entre brancos e negros. A leitura dos estratos de renda apresenta dois cenários: de um lado, a hierarquia socioeconômica e racial é constituída pela população branca participando de todas as faixas de renda, no entanto, ocupa papel de sobrerrepresentação nas melhores faixas de renda; de outro lado, a população negra está distribuída nas faixas de renda, em maior proporção, nas três primeiras faixas e de forma muito tímida na faixa de 3 a 5 salários mínimos, nas últimas três faixas de renda assinalo a subrrepresentação negra nos segmentos que representam os estratos médio e alto.

Tabela número 38 – Classificação das faixas de renda entre brancos e negros no distrito da Brasilândia, 2010.

Brasilândia	Total	Branco	%	Negro	%
S/Rendimento	87.377	40.900	46,80	45.785	52,39
Até 1 SM.	39.578	17.174	43,39	22.120	55,88
Mais de 1 a 3 SM.	80.643	39.468	48,94	40.619	50,36
Mais de 3 a 5 SM.	10.451	6.285	60,13	3.988	38,15
Mais de 5 a 10 SM.	4.190	2.722	64,96	1.353	32,29
Mais de 10 a 20 SM.	581	422	72,63	135	23,24
Mais de 20 SM.	110	82	75,55	20	18,18

Fonte: Censo Demográfico do IBGE, 2010. Banco de dados SIDRA.
Elaboração dos dandos: o autor.

Conforme a tabela acima, o cenário da Brasilândia apresenta reflexos da estrutura socioeconômica e racial da capital paulistana, porém, o território apresenta particularidades que merecem observações. No distrito da Brasilândia os negros estão em maior proporção nas três primeiras faixas; sem rendimento, até 1 salário mínimo e acima de 1 a 3 salários mínios. Nas faixas seguintes, acima de 3 a 5, acima de 5 a 10 e de 10 a 20 salários mínimos considero muito tímida a participação negra. Na faixa acima de 20 salários mínimos, os negros permanecem subrrepresentados.

A participação da população branca na faixa de renda na Brasilândia corresponde a proporções menos acentuadas quando comparadas com a participação negra, no entanto, nas quatro últimas faixas de renda, brancos estão sobrerrepresentados.

No distrito da Brasilândia o cenário tem forte reflexo da hierarquia socioeconômica e racial da cidade de São Palo: de um lado, a participação negra nas faixas de renda da pobreza e da extrema pobreza e, a tímida participação nos estratos que representam as classes média e alta.

Tabela número 39 – Classificação das faixas de renda entre brancos e negros no distrito da Cidade Tiradentes, 2010.

Cidade Tiradentes	Total	Branco	%	Negro	%
S/Rendimento	75.706	31.648	41	43.669	57,68
Até 1 SM.	28.518	12.076	42,35	17.195	60,29
Mais de 1 a 3 SM.	62.217	25.914	41,65	34.942	56,16
Mais de 3 a 5 SM.	6.027	2.780	46,13	3.123	51,81
Mais de 5 a 10 SM.	1.360	669	49,19	683	50,22
Mais de 10 a 20 SM.	89	45	50,56	44	49,43
Mais de 20 SM.	17	6	35,30	10	58,83
Total	173.934	73.138		99.666	

Fonte: Censo Demográfico do IBGE, 2010. Bando SIDRA.
Elaboração dos dados: o autor.

O distrito da Cidade Tiradentes apresenta um cenário diferente dos anteriores: os negros comparecem sobrerrepresentados nas cinco primeiras faixas de renda e na última, na faixa de renda de 10 a 20 salários mínimos, negros e brancos compartilham quase o mesmo patamar (a diferença dos brancos para os negros é de 1,1 acima). Neste distrito uma pequena parcela da população branca e negra recebem rendimentos que representam as classes média e alta. Negros e brancos, sobretudo os negros, estão nos segmentos da população pobre e de extrema pobreza na Cidade Tiradentes.

Tabela número 40 – Classificação das faixas de renda entre brancos e negros no distrito do Jardim Ângela, 2010.

Jardim Ângela	Total	Branco	%	Negro	%
S/Rendimento	102.760	38.644	37,61	63.355	61,84
Até 1 SM	39.400	14.187	36	25.055	63,59
Mais de 1 até 3 SM.	91.323	35.610	38,99	54.995	60,22
Mais de 3 até 5 SM.	8.293	3.944	47,56	4.250	51,24
Mais de 5 até 10	2.697	1.496	55,47	1.152	42,73
Mais de 10 até 20 SM	287	191	66,55	90	31,36
Mais de 20 SM.	49	32	65,30	16	32,65
Total	244.809	94.104		148.873	

Fonte: Censo Demográfico do IBGE, Banco SIDRA.
Elaboração dos dados: o autor.

Na direção da zona sul, o distrito do Jardim Ângela também apresenta suas particularidades em relação ao quadro da cidade: a sobrerrepresentação negra comparece nas quatro primeiras faixas de renda, sobretudo nas menores faixas de renda, posteriormente, alcança 42% na faixa de renda de 5 a 10 salários mínimos e nas duas últimas, assinalo que é uma participação tímida, muito distante da composição negra no universo do distrito. Para a população branca, ocorre o inverso nas quatro primeiras faixas, os números são inferiores aos da população negra, a mudança ocorre da faixa de renda de 3 a 5 salários mínimos que não supera a negra, posterior a esta, a população branca se apresenta de forma sobrerrepresentada nas três últimas faixas de renda.

Nas periferias dos três distritos a pobreza e a extrema pobreza correspondem a participação de brancos e negros, em maior proporção, a população negra está sobrerrepresentada. Nas faixas de renda que representam as classes média e alta, a população branca está em maior proporção. A população negra participa das faixas de renda das classes média e alta, mas os números são inexpressivos e não chegam a comprometer a estrutura socioeconômica e racial do território.

Na Cidade Tiradentes aproximadamente sete centenas de negros estão na faixa de renda de 3 a 5 salários mínimos, ainda insuficientes para modificar a estrutura socioeconômica e racial local. Nas faixas de renda de 10 a 20 salários mínimos e acima de 20 salários míminos são 54 pessoas negras que recebem rendimentos das classes média e alta.

Portanto, as informações sobre o rendimento nominal médio mensal e as faixas de renda confirmam o quadro socioeconômico e racial do século passado e do atual momento; a população negra está sobrerrepresentada nos menores rendimentos e nos segmentos socioeconômicos da pobreza e da extrema pobreza. Na cidade de São Paulo a população branca recebe os maiores rendimentos nominais médios mensais nos 96 distritos. Nas periferias e seus extremos, além das vantagens materiais e simbólicas, ela ocupa as faixas de renda das classes média e alta.

A estrutura socioeconômica está mais sujeita a afetar os grupos vulneráveis, no casa da estrutura geracional, são os menores de idade (de 10 a 17 anos) das classes populares os atores que irão compor o mercado de trabalho em condições de vulnerabilidade e exclusão.

O reflexo do quadro socioeconômico se espelha nos primeiros anos do mercado de trabalho, por exemplo, o trabalho infantil que tem a representatividade de crianças e adolescentes que iniciam os primeiros anos no mercado de trabalho para compor o quadro salarial das famílias. O início no mercado de trabalho para brancos e negros têm influências do século passado e de nossa contemporaneidade. Conforme as informações do IBGE 2010, são 1.373.397 crianças e adolescentes, de 10 a 17 anos que realizam o trabalho infantil. A população branca no universo do trabalho infantil, em dados absolutos representam 745.839 indivíduos, são 54,31% em dados relativos. Para os negros, a composição é de 608.499 menores de idade, são 44,31% do universo.

Comparando com o quadro demográfico, as informações sobre trabalho infantil revela que os menores de idade negros estão em um patamar acima da representação negra na cidade de São Paulo, o inverso acontece para os menores de idade brancos. Portanto, a participação branca é superior no quadro de trabalho infantil, porém, a representação de 44,31% de menores negros superara o quadro de 37% da população negra da cidade de São Paulo.

Em todo o transcorrer do século XX, a população negra foi e permanece sendo a primeira a entrar no mercado de trabalho, em razão do cenário de vulnerarabilidade, o quadro socioeconômico e educacional, moradia e violência (SOUZA, 2006).

Após décadas de vida em situações de desigualdades e segregação racial, a mão de obra negra terá pela frente o cenário da aposentadoria. Durante o período de contribuição para a previdência social, negros e negras sofreram os processos meritocráticos e racistas da sociedade que lhes proporcionam as menores posições no quadro socioeconômico, educacional e cultural. Este quadro também revela como o racismo incide sobre os direitos sociais. Na aposentadoria, os aposentados negros e negras terão seus direitos sociais, especialmente os direitos de proteção social fragmentados e de pior qualidade (WERNECK, 2013). A tabela abaixo, a respeito da contribuição para a previdência classificada por negros e brancos, traz parcialmente este retrato da vulnerabilidade e da perda de direitos sociais.

Tabela número 41 – Pessoas de 10 anos ou mais de idade, ocupadas na semana de referência, segundo a cor e a contribuição para o instituto de previdência, São Paulo.

	Total	Branca	Negra	Total	Branca	Negra
Total	5549787	3400818	2009296	100,00	61,28	36,21
Contribuintes	4094972	2564094	1427841	73,79	46,20	27,96
Não Contribuintes	1454815	836724	581456	26,21	15,08	32,77

Fonte: Censo Demográfico do IBGE, 2010. Banco SIDRA.
Elaboração dos dados: o autor.

Os últimos anos do mercado de trabalho para a mão de obra no Brasil compreende inúmeras dificuldades. Com as políticas neoliberais e a globalização, a mão de obra brasileira em um curto intervalo de tempo teve que arcar com as principais transformações; o desemprego em massa, a exploração da mão de obra, principalmente feminina, a busca de qualificação técnica, humana e profissional para atender aos novos mecanismos da era informacional (ANTUNES, 2005.).

Conforme a tabela acima, a capital paulistana alcançou o total de 5.549.787 pessoas de 10 anos ou mais de idade, ocupadas na semana de referência, classificada segundo a cor e a contribuição da previdência. Deste universo, 4.094.972 estão classificados como contribuintes, 73,79% em dados relativos e, entre os não contribuintes, 1.454.815 indivíduos, em dados relativos são 26,21%. Os não contribuintes representavam mais de 10% da população paulistana no ano 2000, acredito que este cenário seja reflexo da globalização neoliberal das últimas décadas do século XX.

A classificação da previdência social entre brancos e negros tem o seguinte formato: para os brancos, a participação na condição de contribuintes representam, em dados absolutos, 2.564.094 pessoas, em dados relativos são 46,20%; os não contribuintes brancos alcançam o número de 836.724 pessoas, são aproximadamente 15,08%; para os negros, os contribuintes representam 1.427.841 indivíduos em dados absolutos e 27,96%, em dados relativos; entre os não-contribuintes negros são 581.456 indivíduos, em dados relativos são 32,77%.

Segundo a tabela acima, a população negra está em menor proporção no total de contribuintes da previdência social. Em dados relativos, os não-contribuintes negros superam o percentual de contribuintes brancos.

A previdência social foi construída sob regras contribuitivas, ou seja, tendo como referência a individualização da contribuição como forma de acesso (WERNECK, 2013). As regras e normas da previdência se apoiam em estruturas da segregação estabelecida pela sociedade racista; as desigualdades históricas e contemporâneas da força de trabalho da população negra, a falta de oportunidades, a sobrerepresentação nas funções de menor remuneração e de baixo prestígio socioeconômico e a exploração da mão de obra feminina negra.

A mão de obra negra na capital do trabalho não obteve os resultados do progresso e do desenvolvimento. Nas inúmeras fases do mercado do trabalho e no último ciclo com a aposentadora, homens e mulheres negras amargam as condições de maior precariedade, carências e vulnerabilidade frente às necessidades socioeconômicas, acesso à saúde, assistência social e moradia digna.

O espaço social é um fenômeno importante que também subsidia a análise socioeconômica e racial. O espaço da capital paulistana é importante de ser observado nesta transição do ano 2000 para 2010, mais precisamente o contexto da habitação e do ambiente construído. Infelizmente, nas informações do censo demográfico de 2010, não foi possível desenvolver leituras mais precisas sobre a habitação e o universo do ambiente construído dos 96 distritos. Aqui, trabalharei os dados sobre a habitação subnormal da capital paulistana, não farei interpretações para Brasilândia, Cidade Tiradentes e Jardim Ângela. .

Ao término do século XX, a população paulistana vivendo em habitações subnormais reprsentava 912.972 habitantes. No contexto nacional representava 8,7% de pessoas vivendo em habitações subnormais. Neste quadro de habitação subnormal na urbe apulistana, a população branca corresponde a 427.876 indivíduos e a população negra alcança 472.195 indivíduos, em dados relativos configuram-se em 46,9% e 51,7%.

Nos distritos da Brasíliandia, Cidade Tiradentes e Jardim Ângela, o contexto da habitação se classificava em 32.334, 2.165 e 48.006 habitantes. Em dados relativos, são 13,1% na Brasilândia, 1,1% na Cidade Tiradentes e 19,6% no Jardim Ângela. O fenômeno urbano da cidade fora da lei está concentrado nas periferias e seus extremos.

As informações do IBGE, 2010, confirmam que o quadro da habitação subnormal não se alterou, em dez anos a habitação subnormal cresceu em direção aos territórios da pobreza e dos territórios onde está concentrada a população negra.

Atualmente, São Paulo apresenta 1.280.400 habitantes vivendo em habitações subnormais. Em dez anos a população em habitações subnormais cresceu em 367.428 habitanes no corpo da cidade. Em dados relativos, a habitação surnomal na capital paulistana de 8,7% avançou para 11,42%.

Do universo de 1.280.400 habitantes em habitações subnormais, negros e brancos têm a seguinte participação: em dados absolutos são 776.495 moradores negros e em dados relativos são 60,64%; para a população branca são 496.297 habitantes e, em dados relativos, 38,76% de pessoas no quadro da habitação subnormal.

Na capital paulistana, de 2000 para 2010, a habitação subnormal (favelas, cortiços, loteamentos irregulares e fora da lei) avançou no chão do território. O avanço da habitação subnormal refletiu no quadro da segregação urbana e racial. Negros e pobres são os sujeitos e protagonistas das habitações subnormais da cidade de São Paulo. Frente às informações até aqui interpretadas, acredito que a população negra tenha crescido principalmente nas periferias e seus limites.

O resultado do avanço da habitação subnormal revela que as políticas públicas para a cidade não obtiveram sucesso. Este quadro, parcialmente, confirma que a segregação urbana e racial avançou na capital paulistana. Ao final deste capítulo responderei de forma mais precisa.

As ações e reflexões em políticas públicas não atingiram os susjeitos e protagonistas que vivem, usam e produzem o território. Conforme as informações do IBGE, parece que este público não obteve apoio em políticas públicas para melhorar o cenário das habitações subnormais. Sair deste quadro significa mudar a qualidade de vida, qualificar o ambiente construído, obter oportunidades e realizações presentes e futuras. No quadro habitacional, são os negros e pobres que perfazem o quadro da segregação urbana e racial.

Após as interpretações sobre renda e rendimento e o cenário da habitação na capital paulistana, trago nas próximas páginas o contexto da educação entre brancos e negros.

A educação é o espaço da produção de conhecimento, da descoberta de lugares e territórios. É perante o quadro de segregaçõ racial, desigualdades e exclusão que a educação é uma força importante para inscrever um novo cenário de territórios de cidadãos.

A educação não se resume a qualificação da população para o mercado de trabalho, seja ele industrial, financeiro, comercial e do capital globalizado. A educação é um elemento imprescindível para as transformações do território; as transformações não se resumem a determinado grupo socioeconômico e racial. A construção de territórios de cidadania deve estar á serviço de todos que participam, trabalham, inscrevem e fazem a história da cidade.

No quadro abaixo, apresento um cenário parcial da educação na capital paulistana e nos distritos de Brasilãndia, Cidade Tiradentes e Jardim Ângela.

Tabela número 42 – Distribuição de alfabetizados e não alfabetizados classificado por brancos e negros na cidade de São Paulo, 2000.

SP/Distritos	Alf.Total	N_Alf	Branca Alfabet	Branca N_Alfabet	Negro Alfabetiz	Negro N_Alfab
São Paulo	10.033.340	509.216	6.146.660	233.840	3.643.661	268.034
BRAS	227.851	17.287	110.672	7.275	115.289	9.922
CTI	180.610	13.807	77.266	5.676	102.364	8.067
JDA	248.603	22.430	96.836	7.714	149.818	14.563

Fonte dos Dados: Censo Demográfico do IBGE, Banco SIDRA.
Elaboração dos dados: o autor.

Na capital paulistana são 10.033.340 pessoas de 5 anos ou mais de idade alfabetizadas, que participam e participarão das inúmeras etapas de formação. A formação de cidadãos é um papel que não deve estar reservado apenas à escola, todas as instituições e espaços sociais devem cumprir o seu papel de compor a construção da cidadania, como os espaços da família, equipamentos públicos e privados de cultura e lazer, serviços de qualidade nas áreas de saúde, transporte, moradia e ambiente digno para todos e o protagonismo dos movimentos sociais.

No contexto paulistano, são 509.216 pessoas de 5 anos ou mais de idade não alfabetizadas. Nos dias de hoje, na sociedade do meio técnico científio informacional, não saber ler e escrever, significa ter seus espaços e lugares reduzidos em razão das aptidões formais não desenvolvidas. Em diferentes perspectivas do mundo do trabalho e do conhecimento, o reflexo é a condição da pobreza e da extrema pobreza interpretadas no quadro socioeconômico e das habitações fora da lei. Estes indivíduos precisarão redobrar suas lutas para conquistar as garantias mínimas de viver e estar na cidade.

Dentre brancos e negros, a população branca participa com 6.140.660 pessoas alfabetizadas. No grupo dos não alfabetizados são 233.840 pessoas brancas que se inscrevem por lugares e oportunidades na capital paulistana.

A alfabetização para a população negra se constitui com a representação de 3.643.661 indivíduos que se classificam na condição de saber ler e escrever. Os não-alfabetizados alcançam o número de 268.034 indivíduos. Não saber ler e escrever complica o cenário da vida social da população negra. Além da segregação racial, o racismo e as desigualdades, homens e mulheres negras terão que lutar em diferentes frentes para sair do lugar de negro. O lugar de negro também pode ser interpretrado como o lugar das dificuldades e das poucas oportunidades com o conhecimento formal.

Tabela número 43 – Distribuição dos níveis de ensino entre brancos e negros, São Paulo, 2000.

Nível de ensino	Total	Branco	Negro	% Branco	% Negro
Fundamental	1.644.336	1.023.611	585.333	62,23%	35,60
Medio	588.401	392.638	180.536	66,72	30,68
Graduação	300.080	253.740	30.673	84,56	10,22
Mestrado ou Doutorado	22.345	19.487	1.478	87,21	0,66

Fonte dos Dados: Censo Demográfico do IBGE, 2010. Banco SIDRA.
Elaboração dos dados: o autor.

Segundo a tabela acima, sobre a distribuição dos níveis de ensino entre brancos e negros, o primeiro nível classificado como ensino fundamental, está constituído com as seguintes informações: o total geral de pessoas com ensino fundamental alcança 1.644.336 indivíduos; entre os brancos são 1.023.611 indivíduos, em dados relavitos são 62,33%, os negros representam 585.333 indivíduos, em dados relativos são 35,60%. Brancos e negros estão proporcionalamente representados no quadro de ensino fundamental quando comparamos os percentuais em educação e em população da cidade.

Posteriormente, o ensino médio está organizado com a seguinte estrutura socioeconômica e racial: são 588.401 indivíduos com o ensino médio; os brancos atingiram o número de 392.638 indivíduos, são 66,72% em dados relativos; para os estudantes negros a participação corresponde a 180.536 indivíduos, são 30,68% em dados relativos. Para os jovens, sobretudo para os jovens negros, é uma etapa fundamental porque está relacionada com a entrada no mercado de trabalho e o ensino superior. Geralmente, após a conclusão do ensino médio para os jovens, há três possibilidades; a primeira, trabalhar e cursar o ensino superior, a segunda, apenas trabalhar e, a terceira, em menor proporção, apenas estudar com o apoio financeiro e social da família. Para os jovens negros, em maior proporção, na primeira escolha vem o trabalho, posteriomrnete, a conjugação do trabalho e ensino superior.

A educação pública é um direito de todos, principalmente o ensino fundamental e médio. Posterior ao ensino médio, o ensino superior não é uma garantia universal, a regra é a meritocracia: de um lado, estão os estudantes que receberam a estrutura socioeconômica e educacional de melhor qualidade, oriundo de instituições de ensino privado; de outro lado, a maior parte dos jovens que concluíram o ensino médio vivenciaram dificuldades no quadro socioeconômico e educacional, principalmente os jovens negros, as principais vítimas da violência do racismo e da falta de oportunidades profissionais e educacionais. A entrada no ensino superior no Brasil tem como referências os princípios das desigualdades e do racismo. Negros e pobres, naturalmente são descartados das possibilidades em frequentar os cursos superiores das melhores instituições públicas e privadas do país.

O quadro da educação superior tem a seguinte composição: são 300.080 pessoas que frequentavam ou concluíram o ensino superior; os brancos atingiram a soma de 253.740 indivíduos, são 84,56% da população do ensino superior; os negros alcançaram 30.673 indivíduos, eles representam 10,22% dos estudantes.

Após a conclusão do ensino médio, o contexto é diferente para os estudantes negros. No ensino superior a participação é de subrrepreentação negra, são os estudantes brancos que representam mais de 80% dos universitários na capital paulistana.

Infelizmente, não temos a cartografia da distribuição dos níveis de ensino relacionado à raça/cor da cidade. A cartografia poderia contribuir para melhor delinear como é a distribuição do conhecimento na cidade de São Paulo, em especial, do ensino superior.

Nos anos de 1990, o Mapa da Exclusão/Inclusão Social da cidade de São Paulo, organizado por Aldaisa Sposati (1996; 2001), revelou que o quadrante sudoeste é o território da globalização, da riqueza, ambiente construído de melhor qualidade, da concentração de população branca e das taxas de população com ensino superior. Após duas décadas da publicação do trabalho de Sposati, poucas mudanças nas políticas socioeconômicas e educacionais foram colocadas em pratica, portanto, em nossa atualidade são os distritos do quadrante sudeoste que possuem o maior número de graduados e em formação.

O último nível, a respeito da composição de estudantes de mestrado e doutorado, o processo socioeconômico e racial está em permanente seleção com a entrada de estudantes e pesquisadores negros e brancos na pós-graduação brasileira: são 22.345 pós-graduandos dividos nas inúmeras áreas do conhecimento, como ciências humanas e sociais aplicadas, exatas, tecnológicas e saúde e biológicas; os pós-graduandos brancos são maioria, eles representam 19. 487 indivíduos; neste ultimo patamar da estrutura educacional do país, os pós-graduandos negros são uma minoria, em dados relativos são 0,66% dos pesquisadores da capital paulistana.

Tabela número 44 – Distribuição dos níveis de ensino entre brancos e negros, São Paulo, 2010.

Nível de ensino	Total	Branco	Negro	% Branco	% Negro
Fundamental	1.440.717	800.484	650.658	55,56	45,16
Medio	630.773	364.100	255.560	57,72	40,51
Graduação	532.183	394.137	118.165	74,06	22,20
Mestrado	23.816	19.709	3.409	82,75	14,31
Doutorado	11.483	9.567	1.556	83,32	13,55

Fonte: Censo Demográfico do IBGE, 2010. Banco de Dados SIDRA.
Elaboração dos dados: o autor

Dez anos depois, o censo demográfico do IBGE disponibilizou novas informações sobre a estrutura educacional do país. Segundo a tabela acima, o quadro do ensino fundamental está organizado com as seguintes informações: 1.440.717 pessoas em sua totalidade; 800.464 são brancas e representam 55,56¨% do universo do ensino fundamental; 650.658 de pessoas são negras e alcançaram o percentual de 45,16% que representam parte do universo do ensino fundamental.

Do censo de 2000 para 2010, houve avanço em relação ao número de estudantes do ensino fundamental na capital paulistana, registrou-se um salto de 35,60% para 45,16%, é um avanço substancial importante.

No ensino médio são 630.773 estudantes distribuídos nas instituições de ensino da capital paulistana. Participam do ensino médio 364.100 estudantes brancos, em dados relativos são 57,72%. Houve decrescimo de estudantes brancos em dados absolutos e relativos no ensino médio. Os negros comparecem com 255.560 estudantes, 40,51% do universo. Em ambos os níveis de ensino, fundamental e médio, a participação de estudantes negros elevou-se.

No final do século XX e início do XXI foram implementadas políticas públicas na área da educação, sobretudo no ensino superior. As políticas de ação afirmativa, em particular, a política de cotas nas universidades públicas e nos institutos federais de educação, ciência e tecnologia, mudaram de forma moderada o cenário do país e da realidade das principais capitais. A política de cotas tem como princípio estabelecer a entrada e permanência de estudantes pobres, negros e indígenas nas universidades públicas e institutos federais, com a seguinte observação central: jovens oriundos integralmente do ensino médio público, conforme o recorte censitário de cor raça de determinado território (Estados da Federação).

Além das políticas de cotas, o ligeiro aumento da participação de jovens negros no ensino superior foi subdiado com as políticas públicas em instituições particulares, beneficiando os jovens do ensino público que obtiveram bons resultados durante o exame nacinal do ensino médio. Nas instituições particulares, a política educacional (financiamentos) garante a integralidade ou a parcialidade da mensalidade para os estudantes, conforme o quadro socioeconômico e cor/raça.

O PROUNI – Programa Universidade para todos, criado em 2004 pelo governo federal, institucionalizado pela Lei número 11.096, em 13 de janeiro de 2005, tem como finalidade a concessão de bolsas de estudos integral e parcial em cursos de graduação de instituições de nível superior privadas. Este programa é direcionado aos egressos do ensino médio da rede pública, com renda familiar per capita máxima de até três salários mínimos.

De 2000 para 2010, o número de estudantes de graduação elevou-se de 300.080 para 532.183. O reflexo deste crescimento esta relacionado com as políticas públicas, mas também está fortemente orientada com o crescimento das faculdades e universidades particulares que também cresceram no mesmo período e se beneficiaram com as políticas públicas orientadas para os estudantes de escolas públicas (especialmente dos segmentos de baixa renda, brancos, negros e indígenas).

O ensino superior na cidade de São Paulo é formado pelo seguinte quadro educacional: são 532.183 pessoas graduadas; em dados absolutos, os brancos são 394.137 indivíduos, em dados relativos são 74,06%; os negros totalizam a sua participação com 118.165 pessoas, em dados relativos são 22,20%. De 2000 para 2010, houve avanço considerável de estudantes negros no ensino superior, porém, as maiores proporções de estudantes negros estão concentradas nas universidades e faculdades particulares (IBGE, 2010).

O ensino superior privado compreende 403.239 pessoas, os brancos correspondem a 302.239 individuos, os negros representam 88.266 indivíduos. Em dados relativos, os brancos são 75,00% e os negros 21,88%.

No âmbito das universidades públicas são 128.944 pessoas com o ensino superior, neste universo os brancos participam com 91.748 indivíduos e os negros com

29.899 indivíduos. Em dados relativos, os brancos correspondem a 71,15%, os negros alcançam 23,18% da população com ensino superior.

Nas universidades públicas, a meritocracia garante mais de 90% das vagas nos cursos mais concorridos para os estudantes brancos das classes médiae alta, por exemplo, nos cursos de direito, engernharias, medicina, propaganda e marketing, etc.

A Pós-graduação na cidade de São Paulo (mestrado e doutorado) tem a participação de 23.816 pós-graduados. Deste total, são 19.809 mestres brancos, que representam 82,75% do universo de pós-graduados. Entre os negros, são 3.409 mestres, representam apenas 14,31% de pesquisadores dos cursos de mestrado dentre as instituições públicas e privadas.

O número de pesquisadores com o doutorado corresponde a 11.483 indivíduos, dentre os brancos são 9.567 doutores, em dados relativos são 83,32%. Os doutores negros conquistaram 1.556 lugares na pós-graduação em São Paulo, em dados relativos são 13,55%.

O quadro atual e futuro dos estudantes negros após o término do ensino médio depende de políticas públicas de ação afirmativa para a promoção, permanência e desenvolvimento satisfatório no ensino superior e na pós-graduação, na condição de mestrado e doutorado.

Avanços substanciais foram concretizados nas últimas décadas do século XX e neste início do século XXI. Mas conforme a conjunto das informações descritas e analisadas, a população negra detem a subrrepreentação socioeconômica, educacional, cultural e política.

O ensino superior, o mestrado e o doutorado são espaços de conhecimento e poder. O conhecimento e as informações de cunho científico formam o espaço contemporâneo. A sociedade contemporânea vive o meio técnico científico informacional, estes elementos são produzidos e reproduzidos com conhecimento, ciência e poder. “Saber é poder”, na contextualização do espaço social o poder estabelece diferentes estratégias de luta em torno do espaço e do ambiente construído. No âmbito da educação, principalmente do ensino superior e da pós-graduação, o espaço do conhecimento é branco. A produção de conhecimento e da ciência na cidade de São Paulo é branco, uma pequena parcela é formada por negros. Para a população negra, pobre e marginalizada é difícil superar as desigualdades, o racismo e as ideologias que favorecem a produção e reprodução do conhecimento e da ciência dos segmentos brancos.

Milton Santos foi um pesquisador brasileiro com projeção internacional, em geral, sua obra focalizou a questão do território, do espaço e da cidadania. Em suas obras, não há profundas reflexões sobre a questão da população negra. O que encontrei do autor sobre o tema da população negra está registrado no Documentário “O mundo globalizado visto pelo lado de cá” e em algumas ocasiões de entrevistas. Esta consideração não altera o teor e a importância de seu pensamento, a ideia de território e cidadania abrange, em especial, as populações marginalizadas e historicamente excluída dos direitos sociais, como as mulheres, negros, povos indígenas, crianças e adolescente e as principais demandas do quadro social. Milton Santos buscava a totalidade, a multiculturalidade de culturas e direitos, portanto, no múltiplo e na diversidade, as classes populares e marginalizadas são os protagonistas para a construção de uma outra sociedade.

No documentário, Milton Santos (2006) faz o seguinte questionamento: "*Eu creio que é muito difícil ser negro e é muito difícil ser intelectual no Brasil. É difícil ser negro porque, fora das situações de evidência, o cotidiano é sempre muito pesado para o negro. E é difícil ser intelectual porque não faz parte da cultura nacional ouvir tranquilamente uma palavra crítica.* "

Segundo Werneck (2013), a crítica precisa ser feita em profundidade, principalmente no que diz respeito às políticas públicas. As políticas públicas, os cenários de desenvolvimento e o espaço social permitem que homens e mulheres brancas das classes média e alta, recebam os benefícios e privilégios do racismo e da segregação.

A crítica deve ser feita de forma extensiva, especialmente aos poderes públicos. A União, os Estados e os municípios precisam ouvir a crítica a respeito dos cenários que separam e segregam a população negra e pobre nos quadros socioeconômicos, políticos, culturais e educacionais, em expressões da pobreza e da indigência.

Diante do conjunto de informações estatísticas, da literatura, das interpretações e do cenário histórico e contemporâneo da população negra na cidade de São Paulo, considero que a segregação socioeconômica e racial avançou.

Conforme a dinâmica da produção social do espaço na capital paulistana, uma parcela da cidade cresceu na direção aos bairros e territórios da autosegregação das classes média e alta, no quadrante sudoeste e em suas imediações, subsidiado principalmente pelos princípios da ideologia urbana, o zoneamento e o poder de compra e venda da terra e da habitação que privilegia os melhores lugares aos grupos melhor posicionados na estrutura da cidade.

Nas últimas décadas do século XX e nesta primeira década do século XXI, a conjuntura socioeconômica e política trouxe alguns benefícios aos setores de baixa renda, como o consumo, acesso aos bens materiais e simbólicos, no entanto, os direitos sociais não foram concretizados em sua integralidade. A renda, a moradia, o ambiente construído e a escolaridade dos negros não sofreram mudanças estruturais que lhes proporcionasse viver os territórios de cidadania e os direitos de expressar suas diferenças culturais e religiosas sem sofrer violações, indiferenças e racismo.

A segregação urbana e racial resulta no avanço das desigualdades socioeconômicas, culturais e políticas da população negra. Outra frente neste contexto, diz respeito ao avanço da autosegregação das classes média e alta branca, direta e indiretamente tiveram seus privilégios ampliados na estrutura da cidade e do urbano e nos mais dinâmicos espaços da cidade.

Do ponto de vista material e simbólico, não ocorreram aproximações entre classe social e raça. Os grupos raciais permanecem separados na vida privada, familiar e cotidiana. O encontro, a mistura e a troca de valores acontecem nos espaços e lugares mediados por regras, leis e comportamentos, no entanto, o encontro para a produção da diversidade e das diferenças não são naturais.

Durante o desenvolvimento deste trabalho, apresentei considerações de que renda, habitação e escolaridade são elementos fundamentais para definir a segregação de base racial. No quadro sobre rendimento e estrato de renda entre brancos e negros, ficou visível que a pobreza tem maior incidência da população negra, sobretudo a extrema pobreza. A população negra participa de forma inexpressiva no quadro socioeconômico das classes média e alta. A estrutura socioeconômica na capital paulistana é branca, os rendimentos mais elevados que representam poder político e status quo estão localizados nas áreas mais valorizadas, no quadrante sudoeste que concentra os maiores percentuais de população branca.

Após 128 anos da pós abolição, a maioria da população negra está representada nas atividades manuais, que exigem esforço físico e dos rendimentos menos expressivos quanto a status quo, reconhecimento e poder socioeconômico (HASENBALG, 2005). As informações sobre rendimento e os estratos de classes de renda justificam a consideração histórica e contemporânea. Dos primeiros anos da sociedade de classes à era industrial, pós-industrial e da globalização, a população negra foi segregada nos lugares e funções da subalternidade.

A hierarquia socioeconômica, racial e de gênero tem maior incidência na pobreza negra, neste quadro são as mulheres negras que recebem os menores rendimentos. Nas periferias, há uma representatividade expressiva de mulheres negras chefes de famílias, são elas que recebem os menores rendimentos e garantem o sustento material e simbólico. O avanço da segregação racial reflete na mão de obra das mulheres negras, com os menores rendimentos, a vulnerabilidade socioeconômica, cultural e política.

No Brasil, nas cidades brasileiras e na capital paulistana, a população negra está sobrerrepresentada nas habitações subnormais. Em números relativos, no censo de 2000 eram 51,7% de negros em habitações subnormais, posteriormente, no censo de 2010, a média da cidade alcançou o mesmo número do período anteior, 51%. O crescimento foi constatado em números absolutos, de 912.972 pessoas para 1.280.400 pessoas em habitações subnormais, ou seja, houve crescimento considerável de um censo para outro. Não foi possível descrever a incidência da habitação subnormal para os 96 distritos. Acredito que nas periferias e seus extremos, o percentual de população negra vivendo em habitações subnormais seja superior a média da cidade, sobretudo na Brasilândia, Cidade Tiradentes e Jardim Ângela.

Por último, creio que o racismo institucional teve forte influência no quadro da segregação racial. O racismo institucional opera de forma a induzir, manter e condicionar a organização e a ação do Estado, suas instituições e políticas públicas, atuando também nas instituições privadas, produzindo e reproduzindo a hierarquia racial (WERNECK, 2013). Na sociedade nacional e paulistana, os privilégios e benefícios são, em sua maioria, voltados para os interesses dos mais claros, patrocionando também a deslegitimação dos mais escuros.

O silêncio, a invisibilidade e a naturalidade em tratar a questão racial como um problema de classe social, expõe o direito e a democracia às necessidades do racismo, fazendo com que os primeiros inexistam ou existam de forma precária, diante de barreiras de classe social, raça, gênero e gerações pelos esquemas de subordinação da democracia (WERNECK, 2013).

Os interlocutores deste trabalho, em inúmeras situações descreveram o racismo institucional praticado contra eles, incluo neste conjunto de praticas a educação pública, os serviços e equipamentos de saúde, cultura e lazer e as instituições públicas e privadas.

A segregação racial teve e tem efeitos devastadores no quadro material e simbólico da população negra paulistana. Não atingiu o seu limite máximo, porque o território ocupou e ocupa um espaço de esperança e de produção de referências culturais, identitárias, socioeconômicas e políticas, opondo-se e resistindo às praticas da violência do racismo, da ausência dos direitos e da democracia formal.

Para os interlocutores deste trabalho, a família, o movimento social negro, a religião, a cultura e as difentes formas de produção das identidades fortalecem as bases do território. Homens e mulheres negras lutam no chão do território, opondo-se às praticas da segregação racial, do racismo e das desigualdades de classe social, gênero, raça e gerações.

Direta e indiretamente, os interlocures comentaram como foi difícil a luta contra o derramente de sangue, da perda de jovens para o mundo das drogas, do crime e da violência, das ininterruptas praticas da democracia racial brasileira que beneficia e privilegia os mais claros. A territorialidade negra e as forças políticas do local venceram diversas etapas contra a segregação racial. Reitero que as territorialidades negras não são recentes, elas estão no tempo e no espaço da pós-abolição aos dias de hoje. Acredito que não haja um fim do território, mas uma busca para a construção de territórios de cidadania, baseado nos princípios da igualdade, do direito ao reconhecimento, do reconhecimento às identidades e o direitos às diferenças.

Considerações Finais

A segregação racial e o território demarcam a configuração socioeconômica, histórica e geográfica da cidade de São Paulo do século XX. Estes movimentos, geralmente antagônicos, produzem e reproduzem cenários de resistência e enfrentamento dos grupos negros na urbe paulistana.

Constatei, conforme o início e o desenvolvimento da cidade de São Paulo, o território e a segregação se opondo nos espaços de construção dos direitos à igualdade e o direito às diferenças culturais.

Neste trabalho, configurei quatro períodos, dos quais confirmam o movimento da territorialidade, desterritorialidade e reterritorialidade, que são: a pós-abolição até 1930, de 1930 até os anos de 1970 e 1970 até o final do século XX e o momento contemporâneo.

No último período, analisei que a segregação dos grupos negros na cidade avançou, em decorrência do padrão de crescimento urbano em direção às periferias e o papel do Estado, com a produção de áreas dormitórios ausentes de ambiente construído. A habitação, escolaridade, renda e emprego dos negros na capital paulistana foram os cenários analisadas da segregação racial. Observei, no decorrer das últimas quatro décadas do sécuo XX e na primeira década do século XXI, que a hierarquia socioeconômica, política e cultural não sofreu transformações estruturais. Em lugares de maior concentração de pobreza e população negra, a segregação impõe dificuldades no mercado de trabalho, menor nível de aprendizado nas escolas de ensino fundamental e médio e a alta concentração de habitações subnormais. A segregação dos negros na cidade produz dificuldades de âmbito social e racial, sobretudo nas periferias compartilhadas com os brancos.

Em relação ao território, as forças provenientes do quadro socioeconômico e da herança social, passo a passo, estão reforçando a sociabilidade e as identidades negras. Estes resultados ficam mais aparentes conforme o nível de aproximação entre os movimentos sociais negros e a "massa negra".

São Paulo expressa simultaneamente, sinais de opulência e miséria. Torna-se mais evidente o processo de expulsão dos pobres para os espaços de menor valor social (VÉRAS, 2004). A expulsão dos pobres para as periferias reflete no inexpressivo quadro da classe média negra e em tendência de forte homogeneização dos negros na pobreza.

A resposta ao quadro da segregação do negro nas metrópoles brasileiras requer que sejam atacadas as três maiores barreiras à verdadeira democracia racial: a subrrepresentação socioeconômica, as barreiras invisíveis e a cultura racista (TELLES, 2003). A política para a eliminação das desigualdades é de âmbito federal, estadual, municipal e de alcance internacional.

Guimarães (1999) argumenta que políticas universais e de ação afirmativa devem ser ancoradas na melhoria do ensino público fundamental e médio, em políticas de universalização da assistência médica e odontológica, em políticas sanitárias e habitacionais, enfim, numa rede de instrumentos para a promoção da população pobre. As políticas universalistas e as ações afirmativas, conjuntamente, podem mudar o cenário da segregação urbana e racial e amplamente as desigualdades e o racismo.

Frente ao cenário de desigualdades, diversidades e territórios, é importante o desenvolvimento de políticas públicas de longo alcance, com foco na classe social, gênero, raça e gerações.

Afirmei que o Estado promove a segregação e beneficia os grupos de maior poder aquisitivo, quanto à compra e venda das melhores localizações na cidade. De outro lado, o Estado pode elaborar respostas à segregação, em princípio a eliminação das desigualdades e a segregação (MARCUSE, 2004).

Além do Estado, as políticas de combate à segregação podem variar, como por exemplo, o poder local exerce um papel importante com os atores do lugar e os atores do lugar podem exercer ações importantes no local (MARCUSE, 2004). Reunir políticas universalistas, ações afirmativas de natureza racial e territorial, de longo alcance, viabilizam transformações para construção de um novo espaço.

A luta contra a segregação urbana e racial em São Paulo concentra-se nos atores sociais que vivem e trabalham no território: os movimentos sociais negros e o universo da população que estabelece relações históricas, identitárias e de referências do lugar. É preciso de um Estado que enfrente, seja empenhado e enérgico com políticas públicas para a eliminação da segregação, do racismo e das desigualdades.

Frente aos contextos da segregação e do racismo, a população negra busca o território para o encontro dos seus pares, o fortalecimento dos núcleos familiares, sociais e identitários, enfim, a territorialidade proporciona contracenar diferentes cenários na cidade de São Paulo.

É na complexa interrelação da família, habitação, educação e mercado de trabalho que se define o lugar que as pessoas vão ocupar na hierarquia social, poir isso, neste trabalho e na capital paulistana o território é imprescindível à diversidade, à igualdade e à vida na cidade para todos (HASENBALG, 1996)

Referências Bibliográficas

ADORNO, Sérgio. Discriminação Racial e Justiça Criminal em São Paulo, *Novos Estudos*, número 43, São Paulo, 1995.

AUGÉ, Marc. *Os não-lugares: introdução a uma antropologia da supermodernidade*. Campinas: Papirus, 1994.

ALBERTI, Verena e ARAÚJO, Amilcar. *História do Movimento Negro no Brasil: depoimentos ao CPDOC*. Rio de Janeiro: Pallas, CPDOC FGV, 2007.

ANDRADE, Mário de. O Samba Rural Paulista, in: *Revista do Arquivo Municipal*, PMSP, Departamento de Cultura, 1937, vol. 41 e 42.

AMARAL, Raul Joviano do. *Os Pretos do Rosário de São Paulo – subsídios históricos*. São Paulo: João Scortecci Editora, 1991.

ANDREWS, Georg Reid. *Negros e Brancos em São Paulo (1888-1988)*. Bauru, São Paulo, 1998.

ANTUNES, Ricardo. *Adeus ao Trabalho - Ensaio sobre as metamorfoses e a centralidade do mundo do Trabalho*. São Paulo: Editora Cortez, 2006.

______. *O Caracol e sua concha: Ensaios sobre a nova morfologia do Trabalho*. São Paulo: Boitempo, 2005.

______. *Os sentidos do trabalho: Ensaio sobre a afirmação e a negação do Trabalho.* São Paulo: Boitempo, 2005.

ARAÚJO, Oscar Egídio de. Equistamentos Étnicos, in: *Revista do Arquivo Municipal*, PMSP, LXV, março de 1940.

AZEVEDO, Thales. *As elites de cor - um estudo de ascensão social.* São Paulo: Companhia Nacional, 1955.

BADIE, Bertrand. *O Fim dos Territórios – Ensaio sobre a Desordem Internacional e sobre a utilidade social do respeito.* Lisboa: Instituto Piaget, 1995.

BÁLIBAR, Étienne, WALLENTEIN, Imanuel. *Race, Nation, Classe - Les Identités ambigue.* Paris: La Découverte, 1998.

BARTH, Fredrik. Grupos Étnicos e suas fronteiras, in: POUTGNAT, Philippe e STREIFF-FENART, Jocelyne. *Teorias da Etnicidade.* São Paulo: Editora Unesp, 1998.

BARBOSA, Márcio. Frente Negra Brasileira, Brasília, Fundação Cultural Palmares, 1998.

BARROS, Ricardo Paes de, HENRIQUES, Ricardo e MENDONÇA, Rosane. Desigualdade e Pobreza no Brasil: um retrato da estabilidade inaceitável, in: *RBCS*, vol., 15, número 42.

BASTIDE, Roger. *Estudos Afro-Brasileiros.* São Paulo: Editora Perspectiva, 1983.

BELBAHRI, Abdelkader. Politiques Publiques Territorialisées et Production D'Identités Collectives, in: AUGÉ, Marc. Chez Nous: Identités et Territoires dans les mondes Contemporains, Paris, Editions de La Villete, 2006.

BELTRÃO, Kaizô I, SUGAHARA, PEYNEAU, Fernanda Paes Leme e MENDONÇA, João Luis de Oliveira. *Mercado de Trabalho Urbano: Clivagens raciais.* Rio de Janeiro, IPEA, texto 987, 2003.

BENTO, Maria Aparecida Silva. Racismo no Trabalho - comentários sobre algumas experiências práticas, in: *São Paulo em Perspectiva*, São Pualo, 1988.

BERNARDO, Terezinha. *Memória em Branco e Negro: olhares sobre São Paulo.* São Paulo: EDUC e Editora da Unesp, 1998.

______. *Negras, Mulheres e mães: Lembranças de Olga de Alaketu.* São Paulo: EDUC, Pallas, 2003.

BICHIR, Renata. *Segregação e Acesso a Políticas Públicas no Município de São Paulo.* São Paulo, Dissertação de Mestrado em Ciências Sociais, USP SP, 2006.

BÓGUS, Lúcia e PASTERNAK, Suzana. *Cadernos Metrópole Desigualdade e Governança, Como anda São Paulo.* São Paulo: EDUC, 2004.

BOLETIM DIEESE, Edição Especial "Mulher Negra: Dupla Discriminação nos mercados de Trabalho Metropolitanos. São Paulo,

BOSI, Ecléa. *O Tempo Vivo da Memória - Ensaios de Psicologia Social.* São Paulo: Atêlie Editorial, 2003.

______. *Memória e Sociedade – Lembranças de Velhos.* São Paulo: Companhia das Letras, 1994.

BOWEN, William G. e BOK, Derek. *O Curso do Rio – Um estudo sobre a ação afirmativa no acesso à universidade.* Rio de Janeiro: Garamond, 2004.

BRANT, Vinicius Caldeira. *São Paulo - Trabalhar e viver.* São Paulo: Editora Brasiliense, 1989.

BRUNO, Ernani Silva. *História e Tradições da Cidade de São Paulo.* São Paulo: Hucitec, 1984.

BUARQUE, Cristovam. *O que é apartação – o Apartheid social no Brasil.* São Paulo: Brasiliense, 1993.

BURGUESS, Ernest. O Crescimento da Cidade: introdução a um projeto de pesquisa, in: PIERSON, Donald (org.), *Estudos de Ecologia Humana.* São Paulo: Livraria Martins Fontes, 1967.

CALDEIRA, Teresa Pires do Rio. *Cidade de Muros – crime, segregação e cidadania em São Paulo.* São Paulo: Editora 34, 2000.

CAMPOS, Andrelino. *Do Quilomboa à favela – A produção do Espaço criminalizado no Rio de Janeiro.* Rio de Janeiro: Bertrand Brasil, 2007.

CARONE, Iray e BENTO, Maria Aparecida Silva. *Psicologia Social do Racismo – Estudos sobre branquitude e branqueamento no Brasil.* Petrópolis, Rio de Janeiro: Editora Vozes. 2002.

CARRIL, Lourdes. *Quilombo, Favela e Periferia - A longa busca da cidadania.* São Paulo: Annablume, Fapesp, 2006.

CASTEL, Robert. *As Metamorfoses da Questão Social: uma nova crônica do Salário.* Petrópolis, Rio de Janeiro:Vozes, 1998.

CASTELLS, Manuel. *A Questão Urbana*. São Paulo: Editora Paz e Terra, 1983.

CASTRO, Nádia Araújo e BARRETO, Vanda Sá. *Trabalho e Desigualdades Raciais - Negros e Brancos no Mercado de Trabalho em Salvador*. São Paulo: Annablume, 1998.

CASTRO, Nádia Araújo. Os 'Territórios do (Des)Emprego': clusters de intermediadores e estruturação social do mercado de trabalho, in: *XXIX Encontro Anual da ANPOCS*, 2005.

CASTRO, Nádia Araújo e GUIMARÃES, Antonio Sérgio. Desigualdades Raciais no Mercado e nos locais de Trabalho, in: *Estudos Afro-Asiáticos*. Rio de Janeiro, número 24, 1993.

CHAIA, Miguel W. Entre o Trabalho Forçado e o Trabalho Restrito, in: *Revista São Paulo em Perspectiva*, São Paulo, 1988.

CHALHOUB, Sidney. *Visões da Liberdade: Uma história das últimas décadas da escravidão na corte*. São Paulo: Companhia das Letras, 1999.

CHALHOUB, Sidney. *Trabalho, Lar e Botequim*. São Paulo: Editora Unicamp, 2001.

CIAMPA, Antonio da Costa. *A Estória do Severina e a História da Severina – um ensaio de Psicologia Social*. São Paulo: Editora Brasiliense, 2005.

CORREA, Roberto Lobato. *O espaço urbano*. São Paulo: Ática, 1995.

CUNHA, Mário Wagner Vieira da. Descrição da Festa de Bom Jesus de Pirapora, in: *Revista do Arquivo Municipal*, PMSP, Departamento de Cultura, vol. 41 e 42, 1947.

DI MÉO, Guy. Identités et territoires: dês rapports accentués em milien urbain?, in: *Metropoles* 1, Varia, Paris - França, 2006.

DOMINGUES, Petrônio. *Uma história não contada. Negro, racismo e branqueamento em São Paulo no pós abolição*. São Paulo: Ediora Senac, 2004.

ENGELS, F. *A situação da classe trabalhadora na Inglaterra*. Porto: Editora Afrontamento, 1975.

ESTUDOS E PESQUISAS, DIEESE. A População Negra em Mercados de Trabalho Metropolitanos, Ano I, Número 3, São Paulo, novembro de 2004.

FAUSTO, Boris. *Trabalho Urbano e Conflito Social*. Rio de Janeiro: Bertrand Brasil, 2000.

FERNANDES, Florestan e BASTIDE, Roger. *Brancos e Negros em São Paulo*. São Paulo: Editora Brasiliense, 1971.

FERNANDES, Florestan. *A Integração do Negro na Sociedade de Classes*. FFLCH USP, São Paulo, 1965.

______. *A Integração do Negro na Sociedade de Classes*. São Paulo, Editora Dominus, 1965.

______. 25 anos depois: O Negro na era atual, in: *Circuito Fechado*, SP, Hucitec, 1977.

______. *Significado do Protesto Negro*. São Paulo: Editora Cortez, 1989.

FERRARA, Miriam Nicolau. *A Imprensa Negra Paulistana (1915-1963)*. São Paulo, FFLCH USP, 1986.

FOUCAULT, Michel. *Vigiar e Punir - história da violência nas prisões*. Petrópolis – RJ: Editora Vozes, 1987.

______. *Microfísica do Poder*. Rio de Janeiro: Graal, 1979.

FREYRE, Gilberto. *Casa Grande e Senzala: formação da família brasileira sob o regime da economia patriarcal*. Rio de Janeiro: Record, 2001.

GARCIA. Antonia dos Santos. *Desigualdades Raciais e Segregação Urbana em Antigas Capitais, Salvador, Cidade D'Oxum e Rio de Janeiro, Cidade de Ogum*. Rio de Janeiro: Garamond, FAPERJ, 2010.

GASTON, Bachelard. *A poética do espaço*. São Paulo, Martins Fontes, 2008.

GUATARRI, Felix. *Caosmose – Um novo padadigma estético*. São Paulo: Editora 34, 1992.

GUATARRI, Felix e ROLNIK, Sueli. *Micropolítica – Cartografias do Desejo*. Petrópolis, RJ: Editora Vozes, 1996.

GILROY, Paul. *O Atlântico Negro*. São Paulo: Editora 34, 2001.

GOMES, Joaquim Barbosa. Ação Afirmativa e Princípio Constitucional da Igualdade. Rio de Janeiro: Renovar, 2001.

GOMES, Lino Lino. *Sem perder a raiz - Corpo e cabelo como símbolos da identidade negra*. Belo Horizonte: 2006.

GONZALES, Lélia & HASENGALB, Carlos. *O lugar de Negro*. Rio de Janeiro: Marco Zero, 1982.

GOTTDIENER, Mark. *A Produção Social do Espaço Urbano*. São Paulo, Edusp, 1993.

GUIMARÃES, Antonio Sérgio Alfredo. Resistência e Revolta nos anos 1960: Abdias do Nascimento, in: *Revista USP*, número 68, São Paulo, 2005-2006.

______. Acesso de Negros às Universidades Públicas, *Cadernos de Pesquisa*, número 118, São Paulo, 2003.

______. *Preconceito e Discriminação*. São Paulo: Editora 34, 2004.

______. *Classes, Raças e Democracia*. São Paulo: Editora 34, 2002.

______. *Racismo e Anti-racismo no Brasil*. São Paulo: Editora 34, 1999.

HALL, Stuart. *Dia Diáspora – Identidades e Mediações Culturais*. Belo Horizonte: EDUFMG, 2003.

HALL, Peter. *Cidades do Amanhã – Uma história intelectual do planejamento e do projeto urbano no século XX*. São Paulo: Editora Perspectiva, 1988.

HALBWACHS, Maurice. *A Memória Coletiva*. São Paulo: Editora Revista dos Tribunais, Edições Vértice, 1990.

______. *Les cadres sociaux de la mémoire*. Paris: Albin Michel, 1994.

______. La Mémoire Collective Chez Musiciens, in: *Revue Philosophique*, Paris, 1939.

HARVEY, David. *A Justiça Social e a cidade*. São Paulo: Hucitec, 1980.

______. O trabalho, o capital e o conflito de classes em torno do ambiente construído nas sociedades capitalistas avançadas, in: *Revista Espaço e Debates*, número 2, São Paulo, Cortez, 1982.

HASENBALG, Carlos. *Discriminação e Desigualdades Raciais no Brasil*. Belo Horizonte: Editora UFMG, 2005.

______. Entre o Mito e os fatos: Racismo e relações raciais no Brasil, in: MAIO, Marcos Chor e SANTOS, Ventura. *Raça, Ciência e Sociedade*. Rio de Janeiro: FIOCRUZ, 1996.

______. Negros e Mestiços: vida, cotidiano e movimento. Entrevista de C.Hasenbalg, in: *Revista Proposta*, número 51, 1991.

HENRIQUES, Ricardo. *Desigualdade Racial no Brasil: Evolução das condições de Vida na década de 1990*. Brasília: IPEA, texto 807, 2001.

IANNI, Octávio. *Escravidão e Racismo*. São Paulo: Hucitec, 1988.

______. *Raças e Classes Sociais no Brasil*. São Paulo: Brasiliense, 2004.

______. *Estado e Capitalismo*. São Paulo: Editora Brasiliense, 2004.

JESUS, Maria Carolina de. *Quarto de Despejo – Diário de uma Favelada*. São Paulo: Editora Ática, 2005.

JORNAL DA IMPRENSA NEGRA (CD – digitalizado). São Paulo: PUC SP: O Progresso, 1931. .

______. São Paulo: PUC SP: *O Progresso*, 1929.

______. São Paulo: PUC SP: *O Progresso*, 1928.

______. São Paulo: PUC SP: *Jornal da Alvorada*, 1948.

______. São Paulo: PUC SP: *Jornal A Voz da Raça*, 1933.

KI-ZERBO, Joseph. *História da África Negra*, vol. II. Portugal: Publicações Europa-América, 2002.

KOGA, Dirce. *Medidas de Cidades – entre territórios de vida e territórios vividos*. São Paulo: Cortez, 2003.

KOWARICK, Lúcio. Viver em Risco - Sobre a vulnerabilidade no Brasil Urbano, in: *Novos Estudos*, número 63. São Paulo: 2004.

______. *Trabalho e vadiagem – a origem do trabalho livre no Brasil*. São Paulo: Editora Brasiliense, 1987.

______. *Escritos Urbanos*. 1ª. ed. São Paulo: Editora 34, 2000.

______. *Trabalho e Vadiagem - A origem do trabalho livre no Brasil*. Rio de Janeiro: Paz e Terra, 1988.

______. A *Espoliação Urbana*. Rio de Janeiro: Paz e Terra, 1993.

______. *et alli*. *São Paulo 1975 - Crescimento e Pobreza*. São Paulo, Loyola, 1976.

LEFEBVRE, Henri. *O Direito à Cidade*. São Paulo: Editora Moraes, 1991.

______. *Espace et Politique*. Paris: Anthropos, 2000.

______. *La Production de l'espace*. Paris: Antropos, 2004.

______. A *Revolução Urbana*. Belo Horizonte: Editora UFMG Humanitas, 1999.

______. *O Pensamento Marxista e a Cidade*. Editora Ulissea, 1972.

LEITE, José Correia e CUTI. *E disse o velho militante José Correia Leite: depoimentos e artigos*. São Paulo: Secretaria Municipal de Cultura, 1992.

LEITE, Fábio. A Questão da Palavra em Sociedades Negros Africanas, in: *Democracia e Diversidade Humana*, Juana Elbein dos Santos (org.), SECNEB, Salvador, 1992.

______. Valores Civilizatórios em Sociedades Negros Africanos, in: *Revista do Centro de Estudos Africanos*, 18/19, USP, São Paulo, 1995/1996.

LÉVI-STRAUSS, Claude. *Tristes Trópicos*. São Paulo: Companhia das Letras, 1996.

LOJKINE, Jean. *O Estado Capitalista e a Questão Urbana*. São Paulo: Martins Fontes, 1997.

LOWRIE, Samuel. O elemento negro na população de São Paulo, in: *Revista do Arquivo Municipal*, PMSP, Departamento de Cultura, XLVIII, 1938.

MAGNANI, José Guilherme Cantor. *Festa no Pedaço – cultura popular e lazer na cidade*. São Paulo: Editora Unesp, 1998.

MAPA DA POPULAÇÃO NEGRA NO MERCADO DE TRABALHO NO BRASIL, Inspir/DIEESE,

MARICATO, Ermínia. *Metrópole na Periferia do Capitalismo*. São Paulo: Editora Hucitec, 1996.

______. As ideias fora do lugar e o lugar fora das ideias, in: ARANTES, Otília. (org.) *A Cidade do Pensamento Único*. Petrópolis, Rio de Janeiro: Vozes, 2002.

MARIÉ, Michel. L´antropologia et sés territoires. Qu´est-ce un territoire aujourd'hui?, in: *Ethnologie française*, número 97, Paris 2004.

MARCUSE, Peter. Enclaves sim, guetos não: a segregação e o estado, in: *Revista Espaço e Debates*, v. 24, número, 45, São Paulo, 2004.

MARTINS, José de Souza. O Migrante Brasileiro na São Paulo Estrangeira, in: *História da Cidade de São Paulo - A cidade na Primeira Metade do Século XX 1890-1954*. Rio de Janeiro, Paz e Terra, 2004.

MARX, Karl. *Para a Crítica da Economia Política*, in: Coleção Os Pensadores. São Paulo: Abril cultura, 1978.

MORAES, José Carlos Vince de. *"As sonoridades paulistanas" (A música popular na cidade de São Paulo – final do século XIX e início do XX)*. Mestrado em História, PUC SP, 1989.

MOREIRA, Diva e SOBRINHO, Adalberto Batista. Casamentos Inter-Raciais: O Homem Negro e a Rejeição da Mulher Negra, in: COSTA, Albertina de

Oliveira (org.), *Alternativas Escassas – Saúde, Sexualidade e Reprodução na América Latina*. São Paulo: Fundação Carlos Chagas Editora, 34, 1994.

MOURA, Clóvis. *Dialética Radical do Brasil Negro*. São Paulo: Editora Anita, 1994.

MOURA, Clovis. Estratégia e Imobilismo Social contra o negro no mercado de Trabalho. in: *Revista São Paulo em Perspectiva*, São Paulo, 1988.

MUNANGA, Kabengele. Algumas considerações sobre "raça", ação afirmativa e identidade negra no Brasil: fundamentos antropológicos, in: *Revista USP*, São Paulo, 2005-2006.

______. *Diversidade Étnica, identidade e cidadania*. Palestra proferida no Primeiro Seminário Teórico Metodológico, São Paulo, 2004.

______. *Uma abordagem conceitual das Noções de Raça, Racismo, Identidade e Etnia*, Palestra proferida no Terceiro Seminário Nacional Relações Raciais e Educação, PENESB, Rio de Janeiro, 2003.

MUNFORD, Louis. A Cidade na História. São Paulo: Martins Fontes,

NASCIMENTO, Abdias e SEMOG, Elé. *O Griot e as muralhas*. Rio de Janeiro: Pallas, 2006.

NASCIMENTO, Abdias e NASCIMENTO, Elisa Larkin. Reflexões sobre o Movimento Negro no Brasil: 1938-1997, in: *Tirando a Máscara Ensaios sobre o Racismo no Brasil*. Rio de Janeiro, Paz e Terra, 2000.

NASCIMENTO, Abdias. *O Genocídio do Negro Brasileiro - Processo de um racismo mascarado*. Rio de Janeiro: Paz e Terra, 1978.

NETO, Eduardo Rios. *Desigualdades Raciais nas condições Habitacionais da População Urbana*. Belo Horizonte: UFMG, CEDEPLAR, 2005.

NOGUEIRA, Oracy. *Preconceito de marca: as relações raciais em Itapetininga*. São Paulo: Edusp, 1998.

OLIVEIRA, Reinaldo José de (org.). A *Cidade e o Negro no Brasil: Cidadania e Território*. São Paulo: Editora Alameda, 2013.

OLIVEIRA, Reinaldo José de. *Segregação Urbana e Racial na Cidade de São Paulo: as periferias de Brasilândia, Cidade Tiradentes e Jardim Ângela*. Tese de Doutorado em Ciências Sociais, PUC SP, 2008.

OLIVEIRA, Reinaldo José de. A *Presença do Negro na Cidade: Memória e Território da Casa Verde em São Paulo*. Mestrado em Ciências Sociais, PUC SP, 2002.

______. *A Produção Social do Espaço em Territórios Negros de São Paulo: o Bairro da Barra Funda.* Trabalho de Conclusão de curso em Ciências Sociais, PUC SP, 1998.

OLIVEIRA(b), Regina Marques de Sousa. *Identidade de jovens negros nas periferias das metrópoles: recortes entre São Paulo e Paris.* Tese de Doutorado em Psicologia Social, PUC SP, São Paulo, 2008.

OLIVEN, Ruben George. Territoires et Identites: une relation construite, in: *Augé, Marc. Chez Nous: Identites et territories dans les mondes conteporains*, Paris, Éditions de La villete, 2006.

ORTIZ, Renato. *Cultura Brasileira e Identidade Nacional.* São Paulo: Brasiliense, 1998.

PACHECO, Regina Silvia & LEME, Maria Cristina Silva. "A Questão fundiária, imobiliária e os serviços urbanos: conceitos e referências teóricas em teses e dissertações recentes". *Espaço e Debates – Revista de Estudos Urbanos e Regionais.* São Paulo: número 28, 1989.

PAIXÃO, Marcelo. *Desenvolvimento Humano e Relações Raciais.* Rio de Janeiro: DP&A, 2003.

PARK, Robert Elza. O Urbanismo como modo de vida. in: VELHO, O. G., *O fenômeno urbano.* Rio de Janeiro: Zahar, 1967.

PASTERNAK, Suzana . A pesquisa sobre segregação: conceito, métodos e medições. *Espaço & Debates*, São Paulo, v. 24, n. 45, p. 87-109, 2004.

PEREIRA, João Batista Borges. *Cor, Profissão e Mobilidade: o negro e o rádio de São Paulo.* São Paulo: Editora da Universidade de São Paulo, 2001.

PIERSON, Donald. *Brancos e Pretos na Bahia.* São Paulo: 1945.

PINTO, L.A.Costa. *O Negro no Rio de Janeiro - Relações de Raça numa sociedade em mudança.* Rio de Janeiro: Editora UFRJ, 1998.

PNUD Brasil, Relatório de Desenvolvimento Humano. Brasília, 2005.

POCHMANN, Márcio. *A Metrópole do Trabalho.* São Paulo: Brasiliense, 2001.

POLLAK, Michael. Memória e Identidade Social, in: *Estudos Históricos*, Rio de Janeiro, volume 5, número 10, 1992.

______. Memória, Esquecimento, silêncio, in: *Revista Estudos Históricos*, Rio de Janeiro, vol. 2, número 5, 1989.

POLI, Alexandra. Peut-on penser ensemble racisme et ethinicisation?, in: WIEVIORKA, Michel. *Sciences Sociales en Mutation*. Paris, Éditions Sciences Humaines, 2007.

PORCARO, Rosa M., OLIVEIRA, Lucia H.G. e ARAUJO, Teresa. *O Lugar do Negro na Força de Trabalho*. Rio de Janeiro: IBGE, 1981.

PORCARO, Rosa Maria e ARAÚJO, Teresa Cristina V. *Mudanças na Divisão Social do Trabalho e (Re)Produção da Desigualdade Racial*. São Paulo, 1988.

PRÉTECEILLE, Edmond. A construção social da segregação urbana: convergências e divergências, in: *Revista Espaço e Depates*, número 45, São Paulo, 2004.

QUINTÃO, Antonia Aparecida. *Irmandades Negras: outro espaço de luta e resistência (São Paulo: 18701890)*. São Paulo: Anna Blume, Fapesp, 2002.

RIBEIRO, Luiz César de Queiroz. Segregação Residencial e segmentação social: o efeito vizinhança na reprodução da pobreza nas metrópoles brasileiras, in: *Cadernos Metrópole*, número 13, São Paulo, 2005.

______. Gueto, Banlieue, Favela: Ferramentas para repensar a marginalidade Urbana, in: WACQUANT, Loïc. *Os Condenados da Cidade*. Rio de Janeiro, Revan, 2001.

ROLNIK, Raquel. A *Cidade e a Lei – legislação, política urbana e território na cidade de São Paulo*. São Paulo: Editora Nobel, 1997.

______. Territórios Negros nas Cidades Brasileiras (etnicidade e cidade em São Paulo e Rio de Janeiro, in: *Revista de Estudos Afro-Asiáticos*, Rio de Janeiro, Cadernos Cândido Mendes, número 17, setembro de 1989.

ROLNIK, Raquel, SOMEKH, Nádia, KOWARICK, Lúcio. *São Paulo: Crise e Mudança*. Editora Brasiliense. São Paulo: Prefeitura Municipal de São Paulo, 1992.

ROLNIK, Raquel e Vários autores. *São Paulo - 1975 Crescimento e Pobreza*. São Paulo: Edições Loyola, 1981.

ROSEMBERG, Fúlvia e PINTO, Regina Paim. *Criança Pequena e Raça na PNAD*. São Paulo: Fundação Carlos Chagas, 1997.

ROSEMBERG, Fúlvia. Segregação Espacial na Escola Paulista, in: *Desigualdade Racial no Brasil Contemporâneo*, org. PEGGY A. Lovell,. Belo Horizonte: UFMG, 1991.

SANTOS, Maria da Conceição. *Festa de Preto na São Paulo Antiga: um exemplo de resiliência na Irmandade Nossa Senhora do Rosário dos Homens Pretos (1887 – 1907)*. Dissertação de Mestrado em Ciênicas da Religião, PUC SP, 2006.

SANTOS, Milton. *Pensando o Espaço do Homem*. São Paulo: Edusp, 2004.

SANTOS, Milton Santos. *O Espaço Dividido*. São Paulo: Edusp, 2004.

______. *Por uma economia política da cidade*. São Paulo: Editora EDUC, 1994.

______. *O Espaço do cidadão*. São Paulo: Nobel, 1993.

______. *Metamorfoses do Espaço Habitado*. São Paulo: Editora Hucitec, 1996.

______. *Por uma outra globalização*. Rio de Janeiro: Record, 2001

______. *Técnica, espaço e tempo – Globalização e meio-técnico-cinentífico informacional*. São Paulo: Editora Hucitec, 1998.

______. *Território e Sociedade*. São Paulo: Editora Moraes, 1991.

SANTOS, José Carlos Ferreira dos. *Nem tudo era italiano – São Paulo e pobreza (1890-1915)*. São Paulo: Editora Annablume, 1998.

SANTOS. Acácio Sidnei Almeida. *A Dimensão Africana da Morte resgatada nas Irmandades Negras, Candomblé e Culto de Babá Egun*. Dissertação de Mestrado em Ciências Sociais, PUC SP, 1996.

SASSEN, Saskia. *As cidades na economia Mundial*. São Paulo: Studio Nobel, 1998.

SCHWARCZ, Lilia K. Montz. Questão Racial e Identidade, in: *O que ler na Ciência Social Brasileira*, vol. I, 1999.

SENNET, Richard. *Carne e Pedra - O corpo e a Cidade na Civilização Ocidental*. Rio de Janeiro: 2006.

SILVA JR. Hédio. *Direito de Igualdade Racial - Aspectos Constitucionais e Penais*. São Paulo: Editora Juarez de Oliveira, 2002.

SILVA, Nelson do Valle. O Preço da Cor: Diferenciais raciais na distribuição da renda no Brasil, in: *Pesquisa e Planejamento Econômico*, Rio de Janeiro, 1980.

SILVA, Maria Aparecida Pinto. *Visibilidade e respeitabilidade: memória e luta dos negros nas associações culturais e recreativas de São Paulo (1930-1968)*. Dissertação de mestrado em Ciências Sociais, PUC SP, 1997.

SILVA, Carlos. Perspectivas sobre Raça e Classe no Brasil. In: *Cor e Estratificação social.* Carlos Hasenbal, Nelson do Vale Silva e Marcia Lima. Rio de Janeiro: Contra Capa Editora, 1999.

SILVA, Maria Nilza da. *Nem para todos é a cidade: segregação urbana e racial em São Paulo.* Brasília: Fundação Cultural Palmares, 2006.

______. *A mulher negra: o preço de uma trajetória de sucesso.* Dissertação de Mestrado em Ciências Sociais, PUC SP, São Paulo, 1999.

SILVA, José Carlos Gomes da. Os Suburbanos e a outra face da cidade – Negros em São Paulo 1900-1930. Dissertação de Mestrado em história, Unicamp, 1989.

SILVÉRIO, Valter Roberto. Ação Afirmativa e o combate ao Racismo Institucional no Brasil, in: *Cadernos e Pesquisa*, número 117, São Paulo, 2002.

SILVÉRIO, Valter Roberto. Ações Afirmativas e Diversidade Étnico-Racial, in: *Ações Afirmativas e Combate ao Racismo nas Américas.* SANTOS, Salles Augusto (org.), MEC, SECAD, Brasília, 2005.

SINGER, Paul. O uso do solo na economia capitalista, in: *A Produção Capitalista da Casa (e da Cidade) no Brasil Industrial.* São Paulo: Editora Alfa-Omega, Erminia Maricato (org.), 1982.

SINGER, Paul e BRANT, Vinícius Caldeira (org.). *São Paulo: O povo em Movimento.* Petrópolis, RJ: Vozes, 1983.

SOARES, Sergei Juarez Dilon. O Perfil da Discriminação no Mercado de Trabalho - Homens Negros, Mulheres Brancas e Mulheres Negras, *IPEA*, número 769, Brasilia, 2002.

SODRÉ, Muniz. Diversidade e Diferença, in: *Revista Científica de Informacio y Comunicacion*, número 3, Sevilha, 2006.

______. *O Terreiro e a Cidade.* Petrópolis, Rio de Janeiro: Vozes, 1988.

SOUZA, Marcilene Garcia de. Expectativas sobre a inserção de jovens negros e negras do ensino médio do Paraná no Mercado de Trabalho. In: *Dimensões da Inclusão no ensino médio: mercado detrablho, religiosidade e educação quilombola*, SECAD – Secretaria de Educação Continuada, Alfabetização e Diversidade, Brasilia, 2006.

SPOSATI, Aldaisa. *Cidade em Pedaços.* São Paulo: Brasiliense, 2001.

______. *Mapa da Exclusão/Inclusão social da cidade de São Paulo.* São Paulo: EDUC, 1996.

TAYLOR, Charles. La Política del reconocimiento, in: *El Multiculturalismo y "la política del reconocimiento"*. México: Fundo de Cultura Econômica, 1993.

TELLES, Edward. Racismo à Brasileira - Uma nova perspectiva sociológica. Rio de Janeiro: Editora Relume Dumará, 2003.

______. Início no Brasil e Fim nos Estados Unidos?, in: *Estudos Feministas*, 1996.

______. Industrialização e Desigualdade Racial no Emprego: o exemplo brasileiro, in: *Revista de Estudos Afro-Asiáticos*, Rrio de Janeiro, 1994.

______. Segregação Racial e Crise Urbana, in: *Globalização, Fragmentação e Reforma Urbana: o futuro das cidades brasileiras na crise*. Luiz César de Queiróz Ribeiro (org.). Rio de Janeiro: Civilização Brasileira, 1994.

______. Cor da pele e segregação residencial no Brasil, *Revisa Estudos Afro-Asiáticos*, número 24, 1993.

TINHORÃO, José Ramos. *Os Sons dos Negros no Brasil: cantos, danças, folguedos, origens*. São Paulo: Editora 34, 2008.

TONNIES, Ferdinand.

TORRES, Harolda da Gama. Segregação Residencial e Políticas Públicas - São Pualo na década de 1990, in: *RBCS*, número 19, São Paulo, 2004.

TORRES, Haroldo e MARQUES, Eduardo. *São Paulo: Segregação, Pobreza e Desigualdades Sociais*. São Paulo: Editora Senac, 2005.

VALLADARES, Lícia do Prado. *A Invenção da Favela: A do mito de Origem a Favela. com*. Rio de Janeiro: Editora da FGV, 2005.

VARGAS, João H.Costa. Apartheid Brasileiro: raça e segregação no Rio de Janeiro. *Revista de Antropologia*, USP, 2005.

VÉRAS, Maura Pardini Bicudo Véras. *Trocando Olhares - Uma Introdução à Construção Sociológica da Cidade*. São Paulo: EDUC, Studio Nobel, 2000.

______. *Desigualdade e Exclusão Social em São Paulo: um debate*, 2003

______. *O bairro do Brás em São Paulo - Um século de transformações do espaço urbano ou diferentes versões da segregação social*. Tese de doutorado em Ciências, PUC SP, 1991.

______. Nômades Urbanos na Cidade Contemporânea: Desigualdade e Exclusão Social em São Paulo, in: *Sociedade, Cultura e Política: ensaios críticos*. SILVA, Anana Amélia da. e CHAIA, Miguel (orgs.), São Paulo, EDUC, 2003.

VILLAÇA, Flávio. A Segregação Urbana e a Justiça (ou A Justiça no Injusto Espaço Urbano), in: *Revista Brasileira de Ciências Criminais*, ano II, número 44, 2003.

______. *Espaço Intra-Urbano no Brasil.* São Paulo: Studio Nobel, 2001.

______. *O que todo Cidadão precisa saber sobre Habitação.* São Paulo: Global Editora, 1986.

WACQUANT, Loïc. Les deux visages du guetto - Construire um concept sociologique, in: *Actes de la Recherche em Sciences Sociales*, número 5, Paris, 2005.

______. Une ville noire dans la Branche, in: *Actes de La Recherche em Sciences Sociales*, número 5, Paris, 2005.

______. *Prisões da Miséria.* Rio de Janeiro: Zahar, 2001.

______. *Os condenados da cidade.* Rio de Janeiro: Editora Revan, 2001.

______. O que é um gueto? , in: *Revista de Sociologia e Política*, Curitiba, 2004.

WALLERSTEIN, Immanuel. *Race, Nation, Classe – Les identities ambiguës.* Paris: La Découverte, 1998.

WAISELFISZ, Julio Jacobo. *Mapa da Violência 2006 – Os jovens do Brasil. Organização dos Estados Ibero Americanos para a Educação, Ciência e Cultura*, Brasília, 2006.

______. *Mapa da Violência 2012 – A cor dos Homicídios no Brasil.* Rio de Janeiro: CEECA, FLACSO, Brasília, SEPPIR, 2012.

______. *Mapa da Violência dos Municípios Brasileiros 2008.* Ministério da Justiça, Ministério da Saúde, RTLA, Instituto Sangari: Brasília, 2008.

WEBER, Max. Comunidade e Sociedade como estruturas de socialização, in: Florestan Fernandes (org.) *Comunidade e Sociedade – leituras sobre problemas conceituais, metodológicos e de aplicação.* São Paulo, Compahia Editora Nacional, Editora da Universidade de São Paulo, 1973.

WERNECK, Jurema. *Racismo Institucional: uma abordagem conceitual.* São Paulo: Geledés – Instituto da Mulher Negra, 2013.

WEST, Cornel. Questão de Raça. Rio de Janeiro: Companhia das Letras, 1994.

WIEVIORKA, Michel. *Em que mundo viveremos.* São Paulo: Perspectiva, 2006.

______. *Le racismo - une introduction.* Paris: La Découverte, 1998.

______. *L'Espace du Racisme.* Paris: Editions du Seuil, 1991.

______. *La Différence*. Paris: Balland, 2001.

WIRTH, Louis. O Urbanismo como modo de vida, in: VELHO, O. G., *O fernêmeno urbano*. Rio de Janeiro: Zahar, 1967.

Anexos

ANEXO

Tabela - População residente, por cor ou raça, segundo a situação do domicílio, o sexo e a idade

Situação do domicílio	Total										
Sexo	Total										
Idade	Total										
Ano	2010										
Brasil, Unidade da Federação, Município e Distrito	Variável X Cor ou raça										
	População residente (Pessoas)						População residente (Percentual)				
	Total	Branca	Preta	Amarela	Parda	Indígena	Total	Branca	Preta	Amarela	Parda	Indígena
Brasil	190755799	91051646	14517961	2084288	82277333	817963	100,00	47,73	7,61	1,09	43,13	0,43
São Paulo	41262199	26371709	2277764	558354	12010079	41794	100,00	63,91	5,52	1,35	29,11	0,10
São Paulo - SP	11253503	6824668	736083	246244	3433218	12977	100,00	60,64	6,54	2,19	30,51	0,12
Água Rasa - São Paulo - SP	84963	71095	2154	2087	9565	62	100,00	83,68	2,54	2,46	11,26	0,07
Alto de Pinheiros - São Paulo - SP	43117	38262	860	1361	2615	19	100,00	88,74	1,99	3,16	6,06	0,04
Anhanguera - São Paulo - SP	65859	32358	4285	333	28812	71	100,00	49,13	6,51	0,51	43,75	0,11
Aricanduva - São Paulo - SP	89622	62365	4914	2532	19762	49	100,00	69,59	5,48	2,83	22,05	0,05
Artur Alvim - São Paulo - SP	105269	64722	10406	1452	28622	67	100,00	61,48	9,89	1,38	27,19	0,06
Barra Funda - São Paulo - SP	14383	11690	439	417	1820	17	100,00	81,28	3,05	2,90	12,65	0,12
Bela Vista - São Paulo - SP	69460	51075	3377	3253	11659	96	100,00	73,53	4,86	4,68	16,79	0,14
Belém - São Paulo - SP	45057	32541	1777	1192	9354	189	100,00	72,22	3,94	2,65	20,76	0,42
Bom Retiro - São Paulo - SP	33892	17969	1552	5141	9092	138	100,00	53,02	4,58	15,17	26,83	0,41
Brás - São Paulo - SP	29265	18515	1716	833	8074	123	100,00	63,27	5,86	2,85	27,59	0,42
Brasilândia - São Paulo - SP	264918	128800	27529	1808	106520	261	100,00	48,62	10,39	0,68	40,21	0,10
Butantã - São Paulo - SP	54196	41821	2260	3612	6452	51	100,00	77,17	4,17	6,66	11,90	0,09
Cachoeirinha - São Paulo - SP	143523	79703	13585	1539	48500	196	100,00	55,53	9,47	1,07	33,79	0,14
Cambuci - São Paulo - SP	36948	27259	1394	1838	6373	84	100,00	73,78	3,77	4,97	17,25	0,23
Campo Belo - São Paulo - SP	65752	54986	1442	2698	6588	38	100,00	83,63	2,19	4,10	10,02	0,06
Campo Grande - São Paulo - SP	100713	74947	4061	3217	18407	81	100,00	74,42	4,03	3,19	18,28	0,08
Campo Limpo - São Paulo - SP	211361	107023	15696	2825	85535	282	100,00	50,64	7,43	1,34	40,47	0,13
Cangaiba - São Paulo - SP	136623	82534	10042	1685	42150	212	100,00	60,41	7,35	1,23	30,85	0,16
Capão Redondo - São Paulo - SP	268729	121644	23235	1951	121608	288	100,00	45,27	8,65	0,73	45,25	0,11

Carrão - São Paulo - SP	83281	62815	3478	5973	10937	78	100,00	75,43	4,18	7,17	13,13	0,09
Casa Verde - São Paulo - SP	85624	56814	7567	3702	17315	220	100,00	66,35	8,84	4,32	20,22	0,26
Cidade Ademar - São Paulo - SP	266681	129983	23700	3232	109548	218	100,00	48,74	8,89	1,21	41,08	0,08
Cidade Dutra - São Paulo - SP	196360	104372	14537	2455	74874	117	100,00	53,15	7,40	1,25	38,13	0,06
Cidade Lider - São Paulo - SP	126597	75690	9357	1636	39779	135	100,00	59,79	7,39	1,29	31,42	0,11
Cidade Tiradentes - São Paulo - SP	211501	91817	26617	881	91969	217	100,00	43,41	12,58	0,42	43,48	0,10
Consolação - São Paulo - SP	57365	49499	1365	1745	4719	37	100,00	86,29	2,38	3,04	8,23	0,06
Cursino - São Paulo - SP	109088	73557	6041	8600	20834	56	100,00	67,43	5,54	7,88	19,10	0,05
Ermelino Matarazzo - São Paulo - SP	113615	63427	8152	1230	40671	131	100,00	55,83	7,18	1,08	35,80	0,12
Freguesia do Ó - São Paulo - SP	142327	98112	9403	1480	33219	113	100,00	68,93	6,61	1,04	23,34	0,08
Grajaú - São Paulo - SP	360787	152873	31279	2543	173688	341	100,00	42,37	8,67	0,70	48,14	0,09
Guaianases - São Paulo - SP	103996	49907	9995	478	43557	59	100,00	47,99	9,61	0,46	41,88	0,06
Moema - São Paulo - SP	83368	75550	797	2915	4057	49	100,00	90,62	0,96	3,50	4,87	0,06
Iguatemi - São Paulo - SP	127662	61822	8559	785	56373	123	100,00	48,43	6,70	0,61	44,16	0,10
Ipiranga - São Paulo - SP	106865	79609	4354	3687	19124	91	100,00	74,49	4,07	3,45	17,90	0,09
Itaim Bibi - São Paulo - SP	92570	82252	1350	2634	6296	37	100,00	88,85	1,46	2,85	6,80	0,04
Itaim Paulista - São Paulo - SP	224074	99761	19493	1333	103245	236	100,00	44,52	8,70	0,59	46,08	0,11
Itaquera - São Paulo - SP	204871	108883	18123	2085	75595	177	100,00	53,15	8,85	1,02	36,90	0,09
Jabaquara - São Paulo - SP	223780	135355	15295	11335	61574	217	100,00	60,49	6,83	5,07	27,52	0,10
Jaçanã - São Paulo - SP	94609	59602	7836	1031	26065	75	100,00	63,00	8,28	1,09	27,55	0,08
Jaguara - São Paulo - SP	24895	18185	1156	261	5277	16	100,00	73,05	4,64	1,05	21,20	0,06
Jaguaré - São Paulo - SP	49863	30769	2600	1822	14577	95	100,00	61,71	5,21	3,65	29,23	0,19
Jaraguá - São Paulo - SP	184818	95910	15797	864	71664	583	100,00	51,89	8,55	0,47	38,78	0,32
Jardim Ângela - São Paulo - SP	295434	115619	25983	1992	151595	243	100,00	39,14	8,79	0,67	51,31	0,08
Jardim Helena - São Paulo - SP	135043	60399	9812	640	64093	99	100,00	44,73	7,27	0,47	47,46	0,07
Jardim Paulista - São Paulo - SP	88692	78115	1425	2944	6132	55	100,00	88,07	1,61	3,32	6,91	0,06
Jardim São Luís - São Paulo - SP	267871	128203	21149	2049	116254	216	100,00	47,86	7,90	0,76	43,40	0,08
José Bonifácio - São Paulo - SP	124122	64043	12524	841	46611	103	100,00	51,60	10,09	0,68	37,55	0,08
Lapa - São Paulo - SP	65739	56907	1412	1767	5599	54	100,00	86,57	2,15	2,69	8,52	0,08
Liberdade - São Paulo - SP	69092	45422	2261	11261	10077	71	100,00	65,74	3,27	16,30	14,58	0,10

Limão - São Paulo - SP	80229	52722	8024	1035	18306	92	100,00	65,71	10,00	1,35	22,82	0,11
Mandaqui - São Paulo - SP	107580	79320	6209	2012	19985	54	100,00	73,73	5,77	1,87	18,58	0,05
Marsilac - São Paulo - SP	8258	4095	466	95	3548	54	100,00	49,59	5,64	1,15	42,96	0,65
Mooca - São Paulo - SP	75724	64406	1616	1919	7689	94	100,00	85,05	2,13	2,53	10,15	0,12
Morumbi - São Paulo - SP	46957	36210	1886	1173	7285	403	100,00	77,11	4,02	2,50	15,51	0,86
Parelheiros - São Paulo - SP	131183	54739	10172	1175	64094	1002	100,00	41,73	7,75	0,90	48,86	0,76
Pari - São Paulo - SP	17299	10533	792	709	5203	62	100,00	60,89	4,58	4,10	30,08	0,36
Parque do Carmo - São Paulo - SP	68258	39742	4441	738	23318	19	100,00	58,22	6,51	1,08	34,16	0,03
Pedreira - São Paulo - SP	144317	67332	12289	1219	63393	80	100,00	46,66	8,52	0,84	43,93	0,06
Penha - São Paulo - SP	127820	94303	6821	2806	23767	123	100,00	73,78	5,34	2,20	18,59	0,10
Perdizes - São Paulo - SP	111161	97727	2372	2905	8047	110	100,00	87,91	2,13	2,61	7,24	0,10
Perus - São Paulo - SP	80187	40307	6254	594	32903	129	100,00	50,27	7,80	0,74	41,03	0,16
Pinheiros - São Paulo - SP	65364	55330	1651	2741	5592	43	100,00	84,65	2,53	4,19	8,56	0,07
Pirituba - São Paulo - SP	167931	113398	9233	1866	43307	127	100,00	67,53	5,50	1,11	25,79	0,08
Ponte Rasa - São Paulo - SP	93894	58657	6773	2123	26261	80	100,00	62,47	7,21	2,26	27,97	0,09
Raposo Tavares - São Paulo - SP	100164	51730	8824	1741	37792	77	100,00	51,65	8,81	1,74	37,73	0,08
República - São Paulo - SP	56981	37356	3559	2196	13640	230	100,00	65,56	6,25	3,85	23,94	0,40
Rio Pequeno - São Paulo - SP	118459	75049	8080	4709	30347	274	100,00	63,35	6,82	3,98	25,62	0,23
Sacomã - São Paulo - SP	247851	162951	13791	5360	65508	241	100,00	65,75	5,56	2,16	26,43	0,10
Santa Cecília - São Paulo - SP	83717	64557	3459	2516	13073	112	100,00	77,11	4,13	3,01	15,62	0,13
Santana - São Paulo - SP	118797	97510	3968	3891	13310	113	100,00	82,08	3,34	3,28	11,20	0,10
Santo Amaro - São Paulo - SP	71560	61360	1231	2764	6153	52	100,00	85,75	1,72	3,86	8,60	0,07
São Lucas - São Paulo - SP	142347	104569	6132	3024	28545	77	100,00	73,46	4,31	2,12	20,05	0,05
São Mateus - São Paulo - SP	155140	94431	9833	2503	48276	97	100,00	60,87	6,34	1,61	31,12	0,06
São Miguel - São Paulo - SP	92081	50309	6377	1080	34231	82	100,00	54,64	6,93	1,17	37,17	0,09
São Rafael - São Paulo - SP	143992	73988	9637	871	59291	199	100,00	51,38	6,69	0,60	41,18	0,14
Sapopemba - São Paulo - SP	284524	163858	18205	1761	100493	196	100,00	57,59	6,40	0,62	35,32	0,07
Saúde - São Paulo - SP	130780	98739	3298	17706	10933	104	100,00	75,50	2,52	13,54	8,36	0,08
Sé - São Paulo - SP	23651	12737	1356	1818	7714	26	100,00	53,85	5,73	7,69	32,62	0,11
Socorro - São Paulo - SP	37783	27741	1214	1855	6905	68	100,00	73,42	3,21	4,91	18,28	0,18
Tatuapé - São Paulo - SP	91672	78556	1819	2925	8320	52	100,00	85,69	1,98	3,19	9,08	0,06

Tremembé - São Paulo - SP	197258	116379	13170	2311	65150	240	100,00	59,00	6,68	1,17	33,03	0,12
Tucuruvi - São Paulo - SP	98438	76685	4737	2681	14227	105	100,00	77,90	4,81	2,72	14,45	0,11
Vila Andrade - São Paulo - SP	127015	72067	5681	2277	46909	81	100,00	56,74	4,47	1,79	36,93	0,06
Vila Curuçá - São Paulo - SP	149053	71404	11052	1238	65277	82	100,00	47,91	7,41	0,83	43,79	0,06
Vila Formosa - São Paulo - SP	94799	73801	4016	1601	15352	29	100,00	77,85	4,24	1,69	16,19	0,03
Vila Guilherme - São Paulo - SP	54331	41392	2046	875	9913	105	100,00	76,18	3,77	1,61	18,25	0,19
Vila Jacuí - São Paulo - SP	142372	71289	11268	1245	58430	140	100,00	50,07	7,91	0,87	41,04	0,10
Vila Leopoldina - São Paulo - SP	39485	32124	968	1550	4720	31	100,00	81,36	2,45	3,93	11,95	0,08
Vila Maria - São Paulo - SP	113463	73042	5416	1460	33217	328	100,00	64,38	4,77	1,29	29,28	0,29
Vila Mariana - São Paulo - SP	130484	106370	2282	12666	9034	125	100,00	81,52	1,75	9,71	6,92	0,10
Vila Matilde - São Paulo - SP	104947	74835	7084	3381	19569	78	100,00	71,31	6,75	3,22	18,65	0,07
Vila Medeiros - São Paulo - SP	129919	83815	8922	1674	35302	205	100,00	64,51	6,87	1,29	27,17	0,16
Vila Prudente - São Paulo - SP	104242	81995	3395	2443	16378	26	100,00	78,66	3,26	2,34	15,71	0,02
Vila Sônia - São Paulo - SP	108441	72694	5017	5390	25259	81	100,00	67,04	4,63	4,97	23,29	0,07
São Domingos - São Paulo - SP	84843	56753	4405	891	22753	41	100,00	66,89	5,19	1,05	26,82	0,05
Lajeado - São Paulo - SP	164512	71180	14701	706	77673	222	100,00	43,27	8,94	0,43	47,21	0,13
Nota: 1 - Dados do Universo.												
Fonte: IBGE - Censo Demográfico * Não incluímos as informações sobre os não declarados.												

Agradecimentos

Esta é uma obra que contou com inúmeros interlocutores/atores que considero importantes no meu percurso histórico, social e político. Meus agradecimentos a todos: moradores dos bairros pesquisados, professores, familiares, lideranças negras e amigos, são diversos e múltiplos em ideías, culturas e ações.

Inicialmente, agradeço aos moradores das territorialidades negras dos bairros da Barra Funda, Casa Verde, Brasilândia, Cidade Tiradentes e Jardim Ângela (bairros que observei em minha formação). No passado e no presente, eles se mantem na luta em torno da construção de uma cidade democrática, diferente da cidade que segrega, separa e define os lugares das classes sociais e dos grupos étnicos/raciais. Às mulheres e homens negros que relataram a memória de suas vidas, por exemplo, a família, o trabalho, as identidades construídas frente aos espaços sociais, enfim, aos atores sociais negros que solidificaram as bases do desenvolvimento da capital paulistana.

Agradeço aos professores da PUC SP, especialmente aos que participaram da minha formação, a professora Doutora Maura Pardini Bicudo Véras. No mestrado e doutorado, recebi a sua orientação; a formação do pensamento crítico a respeito da cidade, pensando a cidadania para todos, sobretudo a população historicamente excluída da história da cidade e do urbano. Além da orientação, meu aprendizado a respeito das Ciências Sociais, da sociedade e da vida, foi um ganho incalculável. O diálogo empreendido com a Professora Maura é uma experiência que eu levo para a vida toda, de um ser humano que luta por uma cidade justa e democrática.

À professora Doutora Terezinha Bernardo, que em suas aulas e seminários de estudos e pesquisas, subsidiou o aprofundamento de teorias, conceitos e temas a respeito das relações étnicas e raciais, posterior ao doutorado, foi minha supervisora no Pós-Doc.

À Professora Doutora Josildeth Gomes Consorte, também me proporcionou crescer intelectualmente nos estudos e pesquisas na área relações étnicas e raciais.

À Professora Doutora Matilde de Almeida Mello, que me orientou no Trabalho de conclusão de Curso na graduação em Ciências Sociais PUC SP.

Aos professores doutores que participaram da minha banca de Doutora em Ciências Sociais PUC SP, agradeço pelos comentários e contribuições: Maura Pardini Bicudo Véras (orientadora), Teresinha Bernardo (PUC SP), Maria Nilza da Silva (UEL), Acácio Almeida (UFABC) e Flávio Villaça (USP).

Meus agradecimentos aos funcionários da PUC SP, da graduação, pós-graduação e o pessoal da biblioteca, obrigado pelos inúmeros atendimentos, apoios e incentivos.

Agradeço ao meus familiares, minha mãe Natalina de Oliveira e meu pai, Carmelito José de Oliveira (in memoriam), migrante baiano que se territorializou em busca de dias melhores para si e para os seus semelhantes. Aos meus irmãos e irmãs, Roseli (in memoriam), Rute, Rildo e Regina; Aos meus familiares que vieram compor a minha nova territorialidade com a realização do matrimônio, Antonio Marques de Souza e Maria de Lourdes Ramos de Souza, Cláudia e Paulo, Adriana e Vanderlei, Benedito Marques (im memoriam) e Isabel.

Aos meus sobrinhos e sobrinhas, Bruno, Mateus, Camila, Geovana, Vinicius, Dandara e Vitor.

Aos movimentos sociais negros do Brasil e da Cidade de São Paulo, que fizeram e fazem parte da luta anti-racista, como a Soweto Organização Negra, o Instituto do Negro Padre Batista e aos Protagonistas Negros e Negras da PUC SP (IPEAFRO, GENEPUC e NEAFRO).

De 2001 a 2011, o Programa Internacional de Bolsas de Pós-Graduação da Fundação Ford /Fundação Carlos Chagas, empreendeu no país a promoção de ações afirmativas para a população negra, indígena e branca, oriunda dos segmentos historicamente excluído das oportunidades socioeconômicas (bolsas de estudos em cursos de mestrado e doutorado no Brasil e no exterior). Nesse interim, obtive o apoio institucional do Programa Bolsa que me proporcionou concluir minha tese de doutorado e participar da bolsa sanduiche por seis meses em Paris e Lisboa. Agradece ao apoio institucional e político da equipe da Professora Fúlvia Rosemberg, Os empreendimentos foram fundamentais para a composição de minha formação acadêmica, profissional e a minha atuação nos movimentos sociais negros. Meus agradecimentos à toda equipe.

Alameda nas redes sociais:
Site: www.alamedaeditorial.com.br
Facebook.com/alamedaeditorial/
Twitter.com/editoraalameda
Instagram.com/editora_alameda/

Esta obra foi impressa em São Paulo na primavera de 2019. No texto foi utilizada a fonte Electra LH em corpo 10 e entrelinha de 14 pontos.